Die Ausfuhr von Kulturgütern im nationalen und Gemeinschaftsrecht

Europäische Hochschulschriften

Publications Universitaires Européennes
European University Studies

Reihe II
Rechtswissenschaft

Série II Series II
Droit
Law

Bd./Vol. 3543

PETER LANG
Frankfurt am Main · Berlin · Bern · Bruxelles · New York · Oxford · Wien

Andreas Peya

Die Ausfuhr von Kulturgütern im nationalen und Gemeinschaftsrecht

PETER LANG
Europäischer Verlag der Wissenschaften

Bibliografische Information Der Deutschen Bibliothek
Die Deutsche Bibliothek verzeichnet diese Publikation in der Deutschen Nationalbibliografie; detaillierte bibliografische Daten sind im Internet über <http://dnb.ddb.de> abrufbar.

D 6
ISSN 0531-7312
ISBN 3-631-50243-5

www.peterlang.de

Meinen Eltern

Antiquitäten sind das einzige Feld,
auf dem das Gestern noch Zukunft hat.

- Sir Harold Wilson -

Vorwort

Die vorliegende Arbeit wurde im Sommersemester 2002 von der Rechtswissenschaftlichen Fakultät der Westfälischen Wilhelms-Universität in Münster als Dissertation angenommen. Gesetzgebung, Rechtsprechung und Literatur konnten bis Februar 2002 berücksichtigt werden.

Mein herzlicher Dank gilt zunächst meinem Doktorvater, Herrn Prof. Dr. Dirk Ehlers, für die Anregung zu dem Thema und die Betreuung der Arbeit. Gleichzeitig habe ich ihm für eine lehrreiche Zeit zu danken, die ich an seinem Institut verbringen durfte und bei der ich nicht nur wertvolle Anregungen für diese Arbeit sammeln konnte, sondern auch viele wundervolle Menschen kennengelernt habe. Danken möchte ich auch Herrn Prof. Dr. Bodo Pieroth für die zügige Erstellung des Zweitgutachtens.

Beim Zustandekommen der Arbeit haben mich viele Freunde und Kollegen unterstützt. Auch ihnen gilt an dieser Stelle mein herzlicher Dank. Besonders erwähnen möchte ich die Herren Marc Lechleitner und Dr. Diethardt v. Preuschen, die mich mit wichtigen Informationen versorgt und die Arbeit dadurch in Gang gebracht haben. Meinem besten Freund Dr. Ralph Deuster habe ich nicht nur das Layout der Arbeit zu verdanken. Er hat zusätzlich auf ausreichende körperliche Ertüchtigung und Ablenkung während der Erstellung der Arbeit geachtet.

Ohne die Liebe meiner Freundin Kristina v. Courbière und die immerwährende selbstlose Unterstützung meiner Eltern Ulla und Hans Georg Peya wäre die Arbeit nicht entstanden. Sie haben die Saat für diese Arbeit gelegt, deren Früchte mein Vater leider nicht mehr ernten kann.

Frankfurt/Main im Juli 2002

Andreas Peya

Inhaltsverzeichnis

Literaturverzeichnis

Allkemper, Ludwig/ Jones, Stephen	Fragen zur Anwendung von Art. 36 und Art. 37 des EWG-Vertrages in: EWS 1993, S. 130-139
Arndt, Hans-Wolfgang	Warenverkehrsfreiheit innerhalb der Europäischen Union: der Fall „Keck" – EuGH, NJW 1994, 121 in: JuS 1994, S. 469-473
Barents, René	New Developments in Measures Having Equivalent Effects in: CMLR 1981, S. 271-308
Becker, Ulrich	Das Verbot tarifärer und nichttarifärer Hemmnisse des EU-Warenverkehrs in: JA 1997, S. 65-75
Becker, Ulrich	Von „Dassonville" über „Cassis" zu „Keck" – Der Begriff der Maßnahmen gleicher Wirkung in Art. 30 EGV in: EuR 1994, S. 162-174
Behrens, Peter	Das Wirtschaftsrecht des Europäischen Binnenmarktes in: Jura 1989, S. 561-567
Berndt, Joachim	Internationaler Kulturgüterschutz, Köln 1998
Bila, Jacqueline	Nationaler Kulturgüterschutz in der Europäischen Union, Diss. Bonn 1997
Bleckmann, Albert	Europarecht, 6. Auflage Köln 1997
Callies, Christian/ Ruffert, Matthias [Hrsg.]	Kommentar zum EU-Vertrag und EG-Vertrag, Neuwied 1999 (zit. Bearbeiter in: Callies/Ruffert [Hrsg.], EUV/EGV)
Danwitz, Thomas von	Gemeinschaftsrechtlicher Kulturschutz im europäischen Binnenmarkt – Rechtsgutachten erstattet dem Arbeitskreis Deutscher Kunsthandelsverbände, 1998, unveröffentlicht
Doehring, Karl	Völkerrechtswidrige Konfiskation eines Gemäldes des Fürsten von Lichtenstein als „deutsches Eigentum": Ein unrühmlicher Schlußpunkt in: IPRax 1998, S. 465-467

Dolzer, Rudolf/ Jayme, Erik/ Mußgnug, Reinhard [Hrsg.]	Rechtsfragen des internationalen Kulturgüterschutzes, Heidelberg 1994
Drey, Paul	Der Kunstmarkt, Diss. München 1910
Eberl, Wolfgang	Probleme und Auswirkungen der EG-Vorschriften zum Kulturgüterschutz in: NVwZ 1994, S. 729-736
Ehlermann, Claus-Dieter	Die Bedeutung des Artikels 36 EWGV für die Freiheit des Warenverkehrs in: EuR 1973, S. 1-17
Ehlers, Dirk	Die Europäisierung des Verwaltungsprozeßrechts, Köln 1999
Ehlers, Dirk	Anhörung im Verwaltungsverfahren in: Jura 1996, S. 617-624
Ehlers, Dirk	Eigentumsschutz, Sozialbindung und Enteignung bei der Nutzung von Boden und Umwelt in: VVDStRL [51] 1992, S. 211-247
Ehlers, Dirk	Verwaltung in Privatrechtsform, Berlin 1984
Erichsen, Hans-Uwe [Hrsg.]	Allgemeines Verwaltungsrecht, 11. Auflage Berlin 1998 (zit. Bearbeiter in: Erichsen [Hrsg.], Allgemeines Verwaltungsrecht)
Engstler, Ludwig	Die territoriale Bindung von Kulturgütern im Rahmen des Völkerrechts, Köln 1964
Epping, Volker	Die Außenwirtschaftsfreiheit, Tübingen 1998
Erbguth, Wilfried Paßlick, Hermann	Das Denkmalrecht der Länder in: DVBl. 1984, S. 603-611
Fassbender, Bardo	Klageausschluß bei Enteignungen zu Reparationszwecken – Das Gemälde des Fürsten von Lichtenstein in: NJW 1999, S. 1445-1448
Fechner, Frank	Consequences for German Law of the European Union Rules on the Export of Cultural Goods in Byrne-Sutton/ Renold [Hrsg.] Etudes en Droit De L'Art / Studies in: Art Law, Zürich 1994, S. 127-141

Fechner, Frank	Die Vorhaben der EG zum Kulturgüterschutz in: DÖV 1992, S. 609-618
Fechner, Frank	Rechtlicher Schutz archäologischen Kulturguts, Berlin 1991
Fechner, Frank/ Oppermann, Thomas/ Prott, Lyndel V. [Hrsg.]	Prinzipien des Kulturgüterschutzes: Ansätze im deutschen, europäischen und internationalen Recht, Berlin 1996
Feldmüller, Christian	Die Rechtsstellung fremder Staaten und sonstiger juristischer Personen des ausländischen öffentlichen Rechts im deutschen Verwaltungsprozeßrecht, Berlin 1999
Fiedler, Wilfried	Neue völkerrechtliche Ansätze des Kulturgüterschutzes in: Reichelt [Hrsg.], Internationaler Kulturgüterschutz, Wien 1992, S. 69-79
Freund, Heinz-Joachim	Keck und die Folgen. Zur neueren Rechtsprechung des EuGH zur Warenverkehrsfreiheit in: JA 1997, S. 716-722
Fuchs, Angelika	Kulturgüterschutz im Kulturgutsicherungsgesetz in: IPRax 2000, S. 281-286
Geiger, Rudolf	EUV, EGV: Vertrag über die Europäische Union und Vertrag zur Gründung der Europäischen Gemeinschaft, 3. Auflage München 2000 (zit. Geiger, EGV)
Goepfert, Alexander	Haftungsprobleme im Kunst- und Auktionshandel, Berlin 1991
Grabenwarter, Christoph	Die Charta der Grundrechte der Europäischen Union in: DVBl. 2001, S. 1-13
Grabitz, Eberhard/ Hilf, Meinhard [Hrsg.]	Kommentar zur Europäischen Union, Altband I, München, Stand: 14. Oktober 1999 (zit. Bearbeiter in: Grabitz/Hilf)
Grabitz, Eberhard/ Hilf, Meinhard [Hrsg.]	Das Recht der Europäischen Union, Band 2 Sekundärrecht, München, Stand: Mai 2001 (zit. Bearbeiter in: GH II/Krenzler)

Grabitz, Eberhard/ Bogdandy, Armin von/ Nettesheim, Martin [Hrsg.] — Europäisches Außenwirtschaftsrecht, München 1994 (zit. v. Bogdandy/Nettesheim, Europäisches Außenwirtschaftsrecht)

Graf, Michael — Der Begriff der Maßnahmen gleicher Wirkung wie mengenmäßige Beschränkungen in dem EWG-Vertrag, Köln 1972 (zit. Graf)

Groeben, Hans von der/ Thiesing, Jochen/ Ehlermann, Claus-Dieter [Hrsg.] — Kommentar zum EU-/EG-Vertrag, Band 1, Artikel A-F EUV, Artikel 1-84 EGV, 5. Auflage Baden-Baden 1997 (zit. Bearbeiter in: GTE)

Grossmann, Martin — Die Besteuerung des Künstlers und Sportlers im internationalen Verhältnis, Bamberg 1992

Haase, Christoph — Wer ist Ausführer? in: AW-Prax 1998, S. 51-53

Hammer, Felix — Der Denkmal- und Kulturgutschutz in Verfassungen der Gegenwart in: DÖV 1999, S. 1037-1045

Hammer, Felix — Das Schutzsystem der Deutschen Denkmalschutzgesetze in: JuS 1997, S. 971-976

Hammer, Felix — Die geschützten Denkmale der Landesdenkmalschutzgesetze in: DÖV 1995, S. 358-365

Hartwig, Bernd — Die Konvention zum Schutz von Kulturgut bei bewaffneten Konflikten in: NZWehrR 1967, S. 97-102 u. 145-151

Heinbuch, Holger — Kunsthandel und Kundenschutz in: NJW 1984, S. 15-22

Herzog, Roman — Mängel des deutschen Föderalismus in: BayVBl. 1991, S. 513-517

Heuer, Carl-Heinz — Die Kunstraubzüge der Nationalsozialisten und ihre Rückabwicklung in: NJW 1999, S. 2558-2564

Hipp, Anette — Schutz von Kulturgütern in Deutschland, Berlin 2000 (zit. Hipp, Kulturgüterschutz in Deutschland)

Hirsch, Burkhard	Die Bedeutung der Zusage „freien Geleits" für Kulturgüter in: NJW 2001, S. 1627
Hofmann, Peter	Die Stiftung „Preussischer Kulturbesitz" in Berlin in: Die Verwaltung 21 [1988], S. 63-90
Hönes, Ernst-Rainer	Zum Kulturgutbegriff der Haager Konventionen von 1899 bis heute in: DÖV 1998, S. 985-995
Hönes, Ernst-Rainer	Das Gesetz zum Schutz deutschen Kulturgutes gegen Abwanderung vom 6. August 1955 in: BayVBl. 1989, S. 38-42
Hönes, Ernst-Rainer	Denken – schützen – Denkmalschutz. Zur Praxis der Inschutznahme von Kulturdenkmälern in: VerwArch 80 [1989], S. 480-500
Hönes, Ernst Rainer	Zur Kennzeichnung des Kulturguts nach der Haager Konvention vom 14. Mai 1954 in Friedenszeiten in: DÖV 1988, S. 538-547
Hönes, Ernst-Rainer	Der Kulturdenkmalbegriff im Denkmalschutzrecht in: DVBl. 1984, S. 413-419
Hönes, Ernst-Rainer	Nochmals: „Künstlerische Bedeutung" und „öffentliches Interesse" im Denkmalschutzrecht in: DÖV 1984, S. 671-675
Hönes, Ernst-Rainer	Zum Denkmalschutzrecht in der Bundesrepublik in: NVwZ 1983, S. 213-214
Jaeger, Andrea	Internationaler Kulturgüterschutz, Köln 1993
Jarass, Hans D.	EG-Kompetenzen und das Prinzip der Subsidiarität nach Schaffung der Europäischen Union in: EuGRZ 1994, S. 209-219
Jarass, Hans D.	Grundfragen der innerstaatlichen Bedeutung des EG-Rechts, Köln 1994
Jarass, Hans D./ Pieroth, Bodo	Grundgesetz für die Bundesrepublik Deutschland, 5. Auflage München 2000
Jayme, Erik	Kulturgüterschutz in ausgewählten europäischen Ländern in: ZVglRWiss 95 (1996), S. 158-169

Jayme, Erik	Kunstwerk und Nation, Heidelberg 1991
Jayme, Erik/ Geckler, Alexander	Internationale Kunstausstellungen: „Freies Geleit" für Leihgaben in: IPRax 2000, S. 156-157
Kingreen, Thorsten	Die Gemeinschaftsgrundrechte in: JuS 2000, S. 857-865
Kleeberg, Rudolf/ Eberl, Wolfgang	Kulturgüter in Privatbesitz: Handbuch für das Denkmal- und Steuerrecht, 2. Auflage Heidelberg 2001
Klein, Franz/ Orlopp, Gerd/ Brockmeyer, Hans-Bernhard [Hrsg.]	Abgabenordnung, 7. Auflage München 2000 (zit. Bearbeiter in: Klein, Abgabenordnung)
Knott, Hermann J.	Der Anspruch auf Herausgabe gestohlenen oder illegal exportierten Kulturguts, Baden-Baden 1990 (zit. Knott, Der Anspruch auf Herausgabe)
Larenz, Karl	Methodenlehre der Rechtswissenschaft, 6. Auflage Berlin 1991
Lenz, Carl Otto	Ein undeutlicher Ton in: NJW 1994, S. 1633-1634
Lenz, Carl Otto [Hrsg.]	EG-Vertrag, 2. Auflage Köln 1999 (zit. Bearbeiter in: Lenz, EGV)
Magiera, Siegfried	Die Grundrechtscharta der Europäischen Union in: DÖV 2000, S.1071-1026
Martin, Dieter	Denkmalschutz am Scheideweg in: BayVBl. 1999, S. 225-234
Maurer, Christoph H. M.	Die Ausfuhr von Kulturgütern in der Europäischen Union, Frankfurt a. M. 1997 (zit. Maurer, Die Ausfuhr von Kulturgütern)
Meng, Werner	Gedanken zur Frage unmittelbarer Anwendung von WTO-Recht in der EG in: Beyerlein [Hrsg.] Recht zwischen Umbruch und Bewahrung, Festschrift für Rudolf Bernhardt, Berlin 1995, S. 1063-1086 (zit. Meng in: FS für Bernhardt)

Moench, Christoph	Die Entwicklung des Denkmalschutzrechts in: NVwZ 1988, S. 304-316
Moench, Christoph	Reinheitsgebot für Bier. Zum Urteil des EuGH vom 12.3. 1987, NJW 1987, 1133 in: NJW 1987, S. 1109-1112
Moench, Christoph	Der Schutz des freien Warenverkehrs im Gemeinsamen Markt in: NJW 1982, S. 2689-2700
Möschel, Wernhard	Kehrtwende in der Rechtsprechung des EuGH zur Warenverkehrsfreiheit in: NJW 1994, S. 429-431
Müller-Katzenburg, Astrid	Besitz- und Eigentumssituation bei gestohlenen und sonst abhanden gekommenen Kunstwerken in: NJW 1999, S. 2551-2558
Mußgnug, Reinhard	Die deutsche Renitenz gegen das Kulturgutrecht der EG in: EuR 2000, S. 564-591
Mußgnug, Reinhard	Überlegungen zur Umsetzung der neuen EG-Vorschriften über den Verkehr mit Kulturgütern in: Beyerlein [Hrsg.] Recht zwischen Umbruch und Bewahrung, Festschrift für Rudolf Bernhardt, Berlin 1995, S. 1225-1250 (zit. Mußgnug in: FS für Bernhardt)
Mußgnug, Reinhard/ Roellecke, Gerd [Hrsg.]	Aktuelle Fragen des Kulturgüterschutzes, Heidelberg 1998
Obermayer, Klaus	VwVfG, 3. Auflage Neuwied 1999 (zit. Obermayer, VwVfG)
Olbrich, Harald [Hrsg.]	Lexikon der Kunst, Band 1 Leipzig 1987
Oppermann, Thomas	Europarecht, 2. Auflage München 1999 (zit. Oppermann, Europarecht)
Oppermann, Thomas	Kulturverwaltungsrecht, Tübingen 1969 (zit. Oppermann, Kulturverwaltungsrecht)
Pieroth, Bodo/ Hartmann, Bernd J.	Rechtswegbeschränkung zur Sicherung des Leihverkehrs mit ausländischen Kulturgütern in: NJW 2000, S. 2129-2135

Pieroth, Bodo/ Kampmann, Bernd	Außenhandelsbeschränkungen für Kunstgegenstände in: NJW 1990, S. 1385-1390
Pieroth, Bodo/ Schlink, Bernhard	Grundrechte Staatsrecht II, 16. Auflage Heidelberg 2000 (zit. Pieroth/Schlink, Grundrechte Staatsrecht II)
Preuschen, Diethardt von	Das Kulturgutsicherungsgesetz hält, was es verspricht in: EuR 2001, S. 324-326
Preuschen, Diethardt von	Kulturgutsicherungsgesetz und EG-Recht in: EuZW 1999, S. 40-42
Prott, Lyndel V.	Kulturgüterschutz nach der UNIDROIT-Konvention und nach der UNESCO-Konvention in: ZVglRWiss 95 (1996), S. 188-202
Prott, Lyndel V./ O'Keefe, Patrick J.	„Cultural Heritage" or „Cultural Property"? in: International Journal of Cultural Property 1992, S. 307 ff.
Raber, Hans Georg	Das kulturelle Erbe der Menschheit – Bestandsaufnahme und Perspektiven des Kulturgüterschutzes, Diss. Köln 1994
Reichelt, Gerte [Hrsg.]	Internationaler Kulturgüterschutz, Wien 1992 (zit. Bearbeiter in: Reichelt [Hrsg.], Internationaler Kulturgüterschutz)
Rengeling, Hans-Werner	Grundrechtsschutz in der Europäischen Gemeinschaft, München 1993
Ress, Georg	Abschied von Cassis de Dijon und Dassonville? in: EuZW 1993, S. 745
Ress, Georg	Die neue Kulturkompetenz der EG in: DÖV 1992, S. 944-955
Ress, Georg	Kultur und Europäischer Binnenmarkt, Stuttgart 1991
Rinne, Eberhard	Der Rechtsweg für Ausgleichsansprüche im Rahmen der Inhaltsbestimmung des Eigentums in: DVBl. 1994, S. 23-27
Roth, Wulf-Henning	Wettbewerb der Mitgliedstaaten oder Wettbewerb der Hersteller? Plädoyer für eine Neubestimmung des Art. 34 EGV in: ZHR 159 (1995), S. 78-95

Scheuning, Dieter H. — Rechtsprobleme bei der Durchsetzung des Gemeinschaftsrechts in der Bundesrepublik Deutschland in: EuR 1985, S. 229-272

Schiller, K.-Volker — Gewährt Art. 30 des EWG-Vertrages dem Gemeinschaftsbürger neben einem subjektiven Abwehrrecht auch ein subjektives Leistungsrecht? in: RIW 1980, S. 569-571

Schmahl, Stefanie — Die Kulturkompetenz der Europäischen Gemeinschaft, Baden-Baden 1996

Schmeinck, Sabine — Internationalprivatrechtliche Aspekte des Kulturgüterschutzes, Köln 1994
(zit. Schmeinck)

Schoch, Friedrich/ Schmidt-Aßmann, Eberhard/ Pietzner, Rainer [Hrsg.] — Verwaltungsgerichtsordnung, Loseblatt-Ausgabe, Stand: Januar 2001 München
(zit. Bearbeiter in: Schoch/Schmidt-Aßmann/Pietzner [Hrsg.], VwGO)

Schoen, Susanne — Kulturgüterschutz bei – illegaler – Rückkehr kriegsbedingt verbrachter Kulturgüter aus Russland nach Deutschland in: NJW 2001, S. 537-543

Schorlemer, Sabine von — Internationaler Kulturgüterschutz. Ansätze zur Prävention im Frieden sowie in bewaffneten Konflikten. Berlin 1992
(zit. v. Schorlemer, Kulturgüterschutz)

Schütte, Wilfried — in: Ermisch [Hrsg.], Wanderungen durch die Kulturpolitik, Festschrift für Sieghardt von Köckritz, Berlin 1993
(zit. Schütte in: FS für v. Köckritz)

Schwarze, Jürgen — Der Schutz nationalen Kulturguts im europäischen Binnenmarkt in: JZ 1994, S. 111-117

Seidel, Martin — Der EWG-rechtliche Begriff der „Maßnahme gleicher Wirkung wie mengenmäßige Beschränkung“ in: NJW 1967, S. 2081-2086

Siehr, Kurt — Freizügigkeit und Kulturgüterschutz in der Europäischen Union in: Immenga [Hrsg.], Festschrift für Ernst-Joachim Mestmäcker, Baden-Baden 1996, S. 483-496
(zit. Siehr in: FS für Mestmäcker)

Siehr, Kurt — Kulturgüterschutz innerhalb der Europäischen Union in: ZvglRWiss 95 (1996), S. 170-187

Siehr, Kurt — Handel mit Kulturgütern in der EWG in: NJW 1993, S. 2206-2209

Sparr, Jürgen — Kulturhoheit und EWG-Vertrag, Baden-Baden 1991

Steindorff, Ernst — Unvollkommener Binnenmarkt in: ZHR 158 [1994], S. 149-169

Streck, Michael/ Olgemöller, Herbert — Der Streit mit dem Zoll – Der neue Zollkodex in: DStrR 1996, S. 1105-1112

Streinz, Rudolf — Europarecht, 4. Auflage Heidelberg1999

Taschner, Hans-Claudius — Kulturgüterschutz aus der Sicht des EG-Rechts in: Reichelt [Hrsg.], Internationaler Kulturgüterschutz, Wien 1992, S. 97-102

Uhl, Antje-Katrin — Der Handel mit Kunstwerken im europäischen Binnenmarkt : freier Warenverkehr versus nationaler Kulturgüterschutz, Berlin 1993
(zit. Uhl)

Veelken, Winfried — Maßnahmen gleicher Wirkung wie mengenmäßige Beschränkungen in: EuR 1977, S. 311-340

Wägenbaur, Rolf — Kulturförderung: ein Programm der Gemeinschaft in: EuZW 1998, S. 610

Wagenführ, Horst — Kunst als Kapitalanlage, Stuttgart 1965
(zit. Wagenführ)

Wahl, Rainer — Kunstraub als Ausdruck von Staatsideologie in: Frank [Hrsg.], Kunst und Recht, Heidelberg 1996, S. 105-136
(zit. Wahl in: Frank [Hrsg.], Kunst und Recht)

Wartenberg, Ludolf von — Der Binnenmarkt und die Zukunft des Wirtschaftsrechts in: EuZW 1993, S. 20-21

Willinghausen, Walter — Anmerkung zu EuGH, Urteil vom 11. 7. 1974, Rs. 8/74 (Dassonville) in: EuR 1975, S. 322-326

Wolff-Diepenbrock, Johannes — Sammeln, Sammlung, Steuern in: Beilage zu DStR 12/1987, S. 1-12

Wolffgang, Hans-Michael — Europäisches Exportkontrollrecht in: DVBl. 1996, S. 277-286

Wormit, Hans-Georg — Stiftung Preußischer Kulturbesitz in: DVBl. 1981, S. 752-760

Wyss, Martin Philipp — Kultur als eine Dimension der Völkerrechtsordnung. Vom Kulturgüterschutz zur internationalen Kooperation, Zürich 1992 (zit: Wyss, Kultur als eine Dimension der Völkerrechtsordnung)

Hinsichtlich der verwendeten Abkürzungen wird verwiesen auf:

Kirchner, Hildebert — Abkürzungsverzeichnis der Rechtssprache, 4. Auflage Berlin 1993

1. Kapitel: Einleitung

A. Anlaß und Gang der Untersuchung

Keine Kränkung schmerzt so lange wie die Plünderung und Zerstörung von Kulturgut[1].

Diese Einschätzung wird mittlerweile weltweit geteilt. Aus diesem Grund haben inzwischen alle Mitgliedstaaten der Europäischen Union Vorschriften erlassen, die die Ausfuhr bestimmter, als kulturell besonders wertvoll angesehener Güter verbieten oder unter Genehmigungsvorbehalt stellen. Diese Vorschriften beeinträchtigen damit die Freiheit des Warenverkehrs (Art. 28, 29 EGV). Es ist aber zum einen zu berücksichtigen, daß diese Freiheit gemeinschaftsrechtlich nur zwischen den Mitgliedstaaten der Europäischen Gemeinschaft geschützt ist. Zum anderen erlaubt Art. 30 EGV, nationales Kulturgut von künstlerischem, geschichtlichem oder archäologischem Wert Ausfuhr- und Durchführungsverboten oder -beschränkungen zu unterwerfen. Das Binnenmarktkonzept der Europäischen Gemeinschaft (vgl. Art. 3 Abs. 1 lit. c, 14 EGV a. F.) machte und macht es jedoch schwer, die Einhaltung der mitgliedstaatlichen Ausfuhrbeschränkungen im grenzüberschreitenden Verkehr zwischen den Mitgliedstaaten zu überwachen. Es kam deshalb im Zuge der Errichtung des Europäischen Binnenmarktes zu einer Kollision mit den bestehenden nationalen Außenwirtschaftsbeschränkungen[2]. Diese Kollision erforderte eine Neuausrichtung der bestehenden Vorschriften verbunden mit der Schaffung eines neuen gemeinschaftsweiten Schutzsystems. Neben der besonderen Bedeutung von Kulturgütern für die Identität eines Volkes kommt den Kunstgegenständen aber in verstärktem Maße eine wirtschaftliche Bedeutung zu. Kunstbesitz ist zu einer Form der Geldanlage geworden[3]. Der Verkauf und damit verbunden die Ausfuhr von Kulturgütern ist zu einem wichtigen Faktor des Wirtschaftslebens geworden. Immer häufiger treffen deshalb die Interessen von Kulturgutschützern auf der einen Seite und Kunsthändlern und Privatpersonen auf der anderen Seite aufeinander. Da die Ausfuhr von Kulturgütern in der Europäischen Union weiterhin sehr unterschied-

---

1 *Hönes*, DÖV 1998, S. 985.

2 Dazu *Wolffgang*, DVBl. 1996, S. 277 (278).

3 *Heinbuch*, NJW 1984, S. 15; *Wagenführ*, S. 1 ff.; *Drey*, S. 24.

lich ausgestaltet ist, kommt es zu Unklarheiten über die Anwendung und den Geltungsbereich der einzelnen Vorschriften. Die vorliegende Arbeit soll deshalb eine praktische Orientierungshilfe für all diejenigen sein, die beabsichtigen, aus der Gemeinschaft oder aus der Bundesrepublik Deutschland Kulturgüter auf legalem Weg außer Landes zu bringen. Inhaltlich wird sich die Arbeit deshalb ausschließlich mit dem Aspekt der Ausfuhr von Kulturgütern beschäftigen. Die Rückführung illegal verbrachter Kulturgüter ist ein eigenständiges Thema, das im Rahmen dieser Arbeit nur dort angesprochen wird, wo es zur Erläuterung des Systems des Europäischen Kulturgüterschutzes notwendig erscheint. Der Aspekt der „Beutekunst" kann und soll folglich mit dieser Arbeit nicht umfassend abgehandelt werden. Diese Arbeit soll vielmehr durch eine umfassende Darstellung der aktuellen Rechtslage des Ausfuhrrechts dazu beitragen, die teilweise in der Praxis bei einigen Auktionshäusern sowie Kunst- und Antiquitätenhändlern bzw. -sammlern aufgetretenen Rechtsunsicherheiten zu beseitigen. Die nationalen Regelungen für die Bundesrepublik Deutschland werden aus diesem Grund gleichzeitig in den Kontext des europäischen Primär- und Sekundärrechts eingeordnet.

Um die rechtlichen Aspekte der Ausfuhr von Kulturgütern entsprechend würdigen zu können, ist die Arbeit in vier Teile untergliedert. Im ersten Kapitel der Arbeit wird neben einigen Grundlagen des Kulturgüterschutzes die Entwicklung des Kulturgüterschutzes in das historische Umfeld eingestellt. Weiterhin wird das internationale, das europäische und das nationale Kulturgüterschutzrecht in einem allgemeinen Überblick dargestellt. Im zweiten Kapitel der Arbeit wird das europäische Primärrecht in Gestalt des Art. 30 EGV untersucht. Die Vorschrift läßt Ausnahmen vom Prinzip des freien Warenverkehrs für nationale Kulturgüter zu und schränkt deshalb die Ausfuhr von Kulturgütern, die innerhalb der europäischen Union von einem Mitgliedstaat in einen anderen ausgeführt werden sollen, ein. Das dritte Kapitel der Arbeit beschäftigt sich mit der Ausfuhr von Kulturgütern aus der EU in ein Drittland, die durch die Verordnung (EWG) Nr. 3911/92 vom 9. 12. 1992 über die Ausfuhr von Kulturgütern[4] geregelt wird. Im vierten und letzten Kapitel der Arbeit wird untersucht, wie die Ausfuhr von Kulturgütern auf nationaler Ebene geregelt ist. Dazu wird eine Unterteilung nach Bundes- und Landesrecht vorgenommen, da auf beiden Regelungsebenen Vorschriften zur

---

4 ABl. 1992 L 395/1, im folgenden VO 3911/92.

Verbringung von Kulturgut existieren. Das Landesrecht wird dazu exemplarisch für das Land Nordrhein-Westfalen untersucht. Insgesamt soll versucht werden, das jeweilige Zusammenspiel der gemeinschafts-, bundes- und landesrechtlichen Ausfuhrregelungen herauszuarbeiten.

B. Grundlagen des Kulturgüterschutzes

I. Der Begriff des „Kulturgüterschutzes“

Die VO 3911/92 bestimmt, daß die Verbringung gewisser, als kulturell hochwertig angesehener Sachen aus dem Zollgebiet der Gemeinschaft nur erfolgen darf, wenn eine Ausfuhrgenehmigung vorliegt. In Deutschland bedarf die Ausfuhr des in ein Verzeichnis eingetragenen Kulturguts (§ 1 Abs. 4) oder Archivguts (§ 10 Abs. 1 S. 2) gemäß dem nunmehr in der Fassung der Bekanntmachung vom 8. 7. 1999 geltenden Gesetz zum Schutz deutschen Kulturguts gegen Abwanderung vom 6. 8. 1955[5] der Genehmigung[6]. Daher fallen diese Vorschriften unter einen Regelungskomplex, der allgemein als „Kulturgüterschutz“ bezeichnet wird[7]. Der Begriff ist jedoch in zweierlei Hinsicht nicht unproblematisch. Zum einen bedeutet Schutz das Fernhalten von Schaden. Das würde bedeuten, daß Regelungen zum „Kulturgüterschutz“ den Zweck haben, Schäden von Kulturgütern abzuwenden. Diese Deutung erweist sich jedoch als zu eng. Denn einem Kulturgut droht, jedenfalls bei sachgerechtem Transport, durch die Ausfuhr als solche kein Schaden – der Schatz des Priamos[8] bleibt gleich prächtig und wertvoll, egal ob er nun in Moskau, Berlin oder in der Türkei gezeigt wird. Tatsächlich soll also durch Ausfuhrbeschränkungen, wie sie etwa die VO 3911/92 für die außergemeinschaftliche Ausfuhr von Kulturgütern regelt, nicht nur das Kulturgut selbst, sondern dessen Besitz[9] oder, wie es im UNESCO-Übereinkommen vom 23. 11. 1972[10] heißt, das Kulturerbe geschützt werden. Weiterhin geht es bei der Sicherung des Kulturgüterbestandes nicht nur um die Verhinderung künftiger, sondern um die Beseitigung bereits eingetretener Schäden. So regelt etwa die

---

5 BGBl. 1999 I, S. 1754, im folgenden KultSchG.

6 Das KultSchG ist zuletzt durch das als Art. 2 des Kulturgutsicherungsgesetzes vom 15. 10. 1998, BGBl. 1998 I S. 3162 ff., im folgenden KultgutSiG, erlassene Kulturgutschutzgesetzänderungsgesetz (KultSchGÄndG) geändert worden; vgl. dazu *v. Preuschen*, EuZW 1999, S. 40 ff.

7 Vgl. dazu etwa *Reichelt* in: dies. [Hrsg.] Internationaler Kulturgüterschutz, S. 31 ff.; *Fechner* in: Fechner/ Oppermann/ Prott [Hrsg.] Prinzipien des Kulturgüterschutzes, S. 12 ff.; *ders.*, DÖV 1992, S. 609 ff.

8 Zum Schatz des Priamos vgl. *Wahl* in: Frank [Hrsg.], Kunst und Recht, S. 109 ff.

9 Vgl. etwa die Formulierung in § 1 Abs. 4 S. 3 KultSchG und die niederländische Fassung des Art. 30 EGV, in der es „nationaal artistiek, historisch or archeologisch bezit“ heißt.

10 Übereinkommen zum Schutz des Kultur- und Naturerbes der Welt, BGBl. 1977 II, S. 215.

Richtlinie 93/7/EWG vom 15. 3. 1993 (RiLi 93/7/EWG)[11] die Rückgabe unrechtmäßig aus dem Hoheitsgebiet eines Mitgliedstaates der EU verbrachter Kulturgüter und versucht damit, einen rechtswidrigen Zustand wieder zu beseitigen. In den Denkmalschutzgesetzen der Länder wird nicht nur der Schutz, sondern auch die Pflege der Denkmäler als Ziel definiert[12]. Diese Aspekte kann man zusammen als „Erhaltung" bezeichnen. Eine solche Begrifflichkeit wird nunmehr durch Art. 151 Abs. 5, 2. Spiegelstrich EGV nahegelegt, der der Gemeinschaft die Aufgabe zuweist, das kulturelle Erbe zu erhalten und zu schützen.

Darum sollte man statt von „Kulturgüterschutz" präziser von der „Erhaltung des Kulturbesitzes bzw. des Kulturerbes"[13] sprechen.

II. Zwecke des Kulturgüterschutzes

Durch eine Beschränkung der Ausfuhr von Kulturgütern, gleich ob nun auf nationaler oder gemeinschaftsrechtlicher Ebene, wird primär versucht, das Kulturerbe zu bewahren. Die Kulturgüter als Bestandteile dieses Erbes erfüllen eine Integrationsfunktion in der jeweiligen Geburts- und Kulturgemeinschaft[14], die es zu erhalten gilt. Bei den Kulturgütern handelt es sich um Erinnerungsstücke an die Vergangenheit, die, sofern sie im Bewußtsein einer Vielzahl von Angehörigen dieser Gemeinschaft bleiben, identitätsbildend für diese Gemeinschaft wirken[15]. Neben dieser eher symbolischen Funktion stehen weitere, rationalere Funktionen. Dazu zählt zu allererst die Funktion der Substanzerhaltung am Ort der unmittelbaren Zugehörigkeit des Kulturgutes[16]. Die Substanzerhaltung umfaßt dabei neben dem Schutz vor Zerstörung auch Vorkehrungen gegen Beschädigung und Dieb-

---

[11] Richtlinie 93/7/EWG vom 15. 3. 1993 über die Rückgabe von unrechtmäßig aus dem Hoheitsgebiet eines Mitgliedstaats verbrachten Kulturgütern, ABl. L 74/74 vom 27. 3. 1993, im folgenden RiLi 93/7/EWG.

[12] Vgl. exemplarisch das Begriffspaar „Denkmalschutz" und „Denkmalpflege" in § 1 DSchG NW. Zum landesrechtlichen Kulturgüterschutz siehe auf Seite 245 dieser Arbeit.

[13] Zustimmend *Fechner* in: Fechner/ Oppermann/ Prott [Hrsg.], Prinzipien des Kulturgüterschutzes, S. 19, der den Begriff „Schutz des kulturellen Erbes" vorschlägt.

[14] *Abele* in: Fechner/ Oppermann/ Prott [Hrsg.], Prinzipien des Kulturgüterschutzes, S. 67 (85); *Fechner* in: Fechner/ Oppermann/ Prott [Hrsg.], Prinzipien des Kulturgüterschutzes, S. 11 (29 ff.).

[15] *Abele* in: Fechner/ Oppermann/ Prott [Hrsg.], Prinzipien des Kulturgüterschutzes, S. 67 (85).

[16] *Fechner* in: Fechner/ Oppermann/ Prott [Hrsg.], Prinzipien des Kulturgüterschutzes, S. 11 (26 f.).

stahl. Ein Annex dieser Funktion ist die Möglichkeit der wissenschaftlichen Dokumentation und Erforschung.

Durch die Möglichkeit des Zugangs für Wissenschaft und Öffentlichkeit können nicht nur vergangene Epochen rekonstruiert werden, sondern auch der gegenwärtigen Generation eine Vorstellung früherer Lebensweisen vermittelt werden[17]. Kulturgüter erfüllen demnach auch einen wissenschaftlich-historischen Zweck. Weiterhin zu nennen ist der beträchtliche wirtschaftliche Wert, der dem Kulturbesitz innewohnt. Neben dem materiellen Wert der Kulturgüter an sich ist an vielen Orten ein wahrer Kulturtourismus entstanden, der für viele Städte und Regionen eine wichtiger Wirtschaftszweig geworden ist[18]. Der natürliche Verfallsprozeß wird dabei durch die hohe Konzentration an Besuchern beschleunigt, die Substanz der kulturellen Stätten wird angegriffen[19]. Als problematisch erweist sich in diesem Zusammenhang, daß gerade für viele ärmere Länder, denen finanzielle Mittel zum Schutz ihrer Kulturgüter fehlen, der Tourismus zu diesen Stätten der wichtigste Devisenbringer ist, der eine langfristige Erhaltung und Schonung des Kulturbesitzes in den Hintergrund drängt.

Die Erhaltung des Kulturerbes erfüllt daneben aber auch ästhetische und religiöse Funktionen. So wird durch Ausfuhrverbote die Wahrung ungestörter Religionsausübung für solche Kulturgüter gewährleistet, die Gegenstand religiöser Verehrung in dem Sitzland sind[20].

Zunehmend werden jedoch gegenläufige Tendenzen erkennbar, die die Zweckmäßigkeit nationaler Exportverbote und –beschränkungen in Frage stellen[21]. Grund für diese Entwicklung ist vor allem eine zunehmende Globalisierung. So ist

---

17 Vgl. *Fechner* in: Fechner/ Oppermann/ Prott [Hrsg.], Prinzipien des Kulturgüterschutzes, S. 11 (27 ff.).

18 Kritisch zu den Auswirkungen des Tourismus: *Wyss*, Kultur als eine Dimension der Völkerrechtsordnung, S. 97 f. Nach Angaben der UNESCO führt jede fünfte der jährlich weltweit 500 Mio. Fernreisen zu einem der in der Weltkulturerbenliste nach der UNESCO-Konvention von 1972 aufgeführten Orte, Hinweis bei *Hipp*, Kulturgüterschutz in Deutschland, S. 35 m. Fn. 59.

19 *v. Schorlemer*, Kulturgüterschutz, S. 110 ff.

20 Vgl. dazu z. B. den Fall der Afo-A-Kom-Statue bei *Knott*, Anspruch auf Herausgabe, S. 22 m. w. Nachw.

21 Zum Für und Wider nationalen Kulturgüterschutzes siehe auch *Fechner*, DÖV 1992, S. 609 (610 f.).

durch moderne Verkehrsmittel und neue Möglichkeiten in der Informationstechnik der Zugang zu Kulturgütern sowohl für die Wissenschaft als auch für die Öffentlichkeit erheblich erleichtert worden, ein ausschließlich nationaler Zugang zu Kulturgütern verliert dadurch an Bedeutung. Daneben ist die Erkenntnis gewachsen, daß es ein Weltkulturerbe gibt, das nicht von einzelnen Staaten für sich allein vereinnahmt werden darf[22]. Hinzu kommen schließlich Unsicherheiten bei der Bestimmung der Nationalität eines Kunstwerks und damit verbunden Probleme bei der Bestimmung des legitimen „Schutzstaates"[23]. Zur Illustrierung mag die Frage dienen, welches der legitime „Schutzstaat" eines Gemäldes ist, das ein italienischer Maler in Frankreich angefertigt hat und das nach Deutschland verkauft wurde. Da aber eine Zuordnung von Kulturgütern an „die Menschheit" als Völkerrechtssubjekt schwerfällt, soll nach der Idee vom gemeinsamen Erbe der Menschheit im Bereich der Erhaltung des Kulturerbes den Staaten für das in ihrem Territorium belegene Kulturgut eine Art Treuhandschaft für die gesamte Menschheit zugewiesen werden. Der Gemeinschaft soll dann die Aufgabe zukommen, die Objekte in internationaler Zusammenarbeit zu schützen und für die Nachwelt zu bewahren[24]. Sofern man sich auf diese Weise von einem nationalen Kulturgutbegriff verabschiedet, fällt eine Rechtfertigung von Ausfuhrverboten für Kulturgüter zunehmend schwerer.

Eine weitere Tendenz ist die zunehmende Vermarktung von Kunst. Sowohl Kunstwerke als auch allgemein Kulturgutgegenstände sind Handelswaren ge-

---

22 Sog. „Kulturinternationalismus", *Knott*, Anspruch auf Herausgabe, S. 21 f. Zur Idee des „common heritage of mankind" *Dolzer* in: Dolzer/ Jayme/ Mußgnug [Hrsg.], Rechtsfragen des internationalen Kulturgüterschutzes, S. 13 ff.; *Wyss*, Kultur als eine Dimension der Völkerrechtsordnung, S. 116 ff. jeweils m. w. Nachw.

23 Dazu *Jayme* in: Reichelt [Hrsg.], Internationaler Kulturgüterschutz, S. 7 ff., *ders.*, Kunstwerk und Nation, Heidelberg 1991.

24 *Wyss*, Kultur als eine Dimension der Völkerrechtsordnung, S. 139 f.; *Hipp*, Kulturgüterschutz in Deutschland, S. 18; *Fechner* in: Fechner/ Oppermann/ Prott [Hrsg.], Prinzipien des Kulturgüterschutzes, S. 34 f.; *v. Schorlemer*, Kulturgüterschutz, S. 564 ff. Die Übertragung der Verantwortung für das kulturelle Erbe der Menschheit an eine internationale Organisation wie z. B. die UNESCO scheitert in der völkerrechtlichen Praxis bislang daran, daß die UNESCO keine Möglichkeit hat, Maßnahmen zum Schutz von Kulturgut gegen den Willen der Staaten durchzusetzen, jüngstes unrühmliches Beispiel ist die Zerstörung der Buddha-Statuen in Bamijan/Afghanistan durch Taliban-Milizen; vgl. dazu FAZ vom 17.3.2001, S. 12.

worden, mit denen sich lukrative Gewinne erzielen lassen[25]. Daher beschränken die Ausfuhrverbote nicht nur das Eigentumsrecht der Eigentümer von Kulturgütern, sie laufen auch der Idee eines weltweit freien Warenverkehrs zuwider.

Schließlich ist die Erweiterung des Kunst- und Kulturbegriffs zu nennen. Neben einem als materiell bezeichneten Kunstbegriff und einen vom BVerfG formal genannten Kunstbegriff[26], der das Wesentliche eines Kunstwerkes darin sieht, daß es einem bestimmten Werktyp wie der Malerei oder der Bildhauerei zugeordnet werden kann, vertritt das BVerfG noch einen offenen Kunstbegriff[27], der das kennzeichnende Merkmal einer künstlerischen Äußerung darin sieht, daß es wegen der Mannigfaltigkeit ihres Aussagegehalts möglich ist, der Darstellung im Wege einer fortgesetzten Interpretation immer weiterreichende Bedeutungen zu entnehmen, so daß sich eine praktisch unerschöpfliche, vielstufige Informationsvermittlung ergibt. Wenn es damit im Wesentlichen nur noch auf die Interpretationsfähigkeit ankommt, kann alles in die Nähe der Kunst gerückt werden, der Begriff selbst wird ins Uferlose ausgeweitet. Es ist als Folge eines solchen Kunstbegriffes nicht ersichtlich, warum und nach welchen Kriterien Kulturgüter bestimmt werden sollen, die eine Genehmigung für die Ausfuhr benötigen.

Hierbei handelt es sich zwar in erster Linie um kultur- und rechtspolitische Fragestellungen und nicht um juristische. Dennoch sind die oben angestellten Erwägungen für die Frage der Rechtmäßigkeit der ausfuhrbeschränkenden Regelungen und der Nichterteilung der Genehmigung im Einzelfall im Rahmen der Verhältnismäßigkeitsprüfung von Relevanz.

III. Historische Grundlagen des Kulturgüterschutzes

1. Kunstraub in der Antike

Im Laufe der geschichtlichen Entwicklung hat sich der Umgang mit Kulturgütern sowohl in Kriegs- als auch in Friedenszeiten wesentlich gewandelt. In der Antike

---

25 Nach *Taschner* in: Reichelt [Hrsg.], Internationaler Kulturgüterschutz, S. 100, betrug der Exportwert aller Kunstgegenstände, Sammlungen oder Antiquitäten aus der EG in Drittländer im Jahr 1989 bereits fast 8 Mrd. DM. Von einem weiteren Anstieg der Summe ist auszugehen.

26 BVerfGE 67, S. 213 (225); vgl. noch BVerfGE 30, S. 173 (188 f.), in der das BVerfG noch von der Definierbarkeit der Kunst ausgegangen ist.

27 Vgl. BVerfGE 67, S. 213 (227 ff.); *Pieroth/Schlink*, Grundrechte Staatsrecht II, Rdnr. 610 ff.

war es üblich, im Verlauf von kriegerischen Auseinandersetzungen Kunstschätze der eroberten Gebiete als Trophäen zu behandeln und diese in die Heimat der Sieger zu bringen[28]. Hintergrund für dieses Verhalten war zumeist eine religiöse Motivation. Bei den beschlagnahmten Kulturgütern handelte es sich nämlich fast durchweg um Symbole von Göttern oder Götterbilder. In dem Glauben, den besiegten Feind durch die Wegnahme seiner religiösen Symbole am schwersten treffen zu können, wurden die Gegenstände von ihrem Ursprungsort entfernt[29].

Die Römer praktizierten erstmals bei ihren Feldzügen Kunstannexionen, bei denen neben der religiösen Motivation sowie der Sammelleidenschaft und Triumphsucht der Feldherren noch weitere Aspekte im Vordergrund standen. So wurde schon früh der wirtschaftliche Wert von Kulturgütern erkannt[30]. Rom errichtete ein regelrechtes System des Kunstraubes. Dabei war das Kunstbeuterecht ein fester Bestandteil des Kriegsrechts[31]. Das Kulturgut der Besiegten wurde als „res nullius“ behandelt, das durch Beschlagnahme automatisch in das Eigentum der siegreichen Römer überging. Die mit dem Kunstbeuterecht verbundenen Rechtsprinzipien wurden später in den Justinianischen Kodifikationen festgeschrieben[32]. Diese Vorgehensweise wurde in der Antike nur vereinzelt kritisiert. Neben Cicero, der aus moralischer Sicht und nicht mit juristischen Argumenten die Verbringung und Zerstörung von fremden Kulturgütern anklagte[33], wurde in Rom kritisiert, daß die Stadt mit den schönsten Schätzen griechischer Heiligtümer geschmückt werden solle[34]. Restitutionen, also die Rückführung des geraubten Kunstgutes, kamen in der Antike so gut wie nicht vor[35]. Die meisten der erbeuteten Stücke blieben, wohin man sie verbracht hatte.

---

28 *Reichelt* in: dies. [Hrsg.], Internationaler Kulturgüterschutz, S. 6; *Engstler*, S. 78; *Maurer*, Die Ausfuhr von Kulturgütern, S. 8.

29 *Engstler*, S. 78.

30 *Engstler*, S. 79.

31 *Schmeinck*, S. 31.

32 *Maurer*, Die Ausfuhr von Kulturgütern, S. 9.

33 *Schmeinck*, S. 32 m. w. Nachw.; *Maurer*, Die Ausfuhr von Kulturgütern, S. 9.

34 *Engstler*, S. 81.

35 Ausnahmen listen *Engstler*, S. 80 ff. und *Schmeinck*, S. 32 auf.

2. *Die Zeit des Westfälischen Friedens*

Die zuvor beschriebene Praxis, daß jeder Krieg auch zur dauernden Verschleppung von zahlreichen Kunstwerken und anderen Kulturgütern mißbraucht wurde, setzte sich bis zur Mitte des 17. Jahrhunderts fort[36]. Solange die alte Kriegsauffassung nicht überwunden war und das anerkannte Beuterecht der Feldherrn und Soldaten sich in selbstverständlicher Weise auch auf den Kulturbesitz der unterworfenen Völker erstreckte, konnte sich daran nichts ändern. Eine der wenigen Ausnahmen bildete Karl der Große, der den Grundsatz entwickelte, daß Kunstwerke an ihren Ursprungsorten verbleiben sollten, sofern nicht eine freie Zustimmung ihres Inhabers zu ihrer Verbringung vorliege[37]. Symptomatisch für diese Epoche waren aber eher Plünderungen ganzer Städte. Mit dem Westfälischen Frieden im Jahre 1648, der den 30-jährigen Krieg beendete, kam der endgültige Wendepunkt. Zum ersten Mal in der Geschichte des Völkerrechts wurde eine ausdrückliche Restitutionsregelung in einen internationalen Friedensvertrag aufgenommen. Wortgleich ordneten Paragraph 110 des Vertrages von Münster (IPM) und Art. XVI Paragraph 15 des Vertrages von Osnabrück (IPO) die Rückgabe von Archiven, literarischen Dokumenten und sonstiger beweglicher Sachen an, die während der kriegerischen Besatzung verschleppt worden waren[38]. Ausnahmen von dieser allgemeinen Rückgabeverpflichtung sollten nach Paragraph 45 IPM bzw. Art. IV Paragraph 56 IPO nur dort zulässig sein, wo Sachen nicht restituiert oder zurückgegeben werden konnten[39]. Das Friedensvertragsrecht verpflichtete aber nur die Vertragspartner und hatte dadurch keine allgemeine Wirkung.

In der Folgezeit erlangten die Lehren John Lockes (1632-1704), Jean Jaques Rousseaus (1712-1778) und Georg Friedrich von Martens (1756-1821) über die generelle Unantastbarkeit kulturellen Besitzes im Landkrieg weite Verbreitung[40].

---

36 *Engstler*, S. 84.

37 *Maurer*, Die Ausfuhr von Kulturgütern, S. 9; *Schmeinck*, S. 32 m. Fn. 11.

38 „Restituantur etiam archiva et documenta literaria aliaque mobilia ut et tormenta bellica, quae in dictis locis tempore occupationis reperta sunt et adhuc ibi salva reperiuntur", zitiert nach *Maurer*, Die Ausfuhr von Kulturgütern, S. 9 m. Fn. 21.

39 „A dicta tamen universali restitutione excepta sunto, que restitui vel redhiberi nequent:...", zitiert nach *Maurer*, Die Ausfuhr von Kulturgütern, S. 10 m. Fn. 22.

40 *Schmeinck*, S. 33.

So wurde das Kriegsbeuterecht im Verlaufe des 17. und insbesondere des 18. Jahrhunderts immer mehr zurückgedrängt. An seine Stelle trat zunehmend der Respekt vor der natürlich Bindung der Kunst- und Kulturwerte, was zahlreiche Restitutionen mit sich brachte.

3. Die napoleonischen Kriege

Eine erneute Kehrtwende erfuhr diese Entwicklung im Verlauf der napoleonischen Kriege zwischen 1803 und 1814. In dieser Zeit überzogen französische Truppen ganz Europa mit Krieg, in dessen Verlauf in allen eroberten Gebieten nach antikem Vorbild ungeheure Mengen von Kunstschätzen aus Museen, Kirchen und Klöstern sowie aus Privatbesitz geraubt wurden[41]. Die Gegenstände wurden zumeist in das 1793 neu eröffnete „Musée Napoléon", den heutigen Louvre, nach Paris gebracht. So entstand dort innerhalb von nur zwei Jahrzehnten die umfangreichste Sammlung der Erde, die Meisterwerke nahezu aller Nationen beinhaltete[42].

Mit dem Sieg der Alliierten über Napoleons Armeen im Juni 1815 hatten die Siegermächte die Aufgabe, die in Paris angesammelten Kunstschätze wieder an ihre Ursprungsorte zurückzugeben und so den in großem Stil angelegten Kunstraub wieder rückgängig zu machen. Auf dem Wiener Kongreß vom Herbst 1814 bis zum Sommer 1815 wurde deshalb die Territorialbindung von Kunstwerken betont[43]. Im Ergebnis stellte der Wiener Kongreß den *status quo ante* wieder her, d. h. die verlagerten Güter wurden in ihre Herkunftsländer rückgeführt. Damit fanden das Verbot der Wegnahme von Kunstwerken und sonstigen Kulturgütern im Krieg und die Restitution als zwangsläufige Sanktion einer Verletzung dieses Verbots ihre erste offizielle Anerkennung durch die Staatengemeinschaft[44].

---

41 *Engstler*, S. 92.

42 *Engstler*, S. 92; *Schmeinck*, S. 34.

43 Vgl. dazu *Schmeinck*, S. 34; *Maurer*, Die Ausfuhr von Kulturgütern, S. 13.

44 *Engstler*, S. 116.

4. *Kulturgüterschutz im 19. Jahrhundert*

Die durch die napoleonischen Kriege vorübergehend unterbrochene Entwicklung hin zu einem internationalen Kulturgüterschutz konnte Anfang des 19. Jahrhunderts fortgeführt werden. Grund hierfür war eine wachsende Überzeugung der Schutzwürdigkeit des kulturellen Erbes aller Nationen sowohl zur Schonung von Kulturgütern in kriegerischen Auseinandersetzungen als auch zu zahlreichen Restitutionen[45]. Die Nationen begannen, sich durch ihre Künstler und deren Kunstwerke zu identifizieren. Das Bestreben, solche Werke dauerhaft zu erhalten und den nachfolgenden Generationen zugänglich zu machen, weckte das Bedürfnis nach rechtlicher Absicherung des status quo[46]. Neben kirchlichen Edikten und Kodifikationen zur Verbringung von Kulturgütern in Friedenszeiten ist einem Werk eine große Bedeutung beizumessen, das selbst keinen Normcharakter hatte. Die als „Lieber-Code" bezeichneten Militärinstruktionen Präsident Lincolns von 1863 legten unverbindliche Grundsätze für die Humanisierung des Krieges fest[47]. Die Anweisungen bestimmten, daß private Kunstschätze gänzlich der Beschlagnahme entzogen werden sollten. Eine offizielle Absage an das Kriegsbeuterecht erteilte die Haager Landkriegsordnung (HLKO) von 1907[48], deren Art. 56 Abs. 2 die Beschlagnahme „von geschichtlichen Denkmälern oder von Werken der Kunst und Wissenschaft" untersagt. Der Geltungsbereich der HLKO beschränkt sich jedoch vornehmlich auf den Zeitpunkt nach Beendigung kriegerischer Auseinandersetzungen, während die Phase der Kampfhandlungen nur rudimentär in Art. 27 behandelt wird. Dort heißt es nur, daß Gebäude der Kunst „so viel wie möglich" geschont werden sollen.

Ende des 19., Anfang des 20. Jahrhunderts kam es in fast allen europäischen Staaten zu einer Kodifikationswelle zum Schutz des Kulturgutes. Dabei fielen die Gesetze im wesentlichen um so strenger aus, je höher der Kulturreichtum war. Diese ungleiche Entwicklung stellt auch heute noch bei der gegenseitigen Aner-

---

45 Der englische Richter Sir Alexander Croke qualifizierte bereits im Jahr 1813 während des britisch-amerikanischen Krieges „Kulturgüter als Eigentum der ganzen Menschheit" und gab damit einen Anstoß für die weitere Entwicklung, vgl. *Maurer*, Die Ausfuhr von Kulturgütern, S. 13.

46 *Bila*, Nationaler Kulturgüterschutz, S. 12.

47 *Bila*, Nationaler Kulturgüterschutz, S. 11.

48 RGBl. 1910, S. 107, 256.

kennung eines der größten Probleme bei der Anwendung und Harmonisierung der nationalen Kulturgüterschutzbestimmungen dar[49].

5. *Die Zeit der Weltkriege*

Während des Ersten Weltkrieges (1914-1918) ist es zu keinen systematischen Kunstrauben der kriegführenden Parteien gekommen. Die zu Schutzzwecken abtransportierten Kunstgegenstände wurden nach Beendigung der Kampfhandlungen wieder an ihre Herkunftsorte gebracht[50]. Dazu enthielt der Versailler Vertrag vom 28. 6. 1919 zwischen dem deutschen Reich und den Ententemächten mehrere Restitutionsregelungen[51]. Nach diesen Regelungen waren weggenommene, beschlagnahmte oder sequestrierte Gegenstände, die als solche identifiziert werden konnten, zurückzugeben. Der Vertrag trennte damit erstmals eindeutig zwischen Reparation und Restitution als Arten der Wiedergutmachung, die sich dann allgemein durchsetzten. Bei der Reparation handelt es sich um die seit dem Altertum bekannte Kriegsentschädigung in Form eines Tributes. Bei der Restitution hingegen werden Individualgegenstände, die dem Eigentümer unrechtmäßigerweise entzogen worden sind, an diesen zurückgegeben[52].

Mit Beginn des Zweiten Weltkrieges verschlechterte sich die Lage für den Kulturgüterschutz erheblich. Die zwangsweise Wegschaffung von Kunstgegenständen aus den besetzten Gebieten erwies sich als charakteristisch für die Zeit von 1939 bis 1945[53]. Zu unterscheiden sind in dieser Epoche die von deutscher Seite ausgehenden Tätigkeiten und solche seitens der alliierten Siegermächte.

Von deutschen Truppen wurden Kunstannexionen in großem Stil durchgeführt. Da man von der Idee überzeugt war, daß die antike und europäische Kunst ihren Ursprung in der germanischen Kultur habe, richtete man an allen besetzten Orten sog. Kunstschutzabteilungen ein, die zunächst für den Erhalt der betreffenden Gegenstände und danach für die Verbringung der Gegenstände nach Deutschland

---

49 *Bila*, Nationaler Kulturgüterschutz, S. 12 m. w. Nachw.

50 *Engstler*, S. 122 f.; *Schmeinck*, S. 35; *Maurer*, Die Ausfuhr von Kulturgütern, S. 16.

51 Art. 238 enthält eine allgemeine Restitutionsregel, Art. 245 betrifft die Restitution speziell an Frankreich, Art. 246 regelt die Rückführung einzelner, im Vertrag aufgeführter Kunstschätze; vgl. *Bila*, Nationaler Kulturgüterschutz, S. 13 f.; *Schmeinck*, S. 35.

52 *Bila*, Nationaler Kulturgüterschutz, S. 13.

53 *Schmeinck*, S. 36; *Bila*, Nationaler Kulturgüterschutz, S. 14.

sorgen sollten[54]. Offiziell wurde dieses Vorgehen mit der Notwendigkeit einer Sicherstellung zu Schutzzwecken begründet. Die Verbringung nach Deutschland macht aber deutlich, daß in vielen Fällen an eine Rückführung nicht gedacht war. Die Pläne Hitlers gingen vielmehr dahin, ein Zentralmuseum in Linz zu errichten, das nach dem Vorbild des „Musée Napoléon" Kunstschätze aus ganz Europa beherbergen und durch Umfang und Qualität alle bisherigen europäischen Museen übertreffen sollte[55].

Die durch den systematischen Kunstraub in Deutschland angesammelten Gegenstände wurden während des Luftkrieges zusammen mit einheimischen Kunstgegenständen an geschützte Orte gebracht. Dazu wurden Schlösser, Klöster, Bergwerksminen und Salinen vornehmlich in Thüringen und im süddeutschen Raum benutzt[56]. Als die deutsche Führung im Frühjahr 1945 davon Kenntnis erhielt, daß Deutschland nach Kriegsende in verschiedene Besatzungszonen eingeteilt werden sollte, wurde ein Großteil der ausgelagerten Kunstschätze in den süddeutschen Raum verbracht. Da man von dem Gedanken beseelt war, die Schätze nicht in Feindeshand gelangen zu lassen, wurden in den letzten Kriegstagen Vorbereitungen zur Sprengung der Depots getroffen, zu denen es aber nicht mehr kam.

Mit dem Einzug der Alliierten in das besiegte Deutschland stießen diese nach und nach auf die einzelnen Kunstsammellager. Speziell die USA und die damalige Sowjetunion erlangten die Kontrolle über die Orte, in denen die Kunstschätze lagerten. Den sowjetischen Truppen fielen bekannte Werke wie der Pergamonaltar sowie zahlreiche ägyptische Großplastiken und griechische und römische Skulpturen in die Hände, die daraufhin in die Sowjetunion transportiert wurden. Nachdem ausgewählte Stücke publikumswirksam in der UdSSR in Ausstellungen gezeigt worden waren, sind die Gegenstände ab 1958 zu großen Teilen an die damalige DDR zurückgegeben worden[57].

Auch die amerikanischen Truppen stießen auf zahlreiche Depots, in denen bedeutende Kunstschätze ausgelagert waren. Ihr Ziel war es, sowohl die von den

---

54 *Schmeinck*, S. 36.

55 Vgl. *Schmeinck*, S. 36 f.

56 *Engstler*, S. 139.

57 *Schmeinck*, S. 38.

deutschen Truppen erbeuteten Kunstschätze anderer Nationen zu bergen und an diese zurückzugeben als auch deutsche Kulturgüter vor mutwilliger Zerstörung zu sichern[58]. Das seitens der amerikanischen Truppen und ihrer Kunstschutzoffiziere angetroffene Gut sollte nach einem offiziellen Beschluß des Office of Military Government for Germany (OMGUS) zu sog. Central Collecting Points[59] gebracht werden, wo es katalogisiert und über sein weiteres Schicksal entschieden werden sollte[60]. Der Gedanke, die Kunstschätze zu Sicherungszwecken in die USA auszulagern, stieß dabei in den eigenen Reihen auf Widerstand, so daß die Gegenstände zumeist unter Aufsicht der amerikanischen Truppen blieben und ab 1949 an die Bundesrepublik zurückgegeben wurden.

Sowohl auf amerikanischer als auch auf sowjetischer Seite kam es immer wieder zu illegalen Verbringungen von Kulturgut, die zumeist von einzelnen Soldaten begangen wurde. Diese nahmen Bilder und Gegenstände als private „Beutestücke“ mit in ihr Heimatland.

Nach Beendigung des Zweiten Weltkrieges wurden die rechtlichen Grundlagen für die Restitutionen außer Landes gebrachter Kulturgüter geschaffen. In den Nürnberger Prozessen wurde die fehlende militärische Notwendigkeit der Verschleppung von Kulturgütern festgestellt, die dafür Verantwortlichen wurden verurteilt und die Beschlagnahmen wurden rückgängig gemacht[61]. Aber auch die Siegermächte ihrerseits begannen damit, erbeutetes Kulturgut an Deutschland herauszugeben. Während vor allem die USA ihrer Rückgabepflicht weitestgehend nachgekommen sind[62], läßt die Restitution im Fall der Nachfolgestaaten der Sowjetunion zu wünschen übrig[63]. Immer wieder kommt es medienwirksam bei offiziellen Staatsbesuchen zur Rückgabe von einzelnen Gegenständen, die als

---

[58] *Schmeinck*, S. 39.

[59] U. a. wurden Central Collecting Points in Marburg, Wiesbaden und München eingerichtet.

[60] *Schmeinck*, S. 39 f.

[61] Zur Rückabwicklung der Kunstraubzüge der Nationalsozialisten vgl. *Heuer*, NJW 1999, S. 2558 ff.; zur Besitz- und Eigentumssituation bei gestohlenen und sonst abhanden gekommenen Kunstwerken jüdischen Kunstbesitzes vgl. *Müller-Katzenburg*, NJW 1999, S. 2551 (2552).

[62] Die meisten Rechtsstreitigkeiten der letzten Jahre in diesem Bereich beziehen sich weitestgehend auf die Folgen von Diebstählen, die durch US-Soldaten bei Kriegsende begangen worden waren.

[63] Vgl. zum umfangreichen Schrifttum zu dieser Problematik nur *Schoen*, NJW 2001, S. 537 ff. und darauf erwidernd *Hirsch*, NJW 2001, S. 1627, die das hier immer noch bestehende Spannungsfeld deutlich machen.

Geste des guten Willens gedacht sind, aber nur einen Tropfen auf den heißen Stein darstellen.

Nach dem Zweiten Weltkrieg entwickelte sich das Kulturgüterschutzrecht zum Großteil unter der Schirmherrschaft der 1945 gegründeten United Nations Educational, Scientific and Cultural Organisation (*UNESCO*) weiter und zwar zumeist als Recht zu Friedenszeiten[64]. Hervorzuheben ist aber noch die Haager Konvention von 1954 zum Schutz von Kulturgut bei bewaffneten Konflikten [65], die eine erste Definition des Begriffes „Kulturgut“ in einem internationalen Abkommen festgeschrieben hat[66]. Nach Art. 1 des Abkommens sind Kulturgüter bewegliche oder unbewegliche Sachen von hohem kulturellen Wert, wie Denkmäler der Architektur, Kunst oder Geschichte sowie Museen, Bibliotheken und Archive. Der entscheidende Durchbruch der Konvention ist in der Erklärung des Kulturguts zum Weltkulturerbe der gesamten Menschheit zu sehen, das auch der Besitzerstaat schützen muß[67].

IV. Überblick über die Regelungen zur Erhaltung des Kulturbesitzes

Der Regelungskomplex zur Erhaltung des Kulturbesitzes ist als weit verzweigtes Schutzsystem angelegt.

Eine Gliederung kann nicht nur nach den verschiedenen Rechtsquellen, sondern auch nach dem Regelungsgegenstand der jeweiligen Normen vorgenommen werden. Im folgenden wird nach dem Regelungsgegenstand unterschieden, da eine solche Differenzierung durch den vielschichtigen Begriff des „Kulturgüterschutzes“ nahegelegt wird. Einschlägige Regelungen finden sich nicht nur im Völkerrecht und im Gemeinschaftsrecht, sondern auch im nationalen Recht. Mittlerweile existieren in allen Mitgliedstaaten der EU nationale Regelungen zur Erhaltung des Kulturerbes. Im Rahmen dieser Arbeit soll bei den nationalen Regelungen nur die deutsche Perspektive betrachtet werden. Eine Einteilung der

---

64 Dazu *Maurer*, Die Ausfuhr von Kulturgütern, S. 20 f.

65 Convention for the Protection of Cultural Property in the Event of armed Conflict, BGBl. 1967 II S. 1233; für die Bundesrepublik am 11. 11. 1967 in Kraft getreten (vgl. BGBl. II S. 2471); zur Konvention vgl. *Hartwig*, NZWehrR 1967, S. 97 ff. und 145 ff.

66 Zum Kulturgutbegriff in den Haager Konventionen vgl. *Hönes*, DÖV 1998, S. 538 (541); *ders.*, DÖV 1998, S. 985 ff.

67 *Maurer*, Die Ausfuhr von Kulturgütern, S. 21 m. w. Nachw.

Normen ist danach vorzunehmen, ob die Normen den Gegenstand vor Verfall oder Zerstörung schützen[68] oder der Belegenheit der Sache in einem bestimmten Land dienen sollen. Im zweiten Fall kann die Zielrichtung der Vorschriften entweder darauf gerichtet sein, eine Abwanderung des Kulturbesitzes in das Ausland zu verhindern[69] oder dem Staat das Recht einzuräumen, rechtswidrig ausgeführtes Kulturgut zurückzuverlangen[70]. Schließlich existieren spezielle Vorschriften, die die Erhaltung des Kulturerbes in Kriegszeiten regeln[71].

1. Regelungen zum Schutz des Kulturgutes vor Verfall und Zerstörung

a. Völkerrechtliche Regelungen

Im Völkerrecht ist zunächst die Satzung der UNESCO einschlägig. In Art. 1 Abs. 2 lit. c der UNESCO-Satzung[72] wird der Schutz des Kulturbesitzes vor Zerfall und Zerstörung geregelt. Ein solcher Schutz ist auch in heutigen Zeiten noch notwendig. Dies hat zuletzt das Beispiel der in Bamijan/Afghanistan durch Taliban-Milizen zerstörten Buddha-Statuen gezeigt. Nach der genannten Regelung soll die UNESCO u. a. durch Erhaltung und Schutz des Erbes der Welt an Büchern, Kunstwerken und Denkmälern der Geschichte und Wissenschaft sowie dadurch, daß sie den betreffenden Staaten die diesbezüglich erforderlichen internationalen Übereinkommen empfiehlt, Kenntnisse aufrecht erhalten, vertiefen und verbreiten, um zur Wahrung des Friedens und der Sicherheit durch Förderung der Zusammenarbeit zwischen den Völkern (Art. 1 Abs. 1 der Satzung) beizutragen. Weiterhin einschlägig ist das völkerrechtliche Übereinkommen zum Schutz des Kultur- und Naturerbes der Welt vom 23. 11. 1972[73]. Dieses Übereinkommen verpflichtet die Vertragsstaaten zur Erfassung, zum Schutz und zur Erhaltung in Bestand und Wertigkeit des in ihrem Hoheitsgebiet befindlichen, in den Art. 1 und 2 näher bezeichneten Kultur- und Naturerbes sowie zur Sicher-

---

[68] Vgl. dazu auf Seite 18 dieser Arbeit.

[69] Vgl. dazu auf Seite 20 dieser Arbeit.

[70] Dazu auf Seite 23 dieser Arbeit.

[71] Hierzu auf Seite 33 dieser Arbeit.

[72] BGBl. 1971 II, S. 473 ff.

[73] BGBl. 1977 II, S. 215; das Übereinkommen ist als solches am 17.12.1975, in der Bundesrepublik Deutschland gemäß Bek. vom 2.2.1977 am 23.11.1976 in Kraft getreten (BGBl. 1977 II, S. 213).

stellung der Weitergabe an künftige Generationen und zur internationalen Zusammenarbeit (Art. 4 ff. des Übereinkommens). Zuletzt ist die Internationale Studienzentrale für die Erhaltung und Restaurierung von Kulturgut[74] – ICCROM – geschaffen worden, die die in ihrem Namen ausgedrückten Ziele verfolgt.

b. Gemeinschaftsrechtliche Regelungen

Gem. Art. 151 Abs. 1 EGV leistet die Europäische Gemeinschaft nicht nur einen Beitrag zur Entfaltung der Kultur in den Mitgliedstaaten, sondern auch zur Wahrung der nationalen und regionalen Vielfalt sowie zur gleichzeitigen Hervorhebung des gemeinsamen kulturellen Erbes. Die Gemeinschaft soll durch ihr Tätigwerden die Zusammenarbeit zwischen den Mitgliedstaaten und mit dritten Ländern sowie den für den Kulturbereich zuständigen internationalen Organisationen, insbesondere dem Europarat (Art. 151 Abs. 1, 2 EGV) fördern. Zu diesem Zweck kann sie die Aktivitäten der Mitgliedstaaten unterstützen oder ergänzen, wobei der Rat die Fördermaßnahmen zu erlassen oder auf Vorschlag der Kommission Empfehlungen abzugeben hat[75]. Die Entscheidung des Rates muß einstimmig ergehen. Mittlerweile hat die Europäische Gemeinschaft einige Förderprogramme zur Erhaltung und zum Schutz des kulturellen Erbes aufgelegt[76]. Die größte Bedeutung für den hier einschlägigen Bereich hat der Beschluß des Rates 2228/97/EG vom 13. 10. 1997 über ein Aktionsprogramm der Gemeinschaft zur Erhaltung des kulturellen Erbes (*Raphael*)[77]. Im November 1998 hat die EG-Kommission unter dem Titel „Kultur 2000" einen Vorschlag für ein „einheitliches Finanzierungs- und Planungsinstrument zur Förderung der kulturellen Zusammenarbeit (2000-2004)"[78] vorgelegt. Zweck dieser Maßnahme ist es, die vielfältigen kulturellen Förderprogramme der Europäischen Gemeinschaft unter einem Dach zusammenzufassen[79].

---

74 Vgl. BGBl. 1997 II, S. 646 ff.

75 Vgl. Art. 151 Abs. 5 EGV; näher zur Kulturkompetenz der Gemeinschaft *Ress*, DÖV 1992, S. 944 ff.; *Ress/Ukrow* in: Grabitz/Hilf, Art. 128 Rdnr. 27.

76 Vgl. die Übersicht bei *Blanke* in: Calliess/Ruffert, EUV/EGV, Art. 151 Rdnr. 21.

77 ABl. 1997 L 305/31; die Förderprogramme gehen auf den „Ersten Bericht über die Berücksichtigung der kulturellen Aspekte und der Tätigkeit der Europäischen Gemeinschaft" der EG-Kommission vom 17.4.1996 zurück, vgl. KOM [96] 160 endg.

78 KOM [98] 673 endg. vom 16. 11. 1998.

79 Vgl. dazu *Wägenbaur*, EuZW 1998, S. 610.

c. *Nationale Regelungen*

Im nationalen Recht der Bundesrepublik sind Regelungen zum Schutz des Kulturerbes vor Zerfall und Zerstörung vor allem in den Denkmalschutzgesetzen der Länder[80], in §§ 1 Abs. 5 Nr. 5, 35 Abs. 3, 5. Spiegelstrich, 172 Abs. 3, 177 Abs. 3 Nr. 3 BauGB sowie in den §§ 243 Abs. 1 Nr. 4 und 5, 304 StGB enthalten. Weitere Regelungen finden sich im Gesetz über die Stiftung Preußischer Kulturbesitz[81]. Nach § 3 Abs. 1 des Gesetzes hat die Stiftung den Zweck, die ihr übertragenen Kulturgüter zu bewahren, zu pflegen und zu ergänzen. Weiterhin soll sie eine wissenschaftliche Auswertung der Gegenstände gewährleisten und den Kulturaustausch der Völker fördern.

2. *Regelungen zum Schutz des Kulturgutes vor Abwanderung in das Ausland*

a. *Völkerrechtliche Regelungen*

Das UNESCO-Übereinkommen über Maßnahmen zum Verbot und zur Verhütung der unzulässigen Einfuhr, Ausfuhr und Übereignung von Kulturgut vom 14. 11. 1970[82] verbietet die Einfuhr, Ausfuhr und Übereignung von Kulturgut, wenn sie im Widerspruch zu den Bestimmungen stehen, die von den Vertragsstaaten in diesem Übereinkommen angenommen worden sind (Art. 3). Dieses Verbot gilt jedoch nicht in der Bundesrepublik, da diese wegen „Bedenken aufgrund der tiefgreifenden Einschnitte in das Privatrecht“[83] das Übereinkommen nicht ratifiziert hat. Im Gegensatz dazu ist das Europarats-Abkommen zum Schutz archäologischen Kulturguts vom 6. 5. 1969 von der Bundesrepublik ratifiziert und in innerstaatliches Recht übernommen worden[84]. Das Abkommen regelt den Erwerb von bzw. den Verkehr mit solchen archäologischen Gegenständen,

---

80 Siehe dazu *Schmahl*, Die Kulturkompetenz der Europäischen Gemeinschaft, S. 49; *Hönes*, BayVBl. 1989, S. 38 (41 f.); *Pieroth/Kampmann*, NJW 1990, S. 1385 (1386 m. Fn. 8).

81 BGBl. 1957 I S. 841, zuletzt geändert durch Gesetz vom 28. 6. 1990, BGBl. 1990 I, S. 1221. Zur Stiftung Preußischer Kulturbesitz vgl. *Wormit*, DVBl. 1981, S. 752 ff.; *Hofmann*, Verw 21 [1988], S. 63 ff.

82 Abgedruckt als Anlage zu BT-Drs. VI/3511.

83 *Hipp*, Kulturgüterschutz in Deutschland, S. 420 f.

84 Gesetz vom 17. 10. 1974, BGBl. 1974 II, S. 1285 ff.

bei denen der Verdacht besteht, daß sie aus unzulässigen Ausgrabungen stammen oder bei amtlichen Ausgrabungen entwendet wurden (Art. 6 Abs. 2). Das Abkommen knüpft nicht an einen grenzüberschreitenden Sachverhalt an und erfaßt auch rein innerstaatliche Vorgänge. Es handelt sich damit nicht um eine spezifische Regelung im Bereich des Außenwirtschaftsrechts[85].

b. Gemeinschaftsrechtliche Regelungen

Auf der Ebene des Gemeinschaftsrechts wird die Ausfuhr von Kulturgütern aus der Europäischen Gemeinschaft in Drittstaaten durch die im dritten Kapitel dieser Arbeit erörterte VO 3911/92 geregelt. Tendenziell bezweckt die Verordnung, möglichst viele Kulturgüter zu erfassen. Diese können von nur durchschnittlicher und geringer Bedeutung für den Kulturbesitz eines Mitgliedstaates sein. Dies ist der Grund, warum im Anhang der Verordnung mehr Gegenstände als in dem in Deutschland geltenden „Verzeichnis national wertvollen Kulturgutes" aufgeführt werden. Gleichzeitig führt dies dazu, daß man für die Ausfuhr eines Gegenstandes aus der Europäischen Gemeinschaft gegebenenfalls auch dann eine Genehmigung vorweisen muß, wenn der Gegenstand gar kein Kulturgut i. S. d. deutschen Rechts ist[86]. Dieser Umstand ist vor allem vom Kunsthandel kritisiert worden. Es bestehen jedoch funktionale Zusammenhänge zwischen der mitgliedstaatlichen Kompetenz zur Entscheidung über das schützenswerte Nationalgut, dem Binnenmarktkonzept der Europäischen Gemeinschaft und der notwendigen Kontrolle an den Außengrenzen. Sofern Mitgliedstaaten einzelstaatlich Entscheidungen treffen sollen, der Binnenmarkt im Gegensatz dazu aber einen Raum ohne Binnengrenzen umfaßt (Art. 14 Abs. 2 EGV a. F.), sollte das von der Europäischen Gemeinschaft für den Außenhandel aufgestellte Kontrollregime nicht nur eine Mindestanzahl von allgemein anerkannten Kulturgütern schützen[87].

c. Nationale Regelungen

In Deutschland muß die Ausfuhr eines in ein Verzeichnis eingetragenen Kulturguts (§ 1 Abs. 4) oder Archivguts (§ 10 Abs. 1 S. 2) gemäß dem nunmehr in der

---

85 Vgl. auch *Pieroth/Kampmann*, NJW 1990, S. 1385.

86 Vgl. auch *Bila*, Nationaler Kulturgüterschutz, S. 156, 158.

87 Wie hier *Ehlers* in: GH II/Krenzler, E 17 Rdnr. 9. A. A. *Schwarze* JZ 1994, S. 111 (117), der im Ergebnis aber ebenfalls die VO 3911/92 verteidigt.

Fassung der Bekanntmachung vom 8. 7. 1999[88] geltenden Gesetz zum Schutz deutschen Kulturguts gegen Abwanderung vom 6. 8. 1955[89] genehmigt werden[90]. Zweck der Regelung ist es, einer Abwanderung des Gegenstandes ins Ausland vorzubeugen, wenn sie einen wesentlichen Verlust für den deutschen Kulturbesitz (§ 1 Abs. 1 S. 1) bzw. für die deutsche politische, Kultur- und Wirtschaftsgeschichte (§ 10 Abs. 1 S. 1) bedeuten würde. Auch das landesrechtliche Denkmalschutzrecht stellt die Verbringung von Denkmälern an einen anderen Ort unter einen Erlaubnisvorbehalt[91]. Die Erlaubnis ist zu erteilen, wenn Gründe des Denkmalschutzes nicht entgegenstehen oder wenn ein überwiegendes öffentliches Interesse die Maßnahme verlangt[92].

Bei einem Vergleich zwischen den einzelnen von den Mitgliedstaaten der Europäischen Gemeinschaft erlassenen nationalen Regelungen zum Kulturgüterschutz stellt man ein „Nord-Süd-Gefälle" fest. Während die im Norden Europas angesiedelten Staaten den Kulturgüterschutz zumeist großzügig handhaben[93], unterstellen einige südliche Mitgliedstaaten (namentlich Italien und Griechenland) ihre Kulturschätze einem umfassenden Schutz. Wiederum andere Mitgliedstaaten (wie z. B. Frankreich) verfolgen einen Ansatz, der als vermittelnd bezeichnet werden kann[94]. Die Bundesrepublik gehört bei einer solchen Einteilung der Gruppe der nördlichen Länder an.

---

88 BGBl. 1999 I, S. 1754.

89 Im folgenden KultSchG.

90 Das KultSchG ist zuletzt durch das als Art. 2 des Kulturgutsicherungsgesetzes vom 15.10.1998, BGBl. 1998 I, S. 3162 ff., im folgenden KultgutSiG, erlassene Kulturgutschutzgesetzänderungsgesetz (KultSchGÄndG) geändert worden; vgl. dazu *v. Preuschen*, EuZW 1999, S. 40 ff.

91 Vgl. etwa § 9 DSchG NW.

92 § 9 Abs. 2 DSchG NW.

93 Anders aber z. B. Finnland, vgl. *Mußgnug*, EuR 2000, S. 564 (577).

94 Zur Reform des Kunstmarktes in Frankreich vgl. FAZ vom 19.6.1999, S. 51. Eingehend zu den verschiedenen mitgliedstaatlichen Ansätzen u. a. *Bila*, Nationaler Kulturgüterschutz, S. 36 ff.; *Maurer*, Die Ausfuhr von Kulturgütern, S. 109 ff.; *Jayme*, ZVglRWiss 95 [1996], S. 158 (163); *Schwarze*, JZ 1994, S. 111 (114).

3. *Regelungen über die Rückführung von illegal verbrachtem Kulturgut*

a. *Völkerrechtliche Regelungen*

Gestohlene oder illegal aus- bzw. eingeführte Kulturgüter müssen nach dem oben genannten, von der Bundesrepublik Deutschland nicht ratifizierten völkerrechtlichen UNESCO-Übereinkommen zum Verbot und zur Verhütung der unzulässigen Einfuhr, Ausfuhr und Übereignung von Kulturgut zurückgeführt werden. Weiterhin einschlägig in diesem Regelungskomplex ist die UNIDROIT-Convention on Stolen or Illegally Exported Cultural Objects von 1995 (UNIDROIT-Übereinkommen über gestohlene oder rechtswidrig ausgeführte Kulturgüter)[95]. Die Regelungen dieses Übereinkommens sind bisher aber erst von wenigen Staaten in innerstaatliches Recht überführt worden. Die Bundesrepublik ist an dieser Stelle noch nicht tätig geworden[96].

b. *Gemeinschaftsrechtliche Regelungen*

Von der Europäischen Gemeinschaft ist auf diesem Gebiet die RiLi 93/7/EWG über die Rückgabe von unrechtmäßig aus dem Hoheitsgebiet eines Mitgliedstaats verbrachten Kulturgütern vom 15. 3. 1993 erlassen worden[97]. Zweck der Richtlinie ist es, die innerhalb der EG ohne Genehmigung von einem Mitgliedstaat in einen anderen verbrachten Kulturgüter in den rechtmäßigen Belegenheitsstaat zurückzuführen[98]. Die Richtlinie definiert Kulturgütern als Gegenstände, die vor oder nach der unrechtmäßigen Verbringung aus dem Hoheitsgebiet eines Mitgliedstaates nach den einzelstaatlichen Vorschriften oder Verwaltungsverfahren i. S. d. Art. 36 EGV (heute Art. 30 EGV) als nationales Kulturgut von künstleri-

---

95 Abgedruckt in ZVglRWiss 95 [1996], S. 203 ff.; deutsche Übersetzung S. 14 ff.; vgl. dazu *Prott*, ZVglRWiss 95 [1996], S.188 ff.

96 Zum Herausgabeanspruch sowie zu den zivilrechtlichen Fragen vgl. auch *Knott*, Der Anspruch auf Herausgabe, S. 169 ff.; *Schmeinck*, S. 61 ff.; *Hipp*, Kulturgüterschutz in Deutschland, S. 153 ff.

97 ABl. 1993 L 74/74.

98 Näher dazu *Fechner*, DÖV 1992, S. 609 (613), *Siehr*, NJW 1993, S. 2206 ff.; *ders*., ZVglRWiss 95 [1996], S. 170 (175 ff.); *Eberl*, NVwZ 1994, S. 729 (731 ff.); *Schwarze*, JZ 1994, S. 111 (116); *Mußgnug* in: FS für Bernhardt, S. 1225 (1230 ff.); *Bila*, Nationaler Kulturgüterschutz, S. 161 ff.; *Berndt*, Internationaler Kulturgüterschutz, S. 155 ff.; *Hipp*, Kulturgüterschutz in Deutschland, S. 275 ff.

schem, geschichtlichem oder archäologischem Wert eingestuft wurden und entweder einer der im Anhang genannten Kategorien unterfallen, zu öffentlichen Sammlungen gehören oder im Bestandsverzeichnis kirchlicher Einrichtungen aufgeführt sind. Dabei entspricht der durch Art. 1 der RiLi 96/100/EG vom 17. 2. 1997[99] geänderte Anhang weitgehend dem Anhang der VO 3911/92. Vom Anhang erfaßt werden bestimmte Gegenstände (Teil A der Anlage), die zumeist einen bestimmten Wert überschreiten müssen (Teil B der Anlage). Zu den öffentlichen Sammlungen zählen die im Bestandsverzeichnis von Museen, von Archiven oder von erhaltenswürdigen Beständen von Bibliotheken aufgeführten Gegenstände, die im Eigentum eines Trägers von Staatsgewalt oder einer öffentlichen Einrichtung stehen (Art. 1 Nr. 1 2. Spiegelstrich 1. Querstrich der RiLi 93/7/EWG). Ein Kulturgut ist dann unrechtmäßig i. S. d. Richtlinie aus dem Hoheitsgebiet eines Mitgliedstaates verbracht worden, wenn entweder dieses Verbringen nach nationalen Vorschriften des Kulturgüterschutzes oder der VO 3911/92 verboten war oder wenn das Kulturgut nach vorübergehender rechtmäßiger Verbringung nicht fristgemäß zurückgegeben wird oder nicht bedingungsgemäß behandelt wird (Art. 1 Nr. 2). Das Verbringen muß nach dem 1. Januar 1993 erfolgt sein (Art. 13). Weiterhin kann jeder Mitgliedstaat gemäß Art. 14 der Richtlinie seine Verpflichtung zur Rückgabe von Kulturgütern auf andere als die im Anhang aufgeführten Kategorien von Kulturgütern sowie auf unrechtmäßige Verbringungen vor dem 1. 1. 1993 ausweiten. Zur Verwirklichung der Richtlinie haben die Mitgliedstaaten einander Amtshilfe zu leisten (Art. 4) und zentrale Stellen zu benennen (Art. 3). Wird ein Kulturgut aufgefunden, besteht eine Unterrichtungspflicht gegenüber dem betroffenen Mitgliedstaat (Art. 4 Nr. 2).

Für den Fall, daß das Kulturgut nicht freiwillig herausgegeben wird, hat der ersuchende Mitgliedstaat binnen eines Jahres nach Kenntniserlangung (Art. 7 Abs. 1) die Möglichkeit, Klage auf Rückgabe des Kulturguts, das sein Hoheitsgebiet unrechtmäßig verlassen hat, gegen den Eigentümer und ersatzweise gegen den Besitzer bei dem zuständigen Gericht des ersuchten Mitgliedstaats zu erheben (Art. 5). Der klagende Mitgliedstaat macht mit einer solchen Klage keine privatrechtlichen Ansprüche, sondern das Privatrecht überlagernde (öffentlich-rechtliche) Hoheitsrechte (acta iure imperii) an seinem nationalen Kulturgut

99 ABl. 1997 L 60/59.

geltend[100]. Zwar fehlt es grundsätzlich an der internationalen Zuständigkeit, wenn ein fremder Hoheitsträger eigenes öffentliches Recht vor deutschen Gerichten einklagen will[101]. In diesem Fall ist die Rechtslage aber eine andere, da in Art. 5 der Richtlinie i. V. m. § 12 Kulturgüterrückgabegesetz[102] die Justitiabilität der ausländischen öffentlich-rechtlichen Ansprüche im Inland geregelt ist. Für die Klagen ist der Verwaltungsrechtsweg eröffnet. Dies ergibt sich aus der aufdrängenden Sonderzuweisungsnorm des § 12 KultGüRückG[103]. Bei der einschlägigen Rechtsschutzform handelt es sich um eine Leistungsklage. Ein Vorverfahren i. S. d. §§ 68 ff. VwGO ist nicht statthaft. Ebensowenig muß zuvor ein Vermittlungsverfahren zwischen dem Eigentümer und/oder Besitzer und dem ersuchenden Mitgliedstaat i. S. d. Art. 4 Nr. 6 der Richtlinie durchgeführt werden, da es sich bei diesem Verfahren nicht um eine notwendige Sachentscheidungsvoraussetzung handelt[104]. Ein Schiedsverfahren findet demnach nur bei förmlicher Zustimmung statt (Art. 4 Nr. 6).

Der Rückgabeanspruch ist begrenzt auf den Zeitraum von einem Jahr nach dem Zeitpunkt, zu dem der ersuchende Mitgliedstaat von dem Ort der Belegenheit des Kulturguts und der Identität seines Eigentümers oder Besitzers Kenntnis erhält (Art. 7 Abs. 1 S. 1). Unabhängig von der Kenntnis verjährt der Anspruch grundsätzlich 30 Jahre nach dem unrechtmäßigen Verbringen, im Falle von Kulturgütern, die zu öffentlichen Sammlungen gehören oder kirchliche Güter darstellen, nach 75 Jahren (Art. 7 Abs. 1 S. 2). Die Rückgabeklage ist „unzulässig", wenn das Verbringen aus dem Hoheitsgebiet des ersuchenden Mitgliedstaats zu dem Zeitpunkt, zu dem die Klage erhoben wird, nicht mehr unrechtmäßig ist (Art. 7 Abs. 2). Sofern der Eigentümer beim Erwerb der Sache mit der erforderlichen

---

100 *Mußgnug* in: FS für Bernhardt, S. 1225 (1244); *Ehlers* in: GH II/Krenzler, E 17 Rdnr. 14.

101 Vgl. *Ehlers*, Die Europäisierung des Verwaltungsprozeßrechts, S. 32 ff.; *Feldmüller*, Die Rechtsstellung fremder Staaten und sonstiger juristischer Personen des ausländischen öffentlichen Rechts im deutschen Verwaltungsprozeßrecht, S. 78 ff.; siehe ferner *Fuchs*, IPRax 2000, S. 281 (283).

102 Art. 1 des KultgutSiG; im folgenden KultGüRückG.

103 Aus diesem Grund ist die Ansicht von *Bila*, Nationaler Kulturgüterschutz, S. 171, die ohne jegliche Problematisierung davon ausgeht, daß in der Bundesrepublik Deutschland die Zivilgerichte für die Herausgabeklagen gemäß Art. 5 der genannten Richtlinie zuständig sind, abzulehnen. Wie hier *Ehlers in*: GH II/Krenzler, E 17 Rdnr. 14.

104 Siehe dazu auch *Mußgnug* in: FS für Bernhardt, S. 1225 (1247).

Sorgfalt vorgegangen ist, schuldet der ersuchende Staat diesem eine angemessene Entschädigung (Art. 9 Abs. 1). Ob es sich hierbei an deutschen Maßstäben gemessen um einen Billigkeitsanspruch[105] oder um eine ausgleichspflichtige Inhalts- und Schrankenbestimmung i. S. d. Art. 14 Abs. 1 S. 2 GG[106] handelt, kann dahinstehen[107]. Der Staat kann jedoch hierfür Rückgriff bei der für das unrechtmäßige Verbringen verantwortlichen Person nehmen (Art. 11). Die einschlägigen Beweislastregeln für die Sorgfalt des Beklagten sind nach der lex fori zu bestimmen (Art. 9 S. 2). Die Entschädigung ist Zug um Zug gegen Rückgabe des Kulturguts zu zahlen (Art. 9 S. 4).

Teilweise ist im Schrifttum die Meinung geäußert worden, daß die RiLi 93/7/EWG aus mehreren Gründen – ganz oder teilweise – nichtig sei. Zunächst handele es sich bei Art. 100 a EWGV (heute Art. 95 EGV) nicht um die richtige Rechtsgrundlage für die Richtlinie, da diese nicht dazu diene, Hindernisse für den freien Warenverkehr zu beseitigen, sondern die Wirksamkeit nationaler Vorschriften zu gewährleisten, die dem freien Warenverkehr entgegenstünden[108]. Weiterhin habe die Richtlinie nicht auf Art. 235 EWGV (heute Art. 308 EGV) gestützt werden können, da sie nicht einstimmig erlassen worden sei. Zudem seien die Kernbestimmungen der Richtlinie nicht von Art. 36 EWGV (heute Art. 30 EGV) gedeckt. Abgesehen davon, daß die Umkehrung der Cassis de Dijon-Formel[109] „einmal einzelstaatlich erlaubt, gemeinschaftsweit erlaubt" in das Gegenteil „einmal einzelstaatlich verboten, gemeinschaftsweit verboten" merkwürdig anmute[110], könne das nationale Kulturgut genauso wirksam durch den innergemeinschaftlichen Handel beschränkende Maßnahmen geschützt werden. Solche „maßlosen Regelungen"[111] seien aus verschiedenen Gründen nicht notwendig gewesen. Vor allem der Rückgabeanspruch des Art. 2 der Richtlinie mit dem Ausschluß der Möglichkeit gutgläubigen Erwerbs (Art. 8) und den außerge-

---

105 Dafür wohl *Mußgnug* in: FS für Bernhardt, S. 1225 (1246).

106 Vgl. BVerfGE 58, 137 (147, 149 f.); *Ehlers*, VVDStRL 51 [1992] S. 211 (232 ff.).

107 So auch *Ehlers* in: GH II/Krenzler, E 17 Rdnr. 15.

108 *Eberl*, NVwZ 1994, S. 729 (734).

109 EuGH, U.v. 20.2.1979 Rs. 120/78 (Rewe-Zentral-AG / Bundesmonopolverwaltung für Branntwein) Slg. 1979, 649 Rdnr. 15; vgl. dazu auch auf Seite 49 dieser Arbeit.

110 So die Formulierung von *Siehr*, NJW 1993, S. 2206 (2208).

111 Die Einschätzung stammt von *Schütte* in: FS für v. Köckritz, S. 330 f.

wöhnlich langen Erlöschensfristen (Art. 7) widerspreche dem Verbot des Art. 30 S. 2 EGV, wonach eine willkürliche Diskriminierung und eine verschleierte Beschränkung des Handels zwischen den Mitgliedstaaten nicht zulässig sei[112]. Die in Art. 1 Nr. 1 1. Spiegelstrich der Richtlinie vorgesehene Befugnis der Mitgliedstaaten zur nachträglichen Einstufung von Gegenständen als Kulturgüter und die damit verbundene Möglichkeit, von staatlicher Seite aus die Rückgabe verlangen zu können, sei außerdem eine unverhältnismäßige Beschränkung des freien Warenverkehrs deshalb nicht mit den Anforderungen zu vereinbaren, die das Gemeinschaftsrecht im Hinblick auf die Bestimmtheit und Vorhersehbarkeit belastender Rechtsvorschriften stelle[113]. Weiterhin sei Art. 9 Abs. 1 der Richtlinie nicht mit dem Schutz des Eigentums zu vereinbaren, weil der zu gewährende Schadensersatz nicht ausreichend sei[114]. Ebensowenig sei es gerechtfertigt, daß die Richtlinie Personen, die innerhalb der Gemeinschaft ihren Wohnsitz unter Mitnahme der Kulturgüter verlegen möchten, nicht schütze[115]. Schließlich verstoße der vorletzte Absatz des Teils B des Anhangs der Richtlinie gegen den Grundsatz der Vorhersehbarkeit, weil auch Kulturgüter erfaßt würden, die bei ihrer Verbringung in einen anderen Mitgliedstaat nur einen Bruchteil des nach Anhang der Richtlinie maßgebenden Wertes hatten und die Anwendbarkeit der Richtlinie von niemandem habe vorhergesehen werden können[116]. Grund hierfür sei, die Erfüllung der Voraussetzungen in bezug auf den finanziellen Wert bei der Einreichung des Antrags auf Rückgabe zu beurteilen ist.

Die rechtlichen Bedenken können nicht geteilt werden[117]. Es ist zuzugestehen, daß Art. 100a Abs. 1 EWGV (heute Art. 95 Abs. 1 EGV) der EG keine allgemeine

---

112 *Eberl*, NVwZ 1994, S. 729 (734 ff.).

113 *v. Danwitz*, Gemeinschaftsrechtlicher Kulturschutz im europäischen Binnenmarkt – Rechtsgutachten erstattet dem Arbeitskreis Deutscher Kunsthandelsverbände, 1998, unveröffentlicht, S. 24; vgl. ebenso *Eberl*, NVwZ 1994, S. 729 (732); *v. Preuschen*, EuZW 1999, S. 40 ff. m. w. Hinw.

114 *Eberl*, NVwZ 1994, S. 729 (733).

115 *Siehr*, NJW 1993, S. 2206 (2208); siehe zu der Vereinbarkeit der VO 3911/92 mit dem Gemeinschaftsrecht auf Freizügigkeit auch auf Seite 133 dieser Arbeit.

116 *Eberl* NVwZ 1994, S. 729 (732).

117 Vgl. *Ehlers* in: GH II/Krenzler, E 17 Rdnr. 17; *Bila*, Nationaler Kulturgüterschutz, S. 193 ff.; *Hipp*, Kulturgüterschutz in Deutschland, S. 258 f. und *Mußgnug*, EuR 2000, S. 564 (571 ff.) m. w. Hinw. zur Rechtslage.

Kompetenz zur Regelung des Binnenmarktes einräumt. Vielmehr sind nach der Vorschrift nur Maßnahmen zulässig, die die Errichtung und das Funktionieren des Binnenmarktes verbessern sollen[118]. Die Funktion des Binnenmarktes verbessern aber auch solche Vorschriften, die den Mitgliedstaaten zur Wahrung ihrer im EG-Vertrag anerkannten Kompetenz zum Schutz des nationalen Kulturguts als Ausgleich für den Wegfall von Grenzkontrollen zugestanden worden sind. Ohne dieses Zugeständnis wäre es sehr wahrscheinlich, daß viele Mitgliedstaaten auf der Grundlage des Art. 30 EGV Maßnahmen ergreifen würden, die den freien Grenzübertritt im Vergleich zum jetzt erreichten Standard weiter einschränken. Die nationalen Kulturgutschutzgesetze wären ohne die Regelungen der RiLi 93/7/EWG mit ihrem Rückgabeverfahren ihrer Wirksamkeit beraubt[119]. Ein Verstoß der in der Richtlinie angeordneten Rückgabeverpflichtung gegen Art. 36 EWGV (heute Art. 30 EGV) ist nicht gegeben. Zunächst setzt die Richtlinie voraus, daß nationales Kulturgut von künstlerischem, geschichtlichem oder archäologischem Wert i. S. d. Art. 36 EWGV (heute Art. 30 EGV) vorliegt (Art. 1 Nr. 1 1. Spiegelstrich). Folglich müssen die Grenzen des Art. 36 EWGV (heute Art. 30 EGV) sowie das in diese Vorschriften mit hineinzulesende Verhältnismäßigkeitsprinzip beachtet werden. Weiterhin schließt die Richtlinie einen gutgläubigen Eigentumserwerb gerade nicht aus. Vielmehr wird nur angeordnet, daß das rechtswidrig ausgeführte Kulturgut mit einem öffentlich-rechtlichen Rückgabeanspruch belastet ist. Die Überlagerung des privatrechtlichen Eigentums durch öffentlich-rechtliche Herrschaftsrechte ist dabei der grundsätzlich dualistischen Struktur öffentlicher Sachen in Deutschland nicht unbekannt[120]. Wer Eigentümer ist, bestimmt sich nach den im jeweiligen Mitgliedstaat geltenden sachenrechtlichen Regelungen[121]. Nach Art. 12 der Richtlinie ist nur geregelt, daß nach

118 EuGH U.v. 5.10.2000 Rs. C-376/98 (Bundesrepublik Deutschland/Europäisches Parlament und Rat der Europäischen Union), NJW 2000, S. 3701 (3702, Rdnr. 83).

119 *Hipp*, Kulturgüterschutz in Deutschland, S. 259.

120 Vgl. *Ehlers*, Verwaltung in Privatrechtsform, S. 508 f.; *Papier* in: Erichsen [Hrsg.], Allgemeines Verwaltungsrecht, § 40 Rdnr. 18 ff.

121 Diese schließen in den meisten Fällen einen gutgläubigen Eigentumserwerb bei gestohlenen Gegenständen aus, vgl. *Müller-Katzenburg*, NJW 1999, S. 2551 (2555); in Deutschland können gemäß § 935 Abs. 2 BGB gestohlene, verlorengegangene oder sonst abhanden gekommene Sache im Wege öffentlicher Versteigerung gutgläubig erworben werden, vgl. BGH, NJW 1990, S. 899; siehe auch *Hipp*, Kulturgüterschutz in Deutschland, S. 157.

erfolgter Rückgabe die Frage des Eigentums an dem Kulturgut nach dem Recht des ersuchenden Mitgliedstaats zu beurteilen ist. Dabei entspricht das Abstellen auf den Grundsatz der lex rei sitae den grundsätzlich geltenden Regeln des internationalen Sachenrechts[122]. In Deutschland sind mit den §§ 4 und 8 KultGüRückG spezialgesetzliche Regelungen geschaffen worden, die den Art. 42, 46 EGBGB vorgehen[123]. Da sich die Richtlinie nur auf rechtswidrige Ausfuhren bezieht und der gutgläubige Eigentümer nach Maßgabe des Art. 9 eine Entschädigung erhält, verstößt die Zulassung einer nachträglichen Unterschutzstellung von Gegenständen nicht gegen die gemeinschaftsrechtlichen Vertrauensschutzgrundsätze[124] oder gegen Gemeinschaftsgrundrechte[125]. Würde man eine nachträgliche Unterschutzstellung nicht zulassen, würden darüber hinaus die Mitgliedstaaten ungerechtfertigter Weise belohnt, die eine totale Exportblockade durch ein Ausfuhren extrem restriktiv handhabendes Gesetz verhängt haben[126]. Mit der Entschädigungsregelung des Art. 9 („angemessen") ist den berechtigten Interessen des gutgläubigen Erwerbers ausreichend Rechnung getragen. Bei einem Vergleich mit deutschem Recht stellt man fest, daß der gutgläubige Erwerber einer öffentlichen Sache im deutschen Recht diese sogar herausgeben muß, ohne Schadensersatz- oder Entschädigungsansprüche geltend machen zu können. Wohnsitzverlagerungen innerhalb der Gemeinschaft werden von der RiLi 93/7/EWG überhaupt nicht erfaßt. Soweit nationale Genehmigungserfordernisse bestehen, kann sich sowohl aus der Arbeitnehmerfreizügigkeit (Art. 39 EGV) als auch aus der Niederlassungsfreiheit (Art. 43 EGV) ein Anspruch auf Genehmigungserteilung ergeben. Sofern der Anhang der Richtlinie auf den Wert des Gegenstandes „bei Einreichung des Antrags auf Rückgabe" abstellt, muß

[122] Für ergänzende privatrechtliche Regeln zwischen den EG-Mitgliedstaaten im Falle des Auseinanderfallens von Eigentum und Besitz *Schmeinck*, S. 195; *Müller-Katzenburg*, NJW 1999, S. 2551 (2554); für ein Abstellen auf das Recht des Herkunftsstaates *Jayme* in: Dolzer/Jayme/Mußgnug [Hrsg.], Rechtsfragen des internationalen Kulturgüterschutzes, S. 35 (42 ff.).

[123] Siehe dazu *Fuchs*, IPRax 2000, S. 281 (285).

[124] Vgl. z. B. EuGH U.v. 5.7.1973 Rs. 1/73 (Westzucker/Einfuhr- und Vorratsstelle für Zucker), Slg. 1973, S. 723 (729 f.).

[125] Etwa das Eigentumsrecht, ausführlich dazu *Rengeling*, Grundrechtsschutz in der Europäischen Gemeinschaft, S. 30 ff.

[126] *Mußgnug*, EuR 2000, S. 564 (576); *Ehlers* in: GH II/Krenzler, E 17 Rdnr. 17.

dies noch nicht zwangsläufig heißen, daß weniger wertvolle Gegenstände, die erst später eine Wertsteigerung erfahren haben, nachträglich vom Herkunftsland zurückgefordert werden können. Nach Art. 2 Abs. 1 der Richtlinie muß es sich nämlich bereits im Zeitpunkt der Verbringung um ein Kulturgut gehandelt haben. Dies setzt, wenn es nicht um Gegenstände geht, die im Bestandsverzeichnis öffentlicher Sammlungen oder kirchlicher Einrichtungen aufgeführt sind, unter anderem voraus, daß der Gegenstand unter „eine der im Anhang genannten Kategorien fällt" (Art. 1 Nr. 1 2. Spiegelstrich). Letzteres ist nur der Fall, wenn bereits bei Ausfuhr die im Teil B des Anhangs genannten Wertschwellen überschritten worden sind. Hierfür spricht auch die Bezugnahme des Art. 1 Nr. 2 1. Spiegelstrich der Richtlinie auf die VO 3911/92 und damit auf Teil B des Anhangs, der auf den Wert „bei Einreichung des Antrags auf Erteilung einer Ausfuhrgenehmigung" abstellt[127]. Mit der Bezugnahme in Anhang B auf den Wert zur Zeit der Rückforderung soll nur deutlich gemacht werden, daß eine Rückforderung gemäß Art. 9 ausgeschlossen ist, wenn der Wert des Objektes im Zeitpunkt des Rückforderungsverlangens unter die maßgebliche Wertgrenze abgesunken ist. Sofern man, entgegen der hier vertretenen Ansicht, die Richtlinie ganz oder teilweise für ungültig hält, muß daran gedacht werden, daß nur die Gerichtsbarkeit der Europäischen Gemeinschaft selbst Handlungen der Gemeinschaftsorgane für ungültig erklären kann[128].

c. *Nationale Regelungen*

Die RiLi 93/7/EWG ist in Deutschland mit mehr als vierjähriger Verspätung (vgl. Art. 18) durch das Gesetz zur Umsetzung der RiLi 93/7/EWG des Rates über die Rückgabe von unrechtmäßig aus dem Hoheitsgebiet eines Mitgliedstaats verbrachten Kulturgütern[129] in nationales Recht umgesetzt worden. Zuvor hatte die EG-Kommission bereits eine Vertragsverletzungsklage gegen die Bundesrepublik Deutschland eingeleitet, die aber nach Erlaß des KultGüRückG zurückgenommen

---

127 Wie hier *Ehlers* in: GH II/Krenzler, E 17 Rdnr. 17 a. E. Im Ergebnis ebenso *Mußgnug*, EuR 2000, S. 564 (578).

128 St. Rspr. seit EuGH, U.v. 22.10.1987 Rs. 314/85 (Foto Frost/Hauptzollamt Lübeck-Ost), Slg. 1987, S. 4199 (4231).

129 Kulturgüterrückgabegesetz, im folgenden KultGüRückG; Art. 1 des KultgutSiG vom 15.10.1998, BGBl. 1998 I, S. 3162.

wurde. Das KultGüRückG[130] bleibt aus verschiedenen Gründen hinter der RiLi 93/7/EWG zurück. So begrenzt § 1 KultGüRückG die deutschen Rückgabeansprüche auf Gegenstände, die in das Verzeichnis national wertvollen Kulturgutes oder das Verzeichnis national wertvoller Archive eingetragen worden sind oder für die ein Einleitungsverfahren eingeleitet und die Einleitung öffentlich bekannt gemacht worden ist. Durch diese Regelung wird das öffentliche Kulturgut i. S. d. § 18 KultSchG außen vor gelassen, obwohl es sich bei diesen Gegenständen um öffentliche Sammlungen i. S. d. Art. 1 Nr. 1 der Richtlinie handeln kann. Welche Gegenstände öffentlicher Sammlungen durch Aufnahme in das Bestandsverzeichnis geschützt werden sollen und welche Rückgabeklagen in anderen Mitgliedstaaten erhoben werden sollen entscheiden die Mitgliedstaaten selbst. Allerdings erscheint es zweifelhaft, ob ein derartiger gesetzlicher Verzicht auf Unterschutzstellung dem Sinngehalt der Richtlinie gerecht werden kann[131]. § 5 KultGüRückG begrenzt die Rückgabe auf Gegenstände, die „vor der Verbringung" zum nationalen Kulturgut eingestuft worden sind und weicht damit ausdrücklich von Art. 1 Nr. 1 1. Spiegelstrich der Richtlinie ab. Aus den oben gemachten Ausführungen ergibt sich, daß die Richtlinie nicht gegen Primärrecht verstößt[132]. Andererseits hat sie keine unmittelbare Wirkung, da die Rückgabepflicht mit belastenden Wirkungen für den Gemeinschaftsbürger verbunden ist[133]. Es besteht aber die Möglichkeit, daß sich die Bundesrepublik schadenersatzpflichtig macht[134]. In der Literatur ist weiterhin angenommen worden, daß § 9 Abs. 1 S. 3 KultGüRückG mit Art. 9 der Richtlinie kollidiere, weil die Vorschrift nicht nur einen Entschädigungsanspruch, sondern einen Schadensersatzanspruch

---

130 Dazu *v. Preuschen*, EuZW 1999, S. 40 ff.; *ders.*, EuR 2001, S. 324 f.; *Fuchs*, IPRax 2000, S. 281ff.; *Mußgnug*, EuR 2000, S. 564 ff.

131 Die Frage stellt *Ehlers* in: GH II/Krenzler, E 17 Rdnr. 18.

132 Vgl. zum europäischen Primärrecht im Bereich des Kulturgüterschutzes auch das zweite Kapitel dieser Arbeit.

133 Zum Ausschluß der unmittelbaren Wirkung in solchen Fällen vgl. z. B. die Rechtsprechungsnachweise bei *Ruffert* in: Calliess/Ruffert [Hrsg.], EUV/EGV, Art. 249 Rdnr. 78 mit Fn. 212.

134 Ein solcher Fall wäre dann denkbar, wenn sich der Rückgabeanspruch des ersuchenden Mitgliedstaats nicht realisieren läßt oder wenn das nachträglich unter Schutz gestellte Kulturgut eines anderen Mitgliedstaates wegen § 5 Abs. 1 Nr. 1 KultGüRückG über Deutschland in einen Drittstaat geht; vgl. auch *Mußgnug*, EuR 2000, S. 564 (585 mit Fn. 74); *Ehlers* in: GH II/Krenzler, E 17 Rdnr. 18.

(für entgangenen Gewinn und für sonstige Vermögensnachteile im Falle einer unbilligen Härte, die nicht in unmittelbarem Zusammenhang mit dem Entzug der Nutzung stehen) gewährt[135]. Eine solche Kollision kann aber durch eine richtlinienkonforme Interpretation der deutschen Bestimmungen umgangen werden[136]. Schließlich könnte die zeitgleich mit Erlaß des KultGüRückG durch Art. 2 des KultgutSiG in das KultSchG[137] eingefügte Bestimmung des § 20 gegen Art. 15 der Richtlinie, den durch Art. 20, 92 GG garantierten Justizgewährungsanspruch, die Rechtsweggarantie des Art. 19 Abs. 4 GG sowie die Garantie des Art. 6 EMRK und Art. 1 des Zusatzprotokolls zur EMRK (Schutz des Eigentums) verstoßen[138]. Gem. § 20 Abs. 1 KultSchG[139] kann die zuständige deutsche Behörde im Falle der vorübergehenden Ausleihe ausländischen Kulturguts zu einer Ausstellung im Bundesgebiet eine rechtsverbindliche Rückgabezusage erteilen, die nicht zurückgenommen oder widerrufen werden darf (§ 20 Abs. 2 S. 2 KultSchG). Die Zusage hat die Wirkung, daß dem Rückgabeanspruch des Verleihers keine Rechte entgegengehalten werden können, die Dritte an dem Kulturgut geltend machen (§ 20 Abs. 3 KultSchG) und daß bis zur Rückgabe an den Verleiher gerichtliche Klagen auf Herausgabe, Arrestverfügungen, Pfändungen und Beschlagnahmen unzulässig sind (§ 20 Abs. 4 KultSchG). Die Zusage „freien Geleits" ist mit der RiLi 93/7/EWG vereinbar. Dazu muß man diese einengend richtlinienkonform interpretieren[140]. Die Richtlinie erfaßt nur die öffentlich-rechtlichen Rückgabeansprüche anderer Mitgliedstaaten. Diese setzen sich allerdings gegenüber Rückgabezusagen durch. Dagegen kann aus dem Umstand, daß die Richtlinie nach Art. 15 zivilrechtlichen Maßnahmen nicht entgegensteht, die dem ersuchenden Mitgliedstaat und/oder dem Eigentümer eines entwendeten Kulturguts aufgrund der nationalen Rechtsvorschriften der Mitgliedstaaten zur Verfügung stehen, nicht der Schluß gezogen werden, daß die Richtlinie die Durchsetzung von Eigentumsansprüchen garantieren soll. Ein Verstoß gegen das

---

135 Solche Bedenken äußert *Mußgnug*, EuR 2000, S. 564 (588).

136 So auch *Ehlers* in: GH II/Krenzler, E 17 Rdnr. 18.

137 Vgl. dazu das vierte Kapitel dieser Arbeit.

138 Zum Ganzen *Doehring*, IPRax 1998, S. 465 (466 f.); *Fassbender*, NJW 1999, S. 1445 (1447); *Jayme/Geckler*, IPRax 2000, S. 156 (157); *Fuchs*, IPRax 2000, S. 281 (286); *Pieroth/Hartmann*, NJW 2000, S. 2129 ff.

139 Vgl. zur Regelung des § 20 KultSchG auch auf Seite 240 dieser Arbeit.

140 *Ehlers* in: GH II/Krenzler, E 17 Rdnr. 18.

Grundgesetz und die EMRK liegt nicht vor, denn der Rechtsschutz wird nicht generell, sondern nur in Deutschland ausgeschlossen. Außerdem beruht der Ausschluß des Rechtsweges auf einem sachlichen Grund, nämlich der Förderung des internationalen Kulturaustausches. Eine vorübergehende Beschränkung einer Rechtsschutzmöglichkeit, die sich ohne Rückgabezusage nie ergeben hätte, erscheint zudem verhältnismäßig[141].

4. Regelungen zur Erhaltung des Kulturgutes in Kriegszeiten

Regelungen zur Erhaltung des Kulturgutes in Kriegszeiten[142] sind in den Plünderungs-, Zerstörungs- und Beschädigungsverbote vorsehenden Art. 28, 47 und 56 der Haager Landkriegsordnung vom 18. 10. 1907[143] und in der Kennzeichnungspflichten vorsehenden Haager Konvention zum Schutz von Kulturgut bei bewaffneten Konflikten vom 14. 5. 1954[144] enthalten. Der Anwendungsbereich der Konvention ist weit gefaßt. So gilt die Konvention zwischen den Vertragsparteien nicht nur in den Fällen eines erklärten Krieges, sondern auch bei sonstigen bewaffneten Auseinandersetzungen, selbst dann, wenn der Kriegszustand von einer der Parteien nicht anerkannt wird (Art. 18). Darüber hinaus gilt die Konvention bei der Besetzung des Gebietes einer Vertragspartei und im Falle innerstaatlicher Konflikte, in diesen Fällen aber nur dann, wenn es um die Respektierung von Kulturgut geht (Art. 19 Abs. 1). Die Konvention stellt in erster Linie auf die Sicherung und Schonung von historisch oder künstlerisch bedeutsamen Kulturwerten ab, während die Haager Landkriegsordnung die Erhaltung von Kulturstätten zum Ziel hat[145]. Gegen diese Bestimmungen ist bis in die heutige Zeit vielfach verstoßen worden[146]. Dies liegt daran, daß kriegerische Auseinandersetzungen mit

---

[141] *Ehlers* in: GH II/Krenzler, E 17 Rdnr. 18.

[142] Vgl. allgemein dazu *Fiedler* in: Fechner/Oppermann/Prott [Hrsg.], Prinzipien des Kulturgüterschutzes, S. 160 ff.; *Maurer*, Die Ausfuhr von Kulturgütern, S. 8 ff.; *Engstler*, S. 78 ff.

[143] RGBl. 1910, S. 107.

[144] Vgl. dazu *Hönes*, DÖV 1988, S. 538 (540 ff.) und *Hartwig*; NZWehrR 1967, S. 97 (98 ff.).

[145] Vgl. die ausführliche Darstellung bei *Hartwig*, NZWehrR 1967, S. 97 ff. u. 145 ff.

[146] Zu denken ist hierbei an die Beschädigungen und Zerstörungen im ehemaligen Jugoslawien und zuletzt an die Übergriffe der Taliban-Milizen in Afghanistan. Zur völkerrechtlichen Einordnung der sog. Beutekunst sowie zur Eigentumslage, wenn solche Objekte wieder in Deutschland auftauchen, vgl. *Schoen*, NJW 2001, S. 537 ff.

einer Härte und Kompromißlosigkeit geführt werden, die einen absoluten Schutz von Kulturgütern unmöglich machen[147].

[147] *Hartwig*, NZWehrR 1967, S. 97 (102).

2. Kapitel: *Europäisches Primärrecht zur Ausfuhr von Kulturgütern*

A. Allgemeines

Das primäre Gemeinschaftsrecht trifft keine ausdrückliche Regelung über die Ausfuhr von Kulturgütern. Eine Regelung über Kulturgüter findet sich lediglich in Art. 30 EGV. Darin heißt es, daß den Bestimmungen der Art. 28, 29 EGV solche Einfuhr-, Ausfuhr- und Durchfuhrverbote oder -beschränkungen nicht entgegenstehen, die zum Schutz des nationalen Kulturguts von künstlerischem, geschichtlichem oder archäologischem Wert gerechtfertigt sind.

Um die Bedeutung und den Anwendungsbereich dieser Vorschrift zu erfassen, ist es notwendig, zunächst näher auf die Funktion der Art. 28, 29 und 30 EGV und sodann auf den Begriff der mengenmäßigen Beschränkung und den der Maßnahme gleicher Wirkung einzugehen. Im Anschluß daran ist die Frage zu stellen, inwieweit Kulturgüter von der Warenverkehrsfreiheit des EGV erfaßt werden und ob die bestehenden Ausfuhrregelungen für nationale Kulturgüter mit dem Grundsatz des freien Warenverkehrs in Einklang stehen.

I. Der Grundsatz des freien Warenverkehrs

1. Funktion der Art. 28, 39, 30 EGV

a. Allgemeines

Die Art. 28 bis 30 sowie 31, die das zweite Kapitel des ersten Titels „Der freie Warenverkehr“ im nunmehr Dritten Teil des Vertrages darstellen, bilden neben den Vorschriften zur Zollunion (Art. 23 bis 27 EGV) eine zweite wichtige Säule der Grundregeln des freien Warenverkehrs[148]. Der freie Warenverkehr ist dabei

[148] Zur grundlegenden Bedeutung der Art. 30 ff. EGV (a. F.) für die Verwirklichung des freien Handelsverkehrs zwischen den Mitgliedsstaaten vgl. EuGH, U.v. 10.12.1974 Rs. 48/74 (Charmason/Minister für Wirtschaft und Finanzen), Slg. 1974, S. 1383 (1393 ff.); U.v. 20.2.1979 Rs. 120/78 (Rewe-Zentral AG / Bundesmonopolverwaltung für Branntwein), Slg. 1979, S. 649 (662 ff.); U.v. 29.3.1979 Rs. 231/78 („Kartoffeln“), Slg. 1979, S. 1447 (1460 ff.). Vgl. auch *Müller-Graff* in: GTE, Vorb. Art. 30-37, Rdnr. 1 ff.; *Matthies/v. Borries* in: Grabitz/Hilf, vor Art. 30-37, Rdnr. 1 ff.

als das „Herzstück“ der mit dem EG-Vertrag verfolgten Verschmelzung der Volkswirtschaften der Mitgliedsstaaten in einen Binnenmarkt bezeichnet worden[149]. Während die Vorschriften über die Zollunion sowohl Regelungen über den innergemeinschaftlichen Warenverkehr (Art. 12 bis 17 a. F., heute nur noch Art. 25) als auch Regelungen über den Warenverkehr mit Drittstaaten (Art. 18 bis 29 a. F., heute Art. 26 u. 27) enthalten, betreffen die Art. 28 bis 31 ausschließlich den innergemeinschaftlichen Warenverkehr. Daher kann Art. 30 EGV lediglich die Ausfuhr in Mitgliedsstaaten regeln, die Kulturgüterausfuhr in Drittstaaten wird vom Anwendungsbereich der Art. 28 ff. nicht erfaßt[150]. Die Bestimmungen der Art. 28 bis 31 EGV richten sich somit gegen Handelsbehinderungen zwischen Mitgliedstaaten, die nicht bereits vom Verbot der Zölle und zollgleichen Abgaben erfaßt sind, also gegen nichttarifäre Handelshindernisse[151]. Anders als in einer bloßen Freihandelszone gelten die Vorschriften über den freien Warenverkehr nicht nur für aus den Mitgliedsstaaten stammende Waren, sondern auch für Waren aus Drittstaaten, die sich gemäß Art. 24 Abs. 1 EGV in den Mitgliedsstaaten im freien Verkehr befinden[152].

b. Funktion der Art. 28 ff. EGV in der Praxis

Das Zusammenwachsen der nationalen Märkte zu einem Binnenmarkt und der daraus resultierende freie innergemeinschaftliche Warenverkehr ist elementare Basis der europäischen Gemeinschaft. Funktion der Vorschriften zum freien Warenverkehr ist die Öffnung der einzelstaatlichen Märkte und die Schaffung und Gewährleistung des Gemeinsamen Marktes bzw. des Binnenmarktes[153]. Der EGV will diesen freien Warenverkehr gewährleisten, indem er mengenmäßige Beschränkungen und Maßnahmen gleicher Wirkung wie mengenmäßige Beschrän-

149 *Wägenbaur* in: GTE, 3. Aufl.; Vorbem. Art. 30-37; Rdnr. 1-2.

150 Vgl. zur Ausfuhr in Drittstaaten das 3. Kapitel dieser Arbeit.

151 Hiervon sind die tarifären Handelshindernisse zu unterscheiden, die auf Zöllen beruhen.

152 Art. 23 Abs. 2 EGV; vgl. auch *Müller-Graff* in: GTE, Art. 30, Rdnr. 286; Vorbem. zu Art. 30-37, Rdnr. 1; *Matthies/v. Borries* in: Grabitz/Hilf, Art. 30, Rdnr. 44.

153 Daneben ist die Warenverkehrsfreiheit zusammen mit den anderen Grundfreiheiten konzipiert, um über die unmittelbare Gewährleistung des innergemeinschaftlichen Warenverkehrs hinaus zugleich einen gemeinschaftsweiten Wettbewerb zu gewährleisten und damit neben Kostenvorteilen auch Wohlstands- sowie Friedenseffekte zu erzielen. Vgl. zu diesem Konzept *Müller-Graff* in: GTE, Art. 30, Rdnr. 2 ff. m. w. Nachw.

kungen für den innergemeinschaftlichen Warenverkehr untersagt. Dieses Verbot ist für die Einfuhr in Art. 28 EGV und für die bei dieser Arbeit maßgebende Ausfuhr in Art. 29 Abs. 1 EGV geregelt. Ausnahmen von diesen Verboten sind gemäß Art. 30 EGV nur für Tatbestände nichtwirtschaftlicher Art zulässig, allerdings nur sofern die Mitgliedsstaaten noch über eine Regelungsbefugnis für diese Tatbestände verfügen. D. h. es darf in den jeweiligen Bereichen noch keine abschließende Gemeinschaftsregelung bestehen. Zum Schutz der in Art. 30 EGV genannten Güter ist also eine Durchbrechung der Verbote aus Art. 28 und 29 EGV gerechtfertigt, soweit diese Maßnahmen nicht nur vordergründig die in Art. 30 EGV angesprochenen Zwecke verfolgen. Sofern es sich tatsächlich nur um verschleierte Handelsbeschränkungen handelt, sind diese gemäß Art. 30 S. 2 EGV unzulässig. Bedingt durch die Funktion der Art. 28 ff. EGV ist deren Bedeutung in der Praxis überragend[154]. Diese hohe praktische Bedeutung wird ebenso deutlich an der Vorreiterrolle, die die Auslegung dieser Artikel für das Verständnis der anderen Grundfreiheiten spielt. Schließlich ist an der Beachtung bzw. Nichtbeachtung der Art. 28 ff. EGV ersichtlich, inwieweit die Mitgliedsstaaten integrationsbereit sind.

c. *Geltung der Verbote*

Die Verbote der Art. 28 und 29 gelten spätestens seit Ablauf der Übergangszeit (ursprünglich Art. 7 EGV a. F.) uneingeschränkt und unmittelbar[155]. Damit entfalten die Vorschriften Rechtswirkungen, die im innerstaatlichen Bereich von Behörden und Gerichten zu beachten sind[156]. Die Funktion bzw. der Wirkungs-

154 Das wird an der Vielzahl der Entscheidungen des EuGH deutlich, die sich mit Rechtsfragen zur Warenverkehrsfreiheit befassen sowie an der großen Zahl der von der Kommission wg. Mißachtung der Art. 30 ff. EGV (a. F.) eingeleiteten Vertragsverletzungsverfahren, vgl. dazu nur die Nachweise bei *Müller-Graff* in: GTE, Vorbem. Art. 30-37, Rdnr. 9.

155 EuGH, U.v. 22.3.1977 Rs. 74/76 (Ianelli/Meroni) Slg. 1977, S. 557 (576); U.v. 29.11.1978 Rs. 83/78 („Gemeinsame Marktorganisation für Schweinefleisch“) Slg. 1978, S. 2347 (2374).

156 Zur Verwerfungskompetenz der innerstaatlichen Verwaltung bei gemeinschaftsrechtswidrigen nationalen Vorschriften vgl. *Scheuning*, EuR 1985, S. 229 (251 ff.). Teilweise wird aus der unmittelbaren Geltung der Art. 28 und 29 EGV gefolgert, daß diese Vorschriften nicht nur objektive Rechte enthalten, sondern auch subjektive Abwehr- und Leistungsrechte, die sich zu einem speziellen Marktzugangsrecht konkretisieren sollen, vgl. dazu *Schiller*, RIW 1980, S. 569 (571).

bereich der Art. 28 und 29 EGV ist somit auf zwei Ebenen anzusiedeln. Auf der ersten Ebene sollen widersprechende gesetzliche Maßnahmen verhindert werden, auf der zweiten Ebene sollen aber ebenso jegliche faktischen Maßnahmen verboten werden, die der Regelungsanordnung der Vorschriften entgegenstehen[157]. Als eine solche faktische Maßnahme kann bereits eine schleppende Abfertigung während eines Zollverfahrens oder eines anderen Genehmigungsverfahren angesehen werden. Die Geltung der Verbote ist darüber hinaus durch die verschiedenen Änderungen des Vertrages nicht verändert worden. Die Einheitliche Europäische Akte (EEA)[158] hat die Art. 28 bis 31 nicht geändert, sie hat aber durch den seinerzeit neu eingefügten Art. 8a (heute Art. 18) die Gemeinschaft dazu verpflichtet, die erforderlichen Maßnahmen zu treffen, um den Binnenmarkt bis zum 31. 12. 1992 schrittweise zu verwirklichen. Durch den Vertrag über die Europäische Union[159] sind die Art. 28 bis 31 ebenfalls nicht geändert worden. Zwar ist die Bezeichnung „EWG“ durch „EG“ ersetzt worden und Teile des EWGV sind zusammengefaßt worden, die Zollunion und die Grundfreiheiten einschließlich der Vorschriften über den freien Warenverkehr sind aber weiterhin als Grundsäulen zur Integration der Märkte konzipiert. Auch das Subsidiaritätsprinzip des Art. 5 Abs. 2 ist nicht anwendbar auf die Auslegung des Art. 28, so daß die Regelungen der Art. 28 ff. durch den Vertrag über die Europäische Union keine Funktionsänderung erfahren haben.

2. *Tatbestandliche Verbotsvoraussetzungen*

a. *Übersicht*

Das Verbot des Art. 28 EGV richtet sich dem Wortlaut nach gegen mengenmäßige Einfuhrbeschränkungen sowie gegen alle Maßnahmen gleicher Wirkung. Durch Art. 29 EGV werden mengenmäßige Ausfuhrbeschränkungen sowie alle Maßnahmen gleicher Wirkung untersagt. Die Vorschrift des Art. 29 EGV bildet hinsichtlich der Ausfuhr das Gegenstück zu dem auf die Einfuhr bezogenen Verbot des Art. 28 EGV. Beide Regelungen dienen konzeptionell gleichermaßen dazu, den freien Warenverkehr zwischen den Mitgliedsstaaten gegen bestimmte

157 *Schiller*, RIW 1980, S. 569.

158 Vom 28.2.1986, in Kraft getreten am 1.7.1987.

159 Auch bekannt als „Vertrag von Maastricht“ vom 7.2.1992, in Kraft getreten am 1.11.1993.

Beschränkungen zu sichern, um so einen gemeinschaftsweiten Wettbewerb zu ermöglichen[160]. Wenngleich beide Vorschriften im wesentlichen konzeptionell gleich gestaltet sind, spielt Art. 29 EGV in der Rechtspraxis eine deutlich geringere Rolle als das Verbot des Art. 28 EGV. So werden Einfuhrbehinderungen in weitaus mehr Fällen festgestellt als Ausfuhrhindernisse[161]. Dieser Umstand liegt darin begründet, daß ein protektionistisches Bedürfnis nach Ausfuhrbeschränkungen regelmäßig nicht besteht. Vielmehr versuchen die Mitgliedsstaaten regelmäßig die Einfuhr von Waren zu unterbinden, um so den Absatz einheimischer Produkte zu fördern. Ausnahmen können sich allerdings dann ergeben, wenn Güter nur in begrenztem Maße in einer Volkswirtschaft vorhanden sind, so daß der Export die Anzahl weiter verringern würde[162]. Ein Bedürfnis für Ausfuhrhindernisse kann sich aus der Erhaltung nationalen Kulturguts ergeben. Durch diese Maßnahmen versucht der Mitgliedsstaat zu verhindern, daß die identitätsstiftenden Merkmale seiner Kultur außer Landes gebracht und so möglicherweise dem Zugang durch das eigene Volk entzogen werden[163]. Da Kulturgüter in der Regel nicht reproduzierbar sind, treten sie nicht in Konkurrenz zu einheimischen Gütern. Aus diesem Grund soll bei der sich nun anschließenden Erörterung der tatbestandlichen Verbotsvoraussetzungen der Art. 28 und 29 EGV neben den allgemeinen Voraussetzungen ein Schwergewicht auf die Besonderheiten des Art. 29 EGV gelegt werden, da diese Regelung die für die Ausfuhr von Kulturgütern relevantere ist und Einfuhrbeschränkungen im Kunsthandel nicht existieren.

---

160 Daneben stehen natürlich nach wie vor die von einem Binnenmarkt erwarteten positiven Effekte wie Wohlstand, Frieden und Integration durch privatautonome Kontaktaufnahme, vgl. nur *Müller-Graff* in: GTE, Art. 30, Rdnr. 1 ff.; Art. 34, Rdnr. 1.

161 Wie etwa die Notwendigkeit von Ausfuhrlizenzen, EuGH, U.v. 16.3.1977 Rs. 68/76 (Kartoffeln) Slg. 1977, S. 515; Maßnahmen zur Produktionskontingentierung, EuGH, U.v. 30.10.1974 Rs. 190/73 (Hyazinthenanbau) Slg. 1974, S. 1123, U.v. 18.5.1977 Rs. 111/76 (Officier van Justitie/ Van den Hazel) Slg. 1977, S. 901; oder Zwangsabsatzregelungen oder Zwangsmitgliedschaften in landwirtschaftlichen Organisationen, EuGH, Slg. 1978, U.v. 29.11.1978 Rs. 83/78 (Gemeinsame Marktorganisation für Schweinefleich) S. 2347, U.v. 26.2.1980 Rs. 94/79 (Freier Warenverkehr mit lebenden Pflanzen und Waren des Blumenhandels) Slg. 1980, S. 327.

162 Hier ist in erster Linie an Rohstoffe zu denken.

163 Vgl. zu den Funktionen von Kulturgütern ausführlich auf Seite 6 dieser Arbeit.

b. Mengenmäßige Beschränkungen

Zunächst sind alle mengenmäßigen Beschränkungen zwischen den Mitgliedsstaaten verboten.

aa. Begriff

Der Begriff der mengenmäßigen Beschränkungen wird aber weder in Art. 28 noch in Art. 29 EGV näher definiert. Auch im restlichen EG-Vertrag findet sich keine Begriffsbestimmung. Es besteht jedoch mittlerweile Einigkeit darüber, daß unter einer mengenmäßigen Beschränkung jede Maßnahme zu fassen ist, die die Ein- oder Ausfuhr einer Ware der Menge oder dem Wert nach begrenzt oder völlig (sowohl auf Dauer als auch zeitweise) verbietet[164].

bb. Ein- und Ausfuhr, Durchfuhr

Für den Begriff der Einfuhr i. S. d. Art. 28 EGV ist die zollrechtliche Beurteilung nicht ausschlaggebend. Entscheidend ist vielmehr darauf abzustellen, daß eine Ware von einem Mitgliedsstaat in einen anderen verbracht wird[165]. Gleiches gilt für den Begriff der Ausfuhr[166]. Ebensowenig kommt es darauf an, ob der Ein- oder Ausfuhr ein Handelsgeschäft zugrunde liegt[167]. Schließlich fallen Beschränkungen der bloßen Durchfuhr unter den Begriff der mengenmäßigen Beschränkungen i. S. d. Art. 28 und 29 EGV. Dies läßt sich aus dem Wortlaut des Art. 30 EGV schließen[168]. Unter Durchfuhr ist in diesem Zusammenhang die Einfuhr zum alleinigen Zweck der Ausfuhr zu verstehen[169]. Damit ist beim Merkmal der

---

164 EuGH, U.v. 12.7.1973 Rs. 2/73 (Geddo/Ente nazionale Risi) Slg. 1973, S. 865; *Matthies/v. Borries* in: Grabitz/Hilf, Art. 30, Rdnr. 1; *Müller-Graff* in: GTE, Art. 30, Rdnr. 16; *Uhl*, S. 20; *Allkemper/Jones*, EWS 1993, S. 130 (134); *Ehlermann*, EuR 1973, S. 1 (2).

165 *Müller-Graff* in: GTE, Art. 30, Rdnr. 17.

166 *Müller-Graff* in: GTE, Art. 34, Rdnr. 8.

167 Vgl. auch EuGH, U.v. 7.3.1989 Rs. 215/87 (Einfuhr von Arzneimitteln) Slg. 1989, S. 617 (637). In dem zitierten Fall ging es um eine Arzneimitteleinfuhr durch eine Privatperson zum persönlichen Gebrauch.

168 So auch *Müller-Graff* in: GTE, Art. 30, Rdnr. 23; *Matthies/v. Borries* in: Grabitz/Hilf, Art. 30, Rdnr. 1.

169 *Müller-Graff* in: GTE, Art. 30, Rdnr. 18.

mengenmäßigen Beschränkung vorrangig auf das formale Element der Mengenregelung abzustellen[170].

cc. *Mengenmäßige Beschränkung*

Bei der Begriffsbestimmung der mengenmäßigen Beschränkung ist zunächst zu differenzieren. Unterschieden werden muß zwischen Kontingenten, vollständigen Ein- bzw. Ausfuhrverboten und Einfuhrverboten, die aus einem Absatzverbot resultieren.

Die deutlichste Form einer mengenmäßigen Beschränkung ist das Kontingent (vgl. Art. 32, 33 EGV a. F., inzwischen aufgehoben). Darin wird eine Ein- bzw. Ausfuhrbegrenzung nach Menge oder Wert der Waren festgelegt. Keine mengenmäßige Beschränkung hingegen stellt das Zollkontingent dar[171]. Hierbei handelt es sich um eine mengenmäßig und zeitlich begrenzte Zollbegünstigung, ohne daß ein Mengenlimit für die Ein- oder Ausfuhr der Ware festgelegt wird[172]. Von einem Kontingent grundsätzlich erfaßt ist das vollständige Ein- oder Ausfuhrverbot, also ein absolutes oder mit einem Genehmigungsvorbehalt versehene Verbot der Ein- oder Ausfuhr einer Ware[173]. Dem Grunde nach handelt es sich bei einem vollständigen Ein- oder Ausfuhrverbot um die stärkste Form der mengenmäßigen Beschränkung, nämlich um ein sogenanntes „Nullkontingent"[174]. Schließlich ist ungeklärt, ob ein Einfuhrverbot als mengenmäßige Beschränkung anzusehen ist, das sich aus einem allgemein geltenden Absatzverbot einer Ware im Inland ergibt. Dies ist ebenfalls zu bejahen[175]. Zu folgern ist dies aus der Tatsache, daß die Diskriminierung, also die Andersbehandlung eingeführter gegenüber inländischen Waren kein notwendiges Element für den Begriff der mengenmäßigen Beschränkung ist. Es ist statt dessen vorrangig auf die Behinde-

---

170 *Allkemper/Jones*, EWS 1993, S. 130 (134).

171 Dieses ist nach Ablauf der Übergangszeit und Beseitigung der Binnenzölle im Handel zwischen den Mitgliedsstaaten sowieso bedeutungslos.

172 *Matthies/v. Borries* in: Grabitz/Hilf, Art. 30, Rdnr. 1.

173 Vgl. nur bereits *Ehlermann*, EuR 1973, S. 1 (2).

174 *Ehlermann*, EuR 1973, S. 1 (2); *Müller-Graff* in: GTE, Art. 30, Rdnr. 21 m. umfangreichen Nachw. aus der Rspr. des EuGH.

175 *Matthies/v. Borries* in: Grabitz/Hilf, Art. 30, Rdnr. 2; i. Erg.: *Müller-Graff* in: GTE, Art. 30, Rdnr. 22.

rung der Einfuhr abzustellen[176]. Eine weitere Auseinandersetzung mit diesem Problemfall ist jedoch bei einer Arbeit über die Ausfuhr von Kulturgütern nicht angezeigt und würde den Rahmen einer solchen Arbeit sprengen. Jedenfalls ist festzustellen, daß generelle Ausfuhrverbote für Kulturgüter als sogenannte „Nullkontingente" unter die mengenmäßigen Beschränkungen des Art. 29 EGV fallen. Einfuhrverbote für Kulturgüter existieren innerhalb der Gemeinschaft nicht. Vielmehr gehen die Bestrebungen der Nationalstaaten dahin, nicht nur die in ihrem Staatsgebiet befindlichen Kulturgüter dort zu bewahren, sondern zusätzlich neue Kulturgüter mit Hilfe des internationalen Kunsthandels zu erwerben. Die Einfuhr von Kulturgütern wird folglich nicht reglementiert. Statt dessen werden Kunstkäufe staatlicher Museen sogar teilweise subventioniert. Insofern ist eine Einfuhrbehinderung, die sich aus einem allgemein geltenden Absatzverbot ergibt, im Bereich des internationalen Kunsthandels abwegig.

Im Bereich der Bundesrepublik Deutschland existiert kein generelles Ausfuhrverbot für Kulturgüter. Von daher ist weiter zu prüfen, ob eine nach dem nationalen KultSchG erteilte Ausfuhrlizenz für die Ausfuhr von Kulturgütern als Maßnahme gleicher Wirkung wie eine mengenmäßige Beschränkung zu qualifizieren ist.

c. *Maßnahmen gleicher Wirkung*[177]

Die in den Art. 28, 29 EGV normierte Warenverkehrsfreiheit verbietet nicht nur mengenmäßige Ein- bzw. Ausfuhrbeschränkungen, sondern auch Maßnahmen gleicher Wirkung. Denn nicht nur staatliche Regelungen, die sich ausdrücklich auf den zwischenstaatlichen Handel beziehen, haben die Wirkung von Ein- oder Ausfuhrverboten. Auch eine Vielzahl von Rechtsvorschriften und Verwaltungspraktiken, die zwar primär anderen Zwecken dienen, erschweren Im- und Exporte oder machen diese gänzlich unmöglich. Dazu zählen Vorschriften, die den Im- oder Export an Bedingungen knüpfen, die dann wiederum den Grenz-

---

[176] Insofern erleichtert das Vorliegen einer Diskriminierung den Nachweis der beschränkenden Wirkung, vgl. *Matthies/v. Borries* in: Grabitz/Hilf, Art. 30, Rdnr. 9. Teilweise anders *Müller-Graff* in: GTE, Art. 30, Rdnr. 22 m. w. Nachw. Aus der älteren Literatur: *Ehlermann*, EuR 1973, S. 1 (3).

[177] Vgl. die Nachweise zur umfangreichen Rechtsprechung des EuGH bei *Matthies/ v.Borries*, in: Grabitz/Hilf, Art. 30 Rdnr. 12 ff.; zur älteren Literatur insbesondere *Graf*, Der Begriff der Maßnahmen gleicher Wirkung wie mengenmäßige Beschränkungen in dem EWG-Vertrag, 1972; *Barents*, CMLR 1981, S. 271 ff.

übertritt der Ware behindern[178]. Insofern ist zu überprüfen, inwieweit es sich bei den zum Kulturgüterexport notwendigen Ausfuhrlizenzen gem. § 1 Abs. 4 KultSchG um derartige Behinderungen handelt. Jedoch verbietet der Vertrag diese Maßnahmen gleicher Wirkung nur zwischen und gerade nicht in den Mitgliedsstaaten. Von daher wird den Mitgliedsstaaten nicht generell untersagt, überhaupt derartige Regelungen wie die Notwendigkeit einer Ausfuhrlizenz bei der Kulturgüterausfuhr vorzuschreiben. Insoweit wird nicht die nationale Regelungshoheit aufgegeben, nach den Regeln des EGV darf aber kein Mitgliedsstaat die Regelungen so anwenden, daß sie ihre handelsbeschränkende Wirkung entfalten[179]. Streng genommen werden also nicht die Maßnahmen (wie etwa Ausfuhrlizenzen) verboten, sondern nur ihre handelsbeschränkenden Wirkungen[180]. Zentrales Problem des Verbots der Maßnahmen gleicher Wirkung ist es folglich, ein allgemeines Kriterium zu finden, mit dessen Hilfe überprüft werden kann, ob es sich bei einer nationalen Regelung um eine Maßnahme gleicher Wirkung handelt oder nicht. Der Begriff der Maßnahme gleicher Wirkung ist aber nicht legal definiert, so daß er zunächst „nebulös"[181] ist. Ein Kriterium, nachdem alle Regelungen erfaßt wären, die Im- oder Exportwaren schlechter behandelten als für den Inlandsmarkt bestimmte inländische Waren[182], ist jedoch nicht ausreichend, da ein bloßes Abstellen auf die Diskriminierung zu kurz greift[183]. Als maßgebliches Grundkriterium ist von daher zunächst darauf abzustellen, ob von der zu überprüfenden Maßnahme eine handelsbeschränkende Wirkung ausgehen

---

178 Vgl. EuGH, U.v. 22.3.1983 Rs. 42/82 (Kommission/Frankreich) Slg. 1983, S. 1013 (1046); *Behrens*, Jura 1989, S. 561 (565).

179 Von daher kann es an dieser Stelle zu einer „umgekehrten" Diskriminierung kommen. Das bedeutet, daß inländische Produzenten strengeren Auflagen und Beschränkungen unterliegen als die mit ihnen konkurrierenden ausländischen Anbieter. Diese Diskriminierungen liegen allerdings nicht mehr im Bereich der Regeln über den freien Warenverkehr.

180 *Behrens*, Jura 1989, S. 561 (566), oftmals lassen sich die Maßnahme und ihre Wirkungen jedoch nicht trennen, so daß dann im Ergebnis doch die Maßnahme selbst unterbleiben muß, wenn die Wirkung beseitigt werden soll.

181 Begriff bei *Allkemper/Jones*, EWS 1993, S. 130 (134).

182 So noch *Ehlermann*, EuR 1973, S. 1; *Seidel*, NJW 1967, S. 2081 ff.; *Graf*, S. 31 ff. u. 118 ff.

183 *Behrens*, Jura 1989, S. 561 (566); *Geiger*, EGV, Art. 30, Rdnr. 14 ff.; *Matthies/v. Borries* in: Grabitz/Hilf, Art. 30, Rdnr. 9.

kann[184]. Dies hat der EuGH in seiner Entscheidung vom 11. 7. 1974 (Dassonville)[185] getan, indem er als Maßnahme gleicher Wirkung jede staatliche Maßnahme angesehen hat, die geeignet ist, den innergemeinschaftlichen Handel unmittelbar oder mittelbar, tatsächlich oder potentiell zu behindern[186]. Wenngleich die Begriffsbestimmung für die Maßnahmen gleicher Wirkung bis heute noch nicht als endgültig abgeschlossen angesehen werden kann, so sind doch zumindest die Konturen des Begriffs geklärt[187].

aa. Der Begriff der Maßnahme in den Art. 28, 29 EGV

Die Art. 28 und 29 EGV verbieten zunächst alle Maßnahmen gleicher Wirkung wie mengenmäßige Beschränkungen. Der Begriff der Maßnahme ist dabei wegen der grundsätzlichen Parallelen im Verbotszweck in beiden Artikeln gleich zu verstehen[188]. Als Maßnahmen sind daher alle staatlichen Regelungen zu verstehen, die den Handel berühren[189]. Entscheidend ist, daß die Maßnahme von einem hoheitlichen Organ ausgeht, unabhängig davon, ob es sich um eine Maßnahme des Bundes oder der Länder handelt[190]. Das Verbot gilt sowohl für die unmittelbare als auch für die mittelbare Staatsverwaltung[191]. Somit sind Maßnahmen von Kommunen, Körperschaften und Anstalten sowie Stiftungen des öffentlichen Rechts vom Begriff erfaßt. Folglich kann bspw. auch eine Empfehlung der

---

[184] *Müller-Graff* in: GTE, Art. 30, Rdnr. 38; *Behrens*, Jura 1989, S. 561 (565); *Uhl*, S. 22; *Bleckmann*, Europarecht, Rdnr. 1498.

[185] Die sog. Dassonville-Formel hat ihren Namen vom Urteil des EuGH, U.v. 11.7.1974 Rs. 8/74 (Dassonville) Slg. 1974, S. 837 ff. In dem Fall ging es um die Frage, ob die Einfuhr einer Ware nach Belgien durch G. und B. Dassonville, die mit der Ursprungsbezeichnung Scotch Whiskey versehen war, von den belgischen Behörden davon abhängig gemacht werden durfte, daß der Ware ein amtlicher Begleitschein beiliegt, aus dem die Berechtigung zur Verwendung der Bezeichnung hervorgeht.

[186] EuGH, U.v. 11.7.1974 Rs. 8/74 (Dassonville) Slg. 1974, S. 837 (852).

[187] *Oppermann*, Europarecht, Rdnr. 1158.

[188] *Uhl*, S. 22; vgl. auch *Müller-Graff* in: GTE, Art. 34, Rdnr. 15.

[189] *Geiger*, EGV, Art. 30, Rdnr. 10.

[190] *Müller-Graff* in: GTE, Art. 30, Rdnr. 289 m. w. Nachw.

[191] EuGH, U.v. 3.2.1977 Rs. 53/76 (Ankeruhren) Slg. 1977, S. 197 (203); U.v. 18.5.1989 verb. Rs. 266 u. 267/87 (Arzneimittel – Paralleleinfuhren) Slg. 1989, S. 1295 (1321); *Matthies/v. Borries* in: Grabitz/Hilf, Art. 30, Rdnr. 5.

Stiftung preußischer Kulturbesitz zum Umgang mit Kulturgütern unter den Begriff der Maßnahme i. S. d. Art. 28, 29 EGV fallen. Umstritten ist allerdings, ob Maßnahmen Privater unter die Art. 28 und 29 EGV fallen[192]. Generell gilt, daß von der Art der Maßnahme her alle Rechts- und Verwaltungsvorschriften erfaßt werden. Insofern muß es sich nicht um eine Handelsregelung im formalen Sinn handeln[193]. Der Begriff der Maßnahme ist durchaus so weit zu verstehen, daß diese Handelsregelung dann unter Art. 28 in 29 EGV fallen kann, wenn der Hoheitsakt noch nicht in Kraft ist, also noch nicht verbindlich anzuwenden ist[194]. Da ausschließlich auf die Wirkung der Maßnahme abzustellen ist[195], können auch Hoheitsakte, die noch nicht in Kraft getreten sind, aber schon Einfluß auf das Handelsverhalten haben[196], Maßnahmen i. S. d. Art. 28 und 29 EGV sein[197].

Bereits hieran ist zu erkennen, daß der EuGH sowohl bei der Verwirklichung des Grundsatzes des freien Warenverkehrs als auch konkret bei der Anwendung der Art. 28 und 29 EGV sehr weit geht und seiner Rechtsprechung eine integrationsfreundliche Grundtendenz[198] zugrunde legt.

Demzufolge wäre bereits die Ankündigung einer Landesregierung, alle Erstausgaben eines Autors generell als wertvolles Kulturgut i. S. d. Kulturgutschutzgesetzes einzustufen[199], ebenso eine denkbare „Maßnahme" i. S. d. Art. 28 und 29 EGV

---

192 Vgl. *Uhl*, S. 22 f. m. Fn. 34 mit weiteren Hinweisen zum Streitstand; *Müller-Graff* in: GTE, Art. 30, Rdnr. 301 ff. Typischerweise werden handelsbeschränkende Maßnahmen von Privaten vom Kartellrecht (heute Art. 81 ff. EGV) erfaßt, vgl. *Geiger*, EGV, Art. 30, Rdnr. 10. Jedoch ist gegebenenfalls die Frage der staatlichen Zurechenbarkeit eines bestimmten ein- oder ausfuhrhindernden Verhaltens zu stellen (z. B. bei der Festlegung technischer Regeln durch private Normungsorganisationen wie DIN oder VDE), *Müller-Graff* in: GTE, Art. 30, Rdnr. 290.

193 *Veelken*, EuR 1977, S. 311 (325); *Geiger*, EGV, Art. 30, Rdnr. 9; *Moench*, NJW 1982, S. 2689 (2690).

194 Wie hier *Müller-Graff* in: GTE, Art. 30, Rdnr. 292; *Uhl*, S. 23. A. A. *Matthies/v. Borries* in: Grabitz/Hilf, Art. 30, Rdnr. 5.

195 *Veelken*, EuR 1977, S. 311 (323).

196 Wie etwa in der Öffentlichkeit bereits vorgestellte oder der Privatwirtschaft angekündigte Vorhaben.

197 Vgl. etwa die Kampagne der irischen Regierung zum Kauf inländischer Produkte- Buy Irish, EuGH, U.v. 24.11.1982 Rs. 249/81 (Kommission/Irland) Slg. 1982, S. 4005.

198 *Uhl*, S. 23.

199 Beispiel bei *Uhl*, S. 23.

wie die (hypothetische) Verwaltungspraxis des Bundes, bei der Ausfuhr eines Kulturgutes zusätzlich eine Bescheinigung der Herkunft des Kulturguts durch einen Sachverständigen zu verlangen. Bei dieser Maßnahme müßte es sich dann noch um eine solche „mit gleicher Wirkung“ handeln.

bb. Bedeutung und Entwicklung des Merkmals „gleicher Wirkung“ im Rahmen des Art. 28 EGV

Der Begriff der „Maßnahme gleicher Wirkung“[200] wurde erstmals durch fünf Richtlinien näher eingegrenzt, die die Kommission in den 60er Jahren auf der Grundlage von Art. 33 Abs. 7 EWGV erlassen hatte. Die Praxis der Kommission war durch einen tastenden Pragmatismus gekennzeichnet und entwickelte sich erst allmählich zu allgemeinen Grundsätzen[201]. In den ersten drei dieser Richtlinien fand sich dann auch keine generell-abstrakte Definition, vielmehr wurde bereits hier deutlich, daß die Kommission nicht entscheidend auf die Rechtsnatur oder das Ziel der Maßnahme abstellte, sondern primär die behindernde Wirkung in den Vordergrund stellte. Die Richtlinien haben den EWG-Vertrag weder verbindlich ausgelegt, noch kam ihnen eine präjudizierende Wirkung zu[202]. Dennoch kommt diesen Richtlinien eine besondere Bedeutung zu, da sie wichtige Grundsätze festgelegt haben[203]. Insbesondere die inzwischen veraltete RiLi 70/50/EWG der Kommission[204] hat die damalige Auffassung vom Begriff der Maßnahme gleicher Wirkung verdeutlicht. Die Kommission unterschied darin zwischen Regelungen, die Einfuhren gegenüber dem Absatz der inländischen Erzeugung erschweren, verteuern oder benachteiligen (Art. 2 der Richtlinie) und zwischen Handelsregelungen, die unterschiedslos auf inländische und eingeführte Waren anwendbar sind (Art. 3 der Richtlinie). Dabei sollten die erst genannten stets Maßnahmen gleicher Wirkung sein, die letzteren nur dann, wenn ihre behindernde Wirkung

---

200 Die genaue Bezeichnung findet sich bei *Seidel*, NJW 1967, S. 2081; das erst relativ spät eine Begriffsbestimmung herbeigeführt wurde, liegt daran, daß beim Aufbau der Gemeinschaft zunächst die Zölle und Kontingente beseitigt werden sollten, siehe *Seidel*, NJW 1967, S. 2081 (2082).

201 *Veelken*, EuR 1977, S. 311 (314).

202 *Veelken*, EuR 1977, S. 311 (313 m. Fn. 9); *Moench*, NJW 1982, S. 2689 (2690).

203 *Uhl*, S. 24.

204 RiLi 70/50/EWG vom 22.12.1969 ABl. 1970 L 13/29 ff. vom 19.1.1970.

über das ihnen immanente Maß hinausgeht[205]. Diese „übermäßige“ Wirkung sollte gemäß Art. 3 Abs. 2 der RiLi 70/50/EWG dann gegeben sein, wenn die Handelsbehinderung außer Verhältnis zu dem angestrebten Ziel steht oder aber dann, wenn das gleiche Ziel mit einem weniger behindernden Mittel genauso gut erreicht werden kann.

Diese Beschreibung des Begriffs der Maßnahme gleicher Wirkung umfaßte demnach nicht alle unterschiedslos handelshemmenden Maßnahmen, sondern nur diejenigen, die zwar der Durchsetzung von legitimen staatlichen Interessen gelten, aber als Ziel der Handelsbeschränkung unverhältnismäßig sind. Aufgrund dieses Kriteriums muß heute noch eine Maßnahme am Verhältnismäßigkeitsprinzip überprüft werden[206]. Unterschiedlich geltende Maßnahmen waren nach der Richtlinie aufgrund ihres diskriminierenden Charakters per se verboten.

Diese Definitionsansätze bzw. Auslegungsrichtlinien sind von verschiedenen Seiten vor allem wegen ihrer Unschärfe kritisiert worden[207]. So bleibt die Frage zu beantworten, welche Zwecke „legitim“ sind. Insofern sind an dieser Stelle Wertungen erforderlich, die je nach Ergebnis unterschiedliche Konsequenzen für die Vertragswidrigkeit haben. Nur bei nicht vorhandenem legitimem staatlichem Interesse läge dann eine Maßnahme gleicher Wirkung i. S. d. Art. 28 und 29 EGV vor.

Folglich würden die nationalen Regelungen zum Kulturgüterschutz aufgrund ihres als legitim anzusehenden staatlichen Ziels[208] zwar zu Handelshemmnissen führen, nach dem zuvor Gesagten müßten sie aber dennoch als vertragsgemäß gelten[209]. Bei der Überprüfung der Legitimität einer Maßnahme, also bei der Vornahme einer Wertung, handelt es sich allerdings gleichzeitig um eine Prüfung der Maßnahme am Verhältnismäßigkeitsgrundsatz. Damit wird deutlich, daß dieses von der Kommission begründete Verständnis nicht zutreffend sein kann. Dieses Verständnis der Kommission als richtig unterstellt würde dazu führen, daß eine

205 Sog. „effet propre“; vgl. *Uhl*, S. 24; *Matthies/v. Borries* in: Grabitz/Hilf, Art. 30, Rdnr. 10.

206 *Uhl*, S. 24. Vgl. auch auf Seite 105 dieser Arbeit.

207 Vgl. nur *Matthies/v. Borries* in: Grabitz/Hilf, Art. 30, Rdnr. 11 m. w. Nachw.; *Veelken*, EuR 1977, S. 311 (315 ff.); *Moench*, NJW 1982, S. 2689 (2690).

208 Vgl. zu den Zielen des Kulturgüterschutzes auf Seite 6 dieser Arbeit.

209 So auch *Uhl*, S. 24.

Prüfung des Art. 30 EGV hinfällig würde[210]. Gerade eine solche wertende Prüfung wird nämlich im Rahmen des Art. 30 EGV durchgeführt. Schließlich ist die Frage nach der Rechtfertigung erst dann zu stellen, wenn überhaupt feststeht, daß es sich um eine Maßnahme gleicher Wirkung handelt.

(1) Dassonville-Formel

Der EuGH ging in seinen ersten Entscheidungen über den Begriff der „Maßnahme gleicher Wirkung“, wie er zuvor in den Richtlinien durch die Kommission festgelegt wurde, hinaus. Bereits im Urteil „Geddo“[211] stellte der Gerichtshof fest, daß das Verbot der Maßnahmen gleicher Wirkung für alle staatlichen Maßnahmen unabhängig von ihrer Bezeichnung oder ihrer Anwendungsart gelte. In dem grundlegenden[212] Urteil Dassonville[213] definierte der EuGH dann erstmals den Begriff. Danach handelt es sich um eine Maßnahme gleicher Wirkung i. S. d. Art. 28 EGV bei „jeder Handelsregelung der Mitgliedsstaaten, die geeignet ist, den innergemeinschaftlichen Handel unmittelbar oder mittelbar, tatsächlich oder potentiell zu behindern“.[214] Hierbei handelt es sich um eine weite Definition. Dadurch wird aber offensichtlich, daß der Gerichtshof einen Vorrang des Gemeinschaftsinteresses an einem freien Warenverkehr anerkennt.[215] Die Weite der Formulierung wird daran deutlich, daß in der Dassonville-Formel nicht auf das Kriterium der unterschiedlichen Behandlung von in- und ausländischen Waren, also auf eine formale Diskriminierung abgestellt wird[216]. Vielmehr kommt es nur noch auf die Frage an, ob die Maßnahme Auswirkungen auf den Handelsverkehr zwischen Mitgliedsstaaten haben kann. Entscheidend dabei ist, daß bereits die potentielle Eignung zur Behinderung des innergemeinschaftlichen Handels als ausreichend zur Qualifizierung als Maßnahme gleicher Wirkung erachtet wird, der

---

210 *Ehlermann*, EuR 1973, S. 1 f.

211 EuGH, U.v. 12.7.1973 Rs. 2/73 (Geddo/Ente Nazionale Risi) Slg. 1973, S. 865 ff.

212 Vgl. z.B. *Moench*, NJW 1982, S. 2689 (2690), der das Urteil als Magna charta des freien Warenverkehrs tituliert.

213 EuGH, U.v. 11.7.1974 Rs. 8/74 (Dassonville) Slg. 1974, S. 837 (852); dazu die Anmerkung von *Willinghausen*, EuR 1975, S. 322 ff.

214 EuGH, U.v. 11.7.1974 Rs. 8/74 (Dassonville) Slg. 1974, S. 837 (852) st. Rspr., vgl. die weiteren Rspr.-Nachweise bei: *Müller-Graff* in: GTE, Art. 30, Rdnr. 40 m. Fn. 70.

215 *Uhl*, S. 25.

216 *Moench*, NJW 1982, S. 2689 (2690); *Uhl*, S. 26.

Nachweis einer tatsächlichen Behinderung ist dagegen nicht erforderlich[217]. Unter Behinderung ist grundsätzlich jede negative Beeinflussung der Einfuhren zu verstehen[218]. Trotzdem ist das Merkmal der Diskriminierung weiter von Bedeutung. Denn diskriminierende Maßnahmen sind generell vom Verbot des Art. 28 EGV erfaßt, sie sind sozusagen der „Prototyp"[219] der Maßnahmen gleicher Wirkung.

(2) Cassis des Dijon

Angesichts der relativ weiten Formulierung der Dassonville-Formel und der engen Auslegung des Art. 30 EGV[220] hielt der EuGH es für notwendig, Eingrenzungen dieser Grundformel vorzunehmen. Eine erste Eingrenzung ist dabei im sog. Cassis de Dijon- Urteil[221] vorgenommen worden. In der „Cassis"-Entscheidung war der EuGH erstmals auch mit einer unterschiedslos anwendbaren Maßnahme beschäftigt. Wendet man auf die deutsche Regelung, nur die Produktion und den Vertrieb von Alkoholika mit einem bestimmten Mindestalkoholgehalt zu gestatten, die vom EuGH entwickelte Dassonville-Formel an, so fällt die deutsche Regelung als Maßnahme gleicher Wirkung unter Art. 28 EGV und kann allenfalls nach Art. 30 EGV gerechtfertigt werden. Auch in seiner Cassis-Entscheidung hat der EuGH eine Maßnahme gleicher Wirkung gesehen, die nicht durch Art. 30 EGV (Gesundheitsschutz) gerechtfertigt werden konnte, da das Verhältnismäßigkeits-

---

217 EuGH, U.v. 20.2.1975 Rs. 12/74 (Mittelbare Herkunftsbezeichnungen) Slg. 1975, S. 181 ff.; U.v. 16.12.1986 Rs. 124/85 (Kommission/Griechenland) Slg. 1986, S. 3935; *Oppermann*, Europarecht, Rdnr. 1296; *Bleckmann*, Europarecht, Rdnr. 1502.

218 Unabhängig davon, in welcher Art oder mit welcher Zielsetzung die Beeinflussung erfolgt, *Müller-Graff* in: GTE, Art. 30, Rdnr. 49; *Matthies/v. Borries* in: Grabitz/Hilf, Art. 30, Rdnr. 16; *Veelken*, EuR 1977, S. 311 (329).

219 *Uhl*, S. 26.

220 Vgl. dazu Seite 79 dieser Arbeit.

221 EuGH, U.v. 20.2.1979 Rs. 120/78 (Rewe-Zentral AG/ Bundesmonopolverwaltung für Branntwein) Slg. 1979, S. 649 ff. In der Entscheidung ging es um eine Maßnahme der Bundesrepublik nach § 100 BranntweinmonopolG. Danach ist für alle in- und ausländischen Liköre ein bestimmter Mindestalkoholgehalt festgesetzt. Bei Likören mit einem niedrigeren Alkoholgehalt war der Verkauf dieser Getränke in der Bundesrepublik untersagt, so daß diese Regelung der Dassonville-Formel unterfiel. Das hatte für den Johannisbeerlikör „Cassis de Dijon", der nicht den entsprechenden Alkoholgehalt aufwies, zur Folge, daß er nicht aus Frankreich in die Bundesrepublik eingeführt werden konnte.

prinzip nicht ausreichend berücksichtigt worden war[222]. Der EuGH hat sich jedoch nicht nur mit der Prüfung dieser Aspekte begnügt, sondern festgestellt, daß unter bestimmten Voraussetzungen die Mitgliedstaaten grundsätzlich dazu befugt sind, die von ihnen für erforderlich gehaltenen Regelungen zur Warenerzeugung und -verbreitung zu erlassen und demnach eine Maßnahme gleicher Wirkung nicht vorliegt[223]. Erstens darf keine Gemeinschaftsregelung für diesen Sachverhalt gelten. Weiter muß es sich um eine unterschiedslos anwendbare Regelung handeln, die nicht zwischen in- und ausländischen Produkten differenziert und schließlich müssen Handelshemmnisse, die sich aus den Unterschieden zwischen den autonomen Regelungen der Mitgliedstaaten ergeben, dann hingenommen werden, wenn sie notwendig sind, um „zwingenden Erfordernissen" gerecht zu werden[224]. Letzte Bedingung ist, daß die Regelung zur Erreichung des Ziels notwendig, also auch verhältnismäßig ist[225]. Bei den zwingenden Erfordernissen muß es sich um im allgemeinen Interesse liegende und von den Vertragszielen gedeckte Ziele handeln, die den Anforderungen des Warenverkehrs vorgehen[226]. Dazu hat der EuGH im Cassis-Urteil beispielhaft eine wirksame steuerliche Kontrolle, den Schutz der Lauterkeit des Handelsverkehrs und den Verbraucherschutz gezählt. In späteren Urteilen sind neben dem Umweltschutz[227] kulturelle Zwecke[228] als zwingendes Erfordernis anerkannt worden. Einen festen „Katalog" zu Art. 28 EGV hat der EuGH bislang noch nicht aufgestellt, so daß die genannten Tatbestände nicht erschöpfend sind. Auf den ersten Blick sind diese Tatbestände identisch mit den in Art. 30 EGV aufgeführten Rechtferti-

---

222 Es standen mildere Mittel als das komplette Einfuhrverbot wie etwa eine entsprechende Etikettierung zur Verfügung.

223 Es ist allerdings umstritten, ob die Formel der Cassis-Rechtsprechung als negatives Tatbestandsmerkmal oder als Rechtfertigungsgrund anzusehen ist. Dieser Streit ist für diese Arbeit ohne Bedeutung und soll deshalb nicht weiter vertieft werden. Vgl. zu den Positionen: *Matthies/ v.Borries* in: Grabitz/Hilf, Art. 30, Rdnr. 20; *Müller-Graff* in: GTE, Art. 36, Rdnr. 27 f.; vgl. auch Fn. 229 dieser Arbeit.

224 EuGH, U.v. 20.2.1979 Rs. 120/78 (Rewe-Zentral AG/ Bundesmonopolverwaltung für Branntwein) Slg. 1979, S. 649 (662).

225 Sog. Zweck-Mittel-Relation, vgl. dazu *Matthies/v. Borries* in: Grabitz/Hilf, Art. 30, Rdnr. 21.

226 *Matthies/v. Borries* in: Grabitz/Hilf, Art. 30, Rdnr. 19; *Uhl*, S. 28.

227 EuGH, U.v. 20.9.1988 Rs. 302/86 (Kommission/Dänemark) Slg. 1988, S. 4607 (4627).

228 Vgl. die Hinweise bei *Matthies/v. Borries* in: Grabitz/Hilf, Art. 30, Rdnr. 19.

gungsmöglichkeiten, zumal bei den „zwingenden Erfordernissen" dieselben Erwägungen angestellt werden müssen wie bei den Schutzgütern des Art. 30 EGV. Aus diesem Grund ist das Cassis-Urteil verschiedentlich kritisiert worden[229]. Hauptargument war, daß eine genaue Abgrenzung zu den Tatbeständen des Art. 30 EGV nicht mehr möglich sei bzw. eine zusätzliche Ausnahme vom Verbot der Maßnahmen gleicher Wirkung geschaffen worden sei[230]. Aufgrund der nunmehr notwendigen Einzelfallabwägung durch den EuGH werde ein Zustand der Rechtsunsicherheit heraufbeschworen[231]. In späteren Entscheidungen hat der EuGH daraufhin den Verhältnismäßigkeitsaspekt bei der Abwägung zwischen den nationalen Interessen und dem Gemeinschaftsinteresse an einem freien Warenverkehr wesentlich hervorgehoben und klargestellt, daß die Cassis-Rechtsprechung nicht als weitere Ausnahme zu Art. 30 EGV zu verstehen sei, sondern vielmehr als Beschränkung bereits in die Definition der Maßnahme gleicher Wirkung gehöre und unter dem Aspekt des Art. 28 bzw. 29 EGV zu prüfen sei[232]. Die „zwingenden Erfordernisse" schließen demnach die Qualifizierung einer Maßnahme eines Mitgliedsstaates als Maßnahme gleicher Wirkung aus, so daß es in einem solchen Fall nicht mehr auf eine Prüfung des Art. 30 EGV ankommt[233]. Unklar ist jedoch nach wie vor die Einordnung dieser Entscheidung.

---

229 Vgl. *Müller-Graff* in: GTE, Art. 36, Rdnr. 27 f., der die Cassis-Rechtsprechung für unnötig kompliziert hält und die bisher konkretisierten „zwingenden Erfordernisse" den „Gründen der öffentlichen Ordnung" i. S. d. Art. 36 EGV (a. F.) zuordnen will; *Müller-Graff*, aaO, Rdnr. 29. Anfänglich war die dogmatischen Einordnung (Ausschluß des Tatbestandes des Art. 30 EGV oder neue Rechtfertigungsgründe i. S. d. Art. 36 EGV) unklar; vgl. zum Verhältnis zwischen Art. 36 EGV (a. F.) und den zwingenden Erfordernissen *Barents*, CMLR 1981, S. 271 (284 ff.), siehe aber jetzt *Moench*, NJW 1987, S. 1109 m. Fn. 6. Dem EuGH ist dabei häufig zurecht ein rein pragmatisches Vorgehen ohne jede Dogmatik vorgeworfen worden, vgl. dazu *Ress*, EuZW 1993, S. 745; *Arndt*, JuS 1994, S. 469 (470).

230 Vgl. beispielhaft *Matthies/v. Borries* in: Grabitz/Hilf, Art. 30, Rdnr. 22 ff.

231 *Uhl*, S. 28 m. w. Nachw. In einer Mitteilung der Kommission an die Mitgliedsstaaten, das Europaparlament und den Rat (ABl. 1980 C 256/2 vom 3.10.1980) sind gewisse Orientierungspunkte festgelegt worden, wonach die Cassis-Formel so anzuwenden sei, daß die in einem Mitgliedsstaat rechtmäßig hergestellten und in Verkehr gebrachten Waren auch in jedem anderen Mitgliedsstaat zugelassen sind.

232 EuGH, U.v. 10.11.1982 Rs. 261/81 (Freier Warenverkehr – Margarine) Slg. 1982, S. 3961 (3972); U.v. 17.6.1981 Rs. 113/80 (Kommission/Irland) Slg. 1981, S. 1625 (1638); vgl. auch *Uhl*, S. 28 m. Fn. 55.

233 *Matthies/v. Borries* in: Grabitz/Hilf, Art. 30, Rdnr. 20.

Während sie größtenteils vornehmlich als Einschränkung des Grundkriteriums der Dassonville-Formel bei unterschiedslos anwendbaren Maßnahmen angesehen wird[234], wird sie teilweise als avantgardistische Entscheidung beschrieben, die eine notwendige Konkretisierung und Aktualisierung der Rechtsprechung des EuGH darstellt[235]. Letztlich wird man wohl davon sprechen können, daß durch das Cassis-de-Dijon-Urteil beides erfolgt ist, also eine Konkretisierung der bisherigen Rechtsprechung gerade durch eine bewußte Eingrenzung des weiten Verbotskreises der Dassonville-Formel. Diese Entwicklung läßt sich für die Begriffsbildung der Maßnahme gleicher Wirkung gerade auch an der Folgerechtsprechung aufzeigen[236]. Damit bleibt jedenfalls festzuhalten, daß eine unterschiedslos auf Waren jeder Herkunft anwendbare Regelung in einem Bereich, in dem keine Gemeinschaftsregelung existiert, trotz einfuhrbehindernder Eignung i. S. d. Dassonville-Formel keine Maßnahme gleicher Wirkung darstellt, sofern diese Regelung notwendig ist, um zwingenden Erfordernissen gerecht zu werden.

(3) Keck-Rechtsprechung

In der Rechtsprechung des EuGH seit etwa 1981 sind zahlreiche Fälle entschieden worden, in denen der Gerichtshof das Vorliegen einer Maßnahme gleicher Wirkung verneint hat, ohne auf die zuvor erwähnten „zwingenden Erfordernisse“ oder Gründe des Art. 30 EGV abzustellen, und daß, obwohl Handelshemnisse im Bereich des Warenverkehrs jedenfalls nicht gänzlich ausgeschlossen werden konnten. Dabei wurde zum Teil darauf abgestellt, daß die Regelung in Wirklichkeit in keinem Zusammenhang zur Einfuhr stehe und eine solche Beziehung weder bezwecke noch bewirke[237], zum Teil wurden Regelungen aus dem Anwendungsbereich des Art. 28 EGV herausgenommen, die im Allgemeininteresse standen, von den Vertragszielen gedeckt waren und sich nicht auf die Ware selbst, son-

---

234 vgl. nur *Müller-Graff* in: GTE, Art. 30, Rdnr. 186.

235 Diese These wird z.B. von *Uhl*, S. 26 m. Fn. 51 vertreten, die sich dabei auf Dauses beruft.

236 Vgl. insbesondere dazu EuGH, U.v. 17.6.1981 Rs. 113/80 (Kommission/Irland), Slg. 1981, S. 1625 ff., weitere Rechtsprechungsnachweise finden sich bei *Müller-Graff* in: GTE, Art. 30, Rdnr. 186 m. Fn. 420.

237 EuGH, U.v. 31.3.1982 Rs. 75/81 (Blesgen/Belgien), Slg. 1982, S. 1211; U.v. 5.4.1990 Rs. C-132/88 (Kommission/Griechenland) Slg. 1990, I-1593; U.v. 11.7.1990 Rs. C-23/89 (Quietlynn und Richards) Slg. 1990, I-3059 (I-3077).

dern nur auf bestimmte Absatz- bzw. Verwendungsmodalitäten bezogen[238]. Die Begründung des EuGH hierzu war teilweise methodisch nicht unproblematisch und widerspruchsvoll[239]. Das Bemühen des Gerichtshofes, die Tragweite des Art. 28 EGV zu begrenzen, wurde zwar durchweg gebilligt, die Art und Weise des Vorgehens führte jedoch zu Rechtsunsicherheit[240]. Aus diesem Grund wurde eine grundsätzliche Klärung gefordert, verbunden mit dem Wunsch nach eindeutigen Abgrenzungskriterien[241]. Vor dem Hintergrund dieser Forderungen hat der EuGH im Fall Keck[242] entschieden. Der Gerichtshof erkannte darin die Notwendigkeit an, seine Rechtsprechung zu Art. 28 EGV zu überprüfen und klarzustellen. „Entgegen der bisherigen Rechtsprechung“[243] sollte danach die Anwendung nationaler Bestimmungen, die bestimmte „Verkaufsmodalitäten“ beschränken oder verbieten, auf Erzeugnisse aus anderen Mitgliedstaaten nicht geeignet sein, den Handel zwischen den Mitgliedstaaten i. S. d. der Dasonville-Formel unmittelbar oder mittelbar, tatsächlich oder potentiell zu behindern, sofern diese Bestimmungen für alle betroffenen Wirtschaftsteilnehmer gelten, die ihre Tätigkeit im Inland ausüben, und sofern sie den Absatz der inländischen Erzeugnisse und der Erzeugnisse aus anderen Mitgliedstaaten rechtlich wie tatsächlich in gleicher

---

238 EuGH, U.v. 14.7.1981 Rs. 155/80 (Nachtbackverbot), Slg. 1981, S. 1993; U.v. 11.7.1985 verb. Rs. 60 u. 61/84 (Cinéthèque), Slg. 1985, S. 2605; U.v. 14.2.1990 Rs. C-301/87 (Frankreich/Kommission) Slg. 1990, I-307 (I-312). In einem Fall schließlich (EuGH, U.v. 7.2.1984 Rs. 238/82 [Duphar/Niederlande], Slg. 1984, S. 523) wurde die nationale Regelungsbefugnis für Krankenversicherungssysteme anerkannt, wobei nur gewisse Bedingungen (keine Diskriminierung, objektiv nachprüfbar) aufgestellt wurden.

239 Vgl. zur berechtigten Kritik etwa: *Müller-Graff* in: GTE, Art. 30 Rdnr. 102; *Möschel*, NJW 1994, S. 429 (430), der Art. 30 EGV (a. F.) als ein weitreichendes Deregulierungsinstrument bezeichnet; *Arndt*, JuS 1994, S. 469 (472).

240 *Matthies/v. Borries* in: Grabitz/Hilf, Art. 30 Rdnr. 27.

241 Vgl. nur die Forderungen von Generalanwalt Tesauro in der Rechtssache Hünermund (EuGH, U.v. 15.12.1993 Rs. C-292/92 [Hünermund], Slg. 1993, I-6787, 6800), in denen deutlich Kritik an der Unstimmigkeit der Rechtsprechung des Gerichtshofes geübt wird und ein klares und deutliches Überdenken gefordert wird.

242 EuGH, U.v. 24.11.1993 verb. Rs. C-267/91 u. C-268/91 (Keck und Mithouard), Slg. 1993, I-6097. In diesem Fall hatten die Geschäftsführer elsässischer Supermarktfillialen Erzeugnisse unter dem Einstandspreis weiterverkauft. Dies war in Frankreich verboten und strafbar.

243 EuGH, U.v. 24.11.1993 verb. Rs. C-267/91 u. C-268/91 (Keck und Mithouard), Slg. 1993, I-6097, 6131 Rdnr. 16.

Weise berühren[244]. Der EuGH begründet dies damit, daß die Anwendung solcher Regelungen auf den Verkauf von Waren aus einem anderen Mitgliedstaat, die den von diesem Staat aufgestellten Bestimmungen entsprechen, nicht dazu geeignet sei, für diese Waren den Marktzugang zu versperren oder zumindest stärker zu behindern, als solche Regelungen dies für inländische Erzeugnisse tun[245]. Wenngleich die Begründung durch den EuGH hierfür insgesamt recht knapp ausgefallen ist, erscheint die Kritik hieran überzogen. Es ist zum einen zu bemerken, daß im Vorabentscheidungsverfahren nur entscheidungserhebliche Fragen nach der Auslegung oder Gültigkeit von Gemeinschaftsrecht zu beantworten sind und zum anderen bei Einleitung einer neuen Rechtsprechung in der Begründung nicht gleich alle Einzelheiten festgelegt werden sollten[246]. Die Änderung der bisherigen Rechtsprechung durch die Keck-Entscheidung ist allerdings nicht als derart umwälzend zu deuten, wie sie in ersten Stellungnahmen bezeichnet worden ist[247]. Die Entscheidung „Keck" kann nicht als bahnbrechende Änderung der Rechtsprechung des EuGH eingestuft werden[248]. Sie bedeutet jedenfalls keine generelle Einengung des Art. 28 EGV auf ein Diskriminierungsverbot, sondern nur in den von der Keck-Formel erfaßten Fällen[249]. Definitionen der Rechtsprechung zur Konkretisierung unbestimmter Rechtsbegriffe wie etwa zu den Maßnahmen gleicher Wirkung können die Herausnahme der Verkaufsbeschränkungen aus dem Anwendungsbereich des Art. 28 EGV nur dann überzeugend auslegen, wenn sie in sich stimmig sind. Eine einsichtige Lösung hierzu ergibt sich wohl nur aus dem Zweck des Art. 28 EGV, der Marktzugang ist dazu als wesentliches Kriterium für

---

[244] EuGH, U.v. 24.11.1993 verb. Rs. C-267/91 u. C-268/91 (Keck und Mithouard), Slg. 1993, I-6097, 6131 Rdnr. 16, diese Formel wird von den Nachfolgeentscheidungen wiederholt, etwa EuGH, U.v. 11.8.1995 Rs. C-63/94 (Belgapom), Slg. 1995, I-2467, 2490 f. Rdnr. 12.

[245] EuGH, U.v. 24.11.1993 verb. Rs. C-267/91 u. C-268/91 (Keck und Mithouard), Slg. 1993, I-6097, 6131 Rdnr. 17.

[246] *Freund*, JA 1997, S. 716 (719); i. Erg. *Müller-Graff* in: GTE, Art. 30 Rdnr. 244.

[247] Vgl. etwa *Möschel*, NJW 1994, S. 429, der von einer Kehrtwende spricht. *Ress* (EuZW 1993, S. 745) fragt, ob es sich beim Keck-Urteil um den Abschied von Cassis de Dijon und Dasonville handelt. *Lenz* (NJW 1994, S. 1633) spricht zumindest von einem undeutlichen Ton. Weitere Hinweise zu markigen Kommentaren finden sich bei *Müller-Graff* in: GTE, Art. 30 Rdnr. 240 m. Fn. 564.

[248] *Arndt*, JuS 1994, S. 469 (472).

[249] *Becker*, EuR 1994, S. 162 (172), *Müller-Graff* in: GTE, Art. 30 Rdnr. 240.

die Bestimmung des Anwendungsbereichs des Art. 28 EGV heranzuziehen[250]. Zweck des Art. 28 EGV ist es, Nachteile beim Import von Waren aus anderen EU-Mitgliedstaaten zu verhindern. Insofern werden gerade Maßnahmen gleicher Wirkung wie mengenmäßige Beschränkungen verboten. Kontingentierungen haben die Folge, daß weniger Ware importiert werden kann. Diese Überlegung gilt aber nicht für Verkaufsregelungen. Denn Verkaufsbeschränkungen, die gerade unterschiedslos gelten, haben nämlich keine Kontingentierung zur Folge. Sie regeln lediglich den Zeitpunkt des Verkaufs oder die Art und Weise[251]. In diesen beiden Konstellationen sind in- und ausländische Waren gleichgestellt und können zu denselben Bedingungen verkauft werden. Art. 28 EGV verpflichtet die Mitgliedstaaten zwar dazu, Nachteile für Importwaren abzuschaffen, nicht aber dazu, zusätzliche Vorteile für den Import zu schaffen[252]. Regelungen über Verkaufsmodalitäten befassen sich nicht mit dem Ob des Imports, sondern mit dem Wie des Verkaufs. Sie bezwecken nicht, daß weniger ausländische Waren in einen Mitgliedstaat importiert werden, sondern bestimmen lediglich, daß die Regelungen für alle Waren, die in einem Mitgliedstaat verkauft werden, gleich sind. Hierbei handelt es sich schon nicht um eine Kontingentierung. Sinn und Zweck des Art. 28 EGV ist darüber hinaus, innerhalb des Binnenmarktes einen Leistungswettbewerb zu etablieren[253]. Hierzu müssen verschiedene Qualitätsstufen bei den Waren bestehen. Eine solche Regelung im Bereich der Verkaufsmodalitäten würde dieser Ratio aber entgegenwirken. Ausländische Waren aus einem anderen Mitgliedstaat, die zu anderen Zeiten und anderen Modalitäten verkauft werden dürften, würden bevorzugt. Dies würde aber gerade dem Gedanken eines Leistungswettbewerbs entgegenstehen. Von daher ist die Überlegung, Modalitäten des Verkaufs, die ihrem Haupt- oder Nebenzweck nach keine Wettbewerbsverfälschung bewirken, aus dem Anwendungsbereich des Art. 28 EGV herauszunehmen, grundsätzlich zu befürworten. Geteilter Meinung kann man allerdings sein, ob dies erfolgreich durch eine Abgrenzung zwischen bestimmten Verkaufsmodalitäten und produktbezogenen Regelungen erfolgen kann. Statt einen Beitrag zu dogmatischer Klarheit zu schaffen, ist dem EuGH vorgeworfen

---

250 Von diesem Ansatz gehen sowohl *Becker*, EuR 1994, S. 162 (173) als auch *Arndt*, JuS 1994, S. 469 (472 f.) zurecht aus.

251 Als Beispiel hierfür mag das oft zitierte deutsche Ladenschlußgesetz dienen.

252 *Arndt*, JuS 1994, S. 469 (473).

253 *Arndt*, JuS 1994, S. 469 (473).

worden, das Urteil in der Sache „Keck“ stifte Verwirrung und mache staatliche Gerichte hilflos[254]. Dies liege vor allem daran, daß eine Abgrenzung zwischen Produktregelungen und Regelungen von Verkaufsmodalitäten nicht vorgenommen wurde. Die beiden Regelungstypen können so oftmals nicht unterschieden werden[255]. Mit der Entwicklung der „bestimmten Verkaufsmodalitäten“ ist von daher kein Kriterium mit klaren Voraussetzungen geschaffen worden[256], vielmehr wird normzwecktautologisch das Ergebnis mitgeteilt, daß es sich bei einer Verkaufsregelung um eine Maßnahme handelt, deren Anwendung i. S. d. Art. 28 EGV nicht dazu geeignet ist, den Marktzugang für diese Waren zu versperren oder stärker zu behindern, als sie dies für inländische Waren tut[257]. Trotz der Keck-Rechtsprechung sind offene Fragen unbeantwortet geblieben[258].

Weiterhin ist zu bedenken, daß gerade Vertrieb, Aufmachung und Beschaffenheit eines Produkts in vielen Fällen eine einheitliche unternehmerische Leistung darstellen[259]. Auch Vertriebsvorschriften könnten den innergemeinschaftlichen Handel ebenso stark beeinträchtigen und behindern wie reine Produktionsvorschriften[260]. Wenn durch eine Anwendung des Art. 28 EGV als Diskriminierungsverbot bewirkt würde, daß ausländische Anbieter dazu gezwungen werden, in denselben, möglicherweise überholten Vertriebsformen anzubieten, wie sie im Inland tradiert werden, würden diese Verkaufsmodalitäten der Verwirklichung eines Binnenmarktes entgegenstehen[261]. Ob sich aus der Keck-Rechtsprechung schließlich folgern läßt, daß bei der Auslegung des Art. 28 EGV aufgetretene

254 *Steindorff*, ZHR 158 (1994), S. 149 (152); *Freund*, JA 1997, S. 716 (718).

255 *Becker*, EuR 1994, S. 162 (173).

256 *Müller-Graff* in: GTE, Art. 30 Rdnr. 244.

257 Insofern wäre es besser gewesen, wenn der EuGH den Begriff der Verkaufsmodalität vermieden hätte und statt dessen darauf hingewiesen hätte, worum es letztlich geht: und zwar um Normen zur Weiterverbreitung, die nicht die Produkt- oder Vertriebsleistung einschließlich des Preises und der Werbung des ausländischen Anbieters betreffen, *Steindorff*, ZHR 158 (1994), S. 149 (167).

258 Vgl. *Freund*, JA 1997, S. 716 (719).

259 Vgl. auch *Becker*, EuR 1994, S. 162 (173).

260 In einem Grenzbereich befinden sich die Vorschriften über die Werbung, vgl. nur *Matthies/v. Borries* in: Grabitz/Hilf, Art. 30 Rdnr. 30.

261 So zu Recht *Steindorff*, ZHR 158 (1994), S. 149 (164 f.).

Zweifelsfragen geklärt und die Prüfung und Begründung einschlägiger Fälle durch den EuGH wesentlich vereinfacht worden ist[262], darf eher bezweifelt werden[263].

Letztlich bliebt als Ergebnis festzuhalten, daß der Spielraum der Mitgliedstaaten für die Regulierung der eigenen Märkte durch die Keck-Rechtsprechung erweitert worden ist[264]. Ob dies aber gerade aufgrund der Maastricht-Debatte über die Aufrechterhaltung nationaler Besonderheiten im zwischenstaatlichen Handel[265] geschehen ist, läßt sich wohl kaum näher belegen[266].

(4) Zusammenfassung der Rechtsprechung

Zusammenfassend läßt sich die Rechtsprechung des EuGH zu Art. 28 EGV jedenfalls ansatzweise auf folgende Formel[267] bringen: Verboten, weil Maßnahmen gleicher Wirkung, sind solche Vorschriften, die eingeführte Waren diskriminieren, und unterschiedslos geltende Vorschriften, die beschränkende Wirkungen auf den freien Warenverkehr oder auf den Marktzugang für eingeführte Waren haben.

Maßnahmen gleicher Wirkung im Bereich der Einfuhr sind dabei die Maßnahmen, die direkt an der Grenze getroffen werden oder in anderer Weise auf den Ein- oder Ausfuhrvorgang abzielen wie etwa Grenzkontrollen jeder Art, das Erfordernis bestimmter Erlaubnisse[268] oder auch die Beschränkung der Zollämter[269]. Dennoch ist die Bedeutung der Vorschrift des Art. 28 EGV bei der dieser Arbeit zugrundeliegenden Ausfuhr von Kulturgütern eher gering[270]. Für Kulturgüter gibt es, im Gegensatz zu anderen Waren, nämlich in den Mitgliedstaaten der Europäischen Union keine Einfuhrbeschränkungen i. S. d. Art. 28 EGV. Vielmehr ist gerade das Gegenteil der Fall, da die Interessenlage bei Kulturgütern eine andere als beim „normalen“ Import ausländischer Erzeugnisse ist. Jedenfalls in der Regel

---

262 So z. B. *Matthies/v. Borries* in: Grabitz/Hilf, Art. 30 Rdnr. 30; *Freund*, JA 1997, S. 716 (721).

263 Wie hier *Müller-Graff* in: GTE, Art. 30 Rdnr. 249; vgl. auch *Steindorff*, ZHR 158 (1994), S. 149 (166 f.).

264 *Becker*, EuR 1994, S. 162 (174).

265 In diesem Sinne etwa *Ress*, EuZW 1993, S. 745; *Möschel*, NJW 1994, S. 429 (431).

266 Wie hier auch *Becker*, EuR 1994, S. 162 (174).

267 Vgl. dazu *Matthies/v. Borries* in: Grabitz/Hilf, Art. 30 Rdnr. 31.

268 Weitere Beispiele, aufgeteilt in Fallgruppen, finden sich bei *Moench*, NJW 1982, S. 2689 (2695 f.).

269 *Uhl*, S. 29.

270 *Berndt*, Internationaler Kulturgüterschutz, S. 141.

werden die Mitgliedstaaten versuchen, die Einfuhr von Erzeugnissen aus anderen EU-Mitgliedstaaten zu begrenzen, um so den Absatz einheimischer Produkte zu fördern[271]. Im Gegensatz hierzu dürften die Mitgliedstaaten bei Kulturgütern ein Interesse daran haben, möglichst viele Kulturgüter auf ihrem Staatsgebiet zu versammeln und darauf zu achten, daß die Ausfuhr der Kulturgüter, also das Wieder-Entfernen aus dem Staatsgebiet, überwacht und kontrolliert wird[272]. Dies gilt auch und obwohl sich das Verständnis, wie und warum Kulturgüter zu schützen sind, in den letzten Jahrhunderten gewandelt hat[273]. Grund hierfür ist im Wesentlichen, daß Kulturgüter, jedenfalls soweit es sich um zeitgenössische Kunstgegenstände handelt, nicht reproduzierbar sind. Von daher treten Kulturgüter nicht in eine Konkurrenz zu einheimischen Waren, wie dies bei solchen Waren der Fall wäre, die in gleicher Art und Weise sowohl im In- als auch im europäischen Ausland produziert werden. Der Wandel der Rechtsprechung des Gerichtshofes zum Begriff der Maßnahme gleicher Wirkung hat keine Auswirkungen auf die Ausfuhr von Kulturgütern[274]. Bedeutung erlangt der Wandel aber im Bereich der Ausfuhrregelung des Art. 29 EGV.

cc. „Maßnahmen gleicher Wirkung“ im Licht des Art. 29 EGV

Damit bleibt zu untersuchen, ob der Begriff der Maßnahme gleicher Wirkung in der primär für die Ausfuhr von Kulturgütern innerhalb der EG einschlägigen Vorschrift des Art. 29 EGV genauso zu verstehen ist wie in Art. 28 EGV oder ob gegebenenfalls ein anderer Maßstab anzulegen ist. Nach Art. 29 EGV sind alle mengenmäßigen Ausfuhrbeschränkungen sowie alle Maßnahmen gleicher Wirkung zwischen den Mitgliedstaaten verboten. Daraus ergibt sich, daß es importbehindernde Regelungen im Raum der EU praktisch nicht gibt[275] und die existierenden Regelungen der Mitgliedstaaten den Export von Kunstgegenständen

---

271 Daneben sind auch noch andere Zwecke wie der Verbraucher- oder Umweltschutz denkbar.

272 Ebenso *Uhl*, S. 29 f.

273 Vgl. dazu auch das erste Kapitel dieser Arbeit.

274 So auch *Maurer*, Die Ausfuhr von Kulturgütern, S. 46; *Bila*, Nationaler Kulturgüterschutz, S. 116.

275 Etwas anderes gilt in den USA, wo importbehindernde Regelungen im Bezug auf einige südamerikanische Länder existieren, vgl. *Uhl*, S. 29 m. Fn. 60.

regeln[276]. Der Begriff der mengenmäßigen Ausfuhrbeschränkung unterscheidet sich von demjenigen der mengenmäßigen Einfuhrbeschränkung lediglich dadurch, daß die Beschränkung nicht die Einfuhr, sondern die Ausfuhr betrifft[277]. Dennoch ist das Verbot des Art. 29 EGV im Vergleich zu Art. 28 EGV weniger bedeutsam. Dies liegt zum einen daran, daß die Wirtschaftskraft eines Landes immer auch an seiner Exportkraft, also insbesondere an seinem Exportüberschuß gemessen wird[278]; zum anderen daran, daß die Exportfreiheit des Art. 29 EGV von jeher ein wesentlich geringeres Konfliktpotential aufweist als die Importfreiheit des Art. 28 EGV[279]. Es gibt daher zu Art. 29 EGV im Vergleich zu Art. 28 EGV nur verhältnismäßig wenige Entscheidungen. Die meisten ergangenen Entscheidungen betreffen dann die für die Praxis bedeutsamen Kontingentierungen für landwirtschaftliche Produkte[280].

Der Begriff der Maßnahme gleicher Wirkung wie mengenmäßige Ausfuhrbeschränkungen ist gleich formuliert wie in Art. 28 EGV. Daher erscheint er zunächst der Gleiche zu sein wie der Begriff in Art. 28 EGV. Lange Zeit ist er parallel und in Verbindung zu dem Begriff der Maßnahme gleicher Wirkung in Art. 28 EGV verstanden worden[281]. Ausgangspunkt war und ist auch hier die Dassonville-Formel und es wird verallgemeinernd von Maßnahmen gleicher Wirkung nach „Art. 30 ff. EWGV" gesprochen[282]. Wegen der grundsätzlichen Parallelen im Verbotszweck der Art. 28 und 29 EGV spricht nichts dagegen, zur Bestimmung von Maßnahmen gleicher Wirkung i. S. d. Art. 29 EGV von dem Kriterium der Dassonville-Formel auszugehen, wonach eine Maßnahme gleicher

276 Vgl. zu den Regelungen in der Bundesrepublik das vierte Kapitel dieser Arbeit. Zu den Regelungen in anderen europäischen Ländern siehe *Maurer*, Die Ausfuhr von Kulturgütern, S. 109 ff.; *Bila*, Nationaler Kulturgüterschutz, S. 37 ff. und *Uhl*, S. 45 ff.

277 *Müller-Graff* in: GTE, Art. 34 Rdnr. 9; vgl. insofern auch auf Seite 140 dieser Arbeit.

278 *Uhl*, S. 30.

279 *Roth*, ZHR 159 (1995), S. 78 (88), der zu Recht darauf hinweist (S. 87), daß inländische Wirtschaftsteilnehmer wie Industrie und Handel in aller Regel eine einflußreiche Lobby besitzen, so daß die Aufrechterhaltung marktabschottender Regelungen im Gegensatz zur Marktöffnung eher erreicht wird.

280 *Uhl*, S. 31 m. w. Nachw.

281 *Müller-Graff* in: GTE, Art. 34 Rdnr. 11.

282 So etwas *Seidel*, NJW 1967, S. 2081 ff.; *Ehlermann*, EuR 1973, S. 1 ff.; *Veelken*, EuR 1977, S. 311 ff.

Wirkung dann vorliegt, wenn eine Regelung dazu geeignet ist, den innergemeinschaftlichen Handel unmittelbar oder mittelbar, tatsächlich oder potentiell zu behindern[283]. Wie jedoch bereits erwähnt, kann fast jede staatliche Maßnahme, die sich regulierend auf die Produktion oder den Vertrieb von Waren auswirkt bzw. Kosten verursacht, dazu geeignet sein, Ausfuhren zu verhindern, die möglicherweise ohne diese Maßnahmen durchgeführt werden könnten. Von daher bedarf es an dieser Stelle einer Einschränkung dieses Kriteriums[284]. In seiner Entscheidung „Bouhelier"[285] hatte der Gerichtshof noch keinen Anlaß, die Formeln des Art. 30 EWGV (heute Art. 28) nicht uneingeschränkt auf Art. 34 EWGV (heute Art. 29) zu übertragen. In der Sache ging es darum, daß Frankreich von Exporteuren bestimmter Erzeugnisse der Uhrenindustrie entweder eine Ausfuhrlizenz oder ein Prüfungszeugnis für den Export verlangte. Dieses Zeugnis wurde nur von einer bestimmten staatlichen Stelle ausgestellt und sollte belegen, daß das Erzeugnis gewisse Qualitätsnormen erfüllt. In diesem Fall stellte die Ausfuhrbeschränkung, entweder eine Lizenz zu haben oder ein Zeugnis vorweisen zu können, mehr als eine bloße Formalität dar[286].

Wendet man diese Ausfuhrgenehmigungserfordernisse auf die Ausfuhr von Kulturgütern an, so ergibt sich, daß zwar gleichzeitig mit der Ausfuhrgenehmigung auch die Eigenschaft als national wertvoll überprüft und eine gewisse Qualität des Kulturgutes festgestellt würde. Bei dieser Qualität handelt es sich jedoch um eine andere als bei der Qualität einer industriell gefertigten Ware, die nach DIN- oder ISO-Normen bestimmt werden kann und primär dem Verbraucherschutz zugute kommen soll[287]. Das Erfordernis einer Ausfuhrgenehmigung

---

283 Vgl. dazu bereits oben auf Seite 48.

284 Etwas anderes gilt nur für Waren, die einer gemeinsamen Marktorganisation unterliegen, dazu *Müller-Graff* in: GTE, Art. 34, Rdnr. 29 f.; *Roth*, ZHR 159 (1995), S. 78 (80).

285 EuGH, U.v. 3.2.1977 Rs. 53/76 (Bouhelier), Slg. 1977 S. 197 (205).

286 Wie etwa noch in der International Fruit Company-Entscheidung, EuGH, U.v. 15.12.1971 verb.Rs. 51-54/71 (International Fruit Company), Slg. 1971, S. 1107 ff.; vgl. auch *Uhl*, S. 30 f.

287 Vgl. dazu auch die Bouhelier-Entscheidung, EuGH, U.v. 3.2.1977 Rs. 53/76, Slg. 1977, S. 197 (209); *Uhl*, S. 31 m. Fn. 68.

für Kulturgüter kann also mit derartigen Genehmigungserfordernissen nicht gleichgestellt werden[288].

Die Frage nach dem maßgeblichen Einschränkungskriterium wird deshalb mittlerweile unabhängig und unterschiedlich zu derjenigen in Art. 28 EGV beantwortet[289]. Nach der Rechtsprechung des Gerichtshofes sind gemäß Art. 29 EGV alle nationalen Maßnahmen verboten, die spezifische Beschränkungen der Ausfuhrströme bezwecken oder bewirken und damit unterschiedliche Bedingungen für den Binnenhandel eines Mitgliedstaates und seinen Außenhandel schaffen, so daß die nationale Produktion oder der Binnenmarkt des betroffenen Staates zum Nachteil der Produktion oder des Handels anderer Mitgliedstaaten einen besonderen Vorteil erlangt[290].

Sofern durch diese Rechtsprechung gerade auf die spezifische Beschränkung der Ausfuhrströme abgestellt wird, erübrigt sich eine Eingrenzung des Begriffs der Maßnahme gleicher Wirkung wie sie in Art. 28 EGV durch die Cassis-Rechtsprechung und die Keck-Rechtsprechung vorgenommen wird[291]. Denn aus dieser Rechtsprechung ergibt sich, daß eine generell anwendbare Produktionsregelung oder -beschränkung, die nicht danach unterscheidet, ob die Ware für den Binnenhandel oder für eine Ausfuhr produziert wird, unterscheidet,

---

288 Wie hier *Uhl*, S. 31 m. Fn. 68. In der Sache „Bouhelier“ wurde das Prüfungszeugnis allerdings nicht für den Handel im Inland verlangt, während in den Kulturgüterschutzregelungen der Mitgliedstaaten teilweise auch Anzeigepflichten für Bewegungen im Inland existieren. Insofern entschied der Gerichtshof nach Maßgabe der Dassonville-Formel, daß die französische Regelung vertragswidrig sei, da das erforderliche Prüfungszeugnis eine willkürliche Diskriminierung darstelle.

289 *Matthies/v. Borries* in: Grabitz/Hilf, Art. 34 Rdnr. 2.

290 Vor allem EuGH, U.v. 8.11.1979 Rs. 15/79 (Groenveld), Slg. 1979, S. 3409 (3415); wörtlich bestätigt in der Rechtssache „Oebel“, U.v. 14.7.1981, Rs. 155/80 (Nachtbackverbot), Slg. 1981, S. 1993 (2009), vgl. auch die Entscheidung „Oosthoek“, U.v. 15.12.1982 Rs. 286/81, Slg. 1982, S. 4575; „Inter-Huiles“, U.v. 10.3.1983 Rs. 172/82, Slg. 1983, S. 555 (566); „Holdijk“, U.v. 1.4.1982 verb. Rs. 141 bis 143/81, Slg. 1982, S. 1299 (1313); „Jongeneel Kaas“, U.v. 7.2.1984 Rs. 237/82, Slg. 1984, S. 483 (503 ff.); „Bulk Oil“ U.v. 18.2.1986 Rs. 174/84, Slg. 1986, S. 559; „Hennen-Olie“, U.v. 12.12.1990 Rs. C-302/88, Slg. 1990, I-4625, 4639; „Alsthom/Sulzer“, U.v. 24.1.1991 Rs. C-339/89, Slg. 1991, I-107; „Komission/Belgien“ U.v. 24.3.1994 Rs. C-80/92, Slg. 1994, I-1019, 1035 Rdnr. 24.

291 Wie hier *Müller-Graff* in: GTE, Art. 34 Rdnr. 18.

keine Maßnahme gleicher Wirkung i. S. d. Art. 29 EGV ist[292]. Der EuGH hat die nicht diskriminierenden Maßnahmen im Gegensatz zu dem Begriff der Maßnahmen gleicher Wirkung i. S. d. Art. 28 EGV vom Verbot des Art. 29 EGV ausgenommen[293]. Der Grund dafür, daß unterschiedslos anwendbare einzelstaatliche Regelungen zwar in bestimmten Fällen gegen Art. 28 EGV, nicht aber gegen Art. 29 EGV verstoßen, ist darin zu sehen, daß Einfuhrregelungen Waren verschiedener Herkunft betreffen und zu einer Behinderung des Absatzes der eingeführten Waren führen können, während Ausfuhrregelungen nur Waren derselben inländischen Herkunft betreffen[294]. Bei den letzteren geht es daher nicht um das Problem, daß der Binnenmarkt durch eine Behinderung von Waren aus anderen Mitgliedstaaten beeinträchtigt sein kann. Vielmehr geht es darum, ob der Absatz im Inland gegenüber der Ausfuhr derselben Ware zum Nachteil des Handels anderer Mitgliedstaaten bevorzugt wird. Eine derartige Bevorzugung kann jedoch nur durch eine Regelung erfolgen, die zwischen Ein- und Ausfuhr unterscheidet.

Allerdings ist zuzugeben, daß die Begriffsfassung des EuGH eng ausgefallen ist. Unter Umständen kann nämlich eine allgemein gehaltene Regelung dem Zweck des Binnenmarktes widersprechen. Das ist dann der Fall, wenn sie neben einer spezifischen Erschwerung der Ausfuhr gleichzeitig zu Lasten der inländischen Wirtschaft gehen kann[295]. Diese Überlegung rechtfertigt sich daraus, daß es Ziel des Binnenmarktgedankens ist, grenzüberschreitende wirtschaftliche Handlungsfreiheiten zu gewährleisten und somit Wettbewerbschancen in anderen Mitgliedstaaten zu ermöglichen. Es soll aber gerade kein Wettbewerb der Mitgliedstaaten[296] etabliert werden, der ebenfalls als Folgeerscheinung auftreten kann. Dem Ziel des Binnenmarktes dient nämlich gleichermaßen die Ausfuhrfreiheit des Art. 29 EGV. Diese wird aber eingeschränkt, wenn eine Herstellung zu den Bedingungen des Bestimmungsstaates nicht möglich ist[297]. Zwar be-

292 *Matthies/v. Borries* in: Grabitz/Hilf, Art. 34 Rdnr. 3.

293 *Uhl*, S. 32.

294 *Matthies/v. Borries* in: Grabitz/Hilf, Art. 34 Rdnr. 4; *Müller-Graff* in: GTE, Art. 34 Rdnr. 17; vgl. auch *Barents*, CMLR 1981, S. 302 f.

295 Vgl. ausführlich dazu *Müller-Graff* in: GTE, Art. 34 Rdnr. 19 ff.

296 Vgl. hierzu *Roth*, ZHR 159 (1995), S. 78 (90).

297 *Müller-Graff* in: GTE, Art. 34 Rdnr. 22.

schränkt das Ausfuhrverbot mit Genehmigungsvorbehalt die Verbringung bestimmter Kulturgüter ins Ausland und bewirkt dadurch eine Beschränkung des Handels mit diesen Gütern[298], darüber hinaus ist die Groenveld-Rechtsprechung des EuGH zu Art. 29 EGV jedoch nicht ohne Einschränkungen auf den Bereich der Kulturgüterausfuhr zu übertragen[299]. Dies läßt sich anhand zweier Punkte nachvollziehen. Zum einen muß es sich bei den auszuführenden Kulturgütern nicht immer ausschließlich um einheimische Werke handeln. Vielmehr können Werke ausländischer Künstler erfaßt sein, so daß ein Ausfuhrverbot für ein derartiges Werk gemäß der Rechtsprechung des Gerichtshofes nicht gegen Art. 29 EGV verstoßen würde, da es nicht diskriminierend wäre.

Zum anderen soll dem einheimischen Markt kein ökonomischer Vorteil gewährt werden, indem nationale Werke bevorzugt veräußert werden sollen. Sinn des Kulturgüterschutzes ist es vielmehr, aus emotionalen Gesichtspunkten heraus die Kulturgüter identitätsstiftend an ihrem Ursprung aufzubewahren[300]. Würde man unter diesen Gesichtspunkten die Rechtsprechung ohne Einschränkung übertragen, so würden kulturgutschützende Maßnahmen nicht der Vorschrift des Art. 29 EGV unterfallen. Das hätte dann zur Folge, daß der Vorbehalt zugunsten des Kulturgüterschutzes in Art. 30 EGV überflüssig wäre[301]. Dies kann aber gerade nicht im Sinne des EuGH und seiner Rechtsprechung liegen. Das muß bedeuten, daß bei Sachverhalten wie dem der Ausfuhr von Kulturgütern, die weder die Produktion noch die Vermarktung einer Ware betreffen, die Groenveld-Formel nicht uneingeschränkt angewendet werden kann, weil eine Diskriminierung zugunsten der Produkte für den einheimischen Markt nicht zu befürchten steht[302]. Insofern kann und muß es nur darauf ankommen, ob eine Ausfuhrbehinderung vorliegt oder nicht. Der Teil der Formel, der die Diskriminierung betrifft, ist folglich bei Sachverhalten, die nicht primär ökonomisch motiviert sind, unan-

---

298 *Schwarze*, JZ 1994, S. 111 (113).

299 *Uhl*, S. 32.

300 Vgl. zum Sinn und Zweck des Kulturgüterschutzes auf Seite 6 dieser Arbeit, siehe auch den Titel des KultSchG.

301 Wie hier *Uhl*, S. 33.

302 *Uhl*, S. 33.

wendbar. Insoweit ist auf den Begriff der Maßnahme gleicher Wirkung i. S. d. Art. 28 EGV abzustellen[303].

Als Maßnahme gleicher Wirkung i. S. d. Art. 29 EGV unstreitig anerkannt sind jedenfalls neben der Versagung oder Konditionierung von Ausfuhrgenehmigungen insbesondere alle Formalitäten bei der Ausfuhr, die wegen der damit verbundenen Verzögerungen und abschreckenden Wirkung auf die Exporteure ein Hindernis für den Handel bilden[304]. Hierunter ist in jedem Fall das Erfordernis von Ausfuhrlizenzen[305] zu fassen. Insbesondere die notwendigen Genehmigungen bei der Ausfuhr von Kulturgütern sind demnach – vorbehaltlich einer Rechtfertigung nach Art. 30 EGV – als Maßnahme gleicher Wirkung einzustufen[306].

II. Handelswaren i. S. d. Art. 23 und 25 EGV

Die Zollunion erstreckt sich auf den gesamten Warenaustausch innerhalb der Gemeinschaft und im Verkehr mit Drittstaaten. Die Abschaffung der Zölle zwischen den Mitgliedstaaten und die Beseitigung der mengenmäßigen Beschränkungen gelten gemäß Art. 9 Abs. 2 EGV a. F. (heute Art. 23) für die aus den Mitgliedstaaten stammenden Waren und für Waren aus Drittländern, die sich in den Mitgliedstaaten im freien Verkehr befinden.

1. Begriff der Handelsware

Grundsätzlich sind Waren alle beweglichen Güter einschließlich des elektrischen Stroms[307]. Diese Definition wird vom EuGH dahingehend eingeschränkt, daß es sich um Erzeugnisse handeln muß, die einen Geldwert haben und Gegenstand von Handelsgeschäften sein können[308]. Der EuGH hat sich in der zuvor zitierten Entscheidung bereits mit der Wareneigenschaft von Kulturgütern auseinandergesetzt. In der Sache ging es darum, daß die italienische Regierung aufgrund eines

---

303 Vgl. hierzu bereits die zuvor gemachten Ausführungen auf Seite 44 dieser Arbeit.

304 EuGH, U.v. 16.3.1977 Rs. 68/76 (Kartoffeln), Slg. 1977, S. 515 (531).

305 Vgl. dazu EuGH, U.v. 15.12.1971 verb.Rs. 51-54/71 (International Fruit Company), Slg. 1971, S. 1107 (1116).

306 So auch *Müller-Graff* in: GTE, Art. 34 Rdnr. 25; *Schwarze*, JZ 1994, S. 111 (112 f.).

307 Vgl. die Definition VO 3330/91 des Rates über die Statistik des Warenverkehrs zwischen den Mitgliedstaaten, ABl. 1991 L 316/1, geändert durch VO 3064/92, ABl. 1992 L 307/17 Art. 2 lit. B.

308 EuGH, U.v. 10.12.1968 Rs. 7/68 (Kunstschätze I), Slg. 1968, S. 633 (634 f.).

Gesetzes von 1939[309] für die Ausfuhr von Kunstgegenständen und anderen Gegenständen, die von geschichtlichem, archäologischem oder ethnographischem Interesse sind, eine Abgabe zwischen 8 und 30 Prozent des Wertes des Gegenstandes erhob. Die Kommission forderte im Rahmen ihrer Mißbrauchsaufsicht die italienische Regierung mehrfach dazu auf, die Abgabe abzuschaffen. Da diese Aufforderungen ohne Erfolg blieben, wurde gemäß Art. 169 EWGV (heute Art. 225) ein Vertragsverletzungsverfahren eingeleitet. Obwohl sich der Leitsatz Nr. 2 des Urteils explizit nur auf Art. 9 EGV a. F. (heute Art. 23) bezieht, ist die Definition von Waren verallgemeinerungsfähig. Selbst der EuGH bezieht sich in späteren Verfahren darauf[310].

In der Rechtssache 7/68 wies der EuGH den Einwand, Sachen, die nicht den Verbrauchsgütern oder Dingen des täglichen Lebens gleichgestellt werden könnten, könnten nicht dem Warenbegriff unterliegen, zurück, indem er klarstellte, daß es nicht darauf ankomme, welche sonstigen weiteren Eigenschaften die streitgegenständlichen Güter von anderen Handelssachen unterscheide. Später hat der EuGH zusätzlich betont, daß eine Ware nicht deshalb vom Grundsatz des freien Warenverkehrs ausgenommen sei, weil sie für das Leben oder die Wirtschaft eines Mitgliedstaates von besonderer Bedeutung sei[311].

Im Ergebnis stellt der EuGH primär darauf ab, daß dem Gegenstand ein Geldwert zukommt. Allein entscheidend ist somit der kommerzielle Wert, nicht erforderlich hingegen ist, daß mit dem Kulturgut ein Austausch durch einen Kaufvertrag zwischen zwei Personen stattfindet[312]. Daß der EuGH in der neueren Rechtsprechung nicht mehr ausschließlich auf den Geldwert abstellt und beispielsweise im

---

309 Gesetz Nr. 1089 in: Gazetta Ufficiale Nr. 184 vom 8.8.1939, Art. 37. Dieses Gesetz gilt modifiziert auch heute noch; vgl. *Uhl*, S. 33 m. Fn. 77.

310 Zur Warenqualität von Fernsehsendungen, die zu den Dienstleistungen gerechnet werden, vgl. EuGH, U.v. 30.4.1973 Rs. 155/73 (Sacchi), Slg. 1974, S. 409 (428); zur Qualifikation von Münzen vgl. EuGH, U.v. 23.11.1978 Rs. 7/78 (Thompson), Slg. 1978, S. 2247. Münzen, die ebenfalls zu Kulturgütern zählen können, sind vom EuGH in der zuvor genannten Entscheidung dann als Waren i. S. d. Vorschriften über den freien Warenverkehr eingestuft worden, wenn sie keine gesetzlichen Zahlungsmittel mehr sind. Nicht zu den Waren, sondern zu den Zahlungsmitteln zählen hingegen solche Silber- und Goldmünzen wie etwa der Krügerrand, die in einem Mitgliedstaat noch anerkanntes Zahlungsmittel sind, vgl. auch *Voß* in:Grabitz/Hilf, Art. 9 Rdnr. 11.

311 EuGH, U.v. 10.7.1984 Rs. 72/83 (Campus Oil), Slg. 1984, S. 2727.

312 Vgl. *Bleckmann*, Europarecht, Rdnr. 1471; *Uhl*, S. 34.

Bereich des sog. „Mülltourismus" andere Akzente bei der Definition des Warenbegriffs setzt[313], ist bei dieser generellen Betrachtung außer acht zu lassen. Auch die Verbringung durch dieselbe Person, etwa bei einem Umzug oder im Rahmen einer Zweitwohnsitznahme, ist demnach als Warenverkehr zu werten[314].

2. *Kulturgüter als Handelswaren*

Aus der Formulierung in der Rechtssache 7/68[315] „...Gegenstand von Handelsgeschäften sein können" ergibt sich für die Qualifizierung einer Sache als Handelsware i. S. d. EGV, daß eine potentielle Eignung des Gegenstandes für den Handelsverkehr ausreichend ist. Nicht erforderlich ist, daß der Gegenstand tatsächlich am Handelsverkehr teilnimmt. Praktische Bedeutung erlangt dieses Kriterium auch und gerade im Bereich der Ausfuhr von Kulturgütern. So fallen aufgrund dieses Kriteriums solche Kulturgüter unter den Warenbegriff, die noch unter der Erdoberfläche liegen und noch gar nicht (wieder-) entdeckt worden sind. Handelswaren sind demnach auch Kunstschätze, die in Privatsammlungen hängen und gar nicht veräußert werden sollen, wie auch solche Gegenstände, die jahrelang in Archiven lagern oder aus Sicherheitsgründen in Tresoren verwahrt werden[316].

Die Warenqualität von Kulturgütern kann nicht mit dem Argument angegriffen werden, es handele sich bei Kulturgütern um Sachen, die nicht den Verbrauchsgütern oder Gegenständen des täglichen Lebens gleichgestellt werden könnten und aus diesem Grund nicht den Vertragsvorschriften unterliegen könnten, die auf Gegenstände des allgemeinen Handels anwendbar sein[317]. Daß es sich bei Kulturgütern um Waren i. S. d. EGV handeln muß, ergibt sich bereits aus der Formulierung des Art. 30 EGV. Danach sind Ausnahmen zu den Regelungen über den Warenverkehr der Art. 28 und 29 EGV gerade für nationales Kulturgut von künstlerischem, geschichtlichem oder archäologischem Wert gerechtfertigt. Insofern würde die Regelung keinen Sinn ergeben, sofern man Kulturgüter trotz

---

313 Vgl. zur neueren Entwicklung etwa *Bleckmann*, Europarecht, Rdnr. 1470 f.

314 *Bleckmann*, Europarecht, Rdnr. 1471; *Hipp*, Kulturgüterschutz in Deutschland, S. 214 f.

315 EuGH, U.v. 10.12.1968 Rs. 7/68 (Kunstschätze I), Slg. 1968, S. 634 ff.

316 *Uhl*, S. 35; *Hipp*, Kulturgüterschutz in Deutschland, S. 215.

317 Diese Argumentation wurde von der italienischen Regierung in der Rechtssache 7/68 vorgetragen, vgl. EuGH, U.v. 10.12.1968 Rs. 7/68 (Kunstschätze I), Slg. 1968, S. 634 (639).

ihrer durchaus vorhandenen besonderen Merkmale[318] nicht unter den Warenbegriff des EGV subsumieren würde.

Die Wareneigenschaft von Kulturgütern ergibt sich aus der großen wirtschaftlichen Bedeutung des Kunsthandels und zu diesem muß der Handel mit Kulturgütern gezählt werden. Dort ist es zu einem Strukturwandel gekommen. Der Kunstmarkt weitet sich nahezu inflationär aus. Ständig werden neue Rekordpreise für einzelne Kunstgegenstände erzielt, die dann zum Erstaunen der Fachwelt in den einschlägigen Magazinen und Zeitungen publiziert werden. Dies rührt von einer starken Veränderung im Kunsthandel her. Während der Erwerb von Kunstgegenständen und Kulturgütern bis zum Ende des Zweiten Weltkrieges ausschließlich eine Angelegenheit bürgerlicher Kreise war[319], ist heutzutage der ökonomische Aspekt in den Vordergrund getreten. Neben den ideellen Aspekt ist zunehmend das Interesse an der Spekulation mit der „Kapitalanlage Kunst" getreten[320]. Der moderne Kunsthandel hat sich ein neues Käuferpotential erschlossen, das wirtschaftlich in der Lage und gewillt ist, Kulturgüter zu sammeln und zu Dekorations- und Prestigezwecken zu erwerben[321]. Aus diesem Grund handelt es sich bei Kulturgütern vorrangig um Luxusgüter[322]. Diese Einstufung wird durch den überwiegend zweckfreien Charakter der Kunstgegenstände untermauert. Für die Preisbildung sind bei Kulturgütern von daher in erster Linie selten objektive, sondern vielmehr subjektive Bewertungen und Überzeugungen des Käufers entscheidend[323]. Persönliche Vorlieben oder Abneigungen sowie eine Portion Zeitgeschmack bestimmen das Käuferverhalten und damit letztlich den Preis[324].

---

318 *Maurer*, Die Ausfuhr von Kulturgütern, S. 55. Vgl. zu den besonderen Merkmalen der Kulturgüter sogleich auf Seite 69.

319 *Heinbuch*, NJW 1984, S. 15 spricht von „Kennern" und „Sammlern", die besonders begütert waren.

320 *Goepfert*, S. 20; *Wagenführ*, S. 24.

321 *Heinbuch*, NJW 1984, S. 15; *Uhl*, S. 35.

322 *Goepfert*, S. 19.

323 Zur Preisbildung *Drey*, S. 28; *Goepfert*, S. 21.

324 *Goepfert*, S. 21; „The price is a composite of the productivity of the artist and the strength of the urge of possession" (Zitat bei *Goepfert*, S. 23).

Spätestens wenn ein Kulturgut in den Güterkreislauf kommt[325] und Gegenstand von Angebot und Nachfrage wird, wandelt sich das „Kunstwerk“ zu einem „Kulturgut“[326], wobei die Betonung auf „Gut“ liegt. Das Gut wird dann ein Objekt des Marktes mit allen ökonomischen und juristischen Regeln. Das Kulturgut wird zu einer Ware. Ein rechtsfreier Raum aufgrund der besonderen Bedeutung eines Kulturguts kann ausschließlich für den Augenblick der Erschaffung des Kunstgegenstandes angenommen werden, nicht jedoch für sein weiteres Schicksal als „Ware besonderer Art“[327]. Kulturgüter müssen deshalb als Waren dem freien Warenfluß zugänglich sein, weil ein notwendiger Kulturaustausch über Grenzen hinweg stattfinden muß, der im Falle von Handelsbeschränkungen nur den illegalen Handel fördern würde[328]. Die Festlegung, daß Kulturgüter eine Ware i. S. d. EGV sind, hat verschiedene Konsequenzen[329]. Grundsätzlich unterliegen Kulturgüter damit wie jede andere Ware den Regeln des „freien Warenverkehrs“, die in den Art. 9 ff. EGV a. F. (heute Art. 23) enthalten sind. Damit hat sich jede Maßnahme, die den Handel mit Kunstgegenständen, Antiquitäten, archäologischen oder sonstigen Kulturgütern betrifft, an dem grundlegenden Ziel der Beseitigung aller Behinderungen des innergemeinschaftlichen Warenaustausches und der Gewährleistung eines unverfälschten Wettbewerbs in der Gemeinschaft zu orientieren[330]. Folglich gelten für den Kunstmarkt die Vorgaben der Art. 23 bis 25, die Art. 28 und 29 EGV (Verbot der Maßnahmen gleicher Wirkung) und schließlich Art. 90 EGV (Beseitigung der steuerlichen Diskriminierung). Letztlich sind die Besonderheiten der „Ware Kulturgut“ der Grund dafür, warum überhaupt nationalstaatliche Regelungen durch die Mitgliedstaaten getroffen werden, um die Ausfuhr von Kulturgütern zu reglementieren. Diese Besonderheiten sollen nunmehr näher erörtert werden.

[325] Also eigentlich immer spätestens dann, wenn es erstmalig vom Künstler bzw. Hersteller an einen ersten Kunden veräußert wird. Dieser Zeitpunkt liegt bei Kulturgütern regelmäßig bereits einen längeren Zeitraum zurück.

[326] *Wagenführ*, S. 14.

[327] Ausführlich dazu *Goepfert*, S. 15 ff. m. w. Nachw.

[328] *Knott*, Der Anspruch auf Herausgabe, S. 134; *Bila*, Nationaler Kulturgüterschutz, S. 118.

[329] Dazu *Uhl*, S. 36 f.

[330] *Uhl*, S. 37.

3. *Besonderheiten von Kulturgütern als Waren*

a. *Besonderheiten bzgl. des Rechtsgutes*

Eine Besonderheit bei der Wareneigenschaft der Kulturgüter liegt bereits auf der Hand. Es handelt sich bei Kulturgütern um die einzigen Waren, die speziell im Vertrag, nämlich in Art. 30 EGV, geregelt werden. Kein anderes Handelsgut wird sonst dort direkt erwähnt. Im Gegensatz zu anderen Handelsgegenständen ist hier die Ware selbst das Schutzgut und schon aus diesem Grund eine Ware wie keine andere. Bereits die ausdrückliche Erwähnung im Vertragstext zeigt, daß dem Schutzinteresse an dieser Ware ein besonderes Gewicht beigemessen wird[331].

aa. *Ursprungslandprinzip*[332]

Wann eine Ware aus einem Mitgliedstaat stammt, ist im EGV selbst nicht geregelt. Zur Begriffsbestimmung wird die VO 802/68 des Rates vom 27. 6. 1968 „über die gemeinsame Bestimmung für den Warenursprung“ herangezogen[333]. Nach dieser Verordnung haben Waren, die vollständig in einem Land gewonnen oder hergestellt worden sind, ihren Ursprung in diesem Land. Für eine solche Feststellung ergeben sich jedoch Probleme im Bereich der Kulturgüter, da hier gerade nicht immer mit letzter Sicherheit bestimmt werden kann, wo genau das Kulturgut hergestellt worden ist. Das liegt daran, daß eine lange Zeit seit der Herstellung vergangen sein kann, die diese Feststellung unmöglich macht. Ein anderer Grund kann darin bestehen, daß Künstler gelegentlich ihren Aufenthaltsort ändern und so auch im Ausland wirken können[334]. Damit kann es bei der „Ware Kulturgut“ dazu kommen, daß ihre genaue Herkunft nicht geklärt bzw. keine genaue Bestimmung des Ursprungslandes im herkömmlichen Sinne vorgenommen werden kann[335].

---

331 *Uhl*, S. 38.

332 Vgl. zur Herkunft der Ware auch *Hipp*, Kulturgüterschutz in Deutschland, S. 215.

333 ABl. 1968 L 148/1 vom 28.6.1968.

334 *Bila*, Nationaler Kulturgüterschutz, S. 118.

335 Zur Bestimmung des zuständigen Mitgliedsstaates gemäß der VO 3911/92 bei der Ausfuhr von Kulturgütern in Drittsaaten vgl. das dritte Kapitel dieser Arbeit.

bb. Fehlen eines Produktionskreislaufs

Ein weiteres Merkmal von Kulturgütern als Waren ist der Umstand, daß Kulturgüter nicht (mehr) in einen Produktionskreislauf eingebunden sind[336]. Im Gegensatz zu allen anderen Handelsgütern können Kulturgüter nicht beliebig wiederhergestellt oder erneuert werden. Sofern ein Kunstwerk beschädigt oder gar zerstört wird, ist es zumindest im Falle der Zerstörung unwiderruflich verloren. Es ist unersetzlich. Auch Beschädigungen sind, wenn überhaupt, nur mit großem Aufwand zu beseitigen[337].Von daher ist die Situation bei Kulturgütern mit der von Bodenschätzen zu vergleichen. Bodenschätze sind nicht unerschöpflich und führen deshalb bei den an Bodenschätzen reichen Staaten zu der Kalkulation, daß die Produktion gedrosselt und der Preis erhöht werden müsse. Ebenso wie bei Kulturgütern läßt sich das Ergebnis auf die kurze Formel bringen: je knapper das Gut desto höher der Preis[338]. Die Unersetzlichkeit von Kulturgütern hängt mit einer weiteren Besonderheit zusammen. Jede „normale" Ware unterliegt dem Produktionskreislauf, als sie produziert wird, um hiernach konsumiert zu werden. Nachdem dies geschehen ist, wird sie von neuem angeschafft. Das bedeutet, daß sie erneut produziert werden kann. Kunst dagegen wird nicht in diesem Sinne konsumiert[339]. Ein Verbrauch von Kulturgütern scheidet allein aufgrund der Kostbarkeit der Gegenstände aus. Häufig handelt es sich, etwa bei Bildern oder Statuen, auch nicht um Konsumgüter im eigentlichen Sinn. An dieser Stelle wird erneut der besondere Charakter der „Ware Kulturgut" deutlich.

Schließlich fehlt Kulturgütern ein weiteres Merkmal, das eng mit dem Produktionskreislauf zusammenhängt. Bei ihnen scheidet der Konkurrenzfaktor von vornherein aus, da Kunstgegenstände mit Ausnahme der hier nicht interessierenden Gebrauchskunst, wenn sie nicht einmalig sind, doch nur in einer sehr geringen Stückzahl vorliegen.

---

[336] Vgl. auch *Uhl*, S. 38.

[337] Auch das neue Bernsteinzimmer, das mit großem finanziellen Aufwand zur Zeit nachgebildet wird, ist letztlich nur eine perfekte Kopie des Originals, das bekanntlich in weiten Teilen verschollen ist. Gemälde alter Meister hingegen sind auf jeden Fall unwiderruflich verloren, da eine Neuherstellung nicht möglich ist.

[338] *Uhl*, S. 38 m. Fn. 96.

[339] *Uhl*, S. 39.

Damit scheidet das den handelsbeschränkenden Maßnahmen zugrundeliegende Interesse aus, nämlich die Verschaffung von Vorteilen für den einheimischen Markt gegenüber ausländischen Produkten[340]. Die Abschottung vor der Einfuhr von Kulturgütern ist gerade nicht das Ziel von Maßnahmen im Zusammenhang mit der Kulturgüterausfuhr. Vielmehr ist das Gegenteil der Fall. Kulturgüter aus anderen Ländern sollen gerade in die Mitgliedstaaten der EU gelangen. Dies wird daran deutlich, daß keine gesetzlichen Regelungen zur Einfuhr von Kulturgütern existieren[341].

cc. Gebrauchte Waren und Steuerharmonisierung

Eine weitere Besonderheit von Kulturgütern als Waren ist darin zu sehen, daß es sich ausnahmslos um gebrauchte Waren handelt. Der gesamte Handel mit Kulturgut als Ware ist mit einer anderen Gruppe von Waren zu vergleichen, und zwar dem Kraftfahrzeughandel[342]. Die Eigenschaft als gebrauchte Ware ist bei der Besteuerung und hier bei der Mehrwertsteuer von besonderer Bedeutung. Ein Handelshindernis ergibt sich daraus, daß eine sog. „Doppelbesteuerung" stattfindet, d. h. daß der Kauf einer gebrauchten Ware in einem Mitgliedstaat zunächst einmal der dortigen Mehrwertsteuer unterliegt. Zwar ist die Ausfuhr von Kunstgegenständen, Sammlungen und Antiquitäten sowohl in Drittländer[343] als auch innerhalb der Gemeinschaft mehrwertsteuerfrei, zu einer erneuten Besteuerung kommt es dann aber bei der Einfuhr in einen anderen Mitgliedstaat, da die Ware dort nochmals der vollen Mehrwertsteuer des Einfuhrstaates unterworfen wird. Dieser Umstand stärkt nur die Wettbewerbsfähigkeit des europäischen Kunst- und Antiquitätenhandels im Welt-, nicht aber im Binnenmarkt. Der EuGH hat diesen Mißstand, der sich als beträchtliches Hindernis erweist, in der Rechtssache Gaston Schul[344] gesehen und als Abgabe gleicher Wirkung angesehen. Die Probleme der Steuerharmonisierung in diesem Bereich stellen eine große Heraus-

---

340 *Uhl*, S. 39.

341 Mit Ausnahme spezieller Regelungen in den USA existieren keine Vorschriften innerhalb der EU, vgl. dazu bereits *Uhl*, S. 29.

342 Vergleich bei *Uhl*, S. 39.

343 *Berndt*, Internationaler Kulturgüterschutz, S. 102 m. Fn. 596.

344 EuGH U.v. 5.5.1982, Rs. 15/81 (Schul/Inspecteur der Invoerrechten en Accijnzen), Slg. 1982, S. 1409; U.v. 21.5.1985, Rs. 47/84 (Staatssecretaris van Finacien/Schul), Slg. 1985, S. 1491.

forderung für die vollständige Verwirklichung des Binnenmarktes dar, die im Rahmen dieser Arbeit nur angedeutet werden können[345].

Zwar ist die Harmonisierung der Steuern nicht ein unmittelbares Problem des freien Warenverkehrs, die Ausgleichsbemühungen in diesem Bereich stehen aber in einem engen Zusammenhang hierzu[346]. Hauptanlaß für die noch durchgeführten Kontrollen zwischen den Mitgliedstaaten, auch und gerade im Bereich des Kunsthandels, sind die steuerlichen Unterschiede in den Mitgliedstaaten[347]. Bereits seit 1980 standen Überlegungen zur Angleichung der steuerrechtlichen Vorschriften im Mittelpunkt der Bemühungen des Rates. Nach Vorgabe des Art. 99 EGV (heute Art. 93) sollten durch Harmonisierungsmaßnahmen des Rates auf Vorschlag der Kommission bis zum 31. 12. 1992[348] die Steuerschranken beseitigt worden sein[349]. Art. 93 EGV gibt allerdings nur eine relativ geringe Kompetenz der Gemeinschaft zur Harmonisierung der Steuern, da eine Angleichung nur vorgesehen ist, soweit dies für das Funktionieren des Binnenmarktes erforderlich ist[350]. Die Grundbestimmungen und einschlägigen steuerrechtlichen Vorschriften des EGV beziehen steuerpolitische Maßnahmen allenfalls zur Verwirklichung der Grundfreiheiten in den Tätigkeitsbereich der Gemeinschaft mit ein[351]. Damit besitzen die steuerpolitischen Maßnahmen der EU, vor allem im Hinblick auf den freien Warenverkehr, vornehmlich eine Hilfs- und Ergänzungsfunktion. Die Diskriminierungsverbote und Handlungsermächtigungen zum Erlaß von Rechtsangleichungsmaßnahmen i. S. d. Art. 90 ff. EGV enthalten nur Bestimmungen über die indirekten, d. h. produktbezogenen Abgaben. Zwar treffen diese unmittelbar den Steuerschuldner, sie können aber – wie etwa die bereits angesprochene Mehrwertsteuer – durch den Preis der Ware an den Käufer weitergegeben werden. Durch die unterschiedliche Höhe der Preise sind diese Belastungen folglich dazu geeignet, nach Abbau der Binnengrenzen die Freiheit

345 Vgl. dazu auch *Bila*, Nationaler Kulturgüterschutz, S. 110 ff. und die Literaturhinweise bei *Oppermann*, Europarecht, vor § 16, S. 451.

346 *Ress*, Kultur und europäischer Binnenmarkt, S. 152.

347 *Bila*, Nationaler Kulturgüterschutz, S. 110.

348 Also der in Art. 7a EGV (a. F., vormals Art. 8a EWGV) gesetzten Frist entsprechend.

349 *Oppermann*, Europarecht, Rdnr. 1183.

350 *Bila*, Nationaler Kulturgüterschutz, S. 110; *Ress*, Kultur und Europäischer Binnenmarkt, S. 164.

351 *Ress*, Kultur und Europäischer Binnenmarkt, S. 152.

des Warenverkehrs zu hemmen[352]. So kommt es zu dem Versuch, mit Hilfe der abgabenrechtlichen Diskriminierungsverbote protektionistische Bestrebungen der Nationalstaaten im Gemeinschaftshandel zu unterbinden. Häufig bleibt es allerdings nur bei diesem Versuch. Der Grund für die zögerliche Grundhaltung liegt darin, daß die Steuerhoheit innerhalb des Staatsgefüges der Mitgliedstaaten eine hohe Stellung innehat. Bei der Steuergewalt handelt es sich um eine der wichtigsten Bestandteile der nationalen Finanzhoheit und somit um einen Kernbereich mitgliedstaatlicher Souveränität[353]. Nationale Interessen können durch die unterschiedliche Besteuerung von Waren (wie etwa von Kulturgütern) in der Gemeinschaft mit dem Einsatz von Steuerbehörden zur Durchsetzung nationaler Steuervorschriften verfolgt werden, und das, obwohl Grenzkontrollen nur noch stichprobenartig zulässig sind.

Zur Kontrolle des Kunsthandels und zur Vermeidung eines „kulturellen Ausverkaufs"[354] können Geschäfte über Kulturgegenstände mit einer besonderen Steuer belegt werden. Diese Möglichkeit nutzen die meisten der Mitgliedstaaten. Auf der anderen Seite ist zu bedenken, daß Künstler möglichst frei von Steuerverpflichtungen wirken können sollen. Durch diese Steuererleichterungen sollen sowohl der Kunsthandel als auch der Kunstmarkt belebt werden[355]. Ziel der Harmonisierung der Steuersätze ist der Wegfall aller Kontrollen des Gemeinschaftshandels durch Steuerbehörden. Die Beseitigung der steuerlichen Grenzen bedeutet für den Kulturgüterschutz der Mitgliedstaaten, daß ihnen durch die vollständige Verwirklichung des Binnenmarktes ein weiteres Instrument zur Durchsetzung und Kontrolle des nationalen Kulturgüterschutzes genommen wird[356].

Bereits mit der 6. Mehrwertsteuerrichtlinie vom 17. 5. 1977[357] wurde für alle Mitgliedstaaten eine einheitliche steuerpflichtige Bemessungsgrundlage eingeführt. Im kulturellen Bereich ist für die Harmonisierung der indirekten Steuern Art. 13

---

352 *Bila*, Nationaler Kulturgüterschutz, S. 110.

353 *Oppermann*, Europarecht, Rdnr. 1153.

354 Begriff bei *Bila*, Nationaler Kulturgüterschutz, S. 111.

355 Zu dem Problem der Einkommens- und Lohnsteuer bei Künstlern vgl. Martin *Grossmann*, Die Besteuerung des Künstlers und Sportlers im internationalen Verhältnis, Bamberg 1992.

356 *Taschner* in: Reichelt [Hrsg.], Internationaler Kulturgüterschutz, S. 97.

357 ABl. 1977 L 145/1.

von Bedeutung. Unter Art. 13 Buchstabe A der Richtlinie werden bestimmte, dem Allgemeinwohl dienende Tätigkeiten von der Steuerpflicht befreit. Durch diese Vorgehensweise wird die Tendenz deutlich, gewisse Verhaltensweisen innerhalb der Gemeinschaft durch Steuervorteile zu fördern. In Fortsetzung dieses Gedankengangs ist die 17. Mehrwertsteuerrichtlinie des Rates vom 16. 6. 1985[358] zu sehen. Darin ist die Steuerfreiheit für die vorübergehende Einfuhr bestimmter kulturell bedeutsamer Gegenstände vorgesehen.

Die momentanen Bestrebungen zur Harmonisierung der indirekten Steuern, die für den Kulturgüterhandel zwischen den Mitgliedstaaten maßgeblich sind, befinden sich in einem Entwicklungsprozeß[359]. Am Beginn dieses Prozesses stand dabei das UNESCO-Übereinkommen von Florenz über die Einfuhr von Gegenständen erzieherischen, wissenschaftlichen oder kulturellen Charakters von 1950[360].

Im Gebiet der Bundesrepublik ist die Einfuhr von Waren aus dem Ausland gemäß § 1 Abs. 1 Nr. 4 UmsatzsteuerG (UStG) genauso umsatzsteuerpflichtig wie inländische Leistungen und Lieferungen. Grundsätzlich gilt der volle Steuersatz von momentan 16 Prozent. Ausnahmen hierzu gelten dann, wenn es sich um Gegenstände der Tarifpositionen 97 01 – 97 03 des Gemeinsamen Zolltarifs (GZT) handelt. Diese unterliegen einem ermäßigten Steuersatz von z. Zt. 7 Prozent[361]. In die Kategorie des Kapitels 97 des GZT fallen Gemälde und Zeichnungen, die vollständig mit der Hand geschaffen wurden. Außerdem fallen darunter handbemalte oder handverzierte gewerbliche Erzeugnisse, Collagen und ähnliche dekorative Bildwerke (97 01) sowie Originalstiche, -schnitte und -steindrucke (97 02) und Originalerzeugnisse der Bildhauerkunst aus Stoffen aller Art (97 03). Entscheidendes Merkmal für die Steuervergünstigung, das allen Tarifpositionen gemeinsam ist, ist die Originalität des Kunstwerks. Diese setzt die persönliche Mitwirkung des Künstlers bei der Herstellung der Werke voraus.

Zu den außertariflichen Zollbefreiungen gibt es im Einfuhrsteuerrecht eine im Wesentlichen parallele Regelung in der Einfuhrumsatzsteuerbefreiungsverordnung

358 RiLi 85/362/EWG, ABl. 1985 L 192/20 ff. vom 24.7.1985.

359 *Bila*, Nationaler Kulturgüterschutz, S. 112.

360 Vgl. zu diesem Prozeß: *Ress*, Kultur und Europäischer Binnenmarkt, S. 153.

361 *Kleeberg/Eberl*, Kulturgüter in Privatbesitz, Rdnr. 821; *Pieroth/Kampmann*, NJW 1990, S. 1385 (1390); *Berndt*, Internationaler Kulturgüterschutz, S. 102.

(EUStBVO). Gem. § 9 der EUStBVO sind Zollbefreiungen u.a. für Sammlungsstücke und Kunstgegenstände (gemäß Art. 51 ZollbefreiungsVO) vorgesehen, sofern diese unentgeltlich eingeführt werden oder nicht von einem Unternehmer geliefert werden. Eine weitere Entwicklung ist durch die 6. EG-Richtlinie zur Umsatzsteuerbefreiung eingetreten. Mit Wirkung zum 1. 1. 1995 ist in der Bundesrepublik das Gesetz zur Änderung des UmsatzsteuerG und anderer Gesetze[362] in Kraft getreten. Im Rahmen dieser Novellierung wurde einheitlich das System der sog. „Differenzbesteuerung" für den gewerblichen Verkauf von gebrauchten Waren eingeführt[363]. Dieser Regelung unterfallen nunmehr alle körperlichen Gegenstände. Eine Ausnahme besteht nur für unbearbeitete Edelsteine und –metalle. Diese Umstellung hat zu erheblichen Auswirkungen auf die Besteuerung beim Verkauf von Kunstgegenständen und Antiquitäten geführt[364]. Somit muß seit Anfang 1995 nur noch die Spanne zwischen Ankaufs- und Verkaufspreis, also die Gewinnmarge, mit der Umsatzsteuer versteuert werden. In diesem Zusammenhang gilt für Bücher, Gemälde, Skulpturen und Graphiken mit Ausnahme von Fotografien und Siebdrucken der ermäßigte Steuersatz. Eine erneute Ausnahme hiervon gilt wiederum bei dem Verkauf dieser Kulturgüter als „Gebrauchtgegenstände" bei Auktionen. Bei einem Auktionskauf wird das verkaufte Objekt mit dem vollen Mehrwertsteuersatz von z. Zt. 16 Prozent besteuert. Zur Vermeidung von Abgrenzungsschwierigkeiten beim Begriff der „Gebrauchtgegenstände" wird auf die Lieferung an den Wiederverkäufer abgestellt, der nun aus dem Erwerb dieser Gegenstände nicht mehr vorsteuerabzugsberechtigt ist. Wiederverkäufer ist dann der Unternehmer, der üblicherweise Gegenstände zum Zwecke der Weiterveräußerung, hier also insbesondere im Kunsthandel, ankauft[365]. Von dieser Regelung sind Veranstalter öffentlicher Auktionen betroffen, die im eigenen Namen und auf eigene oder fremde Rechnung versteigern, und zwar in dem Fall, in dem die Gegenstände an einen Wiederverkäufer in der EU geliefert werden.

---

[362] Gesetz zur Änderung des Umsatzsteuergesetzes und anderer Gesetze vom 9.8.1994, BGBl. 1994 I, S. 2058.

[363] Vgl. § 25a UStG zur Differenzbesteuerung.

[364] Vgl. auch *Bila*, Nationaler Kulturgüterschutz, S. 112.

[365] *Bila*, Nationaler Kulturgüterschutz, S. 113.

Im Bereich des Kunsthandels wirkt die Angebots- und Konkurrenzsituation trotz allem sehr viel stärker preisbildend als der fällige Steuersatz. Es gilt zu überprüfen, wie die Einführung der Differenzbesteuerung den Kunsthandel beeinflußt, d. h. inwieweit die Auswirkungen vom Handel über die Preise an die Käufer weitergegeben werden[366].

b. Besonderheiten bzgl. der Schutzmaßnahmen

Besonderheiten bestehen bei Kulturgütern im Gegensatz zu normalen Handelswaren nicht nur bezüglich des Rechtsguts selbst, sondern auch bezüglich der möglichen Schutzmaßnahmen.

aa. Zeitlich begrenzte Ausfuhr

Eine erste Besonderheit bzgl. der Schutzmaßnahmen besteht darin, daß gerade im Zusammenhang mit der Ware Kunst viele Ausfuhren nur vorübergehend und gerade nicht endgültig sind. Das liegt daran, daß Kulturgüter zu Ausstellungszwecken ins Ausland verbracht werden und danach wieder an ihren Heimatort zurückkehren. Weiterhin ist daran zu denken, daß Kulturgüter zu einem Spezialisten ins Ausland gebracht werden, um dort zunächst restauriert und begutachtet zu werden. Nach diesen Arbeiten werden die Gegenstände dann ebenfalls wieder in ihr Heimatland gebracht.

Schließlich ist gerade im Handel mit Kulturgütern eine weitere Variante zu berücksichtigen. Zu nennen ist die Ausfuhr von Kulturgütern, bei der im Zeitpunkt der Ausfuhr nicht feststeht, ob diese Verbringung nur vorübergehend oder gar endgültig ist[367]. Dies ist immer dann der Fall, wenn ein Kulturgut zu Verkaufszwecken auf einer Auktion im Ausland gezeigt wird. Der endgültige Verbleib der Ware im Ausland ist davon abhängig, ob die „Ware Kunst“ auf der Auktion zum vorgestellten Preis versteigert wird oder ob der Gegenstand das angestrebte Limit nicht erreicht hat und somit zurückgeht. Im Gegensatz zu anderen Exportwaren stehen weder Käufer oder Abnehmer, noch der endgültige Kaufpreis fest. Die gleiche Konstellation gilt für die im Kunsthandel zahlreich vorhandenen Messen und Ausstellungen mit Verkaufsmöglichkeit. Auch hier steht im Zeitpunkt der

---

366 Zustimmend *Bila*, Nationaler Kulturgüterschutz, S. 113.

367 Hierauf weist *Uhl*, S. 40 f. zu Recht hin.

Ausfuhr nicht fest, wer den Gegenstand erwirbt und zu welchem Preis bzw. ob der Gegenstand überhaupt verkauft wird. Hierdurch entstehen insbesondere Probleme aus steuerlichen Gründen, die das Vorgehen in der täglichen Praxis erschweren. Einige Mitgliedstaaten, wie etwa Großbritannien und Griechenland, haben Sonderregelungen für solche vorübergehenden Ausfuhren erlassen[368]. Danach soll durch die Erhebung von Sicherheitsleistungen die Rückkehr des Gegenstandes, für den bei einer endgültigen Ausfuhr Mehrwertsteuer zu entrichten wäre, gewährleistet sein. Bei dieser Vorgehensweise handelt es sich allerdings wiederum um eine Maßnahme gleicher Wirkung i. S. d. Art. 29 EGV[369].

bb. Alternativmaßnahmen zum Schutz von Kulturgut

In der Regel handelt es sich bei Handelshemmnissen um solche Maßnahmen, die ohne großen Aufwand zu beseitigen sind. Darüber hinaus existieren fast immer Alternativen zu der Ausgangsmaßnahme, die im Ergebnis weniger einschneidend sind.

Diese Aspekte sind jedoch für Maßnahmen im Zusammenhang mit dem Schutz von Kulturgütern nicht denkbar. Das liegt daran, daß es fraglich ist, ob bei der Erhaltung des Kulturerbes überhaupt Alternativen zum Ausfuhrverbot bestehen oder ob nicht nur ein solches Verbot dazu geeignet ist, den Schutzzweck des Kulturgüterschutzes[370], nämlich die Abwanderung von national wertvollem Kulturgut, wirksam zu gewährleisten[371]. Alle anderen denkbaren Maßnahmen[372] sind nur als Vorbereitung bzw. Kontrolle und Umsetzung eines Ausfuhrverbotes zu verstehen. Eine Auswahl von Alternativmitteln zu einem Ausfuhrverbot ist von daher nicht vorhanden. Aus diesem Grund ist ein besonderes Gewicht auf den Begriff des zu schützenden Kulturgutes zu legen[373].

---

368 *Uhl*, S. 40.

369 So auch *Uhl*, S. 41. Zur Maßnahme gleicher Wirkung i. S. d. Art. 29 EGV vgl. auch auf Seite 58 dieser Arbeit.

370 Zum Schutzzweck des Kulturgüterschutzes siehe bereits Seite 6 dieser Arbeit.

371 *Uhl*, S. 41.

372 Zu denken ist hier vor allem an Eintragungs- und Anzeigepflichten bzw. staatliche Vorkaufsrechte.

373 So auch *Uhl*, S. 41.

B. Nationale Ausnahmeregelungen gemäß Art. 30 EGV

I. Grundsätze der Normauslegung im Rahmen des Art. 30 EGV

1. Funktion des Art. 30 EGV

Nach Art. 30 S. 1 EGV stehen die Bestimmungen der Art. 28, 29 EGV Einfuhr-, Ausfuhr- und Durchfuhrverboten oder –beschränkungen nicht entgegen, die u. a. aus Gründen des Schutzes nationalen Kulturguts von künstlerischem, geschichtlichem oder archäologischem Wert gerechtfertigt sind. Bei der Vorschrift handelt es sich nicht um eine allgemeine Schutzklausel. Sie gestattet den Mitgliedstaaten lediglich, unter gewissen Voraussetzungen zum Schutz bestimmter Rechtsgüter von den Verboten der Art. 28, 29 EGV abzuweichen. Damit wird den Mitgliedstaaten primär ermöglicht, eine fehlende gemeinschaftliche Schutzgewährleistung in den aufgeführten Bereichen einzelstaatlich wieder auszugleichen[374]. Der Zweck des Artikels 30 EGV ist darin zu sehen, zu Zwecken des Kulturgüterschutzes ausnahmsweise Regelungen oder Praktiken anzuwenden, die den freien Warenverkehr in der Gemeinschaft unmittelbar oder mittelbar behindern. Insoweit wird dem Schutz der genannten Rechtsgüter im Konfliktfall der Vorzug vor dem freien Warenverkehr eingeräumt. Art. 30 EGV hat hingegen nicht den Zweck, bestimmte Sachgebiete der ausschließlichen Zuständigkeit der Mitgliedstaaten vorzubehalten[375]. Art. 30 EGV folgt als Ausnahmevorschrift zu den Art. 28, 29 EGV deren Anwendungsbereich. Das bedeutet, daß er ebenfalls nur im Bereich des Handels zwischen den Mitgliedstaaten gilt[376].

a. Enge Auslegung des Art. 30 EGV

Ausnahmevorschriften (wie Art. 30 EGV) sind grundsätzlich eng auszulegen[377]. Hierdurch soll vermieden werden, daß durch eine allzu weite Auslegung der Ausnahmebestimmungen die Regelungsabsicht des Normgebers in ihr Gegenteil verkehrt wird.

---

374 *Müller-Graff* in: GTE, Art. 36 Rdnr. 1.

375 *Müller-Graff* in: GTE, Art. 36 Rdnr. 3 m. Fn. 3.

376 *Uhl*, S. 114.

377 *Larenz*, Methodenlehre der Rechtswissenschaft, S. 355 f.

Der Grundsatz des freien Warenverkehrs gehört, wie bereits dargestellt wurde, zu einem der bedeutendsten Prinzipien der Europäischen Gemeinschaft. Dieser Grundsatz ist für den Binnenmarkt von herausragender Bedeutung. Damit ist die Vorschrift des Art. 30 EGV restriktiv auszulegen, um das Prinzip der Warenverkehrsfreiheit nicht auszuhöhlen[378]. Der EuGH folgt in ständiger Rechtsprechung[379] dieser Ansicht. Durch diese Beschränkung wird ein gerechter Ausgleich zwischen dem Interesse der Gemeinschaft an einem freien Warenverkehr und dem damit kollidierenden Interesse der Mitgliedstaaten nach nationalem Schutz bestimmter Rechtsgüter wie etwa des Kulturgüterschutzes geschaffen[380].

Die enge Auslegung des Art. 30 EGV bezieht sich allerdings nicht nur auf die durch die Vorschrift ermöglichten Schutzmaßnahmen, sondern auch auf die Auslegung der in Satz 1 genannten Schutzgüter selbst, für die handelshindernde Maßnahmen getroffen werden können[381]. Dies läßt sich aus dem bereits mehrfach angeführten Urteil in der Rechtssache 7/68[382] schließen. Darin führt der EuGH aus, daß sowohl hinsichtlich des zu erreichenden Zwecks als auch hinsichtlich der anzuwendenden Mittel die durch die Vorschrift gezogenen Grenzen eingehalten werden müssen. Dieser Gesichtspunkt erlangt im Rahmen der Verhältnismäßigkeitsprüfung noch Bedeutung.

b. Abschließender Regelungsgehalt des Art. 30 EGV

Eine weitere Folge des Ausnahmecharakters von Art. 30 EGV ist, daß die Vorschrift einen abschließenden Regelungscharakter hat[383].

---

[378] *Maurer*, Die Ausfuhr von Kulturgütern, S. 49; *Müller-Graff* in: GTE, Art. 36 Rdnr. 14; *Siehr* in: FS für Mestmäcker, S. 483 (496).

[379] So bereits in der Entscheidung EuGH, U.v. 10.12.1968 Rs. 7/68 (Kunstschätze I), Slg. 1968, S. 634 f; später bekräftigt von EuGH, U.v. 25.1.1977 Rs. 46/76 (Bauhuis/Niederlande), Slg. 1977, S. 5 ff; vgl. auch *Uhl*, S. 108 m. Fn. 401.

[380] So auch *Maurer*, Die Ausfuhr von Kulturgütern, S. 50.

[381] *Uhl*, S. 108; *Maurer*, Die Ausfuhr von Kulturgütern, S. 50.

[382] EuGH, U.v. 10.12.1968 Rs. 7/68 (Kunstschätze I), Slg. 1968, S. 634 ff.

[383] *Müller-Graff* in: GTE, Art. 36 Rdnr. 14.

Dieser Aspekt gilt gleich in zweifacher Hinsicht[384]. Zum einen ist Art. 30 EGV auf die Verbote der Art. 28 und 29 EGV beschränkt. Er läßt also ausnahmsweise nur Einfuhr- und Ausfuhrmaßnahmen sowie mengenmäßige Abgaben gleicher Wirkung zu[385]. Die Durchbrechung anderer Vertragsvorschriften erlaubt Art. 30 EGV nicht. Damit erstreckt sich die Vorschrift nicht auf Zölle oder zollgleiche Abgaben[386]. Diese Maßnahmen sind nicht an Art. 30 EGV, sondern an den Artikeln 23 und 90 EGV zu messen. Nach Ansicht des EuGH[387] werden Zölle und zollgleiche Abgaben nicht von Art. 30 EGV erfaßt, da solche Maßnahmen die Ausfuhr der in Betracht kommenden Erzeugnisse lediglich verteuerten, ohne daß sie die Verwirklichung des mit Art. 30 EGV erstrebten Ziels, nämlich den künstlerischen, geschichtlichen oder archäologischen Kunstbesitz zu schützen, gewährleisteten.

Zum anderen beschränkt sich die Ausnahmemöglichkeit des Art. 30 EGV auf Maßnahmen zum Schutz der in dieser Vorschrift ausdrücklich genannten Rechtsgüter[388]. Diese Rechtsgüter bilden einen abschließenden Katalog, so daß die Berücksichtigung anderer Interessen[389] wie etwa des Verbraucherschutzes nicht herangezogen werden können, um handelsbehindernde Maßnahmen i. S. d. Art. 28 und 29 EGV zu rechtfertigen. Außerhalb des numerus clausus des Art. 30 EGV ist allerdings eine Berücksichtigung solcher Erwägungen des Gemeinwohls im Rahmen der Cassis-de-Dijon-Rechtsprechung[390] unter bestimmten Voraussetzungen beim Begriff der Maßnahme gleicher Wirkung möglich[391].

---

384 *Maurer*, Die Ausfuhr von Kulturgütern, S. 50.

385 *Müller-Graff* in: GTE, Art. 36 Rdnr. 12. Zum Anwendungsbereich des Art. 36 EGV (a. F.) und zur Einbeziehung der Maßnahmen gleicher Wirkung *Uhl*, S. 112 ff.

386 EuGH, U.v. 14.6.1988 Rs. 29/87 (Dansk Denkavit APS/ Landbrugsministeriet), Slg. 1988, S. 2965 (2991).

387 EuGH, U.v. 10.12.1968 Rs. 7/68 (Kunstschätze I), Slg. 1968, S. 634 (644).

388 *Müller-Graff* in: GTE, Art. 36 Rdnr. 26.

389 Beispiele hierfür nennt *Maurer*, Die Ausfuhr von Kulturgütern, S. 51 m. Fn. 69-71.

390 Vgl. dazu oben auf Seite 49.

391 Darauf soll hier nicht näher eingegangen werden, vgl. *dazu Müller-Graff* in: GTE, Art. 36 Rdnr. 91.

c. *Art. 30 EGV als Tatbestand nicht wirtschaftlicher Art*

Seit seinem ersten Urteil zu Art. 36 EWGV[392] betont der EuGH, daß die Vorschrift Tatbestände nicht wirtschaftlicher Art enthalte, was ihr letzter Satz bestätige. Dies läßt sich aus dem Wort „Handel" schließen. Regelungen, die nur vorgeschoben sind und mit denen ein Staat in Wirklichkeit andere als die in der Vorschrift vorgesehenen Ziele, insbesondere wirtschaftliche, verfolgt, sind rechtswidrig. Der von der Einheitlichen Europäischen Akte (EEA) eingefügte Art. 100a Abs. 5 EGV (heute Art. 95) hat diese Charakterisierung aufgenommen[393]. Die Kennzeichnung und Eingrenzung der Schutzgründe des Art. 30 EGV als „Tatbestände nicht wirtschaftlicher Art" ist sprachlich infolge der mangelnden Präzision des Wortes „wirtschaftlich" nicht trennscharf. Gebilligt werden kann nur der Kern dieser Eingrenzung, nämlich daß es dem Zweck des Art. 30 EGV widerspricht, für einzelstaatliche Ziele der Wirtschaftslenkung als Legitimation für Handelsbehinderungen in Anspruch genommen werden zu können[394]. Es kann einem Mitgliedstaat nicht gestattet werden, sich den Wirkungen der im Vertrag vorgesehenen Maßnahmen unter Berufung auf die wirtschaftlichen Schwierigkeiten zu entziehen, die durch die Beseitigung der Behinderungen des innergemeinschaftlichen Handels entstehen[395].

Überträgt man dies nun auf den Handel mit Kulturgütern, so folgt daraus, daß exportbeschränkende Regelungen im Kulturgutverkehr, die dadurch motiviert sind, daß der betreffende Staat seine eigenen staatlichen Sammlungen bereichern will, nicht nach Art. 30 EGV gerechtfertigt werden könnten[396]. Zwar ist eine solche Motivation in den Regelungen der Mitgliedstaaten nicht direkt erkennbar oder nachweisbar. Trotzdem muß die wirtschaftliche Motivation von Exportregelungen hinterfragt werden[397]. So erscheint es in Ländern, in denen wie etwa in Frankreich ein staatliches Vorkaufsrecht im Kulturgüterschutzrecht existiert, durchaus denkbar, daß die Ausübung des Vorkaufsrechts aus wirtschaftlichen Beweggründen heraus geschieht. Die umfassende französische Regelung des

---

392 EuGH, U.v. 19.12.1961 Rs. 7/61 (Kommission/Italienische Republik), S. 692 ff.

393 *Müller-Graff* in: GTE, Art. 36 Rdnr. 33; *Maurer*, Die Ausfuhr von Kulturgütern, S. 51.

394 *Müller-Graff* in: GTE, Art. 36 Rdnr. 34.

395 EuGH, U.v. 10.7.1984 Rs. 72/83 (Campus Oil), Slg. 1984 S. 2727 (2752).

396 *Uhl*, S. 110; *Maurer*, Die Ausfuhr von Kulturgütern, S. 52.

397 *Uhl*, S. 110 f.

Vorkaufsrechts sowohl bei Versteigerungen als auch bei Ausfuhren deutet darauf hin, daß von den zuständigen Stellen an die wirtschaftlichen Nebeneffekte eines Vorkaufsrechts gedacht wurde[398]. Gleiches gilt für die umfangreichen Vorkaufsregelungen in Griechenland[399]. Auch die Unterscheidung zwischen der Anwendbarkeit des deutschen KultSchG auf Private, nicht aber auf öffentliche oder kirchliche Eigentümer, auf die noch im vierten Kapitel dieser Arbeit einzugehen sein wird, läßt auf einen, auch wirtschaftlich betrachtet, größeren Freiraum der zuletzt genannten Eigentümerkreise schließen.

Ein solches wirtschaftliches Interesse könnte sich durchaus als legitim erweisen[400]. So können durch den staatlichen Erwerb von Kulturgütern diese möglicherweise einer breiteren Öffentlichkeit zugänglich gemacht werden als wenn sie in Privatbesitz stünden. Auch können die staatlichen Möglichkeiten zum Erhalt oder zur Restauration von Gegenständen größer sein als die privater Sammler.

Allerdings gilt zu beachten, daß selbst bei Vorliegen solcher möglicherweise mitursächlichen wirtschaftlichen Überlegungen die Anwendbarkeit des Art. 30 EGV nicht ausgeschlossen ist. Vielmehr sind solche Maßnahmen, die zwar ökonomische Gründe haben, in ihren Zielen aber über diese hinausgehen, geeignet, ein von dem Rechtfertigungsgrund des Art. 30 EGV gedecktes Ziel darzustellen[401]. Erst wenn die wirtschaftlichen Motive überwiegen oder allein beherrschend sind, scheidet eine Berufung auf Art. 30 EGV aus. Die Beweislast für das Vorliegen der Voraussetzungen des Art. 30 EGV liegt bei dem betreffenden Mitgliedstaat. Gelingt ihm dieser Nachweis, schaden eine wirtschaftliche Motivation oder Nebeneffekte (etwa bei Maßnahmen zum Schutz von „national wertvollem Kulturgut") nicht. Dies ist dringend erforderlich, da andernfalls kaum eine Maßnahme gleicher Wirkung jemals nach Art. 30 EGV berechtigt sein könnte. Diese haben als handelshindernde Maßnahmen immer wirtschaftliche Auswirkun-

---

398 Zur Reform auf dem französischen Kunstmarkt vgl. FAZ vom 19.6.1999, S. 51.

399 *Uhl*, S. 111.

400 Darauf weist *Uhl*, S. 110 zu recht hin.

401 EuGH, U.v. 10.7.1984 Rs. 72/83 (Campus Oil), Slg. 1984 S. 2727 ff. In diesem Fall handelte es sich um eine von Irland auf den Rechtfertigungsgrund der öffentlichen Sicherheit gestützte Regelung, nach der Importeure verpflichtet waren, bei einem Ölimport nach Irland eine bestimmte Menge von der einzig verbliebenen irischen Raffinerie mit dem entsprechenden wirtschaftlichen Vorteil für Irland zu beziehen.

gen, was bereits durch den Begriff der Maßnahme gleicher Wirkung bedingt ist[402].

2. *Ausnahmen des Art. 30 S. 2 EGV*

Art. 30 S. 2 EGV[403] schließt die Inanspruchnahme der Ausnahme des Art. 30 EGV dann aus, wenn Verbote oder Beschränkungen i. S. d. S. 1 entweder eine willkürliche Diskriminierung oder eine verschleierte Beschränkung des Handels zwischen den Mitgliedstaaten darstellen. Unter einer willkürlichen Diskriminierung („discrimination arbitraire"[404]) versteht man jede nicht sachlich gerechtfertigte Maßnahme[405]. Als verschleierte Beschränkung des Handels ist begrifflich jede als Schutzmaßnahme i. S. d. Art. 30 S. 1 EGV getarnte Handelsbehinderung zwischen den Mitgliedstaaten zu verstehen[406]. Zweck dieser Beschränkung ist es, zu verhindern, daß die auf S. 1 gestützten Beschränkungen des innergemeinschaftlichen Handels mißbraucht und zur Diskriminierung von Waren aus anderen Mitgliedstaaten oder zum mittelbaren Schutz bestimmter nationaler Produkte verwendet werden[407].

Um festzustellen, ob eine Maßnahme solche Auswirkungen hat, führt der EuGH eine Gesamtbetrachtung durch. Dabei berücksichtigt er insbesondere den Zweck der Maßnahme. Die handelshindernden Maßnahmen der Mitgliedstaaten[408] im Bereich des Kulturgüterschutzes werden aber nicht von den in Satz 2 untersagten

---

402 *Uhl*, S. 112. Zum Begriff der Maßnahme gleicher Wirkung vgl. auf Seite 42 dieser Arbeit.

403 Die dogmatische Einordnung der Vorschrift ist umstritten, teilweise wird sie als Einschränkung der Zulässigkeit von Maßnahmen angesehen, teilweise wird sie lediglich als ein Hilfsmittel bei der Auslegung des Art. 30 S. 1 EGV in der Rechtfertigungsfrage betrachtet. Die Einordnungsfrage ist aber für die Rechtsanwendung, insbesondere im Bereich des Kulturgüterschutzes, weitestgehend bedeutungslos; vgl. dazu *Maurer*, Die Ausfuhr von Kulturgütern, S. 66 m. Fn. 185.

404 Begriff bei *Müller-Graff* in: GTE, Art. 36 Rdnr. 165.

405 *Berndt*, Internationaler Kulturgüterschutz, S. 148 m. w. Nachw.

406 *Müller-Graff* in: GTE, Art. 36 Rdnr. 170; *Maurer*, Die Ausfuhr von Kulturgütern, S. 69.

407 EuGH, U.v. 14.12.1979 Rs. 34/79 (Henn and Darby), Slg. 1979, S. 3795 (3815).

408 Zu nennen ist hier z. B. die Vorschrift des § 1 Abs. 4 KultSchG mit der darin enthaltenen Genehmigungspflicht für die Ausfuhr eingetragenen Kulturguts. Diese steht aber mit Art. 36 S. 2 EWGV (heute Art. 30 EGV) in Einklang, vgl. BVerwG, NJW 1993, S. 3280 (3282).

Diskriminierungsverboten getragen[409]. Nähere Ausführungen hierzu sind deshalb an dieser Stelle nicht notwendig. Damit wird ebenso wie bei Art. 29 EGV deutlich, daß es Sachverhalte gibt, die zwar handelsrelevant sind, in ihren wirtschaftlichen Auswirkungen aber nicht mit den üblichen einschlägigen Behinderungen verglichen werden können.

3. Bedeutung des Art. 30 EGV für den Export in Drittstaaten

Grundsätzlich betreffen die Vorschriften der Art. 28, 29 und 30 EGV nur den Handel im Binnenmarkt. Es stellt sich die Frage, inwieweit eine nach Art. 30 EGV gerechtfertigte Ausnahme der Verbote oder Beschränkungen nach Art. 28 bzw. 29 EGV auch Bedeutung für die Ausfuhr von Kulturgütern in Drittstaaten erlangt.

Die schwindende Durchsetzungskraft der nationalen Regelungen innerhalb der Gemeinschaft könnte möglicherweise durch die Wirksamkeit des Art. 30 EGV an den Außengrenzen der Gemeinschaft ausgeglichen werden[410]. So ist zunächst vorgeschlagen worden, die Zollbeamten gemeinschaftsweit zum Schutz der nationalen Kulturgüter nach dem 31. 12. 1992 einzusetzen[411]. Diese sollten wie in anderen Bereichen an den Außengrenzen der EU die verschiedenen Rechtsvorschriften zum Schutz des nationalen Kulturgutes anwenden, ohne daß es einer gemeinschaftlichen Regelung oder eines vereinheitlichten Verfahrens bedurft hätte[412]. Dieser Gedanke ist nicht nur mit Erlaß der VO 3911/92[413] hinfällig geworden, er hätte sich als unpraktikabel erweisen müssen. Es wäre den Zollbeamten an den Außengrenzen der EU nicht zuzumuten gewesen, die Regelungen aller Mitgliedstaaten im Bereich des Kulturgüterschutzes zu kennen und anzuwenden. Auf diese Weise hätte ein effektives Schutzsystem nicht errichtet werden können. Grund hierfür sind verschiedene Aspekte. So erscheinen neben den Sprachbarrieren die unterschiedlichen dogmatischen Ansätze der einzelnen Mitgliedstaaten nicht dazu geeignet, ohne eine Vereinheitlichung bei der Ausfuhr wirksam

---

409 *Hipp*, Kulturgüterschutz in Deutschland, S. 240 f.; *Uhl*, S. 114; *Maurer*, Die Ausfuhr von Kulturgütern, S. 69.

410 Diesen Gedanken wirft *Bila*, Nationaler Kulturgüterschutz, S. 135, auf.

411 *Bila*, Nationaler Kulturgüterschutz, S. 135 m. Fn. 742.

412 So vor Erlaß der VO 3911/92 *Ress*, DÖV 1992, S. 944 (952).

413 Vgl. dazu das dritte Kapitel dieser Arbeit.

durchgesetzt werden zu können[414]. Ebenso erscheint es problematisch, daß die Beamten die entsprechenden Entscheidungen treffen und nationale Folgen unterschiedlicher Normen anordnen müßten. Sie würden letztlich in vielen Fällen fremde Staatsgewalt ausüben.

Damit wird deutlich, daß die Bedeutung des Art. 30 EGV beim Export in Drittstaaten praktisch gegen Null tendiert. Die aufgezeigten Probleme bei der Durchsetzung verschiedener einzelstaatlicher Regelungen an den Außengrenzen im Bereich des Kulturgüterschutzes haben deshalb letztlich folgerichtig dazu geführt, daß die EU durch Erlaß der VO 3911/92 ein einheitliches Ausfuhrsystem bei der Ausfuhr von Kulturgütern in Drittstaaten geschaffen hat. Dieses System (i. V. m. der RiLi 93/7/EWG zur Rückführung illegal verbrachter Kulturgüter[415]) hat damit den Art. 30 EGV in seiner Bedeutung für den Export in Drittstaaten abgelöst, indem es die Kontrolle an den Außengrenzen der EU durch ein gemeinschaftsweit einheitliches System und einheitliche Formulare stark vereinfacht hat.

II. Die Tatbestandsmerkmale des Art. 30 EGV

Art. 30 EGV trägt wie dargelegt dem Umstand Rechnung, daß die Herstellung des freien Warenverkehrs im Binnenmarkt durchaus der Rücksichtnahme auf spezifische nationale Regelungen bedarf, die aus legitimen öffentlichen Interessen der Mitgliedstaaten herrühren. Die Vorschrift wird dabei vom EuGH dahingehend ausgelegt, daß sie in ihren Wirkungen nicht über das hinausgeht, was zum Schutz der Interessen erforderlich ist, die gewährleistet werden sollen[416]. Dieser allgemeine Grundsatz läßt aber offen, wie die Tatbestandsmerkmale im einzelnen zu verstehen sind.

1. Schutz

An dieser Stelle sollen nur die für den Kulturgüterschutz interessierenden Tatbestandsmerkmale des Art. 30 EGV untersucht werden. Danach sind Ausnahmen zum Schutz des nationalen Kulturguts von künstlerischem, geschichtlichem oder archäologischem Wert zulässig.

---

[414] Diese Bedenken teilt *Bila*, Nationaler Kulturgüterschutz, S. 136.

[415] Vgl. dazu den dritten Teil dieser Arbeit.

[416] EuGH, U.v. 19.12.1961 Rs. 7/61 (Kommission/Italien), Slg. 1961, S. 695 (720).

Hinsichtlich der zu wählenden Intensität des Schutzes (Schutzstandard, Schutzniveau) eines bestimmten Rechtsgutes i. S. d. Art. 30 EGV ist grundsätzlich von einer Entscheidungsprärogative der Mitgliedstaaten auszugehen[417]. Sie sind mangels einer Gemeinschaftsregelung für das Schutzniveau verantwortlich. Danach ist es Sache eines jeden Mitgliedstaates, in den durch den Vertrag gesetzten Grenzen zu bestimmen, in welchem Umfang sie den Schutz gewährleisten wollen[418]. Hieran wird deutlich, daß der Spielraum der Mitgliedstaaten nicht schrankenlos gelten kann, da ansonsten der Grundsatz des freien Warenverkehrs praktisch obsolet würde. Art. 30 EGV stellt keinen „Blankoscheck"[419] zugunsten der Mitgliedstaaten aus, was die Auslegung der geschützten Rechtsgüter und den Umfang und die Auswahl der Schutzmaßnahmen angeht[420]. Es muß immer die Funktion des Art. 30 EGV als Ausnahmeregelung gegenüber den Art. 28 und 29 EGV und die Funktion des Vertrages als systematisches Gesamtwerk gesehen werden[421]. Übertragen auf das Kulturgüterschutzrecht muß dies bedeuten, daß, um einen Mißbrauch zu vermeiden, Massengegenstände ohne überdurchschnittliche Prägung für die kulturelle Identität eines Mitgliedstaates dem Beurteilungsspielraum der Mitgliedstaaten entzogen sind[422]. Eine Unterschutzstellung sämtlicher oder sehr vieler Kunstgegenstände durch generalklauselartige und unbestimmte Anwendungsregelungen der Mitgliedstaaten ist unverhältnismäßig, da es bei der Schärfe des Eingriffs und der Weite des erfaßten Gutes an einer angemessenen Zweck-Mittel-Relation fehlt.

2. *Der Kulturgutbegriff des Art. 30 EGV*

Was unter dem Kernbegriff Kulturgut i. S. d. Art. 30 EGV genau zu verstehen ist, ist nicht zuletzt aufgrund der unterschiedlichen sprachlichen Fassungen des

---

417 *Müller-Graff* in: GTE, Art. 36 Rdnr. 43, 66; Uhl, S. 125 ff. m. w. Nachw. aus dem Schriftum; *Schwarze*, JZ 1994, S. 111 (113 f.).

418 EuGH, U.v. 20.5.1976 Rs. 104/75 (de Peijper), Slg. 1976, S. 613 (635).

419 Begriff bei *Ehlermann*, EuR 1973, S. 1 (13).

420 EuGH, U.v. 15.12.1976 Rs. 35/76 (Simmenthal), Slg. 1976, S. 1871 (1886); U.v. 5.10.1977 Rs. 5/77 (Tedeschi), Slg. 1977, S. 1555 (1576).

421 EuGH, U.v. 12.7.1979 Rs. 153/78 (Fleischzubereitung), Slg. 1979, S. 2555 (2564).

422 So auch *Müller-Graff* in: GTE, Art. 36 Rdnr. 66; *Hipp*, Kulturgüterschutz in Deutschland, S. 228; *Wyss*, Kultur als eine Dimension der Völkerrechtsordnung, S. 62; *Berndt*, Internationaler Kulturgüterschutz, S. 144; *Maurer*, Die Ausfuhr von Kulturgütern, S. 57.

Art. 30 EGV und der zuvor beschriebenen Einschätzungsprärogative, die den Mitgliedstaaten bei der Bestimmung ihrer durch Art. 30 EGV zu schützenden Kulturgüter eingeräumt wird, mit erheblichen Definitionsproblemen behaftet[423].

a. *Kein einheitlicher Kulturgutbegriff*

Im Bereich des Art. 30 EGV und seiner Auslegung herrscht ein babylonisches Sprachengewirr[424]. Die verschiedenen Sprachfassungen des Vertragstextes, die bei der Beurteilung grundsätzlich gleichrangig nebeneinander stehen, führen dazu, daß mehrere Gruppen bei der Auslegung des Kulturgutbegriffs gebildet werden können[425]. Die erste Gruppe bezieht sich auf sog. nationale Schätze. Dieser Gruppe gehören u. a. die englische (*national treasures*), die französische (*trésors nationaux*), die griechische (*ethnikon thesauron*) und die dänische (*national skatte*) Version des Art. 30 EGV an. Diese Gruppe spricht mit den in den Vertragstexten gewählten Begriffen ihren Kulturgütern zugleich einen besonderen Wert zu. Die italienische (*patrimonio nazionale* bzw. *patrimonio culturale*), die spanische (*patrimonio nacional*) und die portugiesische (*patrimonio nacional*) Fassung des Art. 30 EGV beziehen sich dagegen auf das sog. nationale Erbe. Diese Mitgliedstaaten stellen deutlich auf die historischen Wurzeln der Kulturgüter ab. Eine dritte Gruppe schließlich, der auch die deutsche und österreichische Fassung (*nationales Kulturgut*) und die niederländische Fassung (*national bezit*) des Art. 30 EGV zugerechnet werden können, stellt auf den nationalen Besitz ab. Bei dieser Fassung wird auf die Eigentumszuordnung und die Möglichkeit der Weiterveräußerung abgestellt. Damit erfolgt zugleich eine Zuordnung der Kulturgüter in den Bereich des Handels und der Wirtschaft[426].

Die babylonische Sprachenvielfalt für den Begriff des Kulturguts wird noch an einem anderen Beispiel offensichtlich. Nicht einmal in der englischen Sprache

---

[423] Auf diese Probleme weisen u. a. hin: *Maurer*, Die Ausfuhr von Kulturgütern, S. 55 ff.; *Bila*, Nationaler Kulturgüterschutz, S. 120 ff.; *Uhl*, S. 115ff., 137 ff.; *Hipp*, Schutz von Kulturgütern in Deutschland, S. 238 f.

[424] So deutet zumindest *Maurer*, Die Ausfuhr von Kulturgütern, S. 56, die unterschiedlichen Sprachfassungen des Art. 30 EGV.

[425] *Maurer*, Die Ausfuhr von Kulturgütern, S. 55, spricht von drei Gruppen. Dieser Einteilung soll hier gefolgt werden. Eine vergleichbare Einteilung findet sich bei *Bila*, Nationaler Kulturgüterschutz, S. 127 ff.

[426] *Maurer*, Die Ausfuhr von Kulturgütern, S. 56.

herrscht ein einheitlicher Sprachgebrauch im Kulturgüterschutz vor[427]. Während in Großbritannien und Irland hauptsächlich von den *cultural treasures* oder von *cultural property* gesprochen wird, wird in den USA auch der Begriff *cultural patrimony* benutzt. In anderen englischsprachigen Ländern wie Australien, Neuseeland und Kanada wird von *cultural heritage* gesprochen.

Selbst wenn man den Vergleich auf die EU beschränkt, wird deutlich, daß keine Einigkeit über die begriffliche Bedeutung des Kulturgutbegriffs besteht. Die unterschiedlichen Sprachregelungen spiegeln die verschiedenen dogmatischen Ansätze der Mitgliedstaaten wieder, ihre erhaltenswerten Gegenstände zu bewahren. Während in Italien etwa 35 Millionen Gegenstände amtlich registriert sind und geschützt werden, sind im deutschen Bundesverzeichnis nicht einmal 1.000 Gegenstände eingetragen[428]. Der Begriff des Kulturgutes ist deshalb ein wertungsausfüllungsbedürftiger, unbestimmter Rechtsbegriff[429]. Die unterschiedlichen nationalen Ansätze zur Deutung des Begriffs sind somit dazu notwendig, den jeweiligen Besonderheiten gerecht zu werden, die sich aus der örtlichen und zeitlichen Wandelbarkeit des Kulturgutbegriffs, dem unterschiedlich großen Bestand an erhaltenswerten Gegenständen und wissenschaftlichen Ungenauigkeiten bei der Bewertung von Kulturgut ergeben[430].

b. Eingrenzung des Kulturgutbegriffs

Nachdem dargelegt worden ist, daß in der EU aufgrund der Komplexität der involvierten Interessen kein einheitliches Verständnis des Kulturgutbegriffs besteht, stellt sich die Frage, ob und wenn ja in welcher Weise eine Eingrenzung dieses Begriffes vorgenommen werden kann. Obwohl durchaus die Ansicht vertreten wird, eine Eingrenzung des Begriffs sei abzulehnen[431], erscheint es doch geboten, trotz der vorhandenen Einschätzungsprärogative der Mitgliedstaaten eine

---

427 Instruktiv dazu *Prott/O'Keefe*, S. 307 ff.

428 Diese Zahlen nennt *Uhl*, S. 119, für das Jahr 1992. Wenngleich die aktuellen Zahlen variieren mögen, wird doch eine deutliche Tendenz sichtbar, daß ein extremes Gefälle innerhalb der EU in Bezug auf die eingetragenen und somit zu schützenden Gegenstände existiert. Zur Diskrepanz innerhalb der Gemeinschaft vgl. auch *Maurer*, Die Ausfuhr von Kulturgütern, S. 56 f.

429 *Hipp*, Kulturgüterschutz in Deutschland, S. 227; vgl. auch *Uhl*, S. 119.

430 *Hipp*, Kulturgüterschutz in Deutschland, S. 228.

431 Derartige Stimmen listet *Uhl*, S. 116, auf.

Eingrenzung des Kulturgutbegriffs vorzunehmen. Es reicht für die Verwirklichung des Binnenmarktes nämlich nicht aus, allein gegen die gröbsten Auswüchse vorzugehen. Bei Handelshindernissen darf nicht nach deren mehr oder weniger starken Auswirkungen unterscheiden werden. Für die Beurteilung dessen, was ein besonders grober Verstoß ist, ist eine nähere Abgrenzung zu dem, was noch erlaubt ist, erforderlich. Zwar ist zuzugestehen, daß eine abschließende Definition nicht jedes denkbare Objekt erfassen kann und gerade wegen des dem Beurteilungsspielraum anhaftenden subjektiven Elements nicht möglich ist. Hierbei handelt es sich aber nur um ein Argument gegen eine abschließende Definition, nicht aber gegen eine nähere Eingrenzung des Kulturgutbegriffs[432]. Ferner ist zu bedenken, daß nur geschützt werden kann, was zumindest in Umrissen zuvor festgelegt worden ist. Beim Kulturgüterschutz mangelt es aber an alternativ möglichen Schutzmaßnahmen[433]. Infolgedessen ist der Grund für die unterschiedlichen dogmatischen Ansätze im Kulturgüterschutz im fehlenden Konsens über einen einheitlichen Kulturgutbegriff und nicht in der Wahl anderer, möglicherweise milderer Mittel zu sehen. Die bestehenden Unterschiede können deshalb nur über einen Ansatz bei diesem Punkt beseitigt werden[434]. Ein einheitliches Schutzniveau und eine generelle Vereinheitlichung des innergemeinschaftlichen Kulturgüterschutzes erscheint nur möglich, wenn sich allgemeingültige Konturen für den Kulturgüterbegriff finden lassen und die Auslegung des Begriffs in der Gemeinschaft näher eingegrenzt wird. Ein Ansatz dazu ist über die klassischen Auslegungsmethoden zu suchen.

aa. *Wortlautauslegung*

Jede Auslegung hat zunächst mit dem Text zu beginnen[435]. Wie bereits angedeutet, wirft der Begriff des Kulturgutes infolge seiner Unschärfe zahlreiche Abgrenzungsprobleme auf[436]. Die Wortwahl im deutschen Vertragstext bietet keine klaren Anhaltspunkte für eine Auslegung oder Eingrenzung des Begriffs.

---

432 Wie hier *Uhl*, S. 117.

433 Vgl. dazu bereits Seite 77 dieser Arbeit.

434 *Uhl*, S. 118.

435 *Larenz*, Methodenlehre der Rechtswissenschaft, S. 320.

436 Vgl. auch *Bila*, Nationaler Kulturgüterschutz, S. 120.

Gerade im Bereich des Europarechts sind aber auch immer die anderen Sprachfassungen bei der Auslegung zu berücksichtigen. Hierdurch ist es möglich, die Wahl der engeren Begriffe aus der Sicht der nationalen Regelungsbefugnis zu deuten und Rückschlüsse für die gesamte Interpretation abzuleiten[437]. Wie bereits zuvor erläutert, werden die unterschiedlichen Sprachfassungen durch die verschiedenen dogmatischen Ansätze der Mitgliedstaaten im Kulturgüterschutz gekennzeichnet. Die verschiedenen Fassungen lassen sich dabei in drei Gruppen zusammenfassen[438]. Beim Vergleich zeigt sich, daß die Gruppe, der die deutschsprachige Fassung des Art. 30 EGV zuzuordnen ist, durch ihr Abstellen auf das „nationale Kulturgut" am weitesten zu verstehen ist und deshalb zu einer Eingrenzung kaum zu gebrauchen ist. Die anderen Gruppen engen den Begriff dahingehend ein, daß nicht jedes Kulturgut, sondern nur „nationale Schätze" (z. B. Großbritannien, Frankreich) bzw. das „kulturelle Erbe" (z. B. Italien) umfaßt sein sollen. Durch diese Formulierungen wird ein begrifflich begrenzterer Bereich erfaßt, da dem nationalen Kulturgut eine zusätzliche Qualität zukommen muß, um sie als kulturelles Erbe oder gar als nationale Schätze qualifizieren zu können. Gegenstände von nur durchschnittlicher Prägung scheiden damit schon begrifflich aus. Insoweit ist aus dieser engen Wortwahl und der ansonsten einschränkenden Interpretation des Art. 30 EGV der Schluß gezogen worden, daß der Kulturgutbegriff in Art. 30 EGV restriktiv auszulegen ist.

bb. Systematische Auslegung

Eine weitere Eingrenzung des Kulturgutbegriffs ist anhand seiner Systematik vorzunehmen. Der Begriff des nationalen Kulturguts ist im EGV an keiner anderen Stelle verwendet worden. Lediglich in Art. 92 Abs. III d (heute Art. 87) werden staatliche „Beihilfen zur Förderung der Kultur und der Erhaltung des kulturellen Erbes" als mit dem gemeinsamen Markt vereinbar angenommen. Ohne den Begriff des Kulturgutes noch einmal aufzugreifen, betont der durch den Maastrichter Vertrag eingeführte Art. 128 EGV (heute Art. 151) noch einmal die „Hervorhebung des gemeinsamen kulturellen Erbes". Weiter nennt Art. 151 EGV die „Erhaltung und den Schutz des kulturellen Erbes von europäischer Bedeutung" als Zielvorgabe. Auch die systematische Auslegung zur Eingrenzung des

---

437 *Bila*, Nationaler Kulturgüterschutz, S. 120.

438 Vgl. dazu Seite 88 dieser Arbeit.

Kulturgutbegriffs ergibt an dieser Stelle, daß im Gegensatz zur deutschen Fassung des Art. 30 EGV der Begriff des Kulturgutes generell restriktiv auszulegen ist. Dies wird durch die Betonung des kulturellen „Erbes" verdeutlicht, das nur einen besonders bedeutsamen Teil der nationalen Identität erfaßt.

Im Rahmen der systematischen Auslegung kommt eine Betrachtung der anderen in Art. 30 EGV genannten Schutzgüter in Betracht. Allerdings scheint aufgrund der Gegensätze der aufgezählten Rechtsgüter ein Rückschluß auf eine mögliche Eingrenzung des Kulturgutbegriffs nicht möglich[439]. Der EuGH mißt darüber hinaus den in Art. 30 EGV genannten Rechtsgütern unterschiedliche Bedeutung zu[440]. Die größte Bedeutung kommt dabei in den bisherigen Entscheidungen den Schutzgütern der „öffentlichen Sicherheit, Ordnung und Sittlichkeit" sowie dem Schutz der „Gesundheit und des Lebens von Menschen, Tieren und Pflanzen" zu. An diesen Belangen wurde die Beschaffenheit von Waren gemessen, die selber nicht unter dem Schutz des Art. 30 EGV standen. Etwas anderes gilt aber beim Schutz des „nationalen Kulturgutes". Bei diesem Schutzgut ist es die Ware selbst, die als Ausnahme vom Grundprinzip des freien Warenverkehrs eingestuft und damit dem Schutz des Art. 30 EGV unterstellt wird[441]. Das bedeutet, daß die Übertragung einer restriktiven Handhabung des Begriffes aus den bereits bestehenden Urteilen nicht ohne weiteres möglich erscheint. Grund hierfür ist zum einen, daß der EuGH seine Linie der strengen Auslegung nicht immer stringent verfolgt hat und in einer Entscheidung zum Urheberrecht das Schutzgut des gewerblichen und kommerziellen Eigentums ausdrücklich weit verstanden haben wollte[442]. Zum anderen sind die in Art. 30 EGV genannten Schutzgüter derart unterschiedlich, daß die für diese geltenden Auslegungsregeln nicht ohne weiteres auf den Bereich der Kulturgüter zu übertragen sind[443]. Es ist aber zu bedenken, daß die Vorschrift des Art. 30 EGV im Bereich der Warenverkehrsfreiheit steht und durch sie auch Kulturgüter als Waren i. S. d. EGV[444] eingestuft werden. Den

---

[439] *Bila*, Nationaler Kulturgüterschutz, S. 121.

[440] Vgl. EuGH, U.v. 26.2.1980 Rs. 94/79 (Vriend), Slg. 1980, S. 327 ff.

[441] *Bila*, Nationaler Kulturgüterschutz, S. 121, sieht noch eine Parallele zu den in Art. 30 EGV ebenfalls genannten Tieren und Pflanzen.

[442] EuGH, U.v. 20.1.1981 verb. Rs. 55 u. 57/80 (Musik-Vertrieb Membran), Slg. 1981, S. 147 (161).

[443] *Ress*, Kultur und Europäischer Binnenmarkt, S. 103; *Bila*, Nationaler Kulturgüterschutz, S. 122.

[444] Wenn auch mit einigen Besonderheiten, siehe dazu auf Seite 69 dieser Arbeit.

Mitgliedstaaten kann aber kein unbegrenzter Spielraum auf Herausnahme bestimmter Waren aus dem freien Warenverkehr zugestanden werden[445], so daß es aus diesem Gesichtspunkt heraus zu einer Eingrenzung des Kulturgutbegriffs kommen muß. Das Recht der Mitgliedstaaten, den Inhalt des Begriffs Kulturgut zu bestimmen, muß seine Grenze im Verhältnismäßigkeitsgrundsatz finden. Nationale Regelungen müssen deshalb immer zumindestens eine „Bagatell-Klausel" aufweisen, die Gegenstände von nur durchschnittlicher Bedeutung von den Schutzbestimmungen ausnimmt. Gerade durch die Beurteilung der Verhältnismäßigkeit einer nationalen Definition werden gemeinschaftsrechtliche Aspekte zur Eingrenzung des Begriffs eingeführt. Leitlinie für die Eingrenzung des Kulturgutbegriffs auf europäischer Ebene muß die Schaffung eines kleinsten gemeinsamen Nenners sein, der aus der Schnittmenge aller nationalen Standards im Kulturgüterschutz besteht. Diese Schnittmenge muß langfristig zu einer einheitlichen Beschreibung des Kulturgutbegriffs in Art. 30 EGV führen. Nur so kann ein effektives Schutzsystem aufgebaut werden, wenn feststeht, was gemeinschaftsweit unter Schutz gestellt werden soll.

cc. Historische Auslegung

Da durch die bisherigen Auslegungsmethoden keine zufriedenstellende Eingrenzung des Kulturgutbegriffs erfolgen konnte, ist nunmehr anhand einer historischen Auslegung des Begriffs eine solche Eingrenzung anzustreben. Dabei sind die Regelungsabsicht, der Zweck und die Normvorstellungen des historischen Gesetzgebers entsprechend zu interpretieren[446].

Im Bereich des Gemeinschaftsrechts finden sich keine Vorgängerregelungen zum Kulturgüterschutz bzw. zur Kultur generell, die Regelung des Art. 30 EGV besteht bereits seit 1957. Auch hat die EG immer wieder betont, gerade keine primärrechtlich verbindliche Auslegung des Begriffs „Kulturgut" i. S. d. Art. 30

[445] *Bila*, Nationaler Kulturgüterschutz, S. 122.

[446] *Larenz*, Methodenlehre der Rechtswissenschaft, S. 328 ff.

EGV geben zu wollen[447]. Im übrigen wäre eine primärrechtlich verbindliche Auslegung durch einen sekundärrechtlichen Akt gar nicht zulässig[448].

Betrachtet man jedoch den Kulturgutbegriff historisch, so kann man feststellen, daß Kulturgüter sowohl positive als auch negative Ereignisse der Geschichte des jeweiligen Mitgliedstaaten widerspiegeln. Dazu tritt eine oftmals historisch bedingte Wandlung in der Wertschätzung einzelner Kulturgüter. In der Vergangenheit wurden Kulturgüter jahrhundertelang häufig nicht freiwillig ex- oder importiert, sondern im Rahmen kriegerischer Auseinandersetzungen oder in anderer Weise gewaltsam aus einem Land entfernt[449]. Fremder Kulturbesitz hat oftmals die eigenen Kunst und Kulturströmungen beeinflußt. Fremde Kulturgegenstände sind in der Lage, eigene Kulturentwicklungen zu fördern. Diese Entwicklungen sorgen für neue Tendenzen, die schließlich zum Bestandteil der eigenen Kultur werden. Bestimmte Kunststile oder Künstler erlangen erst in einer Retrospektive Bedeutung und Beachtung. Bedingt durch die Vielschichtigkeit der Kultur, die in unterschiedlichen Epochen immer wieder neu beurteilt wurde, kamen immer wieder neue Sichtweisen zustande. Eine Kultur steht immer in einer Wechselbeziehung zu Städten, Landstrichen oder Kontinenten[450]. Ein übergreifender Kulturkreis setzt sich immer aus kleineren Kulturgruppen zusammen. Insofern kann von einem „regionalen" Kulturgut gesprochen werden. Was von einer Nation geschätzt und als Kulturgut eingestuft wird, unterliegt dem steten Wandel der Zeit und ändert sich bisweilen von Generation zu Generation. Bedingt dadurch erscheint ein historischer Ansatz zur Eingrenzung des Kulturgutbegriffs nur dazu geeignet, die heutige Bedeutung eines Kulturguts für eine Nation zu verstehen, nicht aber dazu, zu einer engeren Eingrenzung des Kulturgutbegriffs beizutragen[451].

---

447 *Müller-Graff* in: GTE, Art. 36 Rdnr. 63 mit Hinweis auf die Präambel der RiLi 93/7/EWG über die Rückgabe von unrechtmäßig aus dem Hoheitsgebiet eines Mitgliedstaats verbrachten Kulturgütern (ABl. 1993 L 74/74), die ausweislich der Präambel nicht bezweckt, die Gegenstände zu definieren, die i. S. v. Art. 36 EGV (a. F.) als nationales Kulturgut anzusehen sind, sondern lediglich Kategorien von Gegenständen bestimmt, die als Kulturgüter eingestuft zu werden geeignet sind.

448 *Müller-Graff* in: GTE, Art. 36 Rdnr. 63.

449 Vgl. dazu den historischen Abriß im ersten Kapitel dieser Arbeit.

450 *Bila*, Nationaler Kulturgüterschutz, S. 125.

451 *Bila*, Nationaler Kulturgüterschutz, S. 125.

dd. Teleologische Auslegung

Im Rahmen einer teleologischen Auslegung kommt es darauf an, die Ausgewogenheit einer Regelung im Sinne optimaler Berücksichtigung der im Spiele befindlichen Interessen zu finden[452]. Welche Eingrenzung dabei sachgemäß ist, läßt sich nur beantworten, wenn man die Sache, um deren Regelung es sich bei der auszulegenden Norm handelt, in ihrer Eigenart und ihrer besonderen Struktur in Betracht zieht[453].

Folglich ist an dieser Stelle zu hinterfragen, inwieweit der Begriff des Kulturgutes von seinem Schutzzweck her eingegrenzt werden kann. Allerdings wird bei Begriffen, die sich durch ihre Eigenart einer exakten Abgrenzung entziehen, häufig eine Eingrenzung durch Ausschluß aller nicht unter den Begriff fallenden Merkmale versucht. Eine Annäherung von der negativen Seite (negative Evidenz) ist dadurch versucht worden, daß es sich bei Kultur um Tatbestände nicht wirtschaftlicher Art handeln solle[454]. Zugleich wird aber darauf hingewiesen, daß ein solcher Ansatz das eigentlich Kulturelle nicht spezifisch erfasse[455] und deshalb kaum geeignet sei, den Begriff der Kultur und dementsprechend des Kulturguts einzugrenzen. Eine nähere Eingrenzung des Begriffs vom Schutzzweck her erscheint an dieser Stelle aufgrund der unterschiedlichen dogmatischen Ansätze innerhalb der Mitgliedstaaten kaum realisierbar. Wie mehrfach im Rahmen dieser Arbeit dargestellt, verfolgen die einzelnen Staaten innerhalb der EU voneinander vollkommen verschiedene Schutzsysteme. Während einige Länder (wie etwa Italien und Griechenland) einen umfassenden Schutz anstreben und aus diesem Grund nahezu jede Tonscherbe schützen wollen, beschränken sich andere Länder wie die Bundesrepublik oder Großbritannien auf einen eher minimalen Schutz. Dieser unterschiedliche Ansatz ist zum einen in den unterschiedlichen Beurteilungskriterien der einzelnen Mitgliedstaaten zu sehen. Jedes Land setzt für sich die Maßstäbe, die festlegen, was im einzelnen erhaltenswert bzw. schützenswert ist und was nicht. Zum anderen sind die unterschiedlichen Ansätze aber durch die Geschichte der einzelnen Länder zu erklären. Während die südeuropäischen Länder für sich in Anspruch nehmen, die Wiege der Kultur zu sein, sind die

---

452 *Larenz*, Methodenlehre der Rechtswissenschaft, S. 333.

453 *Larenz*, Methodenlehre der Rechtswissenschaft, S. 333.

454 *Ress*, DÖV 1992, S. 944 (950); *Bila*, Nationaler Kulturgüterschutz, S. 124.

455 *Ress*, DÖV 1992, S. 944 (950).

nordeuropäischen Länder (zu denen an dieser Stelle auch die Bundesrepublik zu rechnen ist) eher dadurch gekennzeichnet, daß sie aufgrund ihrer eigenen „Armut im kulturellen Bereich" immer schon darauf angewiesen waren, aus anderen Ländern Kultur „zu importieren". Die südeuropäischen Länder verfolgen deshalb den Zweck, einen nationalen Ausverkauf ihrer Kultur zu vermeiden und möglichst viele Stücke innerhalb ihrer Grenzen zu halten. Die nordeuropäischen Länder hingegen sehen zwar die Notwendigkeit, ihre Kulturgüter zu bewahren, aufgrund der relativ geringen Anzahl von Gegenständen aus dem eigenen Kulturkreis wird aber die Notwendigkeit einer restriktiven Handhabung verneint. Folglich fällt es aufgrund der besonderen Struktur und Eigenheiten der Kulturgüter schwer, die widerstreitenden Interessen zu einem vernünftigen Ausgleich und alle beteiligten Interessen zur optimalen Geltung zu bringen. Damit kann ein teleologischer Auslegungsansatz nur zu dem Schluß kommen, daß der Kulturgutbegriff immer am Verhältnismäßigkeitsprinzip zu messen ist, einer gemeinschaftsweit einheitlichen Auslegung aber kaum zugänglich ist.

c. *Problem der Eingrenzung*

Der Versuch einer Eingrenzung des Kulturgutbegriffs anhand der klassischen Auslegungsmethoden hat gezeigt, daß sich eine deutliche Eingrenzung ausgesprochen schwierig gestaltet. Das liegt daran, daß dem Begriff des Kulturgutes eine Vielschichtigkeit innewohnt, die durch eine „normale" Definition nicht oder nur schwer zu erfassen ist. Ein einheitlicher Kulturgutbegriff existiert insoweit nicht. Dies wird in der Literatur überwiegend begrüßt[456]. Angesichts der Vielfalt von Kulturgütern erscheint eine abschließende Definition gar nicht wünschenswert. Eine solche Definition würde zu einer „Versteinerung" des Kulturgutbegriffs führen, der unnötigerweise neuere Interessen und Entwicklungen ausschließen würde[457].

---

[456] *Hipp*, Kulturgüterschutz in Deutschland, S. 10; *Bila*, Nationaler Kulturgüterschutz, S. 132; *Reichelt* in: dies. [Hrsg.], Internationaler Kulturgüterschutz, S. 36; *Jaeger*, Internationaler Kulturgüterschutz, S. 9; *Uhl*, S. 115 f.; *Wyss*, Kultur als Dimension der Völkerrechtsordnung, S. 13;a. A. *Schmeinck*, S. 52 f.; *Abele* in: Fechner/Oppermann/Prott [Hrsg.], Prinzipien des Kulturgüterschutzes, S. 78.

[457] *Hipp*, Kulturgüterschutz in Deutschland, S. 10. Diese will die ersten funktionsfähigen Computer bereits als Kulturgüter einstufen. Dies erscheint jedoch problematisch.

Um den Kulturgüterschutz dennoch so effektiv wie möglich zu gestalten, erscheint es angesichts der Weite des Begriffs unabdingbar, zumindest die Bandbreite der erfaßten Kulturgüter einzugrenzen. Ein erfolgreicher Kulturgüterschutz setzt nämlich voraus, daß wenigstens in Umrissen bestimmt ist, was geschützt werden soll. Nach allgemeinem Sprachgebrauch werden unter Kulturgütern nur solche Objekte erfaßt, die durch einen menschlichen Schöpfungsakt entstanden sind[458]. Grundsätzlich nicht unter den Begriff des Kulturguts fallen sog. Naturgüter, also naturgeschichtliche und paläontologische Objekte, geologische Funde sowie seltene Stücke der Flora und Fauna[459]. Nur in Einzelfällen[460] kann daran gedacht werden, solche Objekte als Zeugnisse der Vergangenheit mit wissenschaftlich besonderem Wert einzustufen.

Bei dem Begriff „Kulturgut" denkt man aber primär an Gegenstände, die in „greifbaren" Formen präsent sind. Dazu sind z. B. Gemälde und andere Kunstwerke ebenso zu zählen wie Literatur, Archive und Bibliotheken und historische Stätten. Neben diesen Gegenständen gehören auch geistige Leistungen eines Volkes wie etwa seine Sprache, seine Religionen, Traditionen, Gesetze sowie Sitten und Gebräuche zu seiner Kultur. Auch diese immateriellen Gegenstände erscheinen schützenswert, werden aber nicht zum Kulturgüterschutz im engeren Sinne gerechnet[461]. Der Schutz dieser Gegenstände wird anderen Rechtsgebieten, vor allem dem Urheberrecht, zugeordnet. Eine Eingrenzung hat damit sinnvollerweise auf den Bereich der materiellen Kulturgüter sowie deren physische Erhaltung und ihrer rechtlichen Zuordnung zu erfolgen[462]. Eine weitere Eingrenzung bei den materiellen Kulturgütern kann danach vorgenommen werden, ob es sich um bewegliche oder unbewegliche Kulturgüter handelt. Teilweise werden im Rahmen des Kulturgüterschutzes sowohl bewegliche als auch unbewegliche Kulturgüter

---

458 *Hipp*, Kulturgüterschutz in Deutschland, S. 10.

459 *v. Schorlemer*, Kulturgüterschutz, S. 51 ff.; *Fechner* in: Fechner/ Oppermann/ Prott [Hrsg.], Prinzipien des Kulturgüterschutzes, S. 21; *Hipp*, Kulturgüterschutz in Deutschland, S. 10.

460 *Hipp*, Kulturgüterschutz in Deutschland, S. 10 f. nennt den Gletschermann Ötzi als mögliche Ausnahme.

461 *v. Schorlemer*, Kulturgüterschutz, S. 49 f.; *Fechner* in: Fechner/ Oppermann/ Prott [Hrsg.], Prinzipien des Kulturgüterschutzes S. 18 f.; *Hipp*, Kulturgüterschutz in Deutschland, S. 11. A. A. *Abele* in: Fechner/ Oppermann/ Prott [Hrsg.], Prinzipien des Kulturgüterschutzes S. 80.

462 Wie hier *Hipp*, Kulturgüterschutz in Deutschland, S. 11.

geschützt[463]. Zur Gewährleistung eines effektiven Kulturgüterschutzes ist der Begriff des Kulturgutes auf den Bereich der beweglichen Kulturgüter einzugrenzen. Dafür spricht zunächst, daß diese Gegenstände gerade durch ihre Beweglichkeit einer Verbringung in besonderem Maße ausgesetzt ist. Es ist zu bedenken, daß unbewegliche Objekte bereits durch das Denkmalschutzrecht geschützt werden und insoweit eines zusätzlichen Schutzes nicht bedürfen. Auch die Zielrichtung der beiden Schutzgebiete ist eine andere. Während Art. 30 EGV und das deutsche Kulturgüterschutzgesetz den Schutz vor Abwanderung ins Ausland zum Ziel haben, ist es vorrangige Aufgabe des Denkmalschutzrechts, einen Bestandsschutz für das Kulturdenkmal zu gewährleisten. Im Einzelfall mag es zwar zu Problemen bei der Abgrenzung zwischen beweglichem und unbeweglichem Kulturgut kommen[464], denn Bestandteile einer unbeweglichen Sache können nach Abtrennung zu einem beweglichen Gegenstand werden. Ursprünglich dem Denkmalschutzrecht unterliegende Objekte können durch eine Abtrennung zu Schutzobjekten des Kulturgüterschutzes werden.

3. Kulturgut von „künstlerischem, geschichtlichem oder archäologischem Wert“

Die Einstufung zu einem Kulturgut i. S. d. Art. 30 EGV kann nur erfolgen, wenn es sich um ein Kulturgut von „künstlerischem, geschichtlichem oder archäologischem Wert“ handelt. Das Erfordernis eines gewissen Wertes stellt besondere Anforderungen an die Qualität eines Kulturgutes[465]. Als Gegenstände von geschichtlichem oder archäologischem Wert werden häufig solche bezeichnet, die geeignet sind, eine Epoche zu illustrieren und mit den Vorkommnissen zu jener Zeit in Verbindung stehen[466]. Dabei muß es zwangsläufig zu einem außerjuristischen Werturteil kommen, das in der Regel durch Sachverständigengutachten erstellt werden wird. Aber selbst unter Sachverständigen gehen die verschiedenen Auffassungen über die Wertigkeit eines bestimmten Kulturgutes auseinander, so daß gemeinschaftsrechtlich Zurückhaltung gegenüber dem mitgliedstaatlichen

---

[463] Vgl. die Nachweise bei *Hipp*, Kulturgüterschutz in Deutschland, S. 11 f.

[464] Beispiel hierfür ist der Fall der Fresken von Casenoves, vgl. dazu *Hipp*, Kulturgüterschutz in Deutschland, S. 12.

[465] *Uhl*, S. 152.

[466] *Hipp*, Kulturgüterschutz in Deutschland, S. 229.

Beurteilungsspielraum geboten ist[467]. Tatsächlich handelt es sich bei der Frage nach der ästhetischen Qualität und der kulturellen Bedeutung um Punkte, die nicht in eine abstrakte Definition mit objektiven Eingrenzungskriterien gefaßt werden können. Man muß sich der Erkenntnis beugen, daß es keine allgemein gültigen Antworten und keine Regel zur Ermittlung künstlerischer Werte gibt[468]. Es muß den Mitgliedstaaten weitestgehend selbst überlassen werden, die schützenswerten Objekte zu bestimmen[469]. Eine Grenze liegt allerdings dort, wo der innergemeinschaftliche Handel mit gewöhnlichen Massengütern ohne überdurchschnittliche Prägung oder Aussage mißbräuchlich behindert wird[470]. Anhaltspunkt für die Grenze ist nur der in der Vorschrift des Art. 30 EGV angeführte künstlerische, geschichtliche oder archäologische Wert des Kulturgutes. Auf einen kommerziellen Wert kommt es an dieser Stelle nicht an[471]. Der Begriff des Wertes findet sich in einigen mitgliedstaatlichen Regelungen wieder. In Deutschland z. B. muß das zu schützende Kulturgut ein „besonders wertvoller Bestandteil des deutschen Kulturbesitzes" sein. Schutzwürdiges Kulturgut der Niederlande ist dagegen solches von „kulturgeschichtlichem oder wissenschaftlichem Wert", in Großbritannien solches von „hervorragendem ästhetischem Wert". In Spanien muß das zu erhaltende Kulturgut von einem „bemerkenswerten künstlerischen Wert" sein. In anderen Mitgliedstaaten wird hingegen ein „Interesse" an dem Objekt verlangt, das aber teilweise qualifiziert sein muß, so in Italien als „besonders wichtiges Interesse" oder als „öffentliches Interesse" in Frankreich, Belgien und Luxemburg.

Im Zusammenhang mit dem Tatbestandsmerkmal „künstlerisch" wird auf ein weiteres Problem hingewiesen: Sollte ein Kulturgut lediglich einen künstlerischen Wert, nicht aber zugleich einen geschichtlichen oder archäologischen Wert besitzen, stelle sich die Frage, ob es sich um ein künstlerisches Produkt der Gesellschaft oder der Kultur gerade des Mitgliedstaates, das den Gegenstand zurückhalten will, handeln muß oder ob der Staat einen künstlerisch wertvollen Gegenstand aus einer anderen Kultur mit handelsbehindernden Maßnahmen

---

467 *Maurer*, Die Ausfuhr von Kulturgütern, S. 57; *Müller-Graff* in: GTE Art. 36 Rdnr. 67.

468 *Uhl*, S. 153.

469 *Maurer*, Die Ausfuhr von Kulturgütern, S. 57.

470 *Müller-Graff* in: GTE, Art. 36 Rdnr. 67.

471 *Uhl*, S. 153; *Maurer*, Die Ausfuhr von Kulturgütern, S. 57.

belegen kann[472]. Bei Objekten mit geschichtlichem oder archäologischem Wert wird dieses Problem nicht virulent, da hier ein Bezug zu dem betreffenden Land in der Regel vorliegen oder jedenfalls einfacher nachzuweisen sein dürfte. Deshalb ist bei Kulturgütern von künstlerischem Wert das Tatbestandsmerkmal „nationales" Kulturgut einer weiteren Prüfung zu unterziehen[473].

4. Der Begriff „nationales" Kulturgut i. S. d. Art. 30 EGV

Tatbestandsvoraussetzung des Art. 30 S. 1 EGV ist weiterhin, daß es sich um ein „nationales" Kulturgut handeln muß. Die Zuordnung der Nationalität bereitet bis heute Schwierigkeiten, da fraglich erscheint, worauf sich „national" bezieht und welche Zuordnungskriterien für die Nationalitätsbestimmung herangezogen werden können. Mitgliedstaaten haben dabei Befürchtungen gehegt, daß im Zuge eines freien Kulturgüterverkehrs innerhalb der Gemeinschaft nach Wegfall der Binnengrenzen ein Identitätsverlust dadurch auftreten kann, daß die Zuordnung von Kulturgütern zu einer Nation aufgelöst werde[474].

Als Zuordnungskriterien werden deshalb vor allem die territoriale Belegenheit des Kulturgutes und die Nationalität des Künstlers herangezogen[475]. Eine festgelegte Abgrenzung zwischen nationalem und ausländischem Kulturgut existiert aber nicht, so daß in jedem Einzelfall eine Abgrenzung anhand der folgenden Kriterien gefunden werden muß.

a. Besondere Bedeutung des Tatbestandsmerkmals „nationales Kulturgut"

Der Begriff des nationalen Kulturgutes umfaßt solche Gegenstände, die in dem betreffenden Land von einem Angehörigen dieses Landes geschaffen wurden. Die Bedeutung des Merkmals kann aber nur ausreichend erfaßt werden, wenn neben dem Grundsatz der Verhältnismäßigkeit der Sinn und Zweck des Art. 30 S. 1 EGV beachtet wird. Ziel der Vorschrift ist es, die kulturelle Eigenständigkeit und Identität der Mitgliedstaaten zu bewahren. Aus diesem Grund soll nur

---

[472] *Uhl*, S. 153 m. Fn. 601.

[473] Wie hier *Uhl*, S. 154.

[474] *Bila*, Nationaler Kulturgüterschutz, S. 129; *Siehr*, NJW 1993, S. 2206.

[475] *Jayme*, Kunstwerk und Nation, S. 9.

solches Kulturgut geschützt werden, das grundsätzliche Bedeutung für die kulturelle Identität des betreffenden Landes hat[476]. Dazu reicht nicht aus, daß ein „irgendwie gearteter Bezug"[477] zwischen dem Objekt und dem jeweiligen Land vorliegt. Es muß vielmehr eine enge Sonderverbindung gegeben sein[478]. Eine solche Verbindung kann u. a. vorliegen bei Kunstwerken ausländischer Künstler, die einen besonderen Bezug zu dem betreffenden Land haben[479], bei Werken Angehöriger des betreffenden Landes, auch wenn sie im Ausland geschaffen wurden[480] oder bei archäologischen Fundstätten, die eine besondere Verknüpfung zur Geschichte oder zum Gebiet des betreffenden Staates aufweisen. Die Verbindung zwischen dem Objekt und dem jeweiligen Land muß jedenfalls so eng sein, daß bei einer Verbringung des Objekts außer Landes das kulturelle Erbe des Mitgliedstaates empfindlich beeinträchtigt wäre[481].

Bei dem besonderen Gewicht, das auf den nationalen Bezug eines Kulturgutes gelegt wird, stellt sich die Frage, ob solche Gegenstände nach Art. 30 EGV geschützt werden können, die nur für die Kultur einer begrenzten Region innerhalb eines Mitgliedstaates von herausragender Bedeutung sind. Das Adjektiv „national" schließt jedoch keineswegs Kulturgüter von regionaler oder sogar nur lokaler Bedeutung aus dem Schutz des Art. 30 EGV aus[482]. Das liegt daran, daß die nur regionale Prägung die Zugehörigkeit zu dem schutzwürdigen und schutzbedürfti-

---

476 *Uhl*, S. 158.

477 So aber *Pieroth/Kampmann*, NJW 1990, S. 1385 (1387).

478 *Müller-Graff* in: GTE, Art. 36 Rdnr. 68.

479 Wie etwa der von Sir Norman Foster umgestaltete Reichstag oder ein von Wassily Kandinsky in der Künstlergruppe des blauen Reiters geschaffenes Gemälde.

480 Zu nennen wären hier beispielhaft die von Paul Klee und August Macke im Rahmen ihrer Auslandsreisen geschaffenen Bilder oder die Südsee-Bilder Paul Gauguins, die sich im übrigen verstreut in verschiedenen Ländern befinden, darunter auch zwei in deutschen Museen, vgl. dazu *Uhl*, S. 156 m. Fn. 607.

481 *Uhl*, S. 158.

482 *Müller-Graff* in: GTE, Art. 36 Rdnr. 68; *Maurer*, Die Ausfuhr von Kulturgütern, S. 58; *Uhl*, S. 157 f.; *Wyss*, Kultur als eine Dimension der Völkerrechtsordnung, S. 163.

gen Kulturbesitz des Landes, in dem die Region liegt, nicht ausschließt[483]. Der Grund hierfür ist überwiegend ein historischer. Die (deutsche) Kunst- und Kulturgeschichte war bis in das 19. Jahrhundert hinein in besonderem Maße auch und gerade eine Geschichte der Regionen und ihrer politischen und kulturellen Besonderheiten[484]. Sofern die Gegenstände von besonderer Bedeutung sind, gehören deswegen Zeugnisse von regionaler und lokaler Prägung zur Kulturgeschichte eines Landes. Dieses Ergebnis gilt nicht nur für die Bundesrepublik, sondern beansprucht auch im Rahmen des Art. 30 EGV europaweit Gültigkeit.

b. Territoriale Belegenheit

„National" i. S. d. Art. 30 EGV kann zunächst einmal bedeuten, daß sich das Kulturgut innerhalb des Hoheitsgebiets des betreffenden Landes befinden muß, also der Aufenthaltsort über seine Zugehörigkeit zum kulturellen Erbe einer Nation entscheidet. Hierbei handelt es sich um eine rein praktische Voraussetzung für eine Verbringung aus dem entsprechenden Land und daran anknüpfende Maßnahmen[485]. Dieses Kriterium allein ist aber nicht dazu in der Lage, die „Nationalität eines Kulturgutes" zu bestimmen, da ansonsten der Anwendungsbereich des Art. 30 EGV zu weit ausgedehnt würde. Auf diese Weise würde zu viel Kulturgut auf dem Territorium eines Landes vom Begriff in Art. 30 EGV erfaßt. Zum anderen würde nicht berücksichtigt, daß durchaus auch Importverbote oder sonstige importbeschränkende „Maßnahmen gleicher Wirkung" denkbar sind[486]. Dieser Aspekt hat jedoch bei der momentanen Rechtslage in den Mitgliedstaaten keine praktische Bedeutung. Allerdings würde ein anderes Problem bei der alleinigen Zuordnung über die territoriale Belegenheit offensichtlich: Solange ausschließlich der Aufenthaltsort eines Kulturgutes über seine Zugehörigkeit zum kulturellen Erbe einer Nation entscheiden würde, bliebe unberücksichtigt, wie und weshalb ein Kulturgut zu seinem jetzigen Aufenthaltsort gekommen ist. Im Laufe der Zeit können Gegenstände durch Verkauf, Erbschaft, Schenkung oder auf

---

483 So für das deutsche Recht VGH Mannheim, NJW 1987, S. 1440 (1441). In diesem Fall ging es um die Schutzwürdigkeit zweier Glasmalerei-Zyklen, die keine besondere Bedeutung für die gesamte Glasmalerei in Deutschland hatten, jedoch eine regionale Bedeutung für den Bereich Straßburg und Speyer.

484 *Uhl*, S. 158.

485 *Uhl*, S. 154.

486 *Uhl*, S. 154.

anderem legalen Weg in ein anderes Land oder sogar auf einen anderen Kontinent verbracht worden sein. Bei der Zuordnung über die Belegenheit sind Probleme unvermeidbar, wenn ein Kulturgut aus einem Land, dessen Rechtsordnung beispielsweise anhand der Nationalität des Künstlers die Zuordnung von Kulturgütern vornimmt, rechtmäßig in ein Land mit territorialen Zuordnungskriterien gekommen ist und nun beide Nationen diesen Gegenstand nach ihren Kriterien dem nationalen Kulturgut zuordnen. Fraglich ist insoweit, welches der Länder das Recht haben soll, das Kulturgut seiner Nation zuzuordnen.

Eine objektive Verknüpfung läßt sich aber dergestalt herstellen, daß man die zeitliche Dauer der Belegenheit einer Sache in die Betrachtung mit einbezieht. Der zeitliche Faktor liefert dazu ein brauchbares Abgrenzungskriterium zur Bestimmung der Nationalität des Kulturguts[487]. Hintergrund für diese zeitliche Komponente ist, daß sich ein um so stärkerer nationaler Bezug zu dem Land ausbildet, je länger sich der Gegenstand dort befindet. Kunstgegenstände aus Privatvermögen, die von einer zuziehenden Person erst vor kurzem ins Land gebracht worden sind, können deshalb nicht zum nationalen Kulturgut eines Landes gehören[488]. Gerade diese „nationale Beziehung“ erlangt im Bereich des Art. 30 EGV Bedeutung. Nicht erforderlich hierzu ist, daß sich der Gegenstand ununterbrochen in dem Geltungsbereich des jeweiligen Schutzgesetzes befunden hat[489]. Unerheblich muß in diesem Zusammenhang sein, wie lange sich der Gegenstand nicht mehr im Hoheitsgebiet des Staates befunden hat, der nunmehr seinen Schutz für sich proklamiert. Dies zeigt sich insbesondere bei illegal verbrachten Gegenständen, die in das Land ihrer Herstellung zurückkehren und dann dort (erneut) unter das dort geltende Schutzgesetz fallen können[490].

c. *Nationalität des Künstlers*

Als weiteres Kriterium zur Bestimmung des nationalen Kulturgutes kommt die Nationalität des Künstlers in Betracht. Da die Nationalität des Künstlers bereits mehrfach bei Rechtsstreitigkeiten mit Auslandsbezug als entscheidendes Zuordnungskriterium herangezogen wurde, liegt die Vermutung nahe, daß es sich

---

[487] Wie hier *Uhl*, S. 154.

[488] *Siehr* in: FS für Mestmäcker, S. 483 (495).

[489] *Pieroth/Kampmann*, NJW 1990, S. 1385 (1387) für das deutsche Kulturgüterschutzgesetz.

[490] *Uhl*, S. 155.

um ein entscheidendes Kriterium handelt[491]. Auch die bereits angesprochene UNESCO-Konvention von 1970[492] stellt in ihrem Art. 4 als erstes auf die Nationalität des Künstlers ab. Dieses Kriterium birgt für sich alleine gesehen Abgrenzungsprobleme, so daß Kulturgüter nicht allein anhand der Nationalität des Künstlers zu einer Nation zugeordnet werden können. Sofern nämlich eine Rechtsordnung die Nationalität des Künstlers als entscheidendes Kriterium festlegt, wird ein Kulturgut einer Nation zugeordnet, wenn der es erschaffende Künstler dieser Nation angehört, unabhängig von der Frage, wo und für wen der Gegenstand erschaffen wurde. Diese Art der Zuordnung ist nicht eindeutig, da Künstler im Laufe ihres Lebens neben verschiedenen Schaffensorten durchaus ihre Nationalität wechseln können[493]. Dieser Wechsel kann auf freien Stücken beruhen, aber auch durch politische oder ideologische Konflikte bedingt sein. Ebenso ist es denkbar, daß mehrere „Künstler" an der Erschaffung eines Kulturgutes beteiligt gewesen sind[494] und diese unterschiedlicher Staatsangehörigkeit sind, so daß in einem solchen Fall eine eindeutige Zuordnung allein anhand der Nationalität nicht sinnvoll oder gar möglich erscheint. Schließlich ist daran zu denken, daß Künstler aus Grenzregionen an der Erschaffung von Kunstwerken beteiligt gewesen sind. So ist es durchaus üblich gewesen, daß Künstler aus dem Elsaß im deutschen Grenzgebiet tätig geworden sind[495] bzw. niederländische Künstler auch im Münsterland Einfluß gewonnen haben und umgekehrt. Unbestritten handelt es sich dann jeweils mehr um ein Kulturgut der Region, also der Belegenheit nach, nicht aber der Nationalität des Künstlers entsprechend, da in einem solchen Fall der Bezug zu Frankreich oder zu den Niederlanden sehr viel geringer ist als der Bezug zu Deutschland. In einem solchen Fall wären Interessenkonflikte vorherzusehen, die nicht allein mit der Zuordnung des streitigen Gegenstandes an die Nation des Künstlers gelöst werden können[496]. Für den

---

491 *Maurer*, Die Ausfuhr von Kulturgütern, S. 58 m. Fn. 123.

492 Vgl. dazu im ersten Teil dieser Arbeit auf Seite 18.

493 Hier ist das Beispiel Max Ernst zu nennen, der im Laufe seines Lebens die französische Staatsbürgerschaft angenommen hat.

494 So z. B. bei der Herstellung eines Autos, das im Laufe der Jahre zum wertvollen Oldtimer geworden ist.

495 Siehe nur den Fall BGH, NJW 1987, S. 1440 f., bei dem es um Glasmalerei aus dem Gebiet Straßburg und Speyer geht.

496 *Bila*, Nationaler Kulturgüterschutz, S. 130.

notwendigen nationalen Bezug allein reicht deshalb die Nationalität des Künstlers nicht aus. Ebenso wie das Kriterium der (zeitlichen) Belegenheit liefert es aber ein Indiz für das Vorliegen des notwendigen nationalen Bezugs. Auch die durch den Maastrichter Vertrag in den Artikeln 8 bis 8e EGV (heute Art. 17 bis 22) eingeführte europäische Unionsbürgerschaft ändert nichts am Zuordnungskriterium der Nationalität, da sie ihrerseits an das jeweilige Staatsangehörigkeitsrecht der EU-Mitgliedstaaten anknüpft. Die Nationalität des Künstlers bleibt also weiterhin bestimmbar und folglich ein taugliches Anknüpfungsmerkmal zur Bestimmung des nationalen Bezuges des Kulturgutes i. S. d. Art. 30 EGV[497].

5. *Weitere Abgrenzungskriterien*

Als Abgrenzungskriterium untauglich, da in keinster Weise aussagekräftig, ist die Tatsache, ob das Kulturgut im Eigentum des betreffenden Staates steht und aus diesem Grund als „national" zu bezeichnen ist[498]. Grund hierfür ist, daß weder für die Schutzbedürftigkeit noch für die Schutzfähigkeit die Frage, wer Eigentümer des betroffenen Gegenstandes ist, im Rahmen des Art. 30 EGV von Bedeutung ist. Im Rahmen des Art. 30 EGV sind sowohl das in öffentlicher als auch das in privater Hand befindliche Kulturgut geschützt[499]. Allerdings sind teilweise die mitgliedstaatlichen Regelungen (wie etwa in Deutschland) anders ausgestaltet, dort ist teilweise das Kulturgut der öffentlichen Hand oder der Religionsgemeinschaften gar nicht oder nur teilweise schutzgesetzlich erfaßt[500].

III. Rechtfertigung einer handelsbeschränkenden Maßnahme nach Art. 30 EGV

Nicht ausreichend ist, daß sich eines der Mitgliedsstaaten auf eines der in Art. 30 EGV genannten Rechtsgüter beruft. Die staatliche Ausfuhrbeschränkung etwa im Bereich der Kulturgüterausfuhr muß aus einem der Gründe des Art. 30 EGV

497 *Maurer*, Die Ausfuhr von Kulturgütern, S. 59; *Uhl*, S. 156.

498 *Uhl*, S. 157. Die Frage nach dem Eigentümer stellt sich nicht bei der Ausfuhr, sondern im Zusammenhang mit Rückgabeforderungen.

499 Hier ist eine Parallele zum Denkmalschutzrecht gegeben. Auch dort kommt es für die Denkmaleigenschaft nicht auf den Eigentümer des Denkmals an, vgl. *Hönes*, NVwZ 1983, S. 213 (214).

500 Vgl. dazu das vierte Kapitel dieser Arbeit.

gerechtfertigt sein und darf nicht gegen das Mißbrauchsverbot des Art. 30 S. 2 EGV verstoßen.

Rechtfertigung im Sinne einer engen Auslegung des Art. 30 EGV[501] meint, daß die Maßnahme zum Schutz des Rechtsguts, dessen Gefährdung behauptet wird, notwendig sein muß[502]. Eine bloße Nützlichkeit reicht dazu nicht aus[503]. Die Beurteilung der Notwendigkeit wird vom EuGH mit Hilfe eines Maßstabes vorgenommen, der von ihm oftmals nur allgemein als Grundsatz der Verhältnismäßigkeit bezeichnet wird[504], sich allerdings grundsatzgemäß aus mehreren Beurteilungskriterien im einzelnen zusammensetzt[505]. Das Verhältnismäßigkeitsprinzip, vor allem aber die darin enthaltene Güter- und Interessenabwägung, spielen eine dominierende Rolle. Die Bedeutung in der Rechtsprechung des EuGH ist jedenfalls annähernd der Bedeutung gleichzusetzen, die diesem Prinzip in der Rechtsprechung des BVerfG zukommt[506].

1. Geeignetheit

Erste Voraussetzung einer nach Art. 30 EGV gerechtfertigten Maßnahme ist, daß sie tatsächlich geeignet sein muß, den beabsichtigten Schutzzweck des Mitgliedstaates zu erreichen, also ein taugliches Mittel sein muß. Hieran scheiterte die von der italienischen Regierung eingeführte Ausfuhrabgabe für Kunstgegenstände, die Gegenstand der Rechtssache 7/68[507] war. Zweck der nationalen Kulturgüterschutzregelungen ist es u. a., den Bestand an wertvollen kulturellen Zeugnissen zu sichern und die Gegenstände für die Öffentlichkeit und die Forschung zu bewahren. Dazu ist es notwendig, die Ausfuhr dieser Gegenstände zu

---

501 Siehe zur engen Auslegung oben auf Seite 79 dieser Arbeit.

502 EuGH, U.v. 20.5.1976 Rs. 104/75 (de Peijper), Slg. 1976, 613 (639); U.v. 15.12.1976 Rs. 35/76 (Simmenthal), Slg. 1976, 1871 (1885); U.v. 12.10.1978 Rs. 13/78 (Eggers), Slg. 1978, 1935 (1955 ff.); U.v. 12.7.1979 Rs. 153/78 (Fleischzubereitungen), Slg. 1979, 2555 (2564); U.v. 4.2.1988 Rs. 261/85 (Kommission/Vereinigtes Königreich), Slg. 1988, 547; U.v. 8.4.1992 Rs. C-62/90 (Kommission/Deutschland), Slg. 1992, I-2575, 2606 Rdnr. 11; U.v. 10.11.1994 Rs. C-320/93 (Ortscheit), Slg. 1994, I-5243, 5264 Rdnr. 17.

503 EuGH, U.v. 8.2.1983 Rs. 124/81 (Kommission/Vereinigtes Königreich), Slg. 1983, S. 203.

504 EuGH, U.v. 14.7.1994 Rs. C-17/93 (van der Veldt), Slg. 1994, I-3537, 3560 Rdnr. 20.

505 Vgl. auch *Müller-Graff* in: GTE, Art. 36 Rdnr. 94ff.

506 *Moench*, NJW 1987, S. 1109 (1111 m. Fn. 11); *Uhl*, S. 148.

507 EuGH, U.v. 10.12.1968 Rs. 7/68 (Kunstschätze I), Slg. 1968, S. 633 ff.

kontrollieren. Der Zweck kann durch die Einführung einer bloßen Abgabe, die bei der Ausfuhr fällig wird, nicht erreicht werden, da diese lediglich zu einem höheren Handelspreis führt, nicht aber die Ausfuhr des kulturellen Erbes reglementiert und gegebenenfalls ganz unterbindet. Gleiches gilt für eine bloße Anmeldungspflicht zur Ausfuhr, die aus den gleichen Gründen wie zuvor nicht dazu geeignet scheint, Kulturgüter an das Staatsgebiet zu binden[508]. Als taugliches und damit geeignetes Mittel dagegen erscheint ein staatliches Vorkaufsrecht, wie es z. B. in Frankreich existiert. Nach einer Ansicht[509] reichen bereits staatliche Vorkaufsrechte zu einem effektiven Schutz aus, da bei der drohenden Abwanderung von Kulturgütern ins Ausland sowohl die öffentliche Hand als auch private Geldgeber bereit sein werden, die notwendigen finanziellen Mittel für einen Verbleib aufzubringen. Hierbei mag es sich um spektakuläre Einzelfälle[510] handeln, die medienwirksam aufbereitet worden sind. Eine Regelmäßigkeit in Zeiten knapper öffentlicher Kassen läßt sich daraus jedoch nicht ableiten. Die Möglichkeiten, eine Ausfuhr zu verhindern, sind im Falle eines staatlichen Vorkaufsrechts immer von der jeweiligen Haushaltslage des Bundes bzw. eines Landes anhängig. Dennoch wird man zugestehen müssen, daß staatliche Vorkaufsrechte zumindest dazu geeignet erscheinen, einen Eingriff zu rechtfertigen. Als besser geeignete Maßnahme ist aber die Einführung einer Eintragungspflicht i. V. m. einem Genehmigungserfordernis im Falle der Ausfuhr anzusehen, so wie sie in Deutschland angewendet wird[511]. Hier kann die Behörde unter Abwägung aller Umstände des Einzelfalls prüfen, ob das Kulturgut national wertvoll ist und ob es durch den Verkauf an einen bestimmten Erwerber und die Ausfuhr in ein bestimmtes Land der heimischen Wissenschaft und Bevölkerung unwiderruflich verloren geht.

2. *Erforderlichkeit*

Weitere Voraussetzung einer nach Art. 30 EGV gerechtfertigten Maßnahme ist, daß diese überhaupt erforderlich ist. Dies setzt voraus, daß von einer innergemeinschaftlich grenzüberschreitenden Ware für eines der in Art. 30 EGV anerkannten Schutzgüter eine Gefahr ausgeht, ohne daß damit gerechnet werden

---

508 Wie hier *Hipp*, Kulturgüterschutz in Deutschland, S. 240.

509 *Berndt*, Internationaler Kulturgüterschutz, S. 147 f.

510 Siehe die Beispiele bei *Berndt*, Internationaler Kulturgüterschutz, S. 148.

511 Vgl. zum deutschen Recht das vierte Kapitel dieser Arbeit und *Hönes*, BayVBl. 1989, S. 38 ff.

kann, daß die Gefährdung bereits von den Selbstregulierungskräften des Marktes gebannt werden kann[512]. Die Gefährdung eines nach Art. 30 EGV geschützten Rechtsgutes muß ernst zu nehmen sein, die bloße Behauptung einer Gefahr reicht nicht aus, vielmehr muß die Gefahr für das jeweilige Schutzgut substantiiert und nachvollziehbar sein[513].

Durch eine ungehinderte und unkontrollierte Ausfuhr von nationalem Kulturgut kann der Bestand eines Landes an wertvollen kulturellen Zeugnissen gefährdet sein, wenn es durch die Ausfuhr der einheimischen Wissenschaft und Forschung verloren geht, der eigenen Bevölkerung nicht mehr zugänglich ist und zur Besichtigung vor Ort nicht mehr zur Verfügung steht[514]. Dies gilt insbesondere für hervorragende, mit der Geschichte oder Kultur eines Landes eng verbundene Werke, die Unikate sind, wenn sie durch die Abwanderung dem nationalen Kulturerbe endgültig verloren zu gehen drohen[515]. Nicht ausreichend zur Bannung dieser Gefahr für die nationalen Kulturgüter sind die eingangs beschriebenen Selbstregulierungskräfte des Marktes[516].

Gegenüber einem absoluten Exportverbot für nationale Kulturgüter stellen z. B. Verbote mit Erlaubnisvorbehalt in Form von Ausfuhrgenehmigungen oder staatliche Vorkaufsrechte mildere Mittel dar[517]. Es stellt sich aber die Frage, ob diese Alternativen genauso wirksam sind wie ein Exportverbot. Bedenken dagegen kommen bei staatlichen Vorkaufsrechten auf, die, wie oben ausgeführt[518], in ihrer Wirksamkeit immer auch von der momentanen Haushaltslage des je-

---

512 *Müller-Graff* in: GTE, Art. 36 Rdnr. 95; *Hipp*, Kulturgüterschutz in Deutschland, S. 232.

513 EuGH, U.v. 10.7.1980 Rs. 152/78 (Kommission/Frankreich), Slg. 1980, S. 2299 ff.

514 *Hipp*, Kulturgüterschutz in Deutschland, S. 232; *v. Schorlemer*, Kulturgüterschutz, S. 498 f.; *Berndt*, Internationaler Kulturgüterschutz, S. 146.

515 *v. Schorlemer*, Kulturgüterschutz, S. 498 f.; *Hipp*, Kulturgüterschutz in Deutschland, S. 232.

516 A. A. *Berndt*, Internationaler Kulturgüterschutz, S. 147, der davon ausgeht, daß sobald die Abwanderung von nationalem Kulturgut drohe, diese Selbstregulierungskräfte einsetzen werden und die öffentliche Hand oder private Kräfte dafür sorgen werden, daß das Kulturgut im Land bleibt. Auf diese Selbstregulierungskräfte kann allerdings nicht in jedem Fall vertraut werden, so daß im Interesse eines effektiven Kulturgüterschutzes an Ausfuhrverboten festgehalten werden muß. Zweifel an der Wirksamkeit von Vorkaufsrechten hegt auch *Hipp*, Kulturgüterschutz in Deutschland, S. 233.

517 *Hipp*, Kulturgüterschutz in Deutschland, S. 233; *v. Schorlemer*, Kulturgüterschutz, S. 499 ff.

518 Vgl. dazu auf Seite 106 dieser Arbeit.

weiligen Landes abhängen. Dagegen erweisen sich Verbote mit Erlaubnisvorbehalt als mildere Mittel gegenüber einem absoluten Exportverbot für Kulturgüter, da sie den innergemeinschaftlichen Handel mit Kulturgütern nicht vollkommen zum Erliegen bringen. Durch die weiterhin mögliche Ausfuhr von Kulturgütern wird dem Kunsthandel nicht der Boden entzogen. Nach anderer Ansicht[519] werde die Frage nach milderen Alternativmaßnahmen im Bereich des grenzüberschreitenden Verkehrs mit Kulturgütern nur selten relevant. Statt dessen komme es vielmehr darauf an, daß zwischen der handelsbehindernden Maßnahme und dem erstrebten Schutz des nationalen Kulturgutes eine angemessene Mittel-Zweck-Relation bestehe.

3. *Angemessenheit*

Eine Auflösung der zuvor beschriebenen Problematik erfolgt über eine umfassende Interessenabwägung. Diese Abwägung stellt die Schwere der Beeinträchtigung des innergemeinschaftlichen Handels durch eine nationale Maßnahme dem dadurch erzielten oder vernünftigerweise zu erwartenden Gewinn an Schutzgutsicherung gegenüber[520].

Gerade beim nationalen Kulturgut besteht eine starke Wechselwirkung zwischen der Auslegung des Begriffs und der Verhältnismäßigkeit einer einzelnen Maßnahme zum Schutz dieses Rechtsgutes[521]. Das bedeutet, daß je enger der Kreis der unter den Schutzbereich des Art. 30 EGV fallenden Kunstgegenstände gefaßt wird und je höher die Anforderungen an das, was als Kulturgut i. S. d. Art. 30 EGV eingestuft wird, sind, desto umfangreichere Maßnahmen sind zur Beschränkung des Handels mit solchen Gegenständen zulässig und desto schärfer kann der Eingriff in die Warenverkehrsfreiheit sein.

Das liegt daran, daß es im Bereich des Kulturgüterschutzes hinsichtlich der eigentlichen Schutzmaßnahmen kaum Alternativen, sondern im wesentlichen nur Varianten gibt. Diese Varianten betreffen das Verfahren und die damit zusammenhängenden Pflichten hinsichtlich der Durchführung der Schutzgesetze. Aus diesem Grund muß im Bereich des Kulturgüterschutzes der Schwerpunkt der

---

519 *Uhl*, S. 149 f.; ihr folgend *Maurer*, Die Ausfuhr von Kulturgütern, S. 65.

520 EuGH, U.v. 30.4.1974 Rs. 155/73 (Guiseppe Sacchi), Slg. 1974, S. 409 (428); U.v. 22.3.1982 Rs. 42/82 (Kommission/Frankreich), Slg. 1983, S. 1013 (1015).

521 *Uhl*, S. 150 f.; *Maurer*, Die Ausfuhr von Kulturgütern, S. 65.

Prüfung der Verhältnismäßigkeit nicht unbedingt auf die möglichen Maßnahmen, sondern eher auf das mit ihnen bezweckte Ziel und somit auf den Kulturgutbegriff selbst gelegt werden[522]. Würden nämlich sämtliche Kulturgüter oder zumindest sehr viele durch generalklauselartige und im weitesten Sinne unbestimmte Regelungen der einzelnen Mitgliedstaaten geschützt, so wäre ein solcher Schritt unverhältnismäßig, da es bei der Schärfe des Eingriffs und der Weite der erfaßten Gegenstände an einer angemessenen Zweck-Mittel-Relation fehlen würde[523]. Denn bei einer Abwägung zwischen dem Interesse der Gemeinschaft an einem freien und ungehinderten Warenverkehr und dem Interesse eines einzelnen Mitgliedstaates an dem Erhalt seines national wertvollen Kulturgutes auf seinem eigenen Hoheitsgebiet wäre es als nicht gerechtfertigt anzusehen, wenn bei jeder Ausfuhr eines Gegenstandes eine Exportlizenz notwendig wäre und diese möglicherweise versagt werden kann[524]. Gleiches gilt bei sonstigen Maßnahmen gleicher Wirkung.

IV. Rechtsfolgen einer Rechtfertigung nach Art. 30 EGV

Art. 30 EGV spricht eine Ausnahme aus, deren Eingreifen zwar keiner Anerkennung bedarf, die aber rechtlich überprüft werden kann. Sind also die Ausnahmevoraussetzungen des Art. 30 EGV gegeben, so stehen die Bestimmungen der Art. 28, 29 EGV Verboten oder Beschränkungen der Einfuhr, Ausfuhr oder Durchfuhr nicht entgegen. Einer gesonderten Anerkennung im Wege eines gemeinschaftlichen Verwaltungsverfahrens bedarf es nicht. Die Inanspruchnahme des Art. 30 EGV durch einen Mitgliedstaat vollzieht sich außerhalb eines derartigen Verfahrens[525].

Die Berechtigung der Inanspruchnahme durch einen Mitgliedstaat kann allerdings zum Gegenstand eines durch die Kommission oder einen anderen Mitgliedstaat eingeleiteten Vertragsverletzungsverfahrens (Art. 226, 227 EGV) gemacht werden. Hierbei hat der EuGH[526] zu entscheiden, ob die Voraussetzungen der Aus-

---

522 *Maurer*, Die Ausfuhr von Kulturgütern, S. 66.

523 *Uhl*, S. 150.

524 *Uhl*, S. 150.

525 *Müller-Graff* in: GTE, Art. 36 Rdnr. 184.

526 Wie bspw. in der Rs. 7/68, dem bislang einzigen Urteil des EuGH zum Kulturgüterschutz, vgl. EuGH, U.v. 10.12.1968 Rs. 7/68 (Kunstschätze I), Slg. 1968, S. 633 ff.

nahme des Art. 30 EGV erfüllt sind. Dabei ist es Aufgabe des betroffenen Mitgliedstaates darzutun, daß die getroffene Maßnahme erforderlich ist, um die in Art. 30 EGV genannten Rechtsgüter wirksam zu schützen[527].

Daneben kann es zu Rechtsstreitigkeiten über die Rechtfertigung handelsbehindernder Maßnahmen nach Art. 30 EGV vor staatlichen Gerichten kommen[528]. Berufen sich innerstaatliche Behörden hierbei auf Art. 30 EGV, müssen sie nachweisen, daß die von ihr verhängten Maßnahmen diesem Kriterium gerecht werden[529]. Aufgabe der staatlichen Gerichte ist es, die Art. 28 bis 30 EGV unter Beachtung der vom EuGH aufgestellten Auslegungsgrundsätze anzuwenden und ggf. nach Art. 234 (Vorabentscheidungsverfahren) den EuGH anzurufen. In einem solchen Vorabentscheidungsverfahren darf der EuGH allerdings nur Auslegungsgrundsätze aufstellen und dem vorlegenden Gericht die Prüfung überlassen, ob und inwieweit die angewendeten Modalitäten der streitgegenständlichen Regelung eine unzulässige Beschränkung des innergemeinschaftlichen Handels darstellen können[530].

---

527 EuGH, U.v. 11.7.1984 Rs. 51/83 (Kommission/Italien), Slg. 1984, S. 2793 ff.; U.v. 6.5.1986 Rs. 304/84 (Muller), Slg. 1986, S. 1511, 1529 Rdnr. 25.

528 *Müller-Graff* in: GTE, Art. 36 Rdnr. 186.

529 EuGH, U.v. 8.11.1979 Rs. 251/78 (Denkavit), Slg. 1979, S. 3369 (3392); U.v. 30.11.1983 Rs. 227/82 (van Bennekom), Slg. 1983, S. 3883 (3905).

530 Vgl. EuGH, U.v. 7.4.1981 Rs. 132/80 (United Foods), Slg. 1981, S. 995 (1025).

C. *Zwischenergebnis zum 2. Kapitel*

Bei der Warenverkehrsfreiheit handelt es sich um eine der vier Grundfreiheiten der EU. Dementsprechend besitzt sie ein besonderes Gewicht bei der Schaffung eines Binnenmarktes ohne Grenzen. Seit der Kunstschätze-Entscheidung[531] des EuGH aus dem Jahre 1968 ist anerkannt, daß Kulturgüter dem Warenbegriff der Art. 28 ff. EGV unterfallen. Danach sind im Warenverkehr zwischen den einzelnen Mitgliedstaaten mengenmäßige Einfuhr- und Ausfuhrbeschränkungen sowie Maßnahmen gleicher Wirkung grundsätzlich verboten. Art. 30 EGV enthält Rechtfertigungsgründe für solche handelsbeschränkenden staatliche Maßnahmen. Diese Rechtfertigungsgründe sind vom Konzept her Ausnahmen vom Gebot des freien Warenverkehrs. Als Ausnahmevorschrift ist Art. 30 EGV mithin eng auszulegen.

Zum Hauptanwendungsbereich der Warenverkehrsfreiheit haben sich heute, da Kontingentierungen so gut wie nicht mehr vorkommen, die Maßnahmen gleicher Wirkung entwickelt. Bei diesen ist danach zu unterscheiden, ob sie unterschiedslos oder diskriminierend wirken. Sofern solche Maßnahmen im Sinne der Dassonville-Formel[532] des EuGH unterschiedslos für eingeführte und heimische Ware gelten, ist weiter festzustellen, ob im Sinne der Keck-Rechtsprechung[533] des EuGH nicht nur eine Verkaufsmodalität vorliegt, die den Anwendungsbereich der Art. 28 ff. EGV entfallen läßt. Handelt es sich um eine produktbezogene Maßnahme, muß in einem weiteren Schritt eine Überprüfung der Rechtfertigung

---

531 EuGH, U.v. 10.12.1968 Rs. 7/68 (Kunstschätze I); Slg. 1968, S. 633 ff.

532 EuGH, U.v. 11.7.1974 Rs. 8/74 (Dassonville), Slg. 1974, S. 837 ff. „Jede Handelsregelung der Mitgliedstaaten, die geeignet ist, den innergemeinschaftlichen Handel unmittelbar oder mittelbar, tatsächlich oder potentiell zu behindern, ist als Maßnahme gleicher Wirkung wie eine mengenmäßige Beschränkung anzusehen."

533 EuGH, U.v. 24.11.1993 Rs. 267 u. 268/91 (Keck u. Mithouard), Slg. 1993, I-6097, 6130 Rdnr. 12: „Nationale Verkaufsmodalitäten fallen nicht in den Anwendungsbereich der Art. 30 ff. EGV, sofern sie lediglich vertriebsbezogen und nicht produktbezogen wirken, d. h. sofern sie für alle betroffenen Wirtschaftsteilnehmer gelten, die ihre Tätigkeit im Inland ausüben, und sofern sie den Absatz inländischer Erzeugnisse aus anderen Mitgliedstaaten rechtlich und tatsächlich in der gleichen Weise berühren."

der Handelsbehinderung anhand der durch die Cassis-Rechtsprechung[534] anerkannten Ziele erfolgen.

Derzeit gelten in allen Mitgliedstaaten der EU nationale Regelungen, die die Ausfuhr von Kulturgütern Beschränkungen i. S. d. Art. 30 EGV unterwerfen. Den Mitgliedstaaten ist bei der Bestimmung der Güter, die dem Kulturgutbegriff in Art. 30 EGV unterfallen sollen, eine Einschätzungsprärogative zuzugestehen (insbesondere, da Art. 30 EGV unterschiedliche sprachliche Fassungen aufweist[535]). Eine Grenze erfährt diese Prärogative aber dort, wo das Prinzip des freien Warenverkehrs völlig aufgehoben wird, da ansonsten dem legalen Kunst- und Antiquitätenhandel seine Existenzberechtigung weitestgehend entzogen würde. Auch das außerjuristische Werturteil (von Sachverständigen) über die schützenswerten Kulturgüter ist deshalb gemeinschaftsrechtlich durch den EuGH überprüfbar. Dabei gilt, daß je enger der Kreis der geschützten Kulturgüter gefaßt ist, desto weiter kann in die Warenverkehrsfreiheit eingegriffen werden.

534 EuGH, U.v. 20.2.1979 Rs. 120/78 (Rewe-Zentral AG/ Bundesmonopolverwaltung für Branntwein), Slg. 1979, S. 649 ff. „Wegen fehlender gemeinschaftlicher Regelung der Herstellung und Vermarktung einer Ware ist es Sache der Mitgliedstaaten, alle die Herstellung und Vermarktung betreffenden Vorschriften für ihr Hoheitsgebiet zu erlassen. Hemmnisse für den Binnenhandel, die sich aus den unterschiedlichen nationalen Regelungen ergeben, müssen hingenommen werden, soweit sie notwendig sind, um zwingenden Erfordernissen gerecht zu werden, insbesondere zwecks wirksamer steuerlicher Kontrolle, Schutz der öffentlichen Gesundheit, Lauterkeit des Handelsverkehrs, Verbraucherschutz und Umweltschutz.“

535 *Maurer*, Die Ausfuhr von Kulturgütern, S. 72.

3. Kapitel: Europäisches Sekundärrecht zur Ausfuhr von Kulturgütern

A. Allgemeines

I. Entstehungsgeschichte der VO 3911/92

Der Entstehungsprozeß der VO 3911/92 ist durch zwei wesentliche Etappen gekennzeichnet[536]. Der Ausgangspunkt für die erste Stufe war eine Mitteilung der Kommission vom 22. 11. 1989 an den Rat über den Schutz nationalen Kulturguts von künstlerischem, geschichtlichem oder archäologischem Wert im Hinblick auf die Beseitigung der Binnengrenzen im Jahr 1992[537]. Die Kommission war darin der Ansicht, daß im Bereich des Kulturgüterschutzes zwei Ziele zu verwirklichen sein, denen beide besondere Bedeutung zukam. Zum einen mußte der Binnenmarkt zum 31. 12. 1992 ohne Einschränkungen hergestellt werden. Dies entsprach der Festlegung der Mitgliedstaaten in der Einheitlichen Europäischen Akte (EEA)[538]. Zum anderen gingen die Mitgliedstaaten davon aus, daß sie die ihrem Zuständigkeitsbereich unterfallende Kulturpolitik, insbesondere im Bereich der Erhaltung des nationalen Kulturerbes, auch nach dem 31. 12. 1992 würden aktiv weiterführen können. Die Kommission stellte in ihrem Bericht fest, daß damals schon alle Mitgliedstaaten innerhalb ihrer Kulturgutschutzpolitik nationale Gesetze besaßen, die die Verbringung bestimmter, als schützenswert angesehener Kulturgüter aus ihrem Staatsgebiet gänzlich untersagten oder zumindest von der Erfüllung bestimmter Formalitäten abhängig machten[539]. Aus diesem Grund konzentrierte sich die Mitteilung der Kommission auf die Konsequenzen der Errichtung des Binnenmarktes für die Umsetzung dieser mitgliedstaatlichen Gesetze. Zur Verwirklichung dieser Ziele erarbeitete die Kommission Leitlinien,

---

536 Siehe zum Entstehungsprozeß der Verordnung ausführlich *Maurer*, Die Ausfuhr von Kulturgütern, S. 73 ff.

537 KOM [89] 594 endg. S. 1 ff.

538 Einheitliche Europäische Akte (EEA) vom 28. 2. 1986; in Kraft seit dem 1.7.1987; vgl. ABl. 1987 L 169/29.

539 KOM [89] 594 endg., S. 2.

die verschiedene Maßnahmen sowohl auf nationaler Ebene als auch an den Außengrenzen der Gemeinschaft vorsahen[540].

Nach Ansicht der Kommission oblag und obliegt es primär dem nationalen Gesetzgeber, Maßnahmen zu ergreifen, die das nationale Kulturgut schützen sollen[541]. Dies wurde bis zum damaligen Zeitpunkt dadurch erreicht, daß die Ausfuhr bestimmter Kulturgüter aus dem jeweiligen Staatsgebiet zunächst von der Erlaubnis staatlicher Behörden abhängig gemacht wurde. In diesem Zusammenhang mußte auf nationaler Ebene überprüft werden, wie die Mitgliedstaaten sicherstellen können, daß die betroffenen Personen die Verfahren zur Ausfuhr von Kulturgütern auch dann einhalten, wenn sie nicht mehr an den Binnengrenzen kontrolliert werden. In diesem Zusammenhang wurde erörtert, daß Strafgesetzen eine besonders abschreckende Wirkung zukomme und daß eine verstärkte Überwachung des Kunstmarktes zu einem besseren Schutz beitragen könne.

Auf Gemeinschaftsebene sollten die Kontrollen an den Binnengrenzen durch Maßnahmen an den Außengrenzen ersetzt werden[542]. Die Überlegung war, eine gemeinsame Regelung dahingehend zu schaffen, daß der Ausfuhranmeldung für jedes Kulturgut eine Erklärung des Mitgliedstaates beizufügen sei, mit der die Ausfuhr genehmigt werde[543]. Hierzu sei eine relativ genaue und eindeutige Beschreibung des erfaßten Gegenstandes notwendig. Problematisch bleibe aber die Bestimmung des „Herkunftmitgliedstaates", also des Mitgliedstaates, der für die Ausstellung der Ausfuhrerklärung zuständig sei. Einfachstes aber zugleich zufälligstes Kriterium sei die Festsetzung eines Bezugsdatums. Ein solches System werde es den Zollverwaltungen eines jeden Mitgliedstaates ermöglichen, die Interessen des Herkunftmitgliedstaates jedes der zur Ausfuhr vorgeführten Gegenstände zu berücksichtigen. Die entsprechende Entscheidung, also entweder die Genehmigung oder die Verweigerung der Ausfuhr, sei nämlich von den zuständigen Behörden des Mitgliedstaates anhand der für den Gegenstand geltenden Vorschriften bereits getroffen worden.

---

540 Vgl. dazu *Schwarze*, JZ 1994, S. 111 (114 f.); *Maurer*, Die Ausfuhr von Kulturgütern, S. 74 f.

541 KOM [89] 594 endg., S. 9 f.

542 Vgl. KOM [89] 594 endg., S. 10 ff.

543 Vgl. *Maurer*, Die Ausfuhr von Kulturgütern, S. 75.

Die eben erwähnten Maßnahmen zielten primär auf die materielle Bewahrung der Gegenstände im Gebiet des betreffenden Mitgliedstaates ab. Die Kontrollen an den Außengrenzen der Gemeinschaft boten die Möglichkeit, in gewissem Maße zu verhindern, daß Kulturgüter das Gemeinschaftsgebiet verlassen. Die Kommission erwog zum damaligen Zeitpunkt aber auch neue Maßnahmen für den Verkehr innerhalb der Gemeinschaft[544]. So sollte zunächst zwischen einer Ausfuhr- und einer Versandgenehmigung unterschieden werden. Man war damals bei der Kommission der Ansicht, daß die Mitgliedstaaten damit einverstanden sein könnten, nur eine Ausfuhr, also die Verbringung in ein Drittland, zu untersagen, einem Versand, also einer Bewegung innerhalb der Gemeinschaft, aber durchaus zustimmen zu wollen. Die Genehmigung für das Verlassen des Staatsgebietes wäre dann gleichsam an gewisse Bedingungen bzw. Auflagen gebunden. Eine weitere mögliche Maßnahme wurde darin gesehen, die materielle Möglichkeit, ein Kulturgut am Verlassen des Staatsgebietes zu hindern, durch eine Garantie zu ersetzen, wonach der Gegenstand zurückzugeben sei, falls das Verlassen des Staatsgebietes unrechtmäßig gewesen sei. Eine solche Garantie könne vor allem durch die gegenseitige Anerkennung der einzelstaatlichen Rechtsvorschriften bzw. der durch diese vorgesehenen Verbote und Beschränkungen erfolgen. Die Kommission wies in diesem Zusammenhang bereits damals darauf hin, daß sie es für unerläßlich halte, daß sämtliche Mitgliedstaaten der Gemeinschaft der Pariser UNESCO-Konvention von 1970 beitreten[545].

Eine dritte Möglichkeit bestand schließlich nach Ansicht der Kommission in der Einführung eines Dokumentationssystems für Kulturgüter[546]. Dieses könne entweder in freiwilliger Form oder durch ein zwingend von der Gemeinschaft einzuführendes System geschaffen werden. Auch die obligatorische Katalogisierung von Kulturgütern wurde erwogen. Ein solches Register könnte entweder als eine

544 KOM [89] 594 endg., S. 12 ff.

545 KOM [89] 594 corr., S. 18. Die Kommission wiederholt damit nur eine ihrer langjährigen Überzeugungen, vgl. KOM [77] 1989, S. 791 (794). Zur UNESCO-Konvention von 1970 vgl. das erste Kapitel dieser Arbeit auf Seite 20. Aufgrund der Akzeptanzprobleme dieser Konvention ließ sich der Wunsch der Kommission aber bislang nicht realisieren, vgl. *Maurer*, Die Ausfuhr von Kulturgütern, S. 76.

546 Ein solches System ist mittlerweile mit dem Lost-Art-Register eingeführt worden. Vgl. dazu die Internetseite http://www.lostart.de und die Informationen hierüber auf den Internetseiten des Beauftragten der Bundesregierung für Kultur und Medien unter http://www.bundesregierung.de.

Mehrzahl nationaler Register geführt werden oder als gesamteuropäisches Register. Der dazu notwendige bürokratische Aufwand würde sich in Zeiten des Internet und der Informationsgesellschaft in einem vernünftigen Rahmen halten[547]. Gute Ergebnisse bei der Wiederbeschaffung z. B. in den USA gäben einem solchen System recht. Bestrebungen zur einheitlichen Erfassung illegal verbrachter Kunstwerke sollten vor allem im Bereich der Rückführung voran getrieben werden.

Zusammenfassend läßt sich festhalten, daß zwei Ziele in den von der Kommission entwickelten Leitlinien erkannt werden können[548]: Zum einen sollte die gegenseitige Anerkennung der jeweiligen Rechtsvorschriften der Mitgliedstaaten gewährleistet werden. Damit sollte sichergestellt werden, daß unrechtmäßig aus dem Staatsgebiet eines Mitgliedstaates verbrachte Kulturgüter nicht in ein Drittland ausgeführt werden. Zum anderen sollten Rückkehrmöglichkeiten für solches Kulturgut festgelegt werden, das unrechtmäßig aus dem Staatsgebiet eines Mitgliedstaates verbracht wurde.

Eine erste Stellungnahme zur Mitteilung[549] der Kommission an den Rat über den Schutz nationalen Kulturgutes vom 22. 11. 1989 erfolgte ein Jahr später. Auf einer Tagung am 19. 11. 1990 nahm der Rat in der Zusammensetzung als Rat der Kulturminister Schlußfolgerungen zu diesem Thema an. Diese Schlußfolgerungen beruhten hauptsächlich auf einem Bericht[550], den der Ausschuß für kulturelle Angelegenheiten des Rates zuvor erstellt hatte. In diesem Bericht wurde die Kommission aufgefordert, die Teile ihrer Mitteilung noch einmal zu überprüfen, die sich auf die Harmonisierung der Exportkontrollen bei der Ausfuhr von Kulturgütern in Drittländer und auf die Rückführung von unrechtmäßig aus dem Hoheitsgebiet eines Mitgliedstaates verbrachten Kulturgütern bezogen[551]. Am 13. 12. 1990 nahm das Europäische Parlament eine Entschließung[552] zum Verkehr mit Kulturgütern unter Berücksichtigung des Gemeinsamen Marktes an. Diese

---

547 Kritisch hierzu *Maurer*, Die Ausfuhr von Kulturgütern, S. 76, der den bürokratischen Aufwand gegenüber dem Nutzen in den Vordergrund stellt.

548 Vgl. KOM [89] 594 endg., S. 18; *Maurer*, Die Ausfuhr von Kulturgütern, S. 76.

549 KOM [89] 594 endg., S. 5.

550 Vgl. den Hinweis bei *Maurer*, Die Ausfuhr von Kulturgütern, S. 77.

551 *Maurer*, Die Ausfuhr von Kulturgütern, S. 77 m. Fn. 20.

552 ABl. 1991 C 19/287 vom 28.1.1991.

Entschließung wiederum stützte sich auf einen Zwischenbericht[553] der Parlamentskommission für Kultur, Jugend, Bildung und Medien.

Aufgrund dieses Meinungsaustausches erstellte die Generaldirektion XXI (Zollunion und indirekte Steuern) der Kommission für den Bereich des Kulturgüterexports den Vorentwurf der Verordnung. Dieser Entwurf wurde zunächst nationalen Sachverständigen am 22. 7. 1991 vorgestellt[554]. Er wurde dann am 20. 1. 1992 schließlich als Kommissionsvorschlag für eine Verordnung des Rates über die Ausfuhr von Kulturgütern in Drittstaaten vorgelegt[555]. Inhaltlich hat der Entwurf gegenüber der endgültigen Fassung vor allem noch im Bereich des Anhangs Änderungen erfahren, der sich auf die zu schützenden Kategorien der Kulturgüter bezieht. Grundsätzlich befürworteten aber sowohl der Wirtschafts- und Sozialausschuß als auch das Europäische Parlament den Vorschlag der Kommission[556]. Allerdings waren beide Organe der Auffassung, daß statt der vorgeschlagenen Rechtsgrundlage des Art. 113 EGV (heute Art. 133) die Rechtsgrundlage des Art. 100a EGV (heute Art. 95) einschlägig sei. Diese Bedenken waren weniger dogmatischer Natur. Hintergrund war vielmehr die Tatsache, daß beide Organe größeren Einfluß auf ein Verfahren nach Art. 100a EGV (heute Art. 95) hätten nehmen können[557]. Am Ende hat sich diese Auffassung allerdings nicht durchgesetzt[558]. Zuvor wurde im Rat lange darüber diskutiert, welche Gegenstände als schützenswert in den Anhang der Verordnung aufgenommen werden sollten. Die Diskussionen kamen dabei aufgrund der unterschiedlichen dogmatischen Ansätze der einzelnen Länder zum Kulturgüterschutz zustande. Die VO 3911/92 wurde schließlich am 9. 12. 1992 verabschiedet. Gem. Art. 11 VO 3911/92 ist die Verordnung drei Tage nach Veröffentlichung der RiLi 93/7/EWG[559] in Kraft getreten. Aufgrund des Veröffentlichungsdatums am 27. 3. 1993 gilt die

---

553 Europäisches Parlament, Zwischenbericht (Dokument A3-324/90) der Parlamentskommission Kultur, Jugend, Bildung und Medien vom 28.11.1990 zum Verkehr mit Kulturgütern unter Berücksichtigung des Gemeinsamen Marktes.

554 Vgl. *Maurer*, Die Ausfuhr von Kulturgütern, S. 77.

555 ABl. 1992 C 53/8; KOM [91] 447 endg.; eine Darstellung des Vorschlages der Kommission findet sich bei *Fechner* DÖV 1992, S. 609 (612 f.).

556 ABl. 1992 C 223/10 und ABl. 1992 C 176/31.

557 *Maurer*, Die Ausfuhr von Kulturgütern, S. 78; *Ehlers* in: GH II/Krenzler, E 17 Rdnr. 21.

558 *Maurer*, Die Ausfuhr von Kulturgütern, S. 79; vgl. dazu auch auf Seite 23 dieser Arbeit.

559 Vgl. dazu auf Seite 23 dieser Arbeit.

VO 3911/92 damit seit dem 30. 3. 1993. Die Verordnung ist bisher einmal geändert worden. Dies geschah durch die VO 2469/96 des Rates vom 16. 12. 1996[560]. Im Rahmen dieser Änderung wurde der Anhang der VO 3911/92 im Abschnitt A um eine neue Kategorie „3a. Aquarelle, Gouachen und Pastelle, auf jeglichem Träger vollständig von Hand hergestellt" ergänzt. Weiterhin wurde der Abschnitt B um eine zusätzliche Wertgruppe 30.000 erweitert. Der Grund für diese Änderungen war, daß einzelne Mitgliedstaaten diese Kunstwerke in unterschiedliche Kategorien der VO 3911/92 eingeordnet haben und es deshalb zu abweichenden Höchstbeträgen bei der Genehmigungserteilung kam[561]. Die neu geschaffene Kategorie diente insoweit der Klarstellung. Am 22. 12. 2000 hat die Kommission der EG einen Vorschlag für eine Verordnung des Rates zur Änderung der VO 3911/92 vorgelegt. Diese betrifft den Teil B des Anhangs[562]. Inhaltlich geht es darum, daß die Kommission eine Umstellung der in der VO 3911/92 genannten Finanzwerte auf den Euro umsetzen will.

II. Zweck einer Regelung auf Gemeinschaftsebene

Die VO 3911/92 verfolgt im wesentlichen zwei grundsätzliche Zwecke. Zum einen sind die Regelungen den allgemeinen Zielen des Kulturgüterschutzes[563] verpflichtet, darüber hinaus hat die VO 3911/92 einen spezifischen Zweck auf Gemeinschaftsebene. Bis zum 31. 12. 1992 versuchten die Mitgliedstaaten, die Vorschriften zur Ausfuhr von Kulturgütern durch Warenkontrollen an ihrer Staatsgrenze durchzusetzen. Mit der Verwirklichung des Binnenmarktes zum 1. 1. 1993 und der Abschaffung der Binnengrenzen in der Europäischen Gemeinschaft sind jedoch die bisherigen Kontrollmöglichkeiten zur Durchsetzung nationaler Rechtsvorschriften zur Erhaltung des Kulturerbes innerhalb der EU entfallen. Damit wurden Befürchtungen, insbesondere bei den Mittelmeerstaaten, genährt, daß Kulturgüter aller Art nunmehr ungehindert im Binnenmarkt zirkulieren könnten[564]. Somit stellte sich die Frage, wie die weiter bestehenden nationalen

560 ABl. 1996 L 355/9 vom 24.12.1996.

561 Siehe auch *Hipp*, Kulturgüterschutz in Deutschland, S. 262 m. Fn. 62.

562 Vgl. dazu auf Seite 143 dieser Arbeit.

563 Vgl. dazu auf Seite 6 dieser Arbeit.

564 *Siehr*, NJW 1993, S. 2206.

Schutzsysteme[565] trotz des Wegfalls der Binnenmarktkontrollen effektiv aufrecht erhalten werden konnten. Dabei wurden zwei Konzepte zur geänderten Ausfuhrkontrolle vorgeschlagen[566]. Zunächst wurde daran gedacht, die bestehenden nationalen Schutzsysteme anzugleichen. Vor dem Hintergrund der unterschiedlichen dogmatischen Ansätze in den einzelnen Mitgliedstaaten[567] schied ein solches Konzept aufgrund der divergierenden Interessen, wie eine solche Ausfuhrkontrolle auszusehen habe, aus. Es ging somit darum, durch Herstellung einer Art praktischer Konkordanz zwischen dem fortbestehenden Recht der Mitgliedstaaten und dem Wegfall der Berechtigung der Mitgliedstaaten, an den Binnengrenzen Kontrollen durchzuführen, eine effektive Ausfuhrkontrolle zu gewährleisten[568]. Der Zweck der VO 3911/92 besteht also darin, ohne nationale Regelungen ersetzen oder in die Kulturkompetenz der Mitgliedstaaten einzugreifen zu wollen, eine einheitliche Ausfuhrkontrolle an den Außengrenzen in Verbindung mit einem Rückgabesystem[569] zu schaffen. Der Zweck liegt also darin, durch ein einheitliches Genehmigungsverfahren die nationalen Regelungen zu ergänzen, um so den Wegfall der Grenzkontrollen zu kompensieren[570]. Darüber hinaus könnte daran gedacht werden, daß die VO 3911/92 neben dem zuvor dargestellten Zweck auch einen gewissen Mindeststandard im Hinblick auf die Beurteilung der Schutzwürdigkeit nationaler Kulturgüter gewährleisten soll. Ausweislich der Erwägungsgründe der VO 3911/92 bleibt es den Mitgliedstaaten aber unbenommen, festzulegen, welche Gegenstände als nationales Kulturgut i. S. d. Art. 30 EGV einzustufen sind. Daher haben die Mitgliedstaaten auf diesem Gebiet eine Beurteilungs- und Entscheidungsprärogative, die durch das nunmehr in Art. 3 b EGV verankerte Subsidiaritätsprinzip verstärkt wird[571]. Die Gemeinschaft hat

---

565 Vgl. Art. 30 EGV.

566 Zu den Konzepten vgl. *Schwarze*, JZ 1994, S. 111 (114 f.); *Fechner*, DÖV 1992, S. 609 ff.

567 Vgl. zu den verschiedenen Ansätzen: *Bila*, Nationaler Kulturgüterschutz, S. 37 ff.; *Jayme*, ZVglRWiss 95 (1996), S. 158 ff.; *Schwarze*, JZ 1994, S. 111 (114).

568 *Ress*, DÖV 1992, S. 944 (951).

569 RiLi 93/7/EWG des Rates vom 15.3.1993 über die Rückgabe von unrechtmäßig aus dem Hoheitsgebiet eines Mitgliedstaates verbrachten Kulturgütern; ABl. 1993 L 74/74 vom 27.3.1993.

570 So auch *Bila*, Nationaler Kulturgüterschutz, S. 144; *Siehr*, NJW 1993, S. 2206 (2208); vgl. auch *Ehlers* in: GH II/Krenzler, E 17 Rdnr. 2.

571 *Schwarze*, JZ 1994, S. 111 (117); vgl. zur Entscheidungsprärogative auch oben auf Seite 86 dieser Arbeit.

allenfalls die Möglichkeit, gegen eine mißbräuchliche Ausnutzung dieser Kompetenz durch die Mitgliedstaaten einzugreifen, so daß weitergehende Zwecke als die zuvor dargestellten mit der VO 3911/92 nicht verfolgt werden[572]. Die VO 3911/92 dient folglich nur formellen, nicht aber materiellen Zwecken. Aus der beschränkten Zielsetzung der VO 3911/92 ergibt sich ein dreifacher Regelungsvorbehalt zugunsten der Mitgliedstaaten[573]: zum einen können die Mitgliedstaaten selbst die Grundsätze festlegen, nach welchen die Ausfuhrgenehmigung erteilt oder versagt werden soll (Art. 2 Abs. 2 S. 3 VO 3911/92). Weiterhin dürfen die Mitgliedstaaten festlegen, daß über die von der VO 3911/92 erfaßten Güter hinaus weitere Gegenstände nur mit einer staatlichen Genehmigung aus dem Gemeinschaftsgebiet verbracht werden dürfen (Art. 2 Abs. 4 VO 3911/92). Sollen solche Gegenstände über andere Mitgliedstaaten der Europäischen Gemeinschaft in ein Drittland verbracht werden, ist der andere Mitgliedstaat gemeinschaftsrechtlich gesehen allerdings nicht zu einer Kontrolle verpflichtet. Dies bedeutet in der Praxis, daß nationale Ausfuhrverbote, die über den Kulturgüter-Begriff der VO 3911/92 hinausgehen, außerhalb der Landesgrenze weitgehend wirkungslos werden, sofern das Kulturgut in Drittländer verbracht werden soll[574]. Erfährt der Mitgliedstaat von der Verbringung in den anderen Mitgliedstaat und befindet sich der Gegenstand noch in diesem Staat, besteht aber ein Rückforderungsanspruch[575]. Schließlich gelten für Exporte innerhalb der Europäischen Gemeinschaft ausschließlich die nationalen Ausfuhrbestimmungen, wenn es sich um nationales Kulturgut von künstlerischem, geschichtlichem oder archäologischem Wert i. S. d. Art. 30 EGV handelt[576].

An diesen mit der VO 3911/92 verfolgten Zwecken ist Kritik geäußert worden[577]. Insbesondere ist kritisiert worden, daß die Regelungen der VO 3911/92 das Prinzip der Cassis-de-Dijon-Rechtsprechung[578] umkehren. Danach werde durch

---

572 *Müller-Graff* in: GTE, Art. 36, Rdnr. 66.

573 Vgl. *Ehlers* in: GH II/Krenzler, E 17 Rdnr. 3.

574 *Mußgnug* in: FS für Bernhardt, S. 1225 (1228); *Ehlers* in: GH II/Krenzler, E17 Rdnr. 3.

575 Vgl. dazu auf Seite 23 dieser Arbeit und *Ehlers* in: GH II/Krenzler, E 17 Rdnr. 13.

576 Vgl. Art. 1 VO 3911/92 mit Bezugnahme auf Art. 36 EGV (a. F.)

577 *Siehr*, NJW 1993, S. 2206 (2208); *Ress*, DÖV 1992, S. 944 (952).

578 EuGH, U.v. 20.2.1979 Rs. 120/78 (Rewe-Zentral AG/ Bundesmonopolverwaltung für Branntwein), Slg. 1979, S. 649 ff. = NJW 1979, S. 1766.

die VO 3911/92 nicht nur ein wesentlicher Standard für den Schutz nationaler Kulturgüter gesetzt, vielmehr trete eine gemeinschaftsrechtlich determinierte Einheitsgenehmigung an die Stelle der nationalen Genehmigung, ohne eine derartige Genehmigung für nationale Kulturgüter, die nicht unter die Kategorien des Anhangs der VO 3911/92 fallen, auszuschließen[579]. Aus diesem Grund gelte nicht mehr das Prinzip: „Einmal einzelstaatlich erlaubt, gemeinschaftsweit erlaubt“, sondern vielmehr: „Einmal einzelstaatlich verboten, gemeinschaftsweit verboten“[580]. Diese Bedenken lassen sich nur dadurch beseitigen, daß eine Reform des Schutzsystems im Hinblick auf eine gegenseitige Anerkennung angestrebt wird. Eine Rechtfertigung des Vorgehens durch die Gemeinschaft wird dadurch gesucht, daß die EU im Außenhandel nur ein Kontrollregime bereitstellen kann. Dieses kontrolliert nur einen „harten Kern“[581]. Insoweit betrat die Gemeinschaft gesetzgeberisches Neuland ohne auf nationale Erfahrungen zurückgreifen zu können, so daß es sich bei den Regelungen zum Kulturgüterschutz um ein Beispiel für experimentelle Gesetzgebung auf Gemeinschaftsebene handelt, die kontinuierlicher Weiterentwicklung bedarf[582]. Nichtsdestotrotz muß weiterhin versucht werden, ein weltweit wirksames Prinzip zu finden, das den freien Verkehr mit Kulturgütern regelt[583].

III. Kompetenz zum Erlaß der VO 3911/92

1. Ermächtigungsgrundlage

Die VO 3911/92 ist richtigerweise auf Art. 113 EGV (heute Art. 133 EGV) als Ermächtigungsgrundlage gestützt worden[584]. Nach dieser Regelung wird die gemeinsame Handelspolitik, zu der „insbesondere die Ausfuhrpolitik“ gehört, „nach einheitlichen Grundsätzen“ gestaltet. Neben der enthaltenen politischen

---

579 Vgl. dazu weitergehend *Ress*, DÖV 1992, S. 944 (952).

580 *Siehr*, NJW 1993, S. 2206 (2208).

581 KOM 91/447, S. 8.

582 *Schwarze*, JZ 1994, S. 111 (117).

583 So ebenfalls *Schwarze*, JZ 1994, S. 111 (117); *Siehr*, NJW 1993, S. 2206 (2209).

584 Zustimmend: *Eberl*, NVwZ 1994, S. 729; *Ehlers* in: GH II/Krenzler, E 17 Rdnr. 23; vgl. auch *Schmahl*, Die Kulturkompetenz der Europäischen Gemeinschaft, S. 65 f.; *Hipp*, Kulturgüterschutz in Deutschland, S. 256 f.

Zielbestimmung enthält die Vorschrift zugleich eine Ermächtigungsgrundlage für die Gemeinschaft, den Außenhandel durch Rechtsakte zu gestalten[585]. Die entsprechenden handelspolitischen Maßnahmen können autonom, d. h. durch gemeinschaftsinterne Rechtsetzungsakte i. S. d. Art. 189 EGV, insbesondere durch Verordnungen, gestaltet werden[586].

Bei der Beschränkung der Ausfuhr von Kulturgütern durch die Einführung einer Genehmigungspflicht handelt es sich um eine Maßnahme der Ausfuhrpolitik i. S. d. Vorschrift[587]. Die Regelungen der VO 3911/92 gestalten die Ausfuhrpolitik nach einheitlichen Grundsätzen. Die Genehmigungspflicht gilt nämlich für alle durch die VO 3911/92 einheitlich definierten Kulturgüter. Weiterhin wird jedes Kulturgut einem Mitgliedstaat zugeordnet, der dann mit gemeinschaftsweiter Wirkung über die Genehmigungserteilung entscheidet. Dies erfordert keine Angleichung der materiellen nationalen Ausfuhrbestimmungen[588].

2. *Vereinbarkeit mit dem Subsidiaritätsprinzip*

Der Erlaß und die Bekanntgabe der VO 3911/92 erfolgte im Jahre 1992[589], das Subsidiaritätsprinzip des Art. 3b Abs. 2 EGV a. F. (heute Art. 5 Abs. 2 EGV) wurde jedoch erst mit dem am 1. 11. 1993 in Kraft getretenen Vertrag von Maastricht in das primäre Gemeinschaftsrecht eingefügt. Eine rückwirkende Anwendung des Art. 3b Abs. 2 EGV a. F. bzw. des Art. 5 Abs. 2 EGV auf früher erlassene Rechtsakte scheidet aber aus[590]. Bereits aus diesem Grund kann die VO 3911/92 nicht gegen das Subsidiaritätsprinzip verstoßen und damit nichtig sein[591]. Die Frage, ob Art. 5 Abs. 2 EGV weitergehend eine an die Gemein-

585 *Ehlers/Pünder* in: GH II/Krenzler, E 15 Rdnr. 1 m. w. Nachw.

586 *Ress*, Kultur und Europäischer Binnenmarkt, S. 100 ff.; *Hipp*, Kulturgüterschutz in Deutschland, S. 256.

587 Vgl. auch *Hipp*, Kulturgüterschutz in Deutschland, S. 257. A. A. *v. Schorlemer*, Kulturgüterschutz, S. 490 ff.

588 *Ehlers* in: GH II/Krenzler, E 17 Rdnr. 23.

589 Vgl. Seite 115 dieser Arbeit.

590 So auch EuG, U.v. 21.2.1995 Rs. T-29/92 (SPO u. a./Kommission), Slg. 1995, II-289, 394 Rdnr. 331; *v. Bogdandy/Nettesheim* in: Grabitz/Hilf, Art. 3b Rdnr. 39; *Langguth* in: Lenz, EGV, Art. 5 Rdnr. 33.

591 So auch *Ehlers* in: GH II/Krenzler, E17 Rdnr. 24.

schaftsorgane gerichtete Pflicht zu entnehmen ist, nicht erforderliche Rechtsakte aufzuheben[592], kann hier unbeantwortet bleiben. Die VO 3911/92 steht nämlich inhaltlich nicht im Widerspruch zur Regelung des Art. 5 Abs. 2 EGV. Das liegt daran, daß Art. 5 Abs. 2 EGV zum einen nur in Bereichen anwendbar ist, die nicht in die ausschließliche Zuständigkeit der Europäischen Gemeinschaft fallen[593]. Nach überwiegender Ansicht beinhaltet Art. 133 EGV aber gerade eine ausschließliche Kompetenz der Europäischen Gemeinschaft für die Handelspolitik[594]. Der andere Grund ist, daß das Subsidiaritätsprinzip dann keine Sperrwirkungen entfaltet, wenn die Ziele der in Betracht kommenden Maßnahme auf Ebene der Mitgliedstaaten nicht ausreichend erreicht werden können. Eine solche Fallgestaltung ist im Bereich der Kontrolle der Ausfuhr von Kulturgütern auf europäischer Ebene gegeben. Die VO 3911/92 soll durch das von ihr eingeführte einheitliche Genehmigungsverfahren dazu beitragen, daß die nationalen Ausfuhrbeschränkungen für Kulturgüter durchgesetzt werden können[595]. Dieser Zweck kann nur mit Hilfe einer Gemeinschaftsregelung erreicht werden[596].

Selbst wenn man aus den Vorbehalten zugunsten der Mitgliedstaaten für die Kulturpolitik in den Art. 30 und 151 EGV eine allgemeine Verpflichtung der Gemeinschaft herleiten will, die einzelstaatlichen Regelungen zur Bestimmung nationalen Kulturgutes soweit wie möglich unangetastet zu lassen[597], verstößt die VO 3911/92 nicht gegen das Subsidiaritätsprinzip des Art. 5 Abs. 2 EGV, da sie die Entscheidung über die Voraussetzungen einer Ausfuhrgenehmigung und die

---

592 In diesem Sinne *v. Bogdandy/Nettesheim* in: Grabitz/Hilf, Art. 3 b Rdnr. 39. Vgl. auch *v. Wartenberg*, EuZW 1993, S. 20 (21).

593 Vgl. dazu *Jarass*, Grundfragen der innerstaatlichen Bedeutung des EG-Rechts, S. 27 f.; *dens.*, EuGRZ 1994, S. 209 (211); *Streinz*, Europarecht, Rdnr. 128 ff., 145a.

594 Vgl. EuGH Gutachten v. 11.11.1975 G. 1/75 Slg. 1975, S. 1355 (1363 f.); Gutachten v. 15.11.1994 G. 1/94 Slg. 1994, S. I-5267 (Rdnr. 22 ff.); *Müller-Ibold* in: Lenz, EGV, Art. 133 Rdnr. 1 f.; *Hahn* in: Calliess/Ruffert [Hrsg.], EUV/EGV, Art. 133 Rdnr. 2 ff.; differenzierend *v. Bogdandy/Nettesheim*, Europäisches Außenwirtschaftsrecht, S. 23, die nur für die konventionellen Rechtsakte – vertraglich geregelte Handelspolitik – eine ausschließliche Kompetenz der EG annehmen, nicht dagegen für die autonome Handelspolitik.

595 Vgl. dazu auf Seite 120 dieser Arbeit.

596 Zustimmend *Ehlers* in: GH II/Krenzler, E 17 Rdnr. 24 a. E.

597 So etwa *Schmahl*, Die Kulturkompetenz der Europäischen Gemeinschaft, S. 268; *Ress*, DÖV 1992, S. 944 (948).

Bestimmung des Kreises der zu schützenden Güter weiterhin den Mitgliedstaaten vorbehält. Die VO 3911/92 ist demnach ohne weiteres mit dem Subsidiaritätsprinzip zu vereinbaren.

IV. Verhältnis zu europäischem Primärrecht (Art. 30 EGV)

Bei der sekundärrechtlichen VO 3911/92 ist die Wechselwirkung zum europäischen Primärrecht in Sachen Kulturgüterschutz zu bestimmen. Es ist das Verhältnis der VO 3911/92 zur Vorschrift des Art. 30 EGV zu untersuchen. Nach dieser Vorschrift sind Ausnahmen vom Grundsatz der Regelungen der Art. 28, 29 EGV für bestimmte Einfuhr-, Ausfuhr- und Durchfuhrverbote oder -beschränkungen zulässig. Eine solche Ausnahme wird in Art. 30 EGV zum Schutz des nationalen Kulturguts von künstlerischem, geschichtlichem oder archäologischem Wert gemacht. Die Anwendbarkeit des Art. 30 EGV kann jedoch durch Gemeinschaftsregelungen ausgeschlossen werden[598].

Art. 1 VO 3911/92 definiert aber nicht nur, was unter Kulturgütern im Sinne der Verordnung zu verstehen ist, sondern bringt zum Ausdruck, daß die Verordnung nur „unbeschadet der Befugnisse der Mitgliedstaaten nach Art. 36“ (heute Art. 30 EGV) des EG-Vertrages gelten soll. Damit gilt Art. 30 EGV neben der VO 3911/92. Folglich wird klargestellt, daß die Verordnung nur außenwirtschaftsrechtliche Regelungen und keine Binnenmarktregelungen trifft[599]. Die Regelungen der VO 3911/92 stellen allerdings keine abschließende Gemeinschaftsregelung dar[600], da die Vorschriften der Verordnung nur den Warenverkehr mit Drittstaaten betreffen. Die nationalen Systeme des Kulturgüterschutzes sind dadurch weitgehend unberührt[601]. Die VO 3911/92 enthält ebensowenig wie die RiLi 93/7/EWG[602] eine primärrechtlich verbindliche Auslegung des Begriffs „nationales Kulturgut“ i. S. d. Art. 30 EGV. Als sekundärrechtliche Akte könnten diese beiden Regelungen dies gar nicht enthalten[603]. Die Regelungen der

598 EuGH, U.v. 5.10.1977 Rs. 5/77 (Tedeschi), Slg. 1977, S. 1555; U.v. 5.10.1994 Rs. C-323/93 (Centre D'Insemination de la Crespelle), Slg. 1994, I-5077, 5106.

599 *Ehlers* in: GH II/Krenzler, E 17 Rdnr. 35.

600 *Müller-Graff* in: GTE, Art. 36 Rdnr. 63.

601 *Schwarze*, JZ 1994, S. 111 (113).

602 Vgl. dazu auf Seite 21 dieser Arbeit.

603 *Müller-Graff* in: GTE, Art. 36 Rdnr. 63.

VO 3911/92 bezwecken nur die Festlegung einzelner Kategorien von Kulturgütern, die einer Ausfuhrgenehmigung in Drittstaaten bedürfen, ohne jedoch die Befugnisse der Mitgliedstaaten im Rahmen des Art. 30 EGV zur endgültigen Definition, was nationales Kulturgut ist und was nicht, einzuschränken.

Gleichwohl ist die VO 3911/92 für die Ausfuhr von Kulturgütern aus einem Mitgliedstaat der Europäischen Gemeinschaft in einen anderen nicht vollkommen belanglos. Aus ihr können sich Auslegungsgesichtspunkte dafür ergeben, was unter einem Kulturgut i. S. d. Art. 30 EGV zu verstehen ist und wann das Kulturgut nationalen Charakter hat, d. h. nicht einem anderen Staat zuzuordnen ist[604].

---

[604] Vgl. zum letzteren die Regelung des Art. 2 Abs. 2 S. 1 VO 3911/92 u. *Ehlers* in: GH II/Krenzler, E 17 Rdnr. 35. Zu den Schwierigkeiten der Begriffsbestimmung „nationales Kulturgut" im Rahmen des Art. 30 EGV siehe auf Seite 96 dieser Arbeit.

B. Einzelerläuterungen

I. Vereinbarkeit der VO 3911/92 mit anderen Rechtsvorschriften

1. Vereinbarkeit mit den Gemeinschaftsgrundrechten

Die Europäische Union achtet gemäß Art. 6 Abs. 2 EUV die Grundrechte so, wie sie in der Europäischen Menschenrechtskonvention (EMRK) gewährleistet sind und wie sie sich darüber hinaus aus den gemeinsamen Verfassungsüberlieferungen der Mitgliedstaaten als allgemeine Grundsätze des Gemeinschaftsrechts ergeben. Der Grundrechtsschutz ist nicht nur gegen die Europäische Union gerichtet, sondern weitergehend auch gegen die Europäischen Gemeinschaften als Bestandteile der Union (Art. 1 Abs. 3 EUV) und gegen deren Organe (Art. 46 lit d EUV). Trotzdem werden die Europäischen Gemeinschaften weder durch die EMRK, noch durch die Verfassungsüberlieferungen der Mitgliedstaaten unmittelbar gebunden. Die Regelungen stellen nur Rechtserkenntnisquellen für die allgemeinen Grundsätze des Gemeinschaftsrechts dar[605]. Die EMRK erzeugt danach keine unmittelbaren Bindungswirkungen im Gemeinschaftsrecht. Ein Beitritt zur EMRK ist gemäß Art. 59 Abs. 1 dieser Konvention nur den Mitgliedern des Europarates und somit nur Staaten (Art. 4 und 5 der Satzung des Europarates) gestattet[606]. Der Beitritt der Europäischen Gemeinschaften, der vielfach erwogen worden ist, scheitert schließlich am Gemeinschaftsrecht selbst. Der Europäischen Gemeinschaft fehlt es nämlich momentan an einer Zuständigkeit für den Beitritt zu einer dem Menschenrechtsschutz verpflichteten internationalen Organisation[607]. Zudem kann der Vorschrift des Art. 6 Abs. 2 EUV selbst keine einseitige unmittelbare Bindung an die EMRK entnommen werden. Da nur auf die im Wege des wertenden Rechtsvergleichs zu ermittelnden gemeinsamen Verfassungsüberlieferungen verwiesen wird, scheidet eine Bindung an nationale Grundrechte aus. Es gilt deshalb weiterhin, daß die *„einheitliche Geltung des Gemeinschaftsrechts ... beeinträchtigt (würde), wenn bei der Entscheidung über die Gültigkeit von Handlungen der Gemeinschaftsorgane Normen oder Grundsätze des*

---

[605] Vgl. statt vieler *Streinz*, Europarecht, Rdnr. 358; a. A. z. B. *Kingreen*, JuS 2000, S. 857 (859).

[606] Vgl. EGMR U.v. 18.2.1999 Rs. 7/1998/910/1122 (Denise Matthews/ Vereinigtes Königreich) NJW 1999, S. 3107 ff.

[607] EuGH, Gutachten v. 28.3.1996 G. 2/94 Slg. 1996, I-1759 ff.

nationalen Rechts herangezogen würden"[608]. Grundrechte können die Gemeinschaft daher nur als Gemeinschaftsgrundrechte binden. In Zukunft kommt auch die vom Europäischen Rat (Art. 4 Abs. 2 EU) auf seiner Tagung in Nizza proklamierte Grundrechtscharta der Europäischen Union[609] neben der EMRK und den gemeinsamen Verfassungsüberlieferungen der Mitgliedstaaten als Rechtserkenntnisquelle für die Gewinnung der Gemeinschaftsgrundrechte in Betracht[610].

a. Vereinbarkeit mit der gemeinschaftsrechtlichen Ausfuhrfreiheit

In der Rechtssache Centro-COM ist bezweifelt worden, ob das Recht auf Ausfuhr in Drittländer ein Gemeinschaftsgrundrecht ist[611]. Diese Zweifel sind jedoch unbegründet[612]. Die Außenwirtschaftsfreiheit ist sowohl nach deutschem Verfassungsrecht verfassungsrechtlich gewährleistet[613] als auch als Teil des vom Europäischen Gerichtshof als Gemeinschaftsgrundrecht anerkannten Rechts der Berufsfreiheit[614] anerkannt. Folge der gemeinschaftsrechtlichen Verbürgung der freien Warenausfuhr in Drittländer ist, daß Beschränkungen des Warenexports durch die Gemeinschaft oder durch Mitgliedstaaten Eingriffe in diese Freiheit sind, die gerechtfertigt werden müssen. Eine Maßnahme ist dann gerechtfertigt, wenn „die Beschränkungen tatsächlich dem Gemeinwohl dienenden Zielen der Gemeinschaft entsprechen und nicht einen im Hinblick auf den verfolgten Zweck

---

608 Siehe EuGH, U.v. 15.7.1960 verb. Rs. 36-38/59 und 40/59 (Ruhrkohlen-Verkaufsgesellschaften und I. Nold KG/Hohe Behörde), Slg. 1960, 885 (920); U.v. 17.12.1970 Rs. 11/70 (Internationale Handelsgesellschaft/Einfuhr- und Vorratsstelle für Getreide und Futtermittel), Slg. 1970, 1126 (1135 Rdnr. 1); U.v. 13.12.1979 Rs. 44/79 (Liselotte Hauer/Land Rheinland-Pfalz), Slg. 1979, 3727 (3744 Rdnr. 14); *Pernice* in: Grabitz/Hilf, Art. 164 Rdnr. 43 m. w. Nachw.

609 Vgl. *Magiera*, DÖV 2000, S. 1017 ff.; *Grabenwarter*, DVBl. 2001, S. 1 ff.

610 Wie hier *Ehlers* in: GH II/Krenzler, E 17 Rdnr. 26.

611 EuGH, U.v. 14.1.1997 Rs. C-124/95 (Centro-COM), Slg. 1997, I-81, 106 Rdnr. 65.

612 Vgl. bereits *Ehlers/Pünder* in: GH II/Krenzler, E 15 Rdnr. 27 f.

613 BVerfGE 12, 281 (293 ff.); *Epping*, Die Außenwirtschaftsfreiheit, S. 10 ff. m. w. Nachw.

614 EuGH, U.v. 14.5.1974 Rs. 4/73 (Nold/Kommission), Slg. 1974, 491 (507 f. Rdnr. 14); U.v. 13.12.1979 Rs. 44/79 (Liselotte Hauer/Land Rheinland-Pfalz), Slg. 1979, 3727 (3750 Rdnr. 32); U.v. 10.1.1992 Rs. C-177/90 (Kühn), Slg. 1992, I-35, 63 f. Rdnr. 16; U.v. 5.10.1994 Rs. C-280/93 (Deutschland/Rat [„Bananenmarktordnung"]), Slg. 1994, I-4973, 5065 Rdnr. 78; U.v. 13.12.1994 Rs. C-306/93 (SMW Winzersekt), Slg. 1995, I-5555, 5580 Rdnr. 20 ff.

unverhältnismäßigen, nicht tragbaren Eingriff darstellen, der die so gewährleisteten Rechte in ihrem Wesensgehalt antastet"[615].

Die VO 3911/92 unterstellt die Ausfuhr von Kulturgütern in Drittstaaten einem Genehmigungsvorbehalt (Art. 2 Abs. 1 VO 3911/92) und statuiert deshalb eine Pflicht zur Einholung einer Genehmigung. Damit greifen die Vorschriften in die gemeinschaftsrechtlich gewährleistete Ausfuhrfreiheit ein. Sie müssen sich deshalb nach den zuvor genannten Grundsätzen an diesem Maßstab rechtfertigen lassen. An dieser Stelle muß zwischen der Rechtfertigung der Genehmigungsbedürftigkeit an sich (dazu sogleich Punkt aa) und der Rechtfertigung der Reichweite des Genehmigungserfordernisses (dazu unter Punkt bb) unterschieden werden.

aa. Genehmigungsbedürftigkeit als solche

Der Zweck des Genehmigungserfordernisses in der VO 3911/92 ist es, die mitgliedstaatlichen Ausfuhrbeschränkungen für Kulturgüter zu unterstützen. Dieser Zweck wäre dann nicht dazu geeignet, eine Einschränkung der Ausfuhrfreiheit zu rechtfertigen, sofern mitgliedstaatliche Ausfuhrbeschränkungen ihrerseits nicht gemeinschaftsrechtskonform wären. Allerdings wurde schon darauf hingewiesen[616], daß Art. 30 EGV sogar im Binnenmarkt Ausfuhrbeschränkungen aus Gründen des nationalen Kulturguts von künstlerischem, geschichtlichem oder archäologischem Wert zuläßt. Entsprechendes muß für den Verkehr mit Drittstaaten gelten. Dies ergibt sich aus einem Erst-Recht-Schluß[617].

Die anzuerkennenden Belange der Mitgliedstaaten werden durch das gemeinschaftsweit geltende Genehmigungserfordernis geschützt, da sie insoweit eine unkontrollierte Ausfuhr von Kulturgütern in Drittstaaten unterbinden sollen. Gleichzeitig wird durch die Genehmigungsbedürftigkeit als solche weder die Ausfuhrfreiheit unverhältnismäßig eingeschränkt noch in ihrem Wesensgehalt berührt. Unter Umständen kann ein Kulturgut sogar nur durch die Verweigerung einer Ausfuhrgenehmigung vor einer Zerstörung geschützt werden. So wird

---

615 EuGH, U.v. 14.5.1974 Rs. 4/73 (Nold/Kommission), Slg. 1974, S. 491 (507 f. Rdnr. 14); vgl. auch *Pernice* in: Grabitz/Hilf, Art. 164 Rdnr. 68: *v. Bogdandy/ Nettesheim*, Europäisches Außenwirtschaftsrecht, S. 61 (74).

616 Vgl. dazu auf Seite 79 dieser Arbeit.

617 *Ehlers* in: GH II/Krenzler, E 17 Rdnr. 29.

bspw. ein Ensemble zerstört, wenn einzelne Bauwerke abgebaut und an anderer Stelle wieder errichtet werden sollen[618]. Die Genehmigungsbedürftigkeit als solche im Rahmen der VO 3911/92 ist demnach mit dem Gemeinschaftsgrundrecht der Ausfuhrfreiheit zu vereinbaren.

bb. Reichweite des Genehmigungserfordernisses

Bedenken könnten jedoch aufgrund der Notwendigkeit bestehen, eine Ausfuhrgenehmigung in solchen Fällen einholen zu müssen, in denen der Ausfuhr keine schützenswerten Belange entgegenstehen. Der Kultur(gut)begriff ist diffus[619]. Dennoch kann nicht behauptet werden, daß der Anhang der VO 3911/92 sichtlich abwegige Gegenstände auflistet, deren Einstufung als Kulturgut ungerechtfertigt erschiene[620]. Ebenfalls ist zu bedenken, daß das Genehmigungsverfahren nur zu einer Prüfung des Ausfuhrvorgangs an sich führt. Materielle Kriterien für eine Erteilung oder Versagung einer Genehmigung enthält die VO 3911/92 nicht. Aus diesem Grund ist an dieser Stelle allein auf das Recht der einzelnen Mitgliedstaaten abzustellen. Bei einem Verstoß gegen das Gemeinschaftsgrundrecht der Ausfuhrfreiheit durch ein nationales Exportverbot ist dies nur dem mitgliedstaatlichen Recht anzulasten. Umgekehrt gewährt die VO 3911/92 den Mitgliedstaaten keinen Freibrief, über die Ausfuhr von Kulturgütern nach Belieben zu entscheiden[621]. Vereinbar mit dem Gemeinschaftsgrundrecht der Ausfuhrfreiheit sind danach mitgliedstaatliche Regelungen, nach denen nur die Ausfuhr bestimmter als schützenswert erachteter Objekte einer Genehmigung bedarf (die dann in besonderen Listen eingetragen sind) und bei denen im übrigen ein Anspruch auf Erteilung einer Ausfuhrgenehmigung besteht, sofern keine Versagungsgründe eingreifen.

---

618 Beispiel bei *Ehlers* in: GH II/Krenzler, E 17 Rdnr. 29.

619 Vgl. zu den Schwierigkeiten bei der Begriffsbestimmung im Rahmen des Art. 30 EGV auf Seite 87 dieser Arbeit.

620 Wenngleich der kulturelle Wert einiger im Anhang genannter Güter zumindest zweifelhaft sein kann. Dieser Umstand ist aber damit zu rechtfertigen, daß die Kompetenz der Mitgliedstaaten zur Festlegung der Schutzwürdigkeit von nationalen Kulturgütern so wenig wie möglich eingeschränkt werden sollte.

621 Vgl. beispielhaft zu den deutschen Vorschriften des KultSchG als Beispiel für eine mitgliedstaatliche Regelung das vierte Kapitel dieser Arbeit.

Folglich wird das Gemeinschaftsgrundrecht der Ausfuhrfreiheit durch die VO 3911/92 nicht unverhältnismäßig beschränkt[622].

b. *Vereinbarkeit mit dem gemeinschaftlichen Eigentumsgrundrecht*

Die Gemeinschaftsgrundrechte umfassen weiterhin das Eigentumsrecht[623]. Die VO 3911/92 greift in dieses Gemeinschaftsgrundrecht ein, weil sie dem Eigentümer die Ausfuhr eines Kulturgutes ohne Genehmigung verbietet. Beschränkungen des Eigentumsrechts sind aber dann gerechtfertigt, wenn sie „dem allgemeinen Wohl dienenden Zielen der Gemeinschaft entsprechen". Weiterhin dürfen sie nicht „einen im Hinblick auf den verfolgten Zweck unverhältnismäßigen, nicht tragbaren Eingriff in die Vorrechte des Eigentümers" darstellen und „das Eigentumsrecht in seinem Wesensgehalt antasten"[624]. Das Genehmigungserfordernis dient Gemeinwohlzielen der Gemeinschaft. Der Umstand, daß eine Genehmigung eingeholt werden muß, wirkt sich in diesem Fall nicht so aus, daß die Privatnützigkeit und Verfügungsbefugnis des Eigentümers unverhältnismäßig zurückgedrängt würde oder das Eigentumsrecht sogar in seinem Wesensgehalt angetastet würde[625]. Die VO 3911/92 ist deshalb mit dem gemeinschaftlichen Eigentumsgrundrecht vereinbar.

2. *Vereinbarkeit mit dem Recht auf Freizügigkeit*

Teilweise ist im Schrifttum die Ansicht vertreten worden, daß die europäischen Kulturgüterschutzregelungen zumindest indirekt die Freiheiten des Personenverkehrs beschränken[626]. So wurde der Beispielsfall konstruiert, daß eine Person,

---

622 Wie hier *Ehlers* in: GH II/Krenzler, E 17 Rdnr. 30.

623 Vgl. aus der Rspr. des EuGH etwa: U.v. 13.12.1979 Rs. 44/79 (Liselotte Hauer/Land Rheinland-Pfalz), Slg. 1979, S. 3727 (3745 Rdnr. 17); U.v. 19.6.1980 verb. Rs. 41, 121 u. 796/79 (Testa/Bundesanstalt für Arbeit), Slg. 1980, S. 1979 (1996 Rdnr. 18); *Ehlers/Pünder* in: GH II/Krenzler, E 15 Rdnr. 29.

624 EuGH, U.v. 14.5.1974 Rs. 4/73 (Nold/Kommisssion), Slg. 1974, S. 491 (507 f. Rdnr. 14); U.v. 13.12.1979 Rs. 44/79 (Liselotte Hauer/Land Rheinland-Pfalz), Slg. 1979, S. 3727 (3747 Rdnr. 23); U.v. 13.7.1989 Rs. 5/88 (Wachauf), Slg. 1989, S. 2609 (2639 Rdnr. 18); U.v. 10.1.1992 Rs. C-177/90 (Kühn), Slg. 1992, I-35, 63 f. Rdnr. 16.

625 *Ehlers* in: GH II/Krenzler, E 17 Rdnr. 31.

626 *Seidl-Hohenveldern* in: Fechner/Oppermann/Prott [Hrsg.], Prinzipien des Kulturgüterschutzes, S. 113 (115 m. Fn. 11); *Siehr*, NJW 1993, S. 2206 (2208); *ders.* in: FS für Mestmäcker, S. 483 ff.

die in ein Drittland umziehen will, dies deshalb nicht könne, weil die Ausfuhrgenehmigung für die Kulturgüter, die mitgenommen werden sollen, verweigert werde[627]. Art. 18 EGV schützt nach seinem Wortlaut nur das Recht, sich „im Hoheitsgebiet der Mitgliedstaaten" vorbehaltlich bestimmter Beschränkungen und Bedingungen frei zu bewegen und aufzuhalten. Von der Vorschrift wird damit nicht die Ausreise aus dem Hoheitsgebiet in Drittstaaten erfaßt. Zu den ungeschriebenen Gemeinschaftsgrundrechten gehört aber auch das Recht auf Ausreise aus dem Gemeinschaftsgebiet[628]. Hiervon könnte die Mitnahme von Gegenständen umfaßt sein. Jedoch ist der Eingriff aus den oben bereits ausgeführten Gründen[629] gerechtfertigt. Das Erfordernis einer Genehmigung zur Ausfuhr dient legitimen Zielen, nämlich dem Schutz von nationalem Kulturgut und dessen Belegenheit im Sitzstaat. In diesem Zusammenhang und vor diesem Hintergrund erweist sich das Erfordernis einer Genehmigung und die damit verbundenen Einschränkungen auch als verhältnismäßig[630]. Wenn nationale Exportbeschränkungen die Freizügigkeit übermäßig einschränken, ist dies dem mitgliedstaatlichen Recht und nicht der VO 3911/92 anzulasten. Die VO 3911/92 verstößt deshalb nicht gegen das Gemeinschaftsgrundrecht auf Freizügigkeit.

3. Vereinbarkeit mit der Kulturkompetenz der Gemeinschaft, Art. 151 Abs. 5 EGV

Im Zuge des Vertrages von Maastricht ist eine Kompetenz der Europäischen Gemeinschaft zur Kulturförderung in den EG-Vertrag eingefügt worden. Unter diese Kompetenz fallen gemäß Art. 151 Abs. 2 2. Spiegelstrich EGV auch Fördermaßnahmen zur Erhaltung und zum Schutz des kulturellen Erbes von europäischer Bedeutung. Der Rat darf als seinen Beitrag zur Verwirklichung der Ziele des Art. 151 Fördermaßnahmen nur unter Ausschluß jeglicher Harmonisierung der Rechts- und Verwaltungsvorschriften der Mitgliedstaaten erlassen. Der Begriff der Fördermaßnahmen umfaßt Gemeinschaftsmaßnahmen zur Stärkung der Zusammenarbeit zwischen den Mitgliedstaaten oder zur Unterstützung und Ergänzung ihres Handelns in den betreffenden Bereichen sowie ggf. weitergehend

627 Vgl. dazu *Siehr* in: FS für Mestmäcker, S. 483.

628 *Haag* in: GTE, Art. 8 a Rdnr. 5.

629 Vgl. dazu Seite 129 dieser Arbeit.

630 Wie hier *Ehlers* in: GH II/Krenzler, E 17 Rdnr. 32.

auch die finanzielle Unterstützung von Gemeinschaftsprogrammen oder einzelstaatlicher bzw. gemeinsamer Maßnahmen zur Erreichung der Ziele des Art. 151 EGV[631]. Die VO 3911/92 ist eine Fördermaßnahme in diesem Sinne. Zwar bezweckt sie keine Harmonisierung des materiellen Rechts der Mitgliedstaaten[632], sie entfaltet aber gewisse Harmonisierungswirkungen, als daß ein Genehmigungsverfahren für die erfaßten Ausfuhren vorgeschrieben wird. Allerdings muß beachtet werden, daß die VO 3911/92 vor Inkrafttreten des Art. 128 EGV a. F. (heute Art. 151 EGV) erlassen worden ist. Da eine Rückwirkung aber nicht angeordnet worden ist, kann früheres Sekundärrecht nicht an den handlungsbezogenen Anforderungen des Art. 128 Abs. 5 EGV a. F. (Art. 151 Abs. 5 EGV) gemessen werden[633]. Weiter ist zu bedenken, daß das Harmonierungsverbot des Art. 151 Abs. 5 EGV nur für ein Tätigwerden der Europäischen Gemeinschaft auf dieser Grundlage gilt, nicht aber für ein Tätigwerden auf der Grundlage anderer Handlungsermächtigungen[634]. Bei einem Tätigwerden aufgrund anderer Vorschriften ist die Gemeinschaft aber dazu verpflichtet, kulturellen Aspekten Rechnung tragen (Art. 151 Abs. 4 EGV)[635]. Wie bereits dargestellt[636], handelt es sich bei der VO 3911/92 um eine Maßnahme der gemeinsamen Handelsolitik, die ihre Grundlage in Art. 113 EGV a. F. (133 EGV) findet. Eine hier vorliegende Anknüpfung an die Sachmaterie der „gemeinsamen Handelspolitik" geht aber der kulturpolitischen Zielsetzung vor. Daraus ergibt sich, daß Art. 151 Abs. 5 EGV durch Art. 133 EGV verdrängt wird[637].

---

631 Vgl. *Blanke* in: Calliess/Ruffert [Hrsg.], EUV/EGV, Art. 151 Rdnr. 16 mit Verweis auf die Schlußfolgerungen des Europäischen Rates in Edinburgh.

632 Siehe dazu auch Seite 120 dieser Arbeit.

633 *Ehlers* in: GH II/Krenzler, E 17 Rdnr. 25.

634 Vgl. *Ress/Ukrow* in: Grabitz/Hilf, Art. 128 Rdnr. 68 ff.

635 Dazu *Fechner* in: GTE, Art. 128 Rdnr. 26.

636 Vgl. auf Seite 123 dieser Arbeit.

637 Ausdrücklich *Ress/Ukrow* in: Grabitz/Hilf, Art. 128 Rdnr. 76; zum Begriff der gemischten Aktivität der Gemeinschaft i. S. d. Art. 151 Abs. 4 EGV, für die das Harmonisierungsverbot nicht gilt, vgl. *Schmahl*, Die Kulturkompetenz der Europäischen Gemeinschaft, S. 226.

4. *Vereinbarkeit mit den Regelungen des GATT*

Die Europäische Gemeinschaft ist Mitglied der Welthandelsorganisation[638] und deshalb völkerrechtlich an die Regeln des Allgemeinen Zoll- und Handelsabkommen 1994 („GATT 1994")[639] gebunden[640]. In Art. XI des GATT ist ein grundsätzliches Verbot von Ausfuhrbeschränkungen enthalten. Allerdings ergibt sich aus Art. XX lit. f GATT eine ausdrückliche Ausnahme für Maßnahmen zum Schutze nationalen Kulturgutes von künstlerischem, geschichtlichem oder archäologischem Wert. Diese Ausnahme gilt unter dem Vorbehalt, daß die Maßnahmen nicht zu einer willkürlichen und ungerechtfertigten Diskriminierung zwischen Ländern, in denen gleiche Verhältnisse bestehen, oder zu einer verschleierten Beschränkung des internationalen Handels führen. Gerade der zuletzt genannte Aspekt ist bei der VO 3911/92 nicht einschlägig. Die Verordnung ist deshalb mit dem GATT 1994 vereinbar. Damit kann an dieser Stelle offen bleiben, ob die Bestimmungen des GATT über die völkerrechtlichen Bindungswirkungen hinausgehend unmittelbare Wirkung im Gemeinschaftsrecht entfalten[641].

II. *Die Regelungen der VO 3911/92 im einzelnen*

Die Zentralnorm der VO 3911/92 ist Art. 2 Abs. 1. Nach dieser Regelung bedarf die Ausfuhr von Kulturgütern aus dem Zollgebiet der Gemeinschaft einer Genehmigung[642]. Die Regelung des Art. 1 VO 3911/92 schreibt dazu vor, daß nur die im Anhang zu der Verordnung aufgeführten Gegenstände als „Kulturgüter" i. S. d. Verordnung gelten[643]. Wer für die Erteilung der Genehmigung zuständig ist, wird in Art. 2 Abs. 2 S. 1 VO 3911/92 geregelt[644]. Die materiellen Anforderungen für die Erteilung einer Genehmigung ergeben sich gemäß Art. 2 Abs. 2

---

638 Art. XI des Übereinkommens zur Errichtung der Welthandelsorganisation vom 15.4.1994, ABl. 1994 L 336/3.

639 ABl. 1994 L 336/11.

640 Zur völkerrechtlichen Bindungswirkung des GATT 1947 vgl. bereits EuGH, U.v. 12.12.1972 verb. Rs. 21-24/72 (International Fruit Company), Slg. 1972, S. 1219 (1227 Rdnr. 14/18).

641 EuGH, U.v. 23.11.1999 Rs. C-149/96 (*Portugal/Rat*) EuZW 2000, S. 276 (278, Rdnr. 47); näher zum Ganzen *Meng* in: FS für Bernhardt, S. 1063 ff.; *Krenzler* in: GH II/Krenzler, E 1 Rdnr. 65 ff.

642 Dazu auf Seite 137 dieser Arbeit.

643 Dazu auf Seite 137 dieser Arbeit.

644 Dazu auf Seite 153 dieser Arbeit.

S. 3 VO 3911/92 aus dem Recht der Mitgliedstaaten[645]. Die übrigen Vorschriften regeln i. V. m. einer Durchführungsverordnung[646], geändert durch die VO 1526/98 der Kommission vom 16. 7. 1998[647] das Verwaltungsverfahren[648]. Die Kompetenz zum Erlaß der VO 3911/92-DVO liegt gemäß der Art. 7, 8 der VO 3911/92 bei der Kommission. Diese wird bei der Bewältigung der Aufgabe der Durchführung der VO 3911/92 von einem Beratenden Ausschuß für Kulturgüter unterstützt.

1. Ausfuhrgenehmigung

a. Voraussetzungen einer Genehmigungspflicht

aa. Kategoriesierung der Kulturgüter i. S. d. VO 3911/92

(1) Kategorien von Kulturgütern (Teil A des Anhangs)

Die VO 3911/92 gilt nur für solche Kulturgüter, die unter die Gattungsbezeichnung einer Kategorie des Teiles A des Anhangs gefaßt werden können. Die 14 Kategorien des Anhangs A beziehen alle wesentlichen Kulturgüterbereiche ein. Dies gilt unabhängig davon, welche Bedeutung den Gegenständen zukommt, so daß auch solche von nur durchschnittlicher Bedeutung erfaßt werden[649]. Aus diesem Grund ist der Katalog des Anhangs erheblich weiter gefaßt als das deutsche Kulturgüterschutzrecht. Das bedeutet, daß auch dann eine Genehmigung notwendig ist, wenn der Gegenstand nach nationalem Recht kein Kulturgut ist, aber in den Anwendungsbereich der VO 3911/92 fällt[650]. Die Kategorien des Anhangs sind mit den entsprechenden Tarifnummern des Gemeinsamen Zolltarifs versehen worden. Dies dient einer eindeutigen Identifizierung und dazu, die Arbeit der Zollverwaltung zu erleichtern.

---

645 Dazu auf Seite 160 dieser Arbeit.

646 VO [EWG] 752/93 vom 30.3.1993 zur Durchführung der VO 3911/92 des Rates über die Ausfuhr von Kulturgütern, ABl. 1993 L 77/24, im folgenden VO 3911/92-DVO genannt.

647 ABl. 1998 L 201/47.

648 Dazu auf Seite 170 dieser Arbeit.

649 *Eberl*, NVwZ 1994, S. 729 (730).

650 *Ehlers* in: GH II/Krenzler, E 17 Rdnr. 39; *Bila*, Nationaler Kulturgüterschutz, S. 156, 158.

Die Zuordnung von Gegenständen zu den in Teil A des Anhangs genannten Kategorien ist teilweise schwierig. Aus diesem Grund ist die Ansicht geäußert worden, daß Gebrauchsgegenstände weder in die Kategorie Verkehrsmittel i. S. d. Nr. 13 fallen, noch Antiquitäten i. S. d. Nr. 14 des Teils A des Anhangs sein können[651]. Dementsprechend werde für ein vor 1920 in Deutschland gebautes Binnenschiff, das auf dem Rhein oder der Donau verkehrt und dabei regelmäßig die EU-Außengrenzen zur Schweiz und zu Ungarn passiere, keine Ausfuhrgenehmigung benötigt. Gleiches gelte für eine wertvolle Stradivari-Geige, die von einem europäischen Orchestermusiker gespielt werde und auf eine außereuropäische Konzertreise mitgenommen werden soll[652]. oder für das auf den Silvesterball nach St. Moritz mitgenommene Schmuckstück[653]. Für diese Auffassung sprechen vor allem rechtspolitische Gründe. Allerdings fehlt im Text der VO 3911/92 oder des Anhangs ein eindeutiger Hinweis darauf, daß die aufgelisteten Gegenstände dann nicht unter die genannten Kategorien fallen sollen, solange sie noch als Gegenstände des täglichen Gebrauchs eingesetzt werden. Vor dem Hintergrund des verfolgten Schutzzwecks kommt eine teleologische Reduktion der Tatbestandsmerkmale des Anhangs nicht in Betracht[654]. Ebenso wenig können die Zollbehörden in der Regel einschätzen, ob die Gegenstände als Gebrauchsgegenstände eingesetzt werden oder zu anderen Zwecken über die Grenze gebracht werden sollen. Um nicht wegen unverhältnismäßiger Behinderung der Gemeinschaftsgrundrechte[655] ungültig zu sein, muß in solchen Fällen eine Ausfuhrgenehmigung mit längerer Geltungsdauer erteilt werden können. Diese Möglichkeit wird nunmehr durch die Art. 10 und 13 der Durchführungsverordnung[656] geschaffen. Zudem müssen nach einer Überprüfung die Wertgrenzen der Kategorien im Anhang in Zukunft heraufgesetzt werden[657], um eine stärkere Selektion zu erreichen.

---

651 *Maurer*, Die Ausfuhr von Kulturgütern, S. 86; *Mußgnug*, EuR 2000, S. 564 (586).

652 *Maurer*, Die Ausfuhr von Kulturgütern, S. 86.

653 *Mußgnug*, EuR 2000, S. 564 (580).

654 *Ehlers* in: GH II/Krenzler, E 17 Rdnr. 40.

655 Vgl. dazu auf Seite 129 dieser Arbeit.

656 Vgl. dazu auf Seite 162 dieser Arbeit.

657 Vgl. die Forderung bei *Ehlers* in: GH II/Krenzler, E 17 Rdnr. 98.

Bei Einordnungsproblemen sind die Gattungsbezeichnungen im Zweifel restriktiv zu interpretieren. So ist das Schulheft, in welches ein 65jähriger in der Grundschule geschrieben hat[658], noch keine Handschrift i. S. d. Kategorie A 8. Dem Schulheft fehlt ein künstlerischer, geschichtlicher oder wissenschaftlicher (nicht notwendigerweise kommerzieller) Wert[659]. Dies ergibt sich aus einer vergleichsweisen Heranziehung des Wortlauts von Art. 30 EGV, der von nationalem Kulturgut von künstlerischem, geschichtlichem oder archäologischem Wert spricht.

Abgrenzungsfragen ergeben sich zwischen den Kategorien A 3 und A 4. Danach ist zu entscheiden, ob es sich bei den zu beurteilenden Gegenständen um Bilder oder Gemälde (Kategorie A 3) bzw. um Zeichnungen (Kategorie A 4) handelt. Diese Unsicherheiten führten zu einer Änderung der Grundverordnung durch die VO 2469/69[660] und zu einer klarstellenden Regelung für „Aquarelle, Gouachen und Pastelle, auf jeglichem Träger vollständig von Hand hergestellt", in dem eine gleichlautende neue Kategorie 3 a im Anhang A ergänzt wurde.

Große Anwendungsprobleme ergeben sich aus der Kategorie 12 a) des Anhangs A. Nach dieser Kategorie zählen nicht nur Sammlungen, sondern auch Einzelexemplare aus zoologischen, botanischen, mineralogischen oder anatomischen Sammlungen zu den Kulturgütern. Die amtliche Fußnote 2 der VO 3911/92 regelt dazu: Im Sinne des Urteils des Gerichtshofs in der Rechtssache 252/84: „Sammlungsstücke im Sinne der Tarifnummer 97 05 des GZT sind Gegenstände, die geeignet sind, in eine Sammlung aufgenommen zu werden, das heißt Gegenstände, die verhältnismäßig selten sind, normalerweise nicht ihrem ursprünglichen Verwendungszweck gemäß benutzt werden, Gegenstand eines Spezialhandels außerhalb des üblichen Handels mit ähnlichen Gebrauchsgegenständen sind und einen hohen Wert haben". Auch nach dieser Erklärung bleibt die Frage offen, mit welchen Mitteln die Zollbehörden erkennen sollen, ob es sich bei den auszuführenden Gegenständen um Teile von Sammlungen handelt (also z. B. einzelne Mineralien oder Insekten), die nur zum Zwecke der leichteren Verbringung aus

---

658 Vgl. das Beispiel bei *Mußgnug*, EuR 2000, S. 564 (580) und *Hipp*, Kulturgüterschutz in Deutschland, S. 265.

659 *Ehlers* in: GH II/Krenzler, E 17 Rdnr. 41.

660 Vgl. dazu auf Seite 115 dieser Arbeit.

dem Zollgebiet der Gemeinschaft getrennt worden sind[661]. Eine Abhilfe erscheint nur durch eine Konzentration der zuständigen Zollstellen möglich. So kann einem Mißbrauch durch zusätzliche Sachkompetenz entgegengewirkt werden.

Es ist versucht worden, in Teil A des Anhangs Überschneidungen der jeweiligen Kategorien von Kulturgütern zu vermeiden. Dies ist allerdings nicht immer gelungen. Vor allem bei den Gegenständen der Kategorie 2 (Bestandteile von Kunst und Baudenkmälern oder religiösen Denkmälern, die aus deren Aufteilung stammen und älter sind als 100 Jahre) können auch andere Kategorien einschlägig sein. Es kann aber nicht beabsichtigt sein, für alle im Zusammenhang mit Denkmälern stehenden Gegenstände aus der Zeit bis zum Anfang des 20. Jahrhunderts ohne Rücksicht auf deren finanziellen Wert eine Genehmigungspflicht einzuführen. Man wird deshalb als Bestandteile von Denkmälern i. S. d. VO 3911/92 nur solche Gegenstände ansehen können, die vor der Aufteilung fest mit den Denkmälern verbunden waren. Sofern ein Kulturgut in mehrere Kategorien eingeordnet werden kann, ist es derjenigen zuzurechnen, die der niedrigsten Wertgruppe in Teil B angehört. Nur auf diese Weise kann ein umfassender Schutz gewährleistet werden[662].

Die Generalklausel des Anhangs A ist die Kategorie 14 b). Sie erfaßt alle über 100 Jahre alten Antiquitäten. Der übliche Begriff der Antiquität als Gegenstand des Kunsthandwerks mit gewissem Alter[663] bringt einen Definitionsversuch nicht weiter. Dieser Ansatz setzt nämlich einen Kunstbegriff voraus, den die VO 3911/92 gerade nicht vorschreiben will. Hier kann man einen möglichst weitreichenden Schutz dadurch erlangen, daß man Antiquitäten i. S. d. VO 3911/92 als von Menschen hergestellte Gegenstände mit einem gewissen Alter definiert[664]. Eine Zuordnung von Antiquitäten in die Kategorien 14 a) oder 14 b) erscheint bei der Berücksichtigung der verschiedenen Sprachfassungen der Vorschrift nicht zweifelsfrei möglich. So ist nicht eindeutig, ob die Kategorie 14 a) nur Goldschmiede- (so die deutsche Fassung) oder auch Silberschmiedearbeiten (in der englischen Fassung heißt es „articles of goldsmiths- or silver-

661 Zu den Zweifeln *Ehlers* in: GH II/Krenzler, E 17 Rdnr. 43.

662 Wie hier *Ehlers* in: GH II/Krenzler, E 17 Rdnr. 44; im Ergebnis ebenso *Eberl*, NVwZ 1994, S. 729 (730).

663 Vgl. z. B. *Olbrich* [Hrsg.], Lexikon der Kunst, Band 1, S. 57.

664 *Ehlers* in: GH II/Krenzler, E 17 Rdnr. 45.

smiths-wares") erfaßt[665]. Für eine Lösung ist zu bedenken, daß im Gemeinschaftsrecht alle sprachlichen Fassungen der Vorschriften gleichwertig sind. Wenn nach der Heranziehung verschiedener Sprachfassungen noch Unklarheiten verbleiben, ist der Sinn und Zweck der Regelungen heranzuziehen. Für die außenwirtschaftsrechtliche Absicherung des Kulturgüterschutzes soll ein Kontrollregime bereitgestellt werden, das sich auf einen nicht zu weit gehenden gemeinsamen Nenner gründet[666]. Ein solches Kontrollregime kann nur effektiv sein, wenn es eindeutig ist. Vor diesem Hintergrund sind die verschiedenen Sprachfassungen restriktiv auszulegen. Silberschmiedearbeiten können danach nicht als Kulturgut i. S. d. Kategorie 14 a) eingestuft werden[667].

Mit Ausnahme der unter die Kategorie A 12 fallenden Kulturgüter müssen alle Gegenstände mindestens 50 Jahre alt sein. Dies ergibt sich für die Kategorien A 3 bis 8 aus der amtlichen Fußnote 1 der Verordnung. In einigen Fällen wird ein Alter von mehr als 75 Jahren (Nr. 13), 100 Jahren (Nr. 1, 2, 9, 14 b) oder gar 200 Jahren (Nr. 10) verlangt. Das Alter ist in diesem Fall zu definieren als die Zeitspanne zwischen der Vollendung des Werkes und der Antragstellung zur Erlangung der Ausfuhrgenehmigung[668]. Probleme ergeben sich, wenn für die Vollendung nur ein Zeitraum und kein genauer Zeitpunkt angegeben werden kann. In einem solchen Fall könnte auf den frühest- oder spätestmöglichen, auf den wahrscheinlichsten oder auf einen mittleren Vollendungszeitpunkt abgestellt werden. Eine sinnvolle Lösung ergibt sich dann, wenn man die Altersberechnung auf den spätesten Zeitpunkt abstellt. Dieser Ansatz erscheint gerechtfertigt, da das Alter Tatbestandsvoraussetzung für das Vorliegen einer Genehmigungspflicht ist. Der Export darf jedenfalls nicht verweigert werden, wenn das erforderliche Alter nicht mit ausreichender Sicherheit angegeben werden kann.

Gegenstände, die unter die Kategorien A 3 bis 8 fallen, gelten nur dann als Kulturgüter i. S. d. VO 3911/92, wenn sie nicht ihren Urhebern gehören[669]. Urhe-

---

665 Vgl. dazu auch *Mußgnug*, EuR 2000, S. 564 (567 mit Fn. 13); *Hipp*, Kulturgüterschutz in Deutschland, S. 265.

666 Vgl. auch *Schwarze*, JZ 1994, S. 111 (117).

667 Wie hier *Ehlers* in: GH II/Krenzler, E 17 Rdnr. 45.

668 *Ehlers* in: GH II/Krenzler, E 17 Rdnr. 46.

669 Fußnote 1 der VO 3911/92; kritisch zum generellen Ausschluß von Werken, die sich im Besitz ihrer Künstler befinden, *Sparr*, Kulturhoheit und EWG-Vertrag, S. 92.

ber ist nur, wer das Werk auch körperlich hergestellt hat. Unter den Begriff ist nicht der Auftraggeber zu fassen[670]. Ein Gegenstand gehört dem Urheber nur dann, wenn er nach den sachenrechtlichen Vorschriften Eigentümer ist. Bloßer Besitz ist nicht ausreichend. Die Ausnahme des Urhebers vom Genehmigungserfordernis ist da gedacht, seine Kunst-, Berufs- und Eigentumsfreiheit zu respektieren. Ob die Befreiung von der Genehmigungspflicht zur Wahrung der diesbezüglichen Gemeinschaftsgrundrechte unabdingbar ist, muß an dieser Stelle nicht entschieden werden. Es ist allerdings offen, ob nicht die Urheber der Güter i. S. d. Kategorie A 14 a) (sonstige Antiquitäten) in gleicher Weise wie die Urheber von Gütern anderer Kategorien schutzbedürftig sind. Ein Unterschied zu den anderen Kategorien besteht darin, daß es sich bei den Gütern im Sinne dieser Kategorie nicht zwangsläufig um Einzelstücke handeln muß. Der Verordnungsgeber schätzt wohl auch den künstlerischen Wert geringer ein, da es sich in vielen Fällen nur um Kunstgewerbe handeln wird. Der Eingriff in die Gemeinschaftsrechte dürfte dadurch ebenso zu rechtfertigen sein wie die Differenzierung. De lege ferenda sollte dem Gedanken der Urheberschaft aber auch für Güter der Kategorie A 14 a) Rechnung getragen werden. So sollten die Mitgliedstaaten in diesen Fällen die Urheberschaft bei der Genehmigungserteilung besonders berücksichtigen[671]. Die Ablehnung einer vom Urheber beantragten Ausfuhrgenehmigung verletzt jedenfalls regelmäßig seine Gemeinschaftsgrundrechte.

(2) Kritik an der Kategorisierung

Die Kategorisierung der Kulturgüter in Teil A der Anlage ist zum Teil erheblich kritisiert worden[672]. Die Kritik bezog sich vor allem auf den Umfang der aufgelisteten Kulturgüter, die Anknüpfung an das Alter der Gegenstände, die Unschärfe der Abgrenzungskriterien und die mangelnde Praktikabilität der Regelungen vor allem aus Sicht der Zollbehörden. Zum Teil sind die vorgebrachten Kritikpunkte berechtigt. Allerdings muß bedacht werden, daß, wenn man das Kontrollregime auf wenige Kulturgüter zurückschraubt, dies den Interessen der meisten Mitglied-

---

[670] *Ehlers* in: GH II/Krenzler, E 17 Rdnr. 47.

[671] *Ehlers* in: GH II/Krenzler, E 17 Rdnr. 47.

[672] Vgl. z. B. *Eberl*, NVwZ 1994, S. 729 (730); weitere Kritikpunkte listen *Bila*, Nationaler Kulturgüterschutz, S. 156 ff. und *Hipp*, Kulturgüterschutz in Deutschland, S. 265 f. auf; vgl. auch *Schwarze*, JZ 1994, S. 111 (116).

staaten nicht gerecht wird. Ebenso erscheint es sachgerecht, das Alter des Gegenstandes als Anknüpfungspunkt für eine Kategorisierung zu wählen. Bei der Festlegung von Altersgrenzen wird ein verläßliches und leicht bestimmbares Kriterium geschaffen, daß im wesentlichen gut dazu geeignet erscheint, Abstufungen hinsichtlich der Wertigkeit von Kulturgütern vornehmen zu können. An dieser Stelle ist jedoch zu bedenken, daß durch die Festlegung von Altersgrenzen von mindestens 50 Jahren zeitgenössische Kunst nicht unter die Kategorien der VO 3911/92 fällt[673]. Zwar mag es in Einzelfällen dazu kommen, daß ein für das Kulturerbe eines Mitgliedstaates wichtiges Kulturgut nicht dem Schutz der VO 3911/92 unterfällt, da wegen des Nichterreichens der Altersgrenze der gemeinschaftsrechtliche Schutz nicht gewährt werden kann. Andererseits gilt es die berechtigten Interessen des freien Kunsthandels und die Eigentums- und Urheberrechte des lebenden Künstlers bzw. die der Erben zu berücksichtigen und gegen das Schutzinteresse des Belegenheitsstaates abzugrenzen. Unter diesem Gesichtspunkt ist eine mögliche Einschränkung hinzunehmen[674]. Ferner ist zu berücksichtigen, daß sich Abgrenzungsschwierigkeiten niemals vermeiden lassen werden, da die VO 3911/92 gerade keine Kulturgüter namentlich in einer Liste aufführt (wie etwa das deutsche Recht), sondern lediglich Kategorien von Kulturgütern nennt, die einem gemeinschaftsweiten Schutzregime unterstellt werden können. Den Kritikern ist aber zuzugestehen, daß eine präzise Fassung der einzelnen Kategorien unabdingbare Voraussetzung für einen effektiven Kulturgüterschutz ist. Der Verordnungsgeber ist sich dessen aber bewußt, was die Änderung des Anhangs[675] und die damit verbundene Schaffung der neuen Kategorie „3a. Aquarelle, Gouachen und Pastelle“ beweist. Eine regelmäßige Überprüfung und Neubewertung des Anhangs ist angezeigt.

(3) Wertgruppen von Kulturgütern (Teil B des Anhangs)

In Teil B des Anhangs sind Wertgruppen gebildet worden, in die die in Teil A des Anhangs genannten Kategorien von Kulturgütern eingeordnet werden. Teil B des Anhangs stellt dabei im Unterschied zu Art. 30 EGV nicht auf den künstlerischen, geschichtlichen oder archäologischen, sondern auf den finanziellen

---

673 *Hipp*, Kulturgüterschutz in Deutschland, S. 265.

674 So auch *Hipp*, Kulturgüterschutz in Deutschland, S. 265.

675 VO 2469/96 des Rates vom 16.12.1996, ABl. L 355/9, vgl. auch oben auf Seite 115 dieser Arbeit.

(kommerziellen) Wert ab. Für die Kategorien 1 (archäologische Gegenstände), 2 (Aufteilung von Denkmälern), 8 (Wiegendrucke und Handschriften) und 11 (Archive) spielt der finanzielle Wert des Kulturgutes keine Rolle. Der Gegenstand bedarf auch dann einer Genehmigung, wenn der Wert „0“ beträgt. Diese mißverständliche Formulierung bedeutet jedoch nicht, daß der Gegenstand gar keinen Wert haben muß. Die Kategorie ist vielmehr so zu verstehen, daß das Kulturgut wertunabhängig als schutzbedürftig gilt. Um diesem Umstand besser Rechnung zu tragen und um zukünftig Mißverständnisse zu vermeiden, hat die Kommission der EG einen Vorschlag zur Änderung der VO 3911/92 vorgelegt, wonach die Worte „Wert: 0 (Null)“ durch die Worte „Wert: wertunabhängig“ ersetzt werden sollen[676].

Andere Kulturgüter müssen nach Teil B der Anlage einen Wert von (mindestens) 15.000, 30.000, 50.000 oder 150.000 ECU haben, um als Kulturgut i. S. d. VO 3911/92 zu gelten. Mit dem finanziellen Wert ist dabei der „Wert des Kulturgutes in dem in Art. 2 Abs. 2 der Verordnung genannten Mitgliedstaat“[677] gemeint. Die Mindestwerte werden bislang noch in ECU ausgedrückt. Sie sind in die jeweiligen Landeswährungen bzw. nach der nunmehr erfolgten Ablösung der Landeswährungen durch den Euro in diesen umzurechnen. Maßgeblicher Zeitpunkt für den in Teil B der Anlage zugrunde gelegten Wert des ECU ist der 1. 1. 1993[678]. Der Wert des ECU betrug am Stichtag 1,9550 DM[679]. Nach der VO 1103/97 des Rates vom 17. 6. 1997 über bestimmte Vorschriften im Zusammenhang mit der Einführung des Euro[680] ist ab dem 1. 1. 1999 jede Bezugnahme auf den ECU in Rechtsinstrumenten als eine Bezugnahme auf den Euro entsprechend dem Umrechnungskurs 1:1 anzusehen. Sofern die VO 3911/92 nicht geändert wird und damit eine Änderung des festen Umrechnungskurses vom 1. 1. 1993 einhergeht, wenden die Mitgliedstaaten, in denen der Euro die Währung ist, weiterhin jeweils unterschiedliche Beträge an, die auf den Umrechnungskursen von 1993 und nicht auf den Euro-Umrechnungskursen vom 1. 1. 1999 basieren. Um diesem Umstand abzuhelfen, hat die EG-Kommission

676 KOM [2000] 845 endg. S. 6.

677 Satz 2 Teil B des Anhangs.

678 Satz 3 des Anhangs.

679 *Eberl*, NVwZ 1994, S. 729 (730 m. Fn. 8).

680 ABl. 1997 L 162/1.

vorgeschlagen[681], den letzten Absatz des Teils B der Anlage wie folgt zu ergänzen:

„Die Mitgliedstaaten, in denen der Euro nicht die Währung ist, rechnen die im Anhang aufgeführten und in Euro ausgedrückten Wertgruppen in die jeweilige Landeswährung um, und zwar zu dem Umrechnungskurs, der am 31. Dezember 2001 im Amtsblatt der Europäischen Gemeinschaften veröffentlicht wird. Diese Beträge in der jeweiligen Landeswährung werden mit Wirkung vom 31. Dezember 2001 alle 2 Jahre überprüft. Die Berechnung stützt sich auf das Mittel der Tageswerte dieser Währungen ausgedrückt in Euro während der 24 Monate, die am letzten Tag des Monats August enden, der der Überprüfung mit Wirkung vom 31. Dezember vorausgeht. Diese Berechnungsmethode wird auf Vorschlag der Kommission vom Beratenden Ausschuß für Kulturgüter 2 Jahre nach der ersten Anwendung überprüft. Bei jeder Überprüfung werden die in Euro ausgedrückten Wertgruppen und die entsprechenden Beträge in Landeswährung regelmäßig an den ersten Tagen des Monats November, der dem Zeitpunkt vorausgeht, zu dem die Überprüfung wirksam wird, im Amtsblatt der Europäischen Gemeinschaften veröffentlicht."

Aus dem Vorschlag ergibt sich zugleich, daß in den Mitgliedstaaten, in denen der Euro die Währung ist, die Wertgruppen in Euro und nicht mehr in ECU angegeben sein sollen. De lege ferenda haben Frankreich, Italien und Schweden dafür plädiert, die Werte heraufzusetzen, die Bundesrepublik und Großbritannien haben hingegen dafür plädiert, die festgelegten Schwellenwerte zu erhöhen[682].

Die Erfüllung der finanziellen Voraussetzungen müssen „bei Einreichung des Antrags auf Erteilung einer Ausfuhrgenehmigung" gegeben sein[683]. Folglich ist auf den aktuellen Wert abzustellen. Dem Antragsteller kann eine Mitwirkung dahingehend abverlangt werden, Angaben über den Wert des auszuführenden Gegenstandes zu machen. Sofern der Wert nicht genau angegeben werden kann, ist der geringste ermittelbare Wert anzusetzen. Dies ergibt sich aus den gleichen Erwägungen wie beim Alter des Objekts[684]. Die im Anhang genannten Summen werden

681 Vgl. den Vorschlag in KOM [2000] 845 endg. S. 6.

682 Vgl. Bericht der Kommission vom 25.5.2000, KOM [2000] 325 endg., S. 17.

683 Satz 1 des Anhangs Teil B.

684 Vgl. dazu oben auf Seite 137 und *Ehlers* in: GH II/Krenzler, E 17 Rdnr. 46.

gemäß Art. 10 der VO 3911/92 durch den Rat auf Vorschlag der Kommission regelmäßig alle drei Jahre überprüft und dabei ggf. entsprechend den wirtschaftlichen und monetären Daten in der Gemeinschaft angepaßt. Eine Kontrolle dieser Werte ist im Hinblick auf die kontinuierliche Wahrung der Gemeinschaftsgrundrechte erforderlich. Nur so kann gewährleistet werden, daß die Grundrechte nicht durch Inflation oder durch eine generelle Wertsteigerung von Kunstgegenständen und Antiquitäten verletzt werden[685].

Die Einteilung von Kulturgütern in bestimmte Wertgruppen ist von Seiten des Kunsthandels scharf kritisiert worden[686]. Ein Argument war dabei, daß der eigentliche Wert eines Kulturgutes nicht in Geld ausgedrückt werden könne. Weiterhin komme es auf dem Kunstmarkt zu Preisschwankungen, so daß der Wert als Kriterium nicht besonders aussagekräftig sei. Trotzdem kann auf eine Bestimmung der Kulturgüter anhand ihres finanziellen Wertes nicht verzichtet werden[687]. Nur so kann ein einheitlicher Standard für die Ausfuhr von Kulturgütern an den Außengrenzen der Europäischen Gemeinschaft geschaffen werden[688]. Würde man den finanziellen Wert des auszuführenden Gegenstandes außer Betracht lassen, käme es wahrscheinlich zu einer umfangreichen Erweiterung der zu genehmigenden Ausfuhren. Gleichzeitig könnte die Gefahr bestehen, daß Gegenstände von hohem kulturellen Wert ohne Genehmigung ausgeführt werden dürfen. Beide Aspekte widersprechen aber einem Ausgleich zwischen den Interessen des Kunst- und Antiquitätenhandels und denen den Kulturgüterschutzes.

bb. Nicht genehmigungspflichtige Kulturgüter

Der zuständige Mitgliedstaat braucht gemäß Art. 2 Abs. 2 S. 2 VO 3911/92 keine Ausfuhrgenehmigung für die im Anhang unter dem ersten und zweiten Gedankenstrich der Kategorie A 1 genannten Kulturgüter zu verlangen, wenn diese von archäologisch oder wissenschaftlich beschränktem Wert sind. Das setzt aber voraus, daß die Gegenstände nicht unmittelbar aus Grabungen, archäologischen Funden und archäologischen Stätten in einem Mitgliedstaat stammen und daß der

[685] *Ehlers* in: GH II/Krenzler, E 17 Rdnr. 54.

[686] Vgl. nur *Schwarze*, JZ 1994, S. 111 (116).

[687] Wie hier *Ehlers* in: GH II/Krenzler, E 17 Rdnr. 55.

[688] Vgl. *Maurer*, Die Ausfuhr von Kulturgütern, S. 83 f.

Handel mit ihnen rechtmäßig ist. Nach der ursprünglichen Fassung dieser Vorschrift durfte der zuständige Mitgliedstaat für solche Gegenstände keine Ausfuhrgenehmigung verlangen. Durch eine Berichtigung[689] im Jahr 1996 wurde der Text dahingehend geändert, daß der zuständige Mitgliedstaat ermächtigt ist, keine Ausfuhrgenehmigung zu verlangen. Mit dieser sog. Bagatell-Klausel[690] sollen weniger bedeutsame Objekte aus dem Genehmigungsverfahren ausgeklammert werden können. Nicht schutzwürdige Massenware wie etwa Münzen, Gebrauchsgegenstände, Schmuckstücke und archäologisches Kleingut ohne Seltenheitswert wird auf diesem Weg von der Genehmigungspflicht befreit[691]. Die textliche Berichtigung hatte zur Folge, daß die Ausnahme von der Genehmigungsbedürftigkeit nun nicht mehr zwingend vorgeschrieben ist, sondern in das Ermessen der Mitgliedstaaten gestellt ist. Die Vorschrift stellt explizit auf den archäologischen und wissenschaftlichen Wert ab, so daß der finanzielle bzw. wirtschaftliche Wert der archäologischen Gegenstände außer Betracht bleiben kann[692]. Sofern das Herkunftsland ausreichend Stücke derselben Art von ebenso gutem oder besserem Erhaltungszustand zur Verfügung hat, kann eine Genehmigungspflicht auch bei Objekten von hohem finanziellen Wert entfallen[693]. Es kommt damit nur darauf an, ob die Gegenstände für das Herkunftsland von archäologischer und wissenschaftlicher Bedeutung sind. Nicht unmittelbar aus Grabungen, archäologischen Funden und archäologischen Stätten in einem Mitgliedstaat stammen Gegenstände, wenn sie sich bereits im Handel befinden. Der Handel mit diesen Gegenständen muß aber rechtmäßig sein. Die Vorschrift des Art. 2 Abs. 2 S. 2 VO 3911/92 ist in der Praxis schwer zu handhaben, weil der archäologische und wissenschaftliche Wert vielfach nur durch Sachverständige und entsprechende Gutachten beurteilt werden kann. Von daher hätte eine finanzielle Wertgrenze näher gelegen, da zwischen dem archäologischen und wissenschaftlichem Wert und dem kommerziellen Wert oft eine enge Verknüpfung besteht[694]. Als Alternative hätte es sich für eine schärfere und eindeutigere

689 Vgl. ABl. 1996 L 267/30.

690 Vgl. auch *Mußgnug* in: FS für Bernhardt, S. 1225 (1226); *Ehlers* in: GH II/Krenzler, E 17 Rdnr. 48; *Hipp*, Kulturgüterschutz in Deutschland, S. 269 f.

691 *Berndt*, Internationaler Kulturgüterschutz, S. 153; *Hipp*, Kulturgüterschutz in Deutschland, S. 270.

692 Statt vieler *Hipp*, Kulturgüterschutz in Deutschland, S. 270.

693 *Mußgnug* in: FS für Bernhardt, S. 1225 (1227); *Hipp*, Kulturgüterschutz in Deutschland, S. 270.

694 *Ehlers* in: GH II/Krenzler, E 17 Rdnr. 48.

Abgrenzung angeboten, den Begriff des archäologisch und wissenschaftlich beschränkten Wertes in der Verordnung zu definieren. Aus diesem Grund ist an der Praktikabilität der Bagatell-Klausel in ihrer jetzigen Form Kritik geäußert worden[695]. Sie trage weder zur Rechtsklarheit, noch zu einer Beschleunigung des Verfahrens bei. Genau das Gegenteil werde der Fall sein, da ein Zollbeamter vor Ort im Zweifelsfall ein Kulturgut anhalten werde. Schließlich könne er kaum entscheiden, ob es sich um ein genehmigungsfreies archäologisches Gut von beschränktem Wert oder um ein Gut von mehr als nur beschränktem Wert handelt, welches ohne die erforderliche Genehmigung ausgeführt werden soll. Trotz der bestehenden Zweifel an der Funktionalität der Bagatell-Klausel kann in der vorliegenden Fassung noch von einer Bestimmbarkeit ausgegangen werden[696], da es nicht um eine Bindung, sondern um eine Freistellung des Gemeinschaftsbürgers geht. Aus diesem Grund ist es zulässig, dem zuständigen Mitgliedstaat insoweit einen Gestaltungsspielraum zuzugestehen. Sofern die Voraussetzungen des Art. 2 Abs. 2 S. 2 VO 3911/92 allerdings nicht vorliegen, bleibt die Ausfuhr der Kulturgüter aus dem Zollgebiet der Gemeinschaft weiterhin genehmigungspflichtig.

cc. Nachweis der Genehmigungsfreiheit durch ein Negativattest

Die Abgrenzung zwischen der genehmigungspflichtigen und der genehmigungsfreien Kulturgüterausfuhr ist in der Praxis häufig mit Schwierigkeiten verbunden. Vor allem die Bestimmung des Alters oder des finanziellen Wertes eines Gegenstandes bereitet den zuständigen Zollbehörden oftmals erhebliche Schwierigkeiten[697]. Für aus Deutschland stammende Kulturgüter kann es einfacher sein, eine Ausfuhrgenehmigung vorzulegen[698], als nachzuweisen, daß die Kulturgüter wegen ihres geringen Wertes oder Alters genehmigungsfrei exportiert werden dürfen[699]. Vor diesem Hintergrund erscheint es notwendig, den Nachweis der Genehmi-

---

695 Vgl. nur *Hipp*, Kulturgüterschutz in Deutschland, S. 270.

696 A. A. offenbar *Bila*, Nationaler Kulturgüterschutz, S. 157 [„fehlt es gänzlich an einer Bestimmbarkeit"].

697 Vgl. *Schwarze*, JZ 1994, S. 111 (116 f.).

698 Weil es sich nicht um in das Verzeichnis national wertvollen Kulturguts eingetragenes Kulturgut handelt.

699 Auf diesen Mißstand weist *Ehlers* in: GH II/Krenzler, E 17 Rdnr. 58 zu Recht hin.

gungsfreiheit zu vereinfachen[700]. Zu diesem Zweck ist vorgeschlagen worden, die Genehmigungsfreiheit durch ein sog. „Negativattest" bescheinigen zu lassen, das von Händlern oder Auktionatoren ausgestellt wird, die einem anerkannten Fachverband angehören[701] oder in anderer geeigneter Weise ihre Reputation nachweisen können, etwa durch die Eintragung in einer bei einer zentralen Stelle zu führenden Liste. Ein solches Negativattest solle dann in Form einer „qualifizierten Rechnung" vorgelegt werden. In dieser Rechnung müßte eine exakte Beschreibung des Kulturgutes enthalten sein. Zusätzlich dazu müßte die Rechnung mit einer Expertise verbunden sein, die detailliert Auskunft über Alter und Herkunft der Ware gibt. Sofern eine Originalrechnung aufgrund des Alters des Kulturgutes oder aus anderen Gründen nicht mehr vorhanden ist, könnte dann die qualifizierte Rechnung durch ein Sachverständigengutachten ersetzt werden. Da es sich bei den Händlern oder Auktionatoren nicht um Beliehene handelt, könnte das Negativattest die Zollbehörden zwar nicht rechtlich binden, ihm käme aber eine wichtige Indizwirkung zu. Diese würde dazu führen, daß die Zollbehörden den Angaben in der qualifizierten Rechnung oftmals folgen würden. Mittels Strafvorschriften, die neben der unerlaubten Ausfuhr von Kulturgut auch die Beihilfe zu ihr durch das vorsätzliche oder fahrlässige Ausstellen falscher Rechnungen, Alters- oder Wertzeugnisse unter Strafe stellen, ließe sich ein korrekter Umgang mit den Negativattesten erzwingen[702]. In einem weiteren Schritt könnten die zuständigen Behörden zur Ausstellung von Negativattesten verpflichtet werden.

Rechtliche Bedenken gegen die Einführung eines Negativtests sind nicht ersichtlich. Die VO 3911/92 sieht ein solches Negativattest zwar nicht vor. Seine Einführung wäre aber nur ein nationaler Durchführungsakt zur VO 3911/92, der klarstellt, unter welchen Voraussetzungen eine Ausfuhr genehmigungsfrei abgewickelt werden kann. Dadurch würde das Ausfuhrverfahren erheblich beschleunigt, der Anwendungsbereich der VO 3911/92 bliebe aber unangetastet[703].

Die Vorlage des Negativattests wäre sowohl für deutsches Kulturgut zur Ausfuhr in einen Drittstaat erforderlich als auch für Kulturgut aus einem anderen Mitglied-

---

[700] *Mußgnug* in: FS für Bernhardt, S. 1225 (1249).

[701] Vgl. *Mußgnug* in: FS für Bernhardt, S. 1225 (1249 f.); ihm folgend *Hipp*, Kulturgüterschutz in Deutschland, S. 347 ff.

[702] *Ehlers* in: GH II/Krenzler, E 17 Rdnr. 58.

[703] *Hipp*, Kulturgüterschutz in Deutschland, S. 349 f.; *Ehlers* in: GH II/Krenzler, E 17 Rdnr. 58.

staat, das ohne Ausfuhrgenehmigung seines Herkunftslandes über die Bundesrepublik aus Durchfuhrstaat in ein Drittland ausgeführt werden soll. Es handelt sich um eine Maßnahme, die Importwaren und inländische Waren unterschiedslos trifft und deshalb keine Maßnahme gleicher Wirkung wie eine mengenmäßige Ausfuhrbeschränkung i. S. d. Art. 29 EGV darstellt[704].

dd. Ausfuhr aus dem Zollgebiet der Gemeinschaft

Gemäß Art. 2 Abs. 1 VO 3911/92 ist die Ausfuhr eines Kulturgutes aus dem Zollgebiet der Gemeinschaft genehmigungsbedürftig. Eine Definition des Zollgebiets der Gemeinschaft findet sich in Art. 3 Zollkodex[705]. Das Zollgebiet ist nicht gleichbedeutend mit dem räumlichen Geltungsbereich des EG-Vertrages (Art. 299 EGV) und dem Staatsgebiet der Mitgliedstaaten der Europäischen Gemeinschaft. Für das Gebiet der Bundesrepublik ist zu beachten, daß die Insel Helgoland sowie das Gebiet von Büsingen[706] nicht zum Zollgebiet der Gemeinschaft gehören.

Unter Ausfuhr versteht man die körperliche Verbringung über die Grenze des Staatsgebietes hinweg[707]. Dabei kommt es nicht darauf an, ob der Ausfuhr ein Handelsgeschäft zugrunde liegt[708]. Weiterhin kommt es nicht auf die Dauer der Verbringung an[709]. Die VO 3911/92-DVO läßt in Art. 2 Abs. S. 3 ausdrücklich vorübergehende Ausfuhren zu. Folglich stellt eine zeitlich begrenzte Verbringung,

---

[704] Wie hier *Hipp*, Kulturgüterschutz in Deutschland, S. 350. Anders noch für die Unbedenklichkeitsbescheinigung nach dem Referentenentwurf 1988 *Uhl*, S. 71 ff. Zum Begriff der Maßnahme gleicher Wirkung wie eine mengenmäßige Beschränkung vgl. das zweite Kapitel dieser Arbeit auf Seite 42.

[705] VO 2913/92 vom 12.10.1992, ABl. 1992 L 302/1; im folgenden ZK. Instruktiv dazu *Streck/Olgemöller*, DStR 1996, S. 1105 ff.

[706] Vertrag vom 23.11.1964 zwischen der Bundesrepublik Deutschland und der Schweizerischen Eidgenossenschaft über die Einbeziehung der Gemeinde Büsingen am Hochrhein in das schweizerische Zollgebiet, BGBl. 1967 II, S. 2029 ff.

[707] Vgl. für die Bundesrepublik auch § 4 Abs. 2 Nr. 3 AWG, wonach unter Ausfuhr das Verbringen von Sachen und Elektrizität aus dem Wirtschaftsgebiet nach fremden Wirtschaftsgebieten zu verstehen ist.

[708] Vgl. für die VO 2603/69 [Ausfuhrverordnung] *Ehlers/Pünder* in: GH II/Krenzler, E 15 Rdnr. 33.

[709] *Maurer*, Die Ausfuhr von Kulturgütern, S. 86; für das deutsche Kulturgüterschutzgesetz ebenso *Pieroth/Kampmann*, NJW 1990, S. 1385 (1389).

etwa zu Restaurations- oder Ausstellungszwecken, eine Ausfuhr i. S. d. VO 3911/92 dar[710]. Gleiches gilt mit den damit verbundenen Rechtsfolgen auch für Gebrauchsgegenstände[711].

b. Erteilung der Genehmigung

Die Ausfuhrgenehmigung wird auf Antrag des Beteiligten (dazu unter Punkt aa) von der zuständigen Behörde des zuständigen Mitgliedstaates (dazu unter bb) erteilt, wenn die materiellen Voraussetzungen (dazu cc) gegeben sind. In Betracht kommen drei verschiedene Arten von Genehmigungen.

aa. Antrag des Beteiligten

Gemäß Art. 2 Abs. 2 S. 1 VO 3911/92 darf eine Ausfuhrgenehmigung nur auf Antrag des Beteiligten erteilt werden. Eine Definition des Begriffs des Beteiligten findet sich in der Verordnung nicht. Im Zollrecht findet eine Unterscheidung zwischen dem Anmelder und dem Ausführer statt. Die Ausfuhranmeldung kann von jeder gemeinschaftsansässigen Person (Art. 4 Nr. 1, 2 ZK) abgegeben werden, die zur Gestellung (Art. 4 Nr. 19, Art. 40 ZK) und zur Vorlage der für das Ausfuhrverfahren erforderlichen Unterlagen in der Lage ist (Art. 64 ZK). Als Ausführer (Art. 161 Abs. 5 ZK) wird eine Person verstanden, für deren Rechnung die Ausfuhranmeldung abgegeben wird und die zum Zeitpunkt der Annahme der Anmeldung Eigentümer der Ware ist oder eine ähnliche Verfügungsberechtigung besitzt (Art. 788 Abs. 1 ZK-DVO[712]). Wenn der Eigentümer oder der in ähnlicher Weise Verfügungsberechtigte gemäß den Bestimmungen des Ausfuhrrechtsgeschäftes außerhalb der Gemeinschaft ansässig ist, gilt der in der Gemeinschaft ansässige Beteiligte des Rechtsgeschäftes als Ausführer (Art. 788 Abs. 2 ZK-DVO). Diese Regelung gilt aus überwachungstechnischen Gründen[713], da die Ausfuhr besser kontrolliert werden kann, wenn sie in der Verantwortung eines Gemeinschaftsansässigen liegt und nicht eines Gemeinschaftsfremden, bei dem nachträgliche Überwachungen (vgl. § 44 AWG) oder die Ahndung von Ver-

---

[710] So auch *Hipp*, Kulturgüterschutz in Deutschland, S. 269.

[711] Vgl. hierzu auf Seite 142 dieser Arbeit.

[712] VO 2454/93, ABl. 1993 L 253/1; vgl. auch *Haase*, AW-PRax 1998, S. 51.

[713] *Ehlers* in: GH II/Krenzler, E 17 Rdnr. 61.

stößen (vgl. §§ 33 oder 34 AWG) häufig an seiner Abwesenheit scheitern werden[714].

Es ist aber zu bedenken, daß die zollrechtlichen Bestimmungen nicht ohne weiteres in die VO 3911/92 hineingelesen werden können. Grund hierfür ist die unterschiedliche Zielsetzung der gemeinschaftlichen Rechtsakte. Aus diesem Grund ist der Begriff des Beteiligten aus sich heraus auszulegen. Die Interessenlage bei der VO 3911/92 entspricht derjenigen im Zollrecht[715], soweit an den Ausführer angeknüpft wird. So werden an den Adressaten der Genehmigung jedenfalls bei offenen Genehmigungen[716] bestimmte Anforderungen gestellt. Z. B. muß die Gewähr bestehen, daß die Waren in gutem Zustand wieder in die Gemeinschaft zurückkehren (Art. 10 Abs. 2, 13 Abs. 2 VO 3911/92-DVO). Hierfür ist Voraussetzung, daß entweder ein Gemeinschaftsansässiger die Verfügungsbefugnis hat oder zumindest Gemeinschaftsansässigkeit generell vorliegt, da Gebietsfremde nicht kontrolliert werden können und nicht ohne weiteres den vorgesehenen Sanktionen (Art. 9 VO 3911/92) unterliegen. Beteiligter ist somit der Ausführer i. S. d. Zollrechts. Für diese Sichtweise spricht, daß die VO 3911/92-DVO an mehreren Stellen den Begriff des Ausführers (z. B. Art. 12 Abs. 2, 15 Abs. 2) verwendet. Im Gegensatz zu § 1 Abs. 1 S. 2 der deutschen Außenwirtschaftsverordnung[717] ist der im Ausland wohnende Käufer oder Entleiher des Kulturguts damit nicht antragsberechtigt. Bei offenen Genehmigungen ergibt sich dies bereits aus dem Umstand, daß der Genehmigungsinhaber zur mehrfachen Ausführung des Kulturguts berechtigt ist (vgl. Art. 2 Abs. 2 und 3 VO 3911/92-DVO). Entsprechendes gilt für den Spediteur, der nur mit der Verladung und dem Transport befaßt ist. Liegt der Ausfuhr kein Rechtsgeschäft zugrunde, sondern will der außerhalb der Gemeinschaft ansässige Eigentümer sein eigenes Kulturgut ausführen, ist er als Beteiligter i. S. d. Art. 2 Abs. 1 S. 1 VO 3911/92 anzusehen. Die Antragstellung muß in er durch Art. 5, 6, 16 VO 3911/92-DVO festgelegten Form erfolgen[718].

---

714 *Haase*, AW-Prax 1998, S. 51.

715 *Ehlers* in: GH II/Krenzler, E 17 Rdnr. 61.

716 Vgl. *Ehlers* in: GH II/Krenzler, E 17 Rdnr. 73 und auf Seite 162 dieser Arbeit.

717 BGBl. 1986 I, S. 2671 in der Fassung der Bekanntmachung vom 22.11.1993.

718 Vgl. *Ehlers* in: GH II/Krenzler, E 17 Rdnr. 75.

bb. Zuständigkeit

(1) Zuständige Behörde

Gemäß Art. 2 Abs. 2 S. 1 VO 3911/92 wird die Ausfuhrgenehmigung auf Antrag des Ausfuhrwilligen von der „zuständigen Behörde" des Mitgliedstaats erteilt. Die Mitgliedstaaten können dabei selber festlegen, welche Behörden die Voraussetzungen prüfen und die Genehmigungen erteilen können[719]. Gemäß Art. 3 VO 3911/92 müssen die Mitgliedstaaten der Kommission ein Verzeichnis der Behörden, die für die Erteilung der Ausfuhrgenehmigung für Kulturgüter zuständig sind, übermitteln. Die Kommission veröffentlicht das Verzeichnis dieser Behörden sowie sämtliche Änderungen des Verzeichnisses im Amtsblatt der Europäischen Gemeinschaften, Reihe C (Art. 3 Abs. 2 VO 3911/92). In dem Verzeichnis sind die genauen Anschriften der Genehmigungsbehörden enthalten[720]. Die Zuständigkeiten für die Erteilung der Ausfuhrgenehmigung in den Mitgliedstaaten der Europäischen Gemeinschaft sind unterschiedlich verteilt. Einige Mitgliedstaaten wie Griechenland, Frankreich oder Großbritannien haben nur eine zentrale Stelle für die Erteilung der Ausfuhrgenehmigung bestimmt. In anderen Mitgliedstaaten sind verschiedene Behörden zuständig, so auch in der Bundesrepublik.

Für das Genehmigungsverfahren in der Bundesrepublik[721] gilt dabei folgendes: Wenn ein Kulturgut in das Verzeichnis national wertvollen Kulturgutes gemäß § 1 KultSchG eingetragen ist[722], hat gemäß § 5 Abs. 1, 12 Abs. 1 KultSchG der Bundesminister des Inneren über die Genehmigung zur Ausfuhr zu entscheiden. Vor der Entscheidung ist ein aus fünf Sachverständigen bestehender Sachverständigenausschuß zu hören (§§ 5 Abs. 2, 12 Abs. 2 KultSchG). Die Zuständigkeitsregelung des KultSchG verdrängt als lex specialis die allgemeine Regelung

---

719 *Bila*, Nationaler Kulturgüterschutz, S. 156.

720 Eine erste und bislang einzige Veröffentlichung findet sich in ABl. 1996 C 76/8.

721 Vgl. dazu ausführlich das vierte Kapitel dieser Arbeit.

722 Jedes Bundesland führt gemäß § 1 Abs. 1 KultSchG ein eigenes Verzeichnis „National wertvollen Kulturgutes", der Bundesminister des Inneren bildet dann gemäß § 6 Abs. 2 KultSchG ein aus den Verzeichnissen der einzelnen Länder gebildetes „Gesamtverzeichnis national wertvollen Kulturgutes", vgl. dazu auf Seite 219 dieser Arbeit.

des § 28 AWG[723]. Fraglich ist, ob die Zuständigkeit des Bundesministers des Inneren auch heute noch bestehen geblieben ist. Nach dem Organisationserlaß des Bundeskanzlers vom 27. 10. 1998[724] ist ein unmittelbar dem Bundeskanzler unterstehender Beauftragter der Bundesregierung für Angelegenheiten der Kultur und der Medien (BKM) als Staatsminister bestellt worden. Diesem sind aus dem Geschäftsbereich des Bundesministeriums des Inneren die Zuständigkeiten für Kultur und Medien übertragen worden. Der Übergang gesetzlicher Zuständigkeiten in Folge von Änderungen in der Organisationsstruktur der Bundesregierung wird in Art. 56 Abs. 1 des Zuständigkeitsanpassungsgesetzes[725] geregelt. Nach dieser Vorschrift gehen die in Gesetzen und Rechtsverordnungen einem Bundesminister zugewiesenen Zuständigkeiten im Falle der Neuregelung der Geschäftsbereiche von Bundesministerien auf den nach der Neuabgrenzung zuständigen Bundesminister über. Nach Art. 56 Abs. 3 des Gesetzes ist der Bundesjustizminister ermächtigt, bei Änderungen der Zuständigkeit oder der Amtsbezeichnung von Bundesministern durch Rechtsverordnung die Amtsbezeichnung des bisher zuständigen Bundesministers durch die Amtsbezeichnung des neu zuständigen Bundesministers oder die bisherige Amtsbezeichnung des Bundesministers durch die neue Amtsbezeichnung zu ersetzen. Dies ist durch die Siebte Zuständigkeitsanpassungs-Verordnung[726] geschehen, die in ihrem Art. 71 die auf den BKM übergegangenen Zuständigkeiten erfaßt. Ob die Zuständigkeitsänderungsregelungen verfassungsrechtlichen Anforderungen gerecht werden, ist bezweifelt worden[727]. Bedenken können hinsichtlich des Prinzips des Vorbehalts des Gesetzes bestehen, wonach staatliches Handeln in bestimmten grundlegenden Bereichen durch förmliches Gesetz legitimiert werden muß[728]. Insoweit verpflichten das Rechtsstaatsprinzip und das Demokratieprinzip den Gesetzgeber, die wesentlichen Entscheidungen selbst zu treffen. Er darf sie nicht anderen Normgebern oder dem Handeln und der Entscheidungsmacht der Exekutive

723 Außenwirtschaftsgesetz vom 28.4.1961, BGBl. 1961 I, S. 481, zuletzt geändert durch Art. 18 des Gesetzes vom 3.5.2000, BGBl. 2000 I, S. 632, 634.

724 BGBl. 1998 I, S. 3288.

725 BGBl. 1975 I, S. 705.

726 BGBl. 2001 I, S. 2799 ff.

727 Bedenken äußert *Ehlers* in: GH II/Krenzler, E 17 Rdnr. 68.

728 BVerfGE 98, S 218 (251).

überlassen[729]. Deshalb könnte gefordert werden, daß die Übertragung der Zuständigkeiten für Kultur und Medien vom Bundesminister des Inneren auf den BKM aufgrund der Wesentlichkeit dieser Änderungen eines Parlamentsgesetzes bedurft hätte. Andererseits kennt das Grundgesetz (und die Landesverfassungen) weder einen Totalvorbehalt noch eine Kompetenzregel, nach der alle objektiv wesentlichen Entscheidungen vom Gesetzgeber selbst zu treffen sind. Die Befugnis, Ministerien zu errichten und ihre Geschäftsbereiche abzugrenzen, ist der Organisationsgewalt im Bereich der Regierung zuzurechnen[730], wobei allerdings dem Regierungschef keine ausschließliche Befugnis[731] zur Errichtung von Ministerien und der Abgrenzung ihrer Geschäftsbereiche zukommt[732]. Vielmehr unterliegt dieser Teilbereich der Organisationsgewalt zum einen dem Zugriff des Gesetzgebers, zum anderen unterliegt er dem Vorbehalt des Gesetzes, solange nicht der Kernbereich der Organisationsgewalt betroffen ist[733]. Im Organisationsbereich ist eine Entscheidung dann wesentlich, wenn sie wesentlich für die Staatsleitung ist und nicht einseitig und ausschließlich der Exekutive vorbehalten ist[734].

Ob die Entscheidung, die Zuständigkeiten für Kultur und Medien aus dem Bereich des Bundesministers des Inneren auf den BKM zu übertragen, den Kernbereich der Organisationsgewalt der Regierung berührt und ob die Entscheidung wesentlich für die Wahrnehmung der Staatsleitung ist, kann an dieser Stelle im Rahmen dieser Arbeit nicht abschließend erörtert werden. Zur Vermeidung weiterer Unklarheiten und zur Beseitigung der bestehenden Zweifel wäre aber die Klarstellung der Neustrukturierung der Geschäftsbereiche durch ein Parlamentsgesetz angezeigt.

Ist für Kulturgüter keine Genehmigung nach dem KultSchG, wohl aber nach der VO 3911/92 erforderlich, sind die dafür eingerichteten Stellen der Länder zu-

729 BVerfGE 40, S. 237 (248 f.); E 58, S. 257 (268).

730 NWVerfGH, NJW 1999, S. 1243 (1244) für den Fall der Zusammenlegung des nordrhein-westfälischen Innen- und Justizministeriums zu einem Ressort.

731 Etwa aus § 9 Abs. 1 GeSchO BReg.

732 So ausdrücklich für den landesrechtlichen Fall in Nordrhein-Westfalen NWVerfGH, NJW 1999, S. 1243 (1244, 1245).

733 NWVerfGH, NJW 1999, S. 1243 (1245).

734 NWVerfGH, NJW 1999, S. 1243 (1245).

ständig. Die §§ 28 Abs. 3 S. 1 Nr. 3 AWG, 1 Abs. 2 Nr. 1 AWV erklären zwar das Bundesamt für Wirtschaft im Bereich des Außenwirtschaftsrechts für den Warenverkehr zuständig, falls Genehmigungen aufgrund von Rechtsakten der Europäischen Gemeinschaften zu erteilen sind. Das genannte Bundesamt ist aber nur in solchen Fällen zuständig, in denen „eine zentrale Bearbeitung erforderlich ist" (§ 28 Abs. 3 S. 1 Nr. 3 AWG). Daraus, daß nach dem KultSchG Bundesbehörden nur im Falle von eingetragenem Kultur- oder Archivgut über die Genehmigung zur Ausfuhr entscheiden sollen, ergibt sich, daß eine zentrale Bearbeitung im Hinblick auf die Ausfuhr sonstiger Kultur- oder Archivgüter nicht für erforderlich gehalten wird[735]. Eine Zuständigkeit des Bundesamtes für Wirtschaft ist damit nicht begründet.

Die Länder haben jeweils eine Genehmigungsbehörde benannt[736]. In Baden-Württemberg, Bayern, Mecklenburg-Vorpommern, Niedersachsen und Sachsen sind die Zuständigkeiten auf bestimmte Landesmuseen bzw. Gemäldesammlungen übertragen worden. In den anderen Ländern haben die für Kultur zuständigen Minister bzw. Senatoren zu entscheiden. Die jeweiligen Landeszuständigkeiten werden nach dem dauernden Aufenthaltsort des Kulturgutes abgegrenzt[737].

(2) Zuständiger Mitgliedstaat

Die Ausfuhrgenehmigung ist darüber hinaus im zuständigen Mitgliedstaat zu erteilen. Hat eine Behörde eines unzuständigen Mitgliedstaates gehandelt, ist die Genehmigung unwirksam[738]. Die Zuständigkeit des Mitgliedstaates ergibt sich aus Art. 2 Abs. 2 S. 1 VO 3911/92. Danach ist der Mitgliedstaat zuständig, in dessen Hoheitsgebiet sich das betreffende Kulturgut am 1. 1. 1993 rechtmäßig und endgültig befunden hat, oder, nach dem genannten Datum, von einer zuständigen Behörde des Mitgliedstaats, in dessen Hoheitsgebiet es sich nach rechtmäßiger und endgültiger Verbringung aus einem anderen Mitgliedstaat oder nach Einfuhr

---

735 *Ehlers* in: GH II/Krenzler, E 17 Rdnr. 69.

736 Vgl. die Auflistung im ABl. 1996 C 76/8 f.; ferner den Erlaß des Bundesministeriums der Finanzen vom 9.12.1992, abgedruckt bei *Maurer*, Die Ausfuhr von Kulturgütern, S. 129 m. Fn. 120.

737 Und gerade nicht z. B. nach dem Wohn- oder Firmensitz des Ausführenden; vgl. auch *Eberl* NVwZ 1994, S. 729 (730).

738 *Bila*, Nationaler Kulturgüterschutz, S. 156.

aus einem Drittland oder der Wiedereinfuhr aus einem Drittland nach rechtmäßiger Verbringung aus einem Mitgliedstaat in dieses Land befindet.

Die Vorschrift ist verwirrend und mißverständlich formuliert[739]. Wenn man aus Vereinfachungsgründen zunächst das in der Vorschrift genannte Datum außen vor läßt, wäre immer der Mitgliedstaat zuständig, in dem sich das Objekt zum Zeitpunkt der Antragstellung befindet[740]. Etwas anderes muß gelten, wenn der Gegenstand entweder rechtswidrig oder nicht endgültig aus einem anderen Mitgliedstaat ausgeführt wurde. In einem solchen Fall ist dieser Staat zuständig. Wird etwa ein Gemälde für eine Ausstellung aus Mitgliedstaat A in Mitgliedstaat B verbracht, um von dort in ein Drittland verbracht zu werden, ist Mitgliedstaat A für die Genehmigung der Ausfuhr in das Drittland zuständig. Wurde das Gemälde dagegen aus dem Drittland zunächst in Mitgliedstaat B eingeführt, ist dieser nunmehr für die Ausfuhr des Kulturgutes aus dem Zollgebiet der Gemeinschaft zuständig. Ist das Gemälde aus Mitgliedstaat A rechtswidrig nach Mitgliedstaat C (oder in ein Drittland) ausgeführt und von dort rechtmäßig und endgültig in Mitgliedstaat B exportiert worden, liegt die Zuständigkeit bei Mitgliedstaat A, wenn das Bild nun wieder in einen Drittstaat exportiert werden soll. Ist das Kulturgut aus Mitgliedstaat A rechtmäßig und endgültig in den Mitgliedstaat C ausgeführt worden und von dort rechtswidrig in den Mitgliedstaat B verbracht worden, obliegt nunmehr Mitgliedstaat C die Erteilung der Ausfuhrgenehmigung.

Problematisch wird es nun, wenn man das in Art. 2 Abs. 2 S. 1, 1. Spiegelstrich der Vorschrift genannte Datum in die Überlegungen mit einbezieht. Versteht man die Vorschrift wörtlich, würde das bedeuten, daß für Kulturgüter, die sich zu diesem Zeitpunkt rechtswidrig oder vorübergehend in einem Mitgliedstaat befanden und die seitdem entweder nicht oder rechtswidrig bzw. vorübergehend ausgeführt wurden, kein Mitgliedstaat zuständig ist[741]. Aus diesem Grund könnte keine Genehmigung erteilt werden[742]. Zu berücksichtigen ist indessen, daß es sich bei dem genannten Datum um den Zeitpunkt der Verwirklichung des Binnenmarktes handelt (Art. 14 EGV a. F.), an den sich auch die Zeitbestimmung in

---

[739] So auch *Ehlers* in: GH II/Krenzler, E 17 Rdnr. 63.

[740] Vgl. auch KOM [91] 447 endg. S. 15.

[741] *Ehlers* in: GH II/Krenzler, E 17 Rdnr. 64.

[742] So ist wohl auch *Eberl*, NVwZ 1994, S. 729 (731) zu verstehen; unklar *Mußgnug* in: FS für Bernhardt, S. 1225 (1230).

Art. 13 der RiLi 93/7/EWG[743] anlehnt. Nach dieser Vorschrift ist ein Rückgabeanspruch für unrechtmäßig aus dem Hoheitsgebiet eines Mitgliedstaates verbrachte Kulturgüter in andere Mitgliedstaaten nur für rechtswidrige Verbringungen ab dem 1. 1. 1993 gegeben. Die zeitliche Zäsur erscheint sinnvoll, da die Rechtmäßigkeit einer früheren Verbringung vielfach nicht mehr nachzuweisen ist[744]. Deshalb mußte die Rücknahmepflicht begrenzt werden. Etwas anderes gilt aber für die Erforderlichkeit einer Ausfuhrgenehmigung nach der VO 3911/92. Art. 2 Abs. 1 bezieht sich allgemein auf die Ausfuhr von Kulturgütern und erfaßt damit alle Kulturgüter. Auf diese Weise werden Lücken bei der Genehmigungsbedürftigkeit ausgeschlossen. Allerdings kann den Zollbehörden bei ihren Kontrollen nicht zugemutet werden, festzustellen, ob eine Ausfuhr vor dem 1. 1. 1993 rechtswidrig war und ob daher heute eine Genehmigung für die Ausfuhr in einen Drittstaat nicht notwendig ist. Vor diesem Hintergrund ist der mit der Zeitbestimmung verfolgte Gedanke, daß erst ab dem 1. 1. 1993 rechtswidrige Ausfuhren die Zuordnung eines Kulturgutes zu seinem Herkunftsland nicht aufheben können, mit dem Zweck der VO 3911/92 zu kombinieren, einen effektiven Schutz europäischer Kulturgüter vor der Abwanderung in Drittländer zu gewährleisten[745].

Damit muß folgendes gelten:

Es ist das Land zuständig, in dem sich das Kulturgut befindet[746], eine Ausnahme gilt in den Fällen, in denen das Kulturgut nach dem 1. 1. 1993 rechtswidrig oder vorübergehend aus einem anderen Mitgliedstaat ausgeführt worden ist. In einem solchen Fall liegt die Zuständigkeit bei dem Mitgliedstaat, aus dem das Kulturgut erstmalig rechtswidrig oder vorübergehend ausgeführt worden ist[747].

---

743 Vgl. dazu auf Seite 23 dieser Arbeit und bei *Ehlers* in: GH II/Krenzler, E 17 Rdnr. 13.

744 *Ehlers* in: GH II/Krenzler, E 17 Rdnr. 64.

745 Wie hier *Ehlers* in: GH II/Krenzler, E 17 Rdnr. 64.

746 So auch KOM [91] 447 endg., S. 15.

747 *Ehlers* in: GH II/Krenzler, E 17 Rdnr. 64.

Wer demnach in der EU unrechtmäßigerweise mit Kulturgütern handelt, wird auf normalem Wege keine Chance erhalten, seine Ware mit einer ordnungsgemäß erteilten Genehmigung gemäß der VO 3911/92 in ein Drittland auszuführen[748].

(a) Rechtmäßigkeit der Verbringung

Eine Verbringung ist dann rechtmäßig, wenn bei der Ausfuhr des Gegenstandes weder gegen mitgliedstaatliche Vorschriften zum Schutz nationaler Kulturgüter, noch gegen Rechtsvorschriften der Europäischen Gemeinschaft über die Ausfuhr von Kulturgütern verstoßen worden ist[749]. Dies gilt auch dann, wenn es keiner Genehmigung bedurfte, etwa da das mitgliedstaatliche Recht eine Genehmigung für das Verbringen in einen anderen Mitgliedstaat nicht vorsieht oder das Objekt erst nach der Verbringung zum "Kulturgut" geworden ist[750]. Es kann dahinstehen, ob eine nicht erfolgte Rückgabe nach Ablauf der Frist für eine vorübergehende rechtmäßige Verbringung diese unrechtmäßig macht[751]. In solchen Fällen liegt jedenfalls immer keine endgültige Verbringung (Art. 2 Abs. 2 S. 1 VO 3911/92) vor[752]. Eine genehmigungsbedürftige, aber nicht genehmigte Ausfuhr aus einem anderen Mitgliedstaat ist selbst dann unrechtmäßig, wenn die Genehmigungsvoraussetzungen vorgelegen haben. Es reicht aus, wenn eine bloß formelle Rechtswidrigkeit der Ausfuhr vorliegt. Grund hierfür ist, daß den Genehmigungsbehörden nicht zugemutet werden kann, eine Prüfung der materiellen Rechtslage in den anderen Mitgliedstaaten vorzunehmen[753]. Demgegenüber liegt eine rechtmäßige Verbringung aus einem anderen Mitgliedstaat dann vor, wenn zwar eine Genehmigung vorlag, diese aber inhaltlich rechtswidrig ist. Etwas anderes gilt nur, wenn die Ausfuhrerlaubnis mit ex tunc-Wirkung zurückgenommen wird. Da der Zweck der VO 3911/92 die Effektivierung der nationalen

---

[748] Vgl. auch *Hipp*, Kulturgüterschutz in Deutschland, S. 271.

[749] Vgl. auch Art. 1 Nr. 2 RiLi 93/7/EWG, dazu auf Seite 23 dieser Arbeit und § 5 Abs. 3 KultGüRückG.

[750] Dies kann bspw. durch eine nachträgliche Wertsteigerung erfolgen.

[751] So für die Rückgabe von unrechtmäßig aus dem Hoheitsgebiet eines Mitgliedstaates verbrachter Kulturgüter Art. 1 Nr. 2 2. Spiegelstrich RiLi 93/7/EWG, vgl. *Ehlers* in: GH II/Krenzler, E 17 Rdnr. 13 ff.

[752] Vgl. zur endgültigen Verbringung auf Seite 160 dieser Arbeit und *Ehlers* in: GH II/Krenzler, E 17 Rdnr. 66.

[753] *Ehlers* in: GH II/Krenzler, E 17 Rdnr. 65.

Ausfuhrbeschränkungen im Binnenmarkt, nicht aber der Schutz der Rechte und Interessen der Berechtigten an dem Kulturgut ist[754], macht ein Verstoß gegen Normen, die das Eigentum oder den Besitz des Gutes schützen sollen, die Ausfuhr nicht rechtswidrig. So befindet sich ein Bild, dessen Ausfuhr nach dem nationalen Schutzgesetz des Mitgliedstaates A nicht genehmigungsbedürftig war, in diesem gestohlen und endgültig in Mitgliedstaat B verbracht worden, dort[755], also in Mitgliedstaat B rechtmäßig i. S. d. Art. 2 Abs. 2 VO 3911/92. Soll das Bild daraufhin in einen Drittstaat verbracht werden, ist auch Mitgliedstaat B für die Erteilung der Exportgenehmigung zuständig.

(b) Endgültigkeit

Für die Beantwortung der Frage, ob sich ein Kulturgut endgültig in dem Hoheitsgebiet eines Mitgliedstaates der Europäischen Gemeinschaft befunden hat oder ob eine endgültige Verbringung aus einem anderen Mitgliedstaat vorliegt, ist nur auf den Inhalt der Ausfuhrgenehmigung abzustellen. Nur wenn eine Genehmigung nicht erforderlich ist oder nicht vorliegt, ist auf die Vorstellungen des für die Ausfuhr Verantwortlichen zum Zeitpunkt der Überführung abzustellen[756].

cc. *Voraussetzungen einer Genehmigung*

Die materiellen Voraussetzungen für die Erteilung der Ausfuhrgenehmigung ergeben sich nicht aus der VO 3911/92 oder der VO 3911/92-DVO, sondern aus den nationalen Gesetzen der Mitgliedstaaten[757]. Art. 2 Abs. 2 S. 3 VO 3911/92 bestimmt, daß die Genehmigung nur nach den Rechtsvorschriften zum "Schutz nationalen Kulturguts" versagt werden darf. Eine Versagung darf deshalb nicht auf einen Verstoß gegen die Eigentumsordnung gestützt werden.

---

[754] Vgl. zum Zweck der VO 3911/92 ausführlich oben auf Seite 120 dieser Arbeit.

[755] Ungeachtet z. B. des § 935 Abs. 1 BGB, sofern das Bild aus der Bundesrepublik gestohlen worden ist.

[756] Vgl. auch *Ehlers* in: GH II/Krenzler, E 17 Rdnr. 66.

[757] Dazu u. a. *Bila*, Nationaler Kulturgüterschutz, S. 38 ff.; *Uhl* S. 73 ff.; *Maurer*, Die Ausfuhr von Kulturgütern, S. 109 ff.

In der Bundesrepublik Deutschland richtet sich die Erteilung der Genehmigung nach dem KultSchG[758]. Danach ist die Genehmigung zu versagen, wenn der Gegenstand in ein Verzeichnis national wertvollen Kulturgutes gemäß § 1 Abs. 1 eingetragen ist und wesentliche Belange des deutschen Kulturbesitzes überwiegen (§ 1 Abs. 4 u. 5 KultSchG). Zur Eintragung eines Kunstwerkes in das Verzeichnis sind zwei Feststellungen notwendig. Zum einen muß das Kulturgut „zum deutschen Kulturbesitz" gehören. Zum anderen muß seine Abwanderung aus dem Geltungsbereich des Gesetzes einen „wesentlichen Verlust" für diesen Kulturbesitz bedeuten[759]. Das Gesetz beschränkt sich auf solche Objekte, die „nach ihrer künstlerischen Eigenart, nach ihrem kulturellen Wert oder durch ihre Bedeutung für die kulturelle Entwicklung in Deutschland als dauernd wertvoller Bestandteil des deutschen Kulturbesitzes anzusehen sind"[760]. Vor diesem Hintergrund wird die Ausfuhrgenehmigung in aller Regel versagt werden, wenn der Gegenstand bereits in das Verzeichnis eingetragen ist.

Auf die Ausfuhr von Kulturgütern, die im Eigentum der öffentlichen Hand oder der Kirchen stehen, findet das KultSchG keine Anwendung. Allerdings können spezialgesetzliche Regelungen statt dessen eingreifen. Außerdem dürfen die in Form von Körperschaften des öffentlichen Rechts organisierten Religionsgemeinschaften ihr Kulturgut zur Aufnahme in das Verzeichnis national wertvollen Kulturgutes anmelden[761]. Es gelten dann die allgemeinen Regeln des KultSchG.

Wenn nur ein Verstoß gegen das Denkmalschutzrecht vorliegt, darf die Genehmigung nicht versagt werden. Der Anknüpfungspunkt ist in einem solchen Falle nämlich nicht der Abwanderungs-, sondern der Bestandsschutz[762]. Diese Regelungen fallen damit nicht unter die von Art. 2 Abs. 2 S. 3 VO 3911/92 genannten Vorschriften.

---

758 Gesetz zum Schutz deutschen Kulturgutes gegen Abwanderung vom 6.8.1955, in der Fassung der Bekanntmachung vom 8.7.1999, BGBl. 1999 I, S. 1754, vgl. dazu ausführlich das vierte Kapitel dieser Arbeit und *Ehlers* in: GH II/Krenzler, E 17 Rdnr. 10; *Hipp*, Kulturgüterschutz in Deutschland, S. 66 ff.; *Hönes*, BayVBl. 1989, S. 38 ff., *Pieroth/Kampmann*, NJW 1990, S. 1385 ff.

759 Vgl. VGH Bad.-Würt., NJW 1987, S. 1440 f.

760 Amtl. Begr., BT-Drs. II/76, S. 7.

761 So ausdrücklich § 19 Abs. 2 S. 1 KultSchG.

762 *Jaeger*, Internationaler Kulturgüterschutz, S. 24 f.

dd. Arten der Genehmigung

Gemäß Art. 1 Abs. 1 VO 3911/92-DVO gibt es für die Ausfuhr von Kulturgütern drei unterschiedliche Arten von Genehmigungen: die normale, die spezifisch offene und die allgemeine offene Genehmigung.

Eine normale Genehmigung wird grundsätzlich für alle der Grundverordnung unterworfenen Ausfuhren verwendet, sofern der Mitgliedstaat nicht eine spezifische oder eine allgemeine offene Genehmigung erteilen will (Art. 2 Abs. 1 VO 3911/92-DVO).

Spezifische offene Genehmigungen können für bestimmtes Kulturgut erteilt werden, dessen regelmäßige vorübergehende Ausfuhr aus der Gemeinschaft zur Verwendung und/oder Ausstellung in einem Drittland wahrscheinlich ist[763]. Das setzt voraus, daß das Kulturgut im Eigentum oder rechtmäßigen Besitz der Person oder Organisation stehen, die es verwendet oder ausstellt. Eine Genehmigung darf nur erteilt werden, wenn die Behörden davon überzeugt sind, daß die betreffenden Personen oder Organisationen alle erforderlichen Sicherheiten für eine Rückkehr der Waren in die Gemeinschaft in gutem Zustand bieten. Weiterhin müssen die Güter so beschrieben oder gekennzeichnet werden können, daß die Übereinstimmung der Warenbezeichnung in der spezifischen offenen Genehmigung mit der vorübergehend ausgeführten Ware im Zeitpunkt der Ausfuhr keine Zweifel aufwerfen. Allgemeine offene Genehmigungen können Museen oder anderen Einrichtungen zur vorübergehenden Ausfuhr aller Teile ihrer ständigen Sammlungen erteilt werden, die regelmäßig für eine vorübergehende Ausfuhr aus der Gemeinschaft für eine Ausstellung in einem Drittland in Frage kommen. Die Genehmigung darf nur erteilt werden, wenn die Behörden davon überzeugt sind, daß die Einrichtung die erforderliche Gewähr dafür bietet, daß die Waren in gutem Zustand wieder in die Gemeinschaft zurückkehren. Die Genehmigung kann für jede vorübergehende Ausfuhr von Waren der ständigen Sammlung in beliebiger Zusammenstellung verwendet werden. Sie gilt für mehrere verschiedene Zusammenstellungen von Waren, die nacheinander oder gleichzeitig ausgeführt

---

[763] Eine solche Art der Genehmigung kommt z. B. für Gegenstände in Betracht, die sich im regelmäßigen Gebrauch befinden wie etwa das die Außengrenzen der EU überquerende Rheinschiff, das älter als 100 Jahre ist oder die Stradivari-Geige eines Konzertmusikers, der zu Konzerten ins außereuropäische Ausland reisen will.

werden. Zusätzlich ist an die Erteilung einer vorübergehenden Ausfuhrgenehmigung zu denken[764].

c. *Rechtsfolgen bei der Erteilung einer Ausfuhrgenehmigung*

aa. *Räumlicher Geltungsbereich der Ausfuhrgenehmigung*

Die Ausfuhrgenehmigung gilt gemäß Art. 2 Abs. 3 VO 3911/92 in der gesamten Gemeinschaft. Die Zollbehörden eines anderen Mitgliedstaates dürfen aus diesem Grund die Grenzüberführung des Kulturgutes aus ihrem Hoheitsgebiet in ein EG-Drittland auch dann nicht untersagen, wenn der Gegenstand nach den nationalen Vorschriften des Durchfuhrlandes nicht hätte exportiert werden dürfen[765].

bb. *Sachlicher Geltungsbereich der Ausfuhrgenehmigung*

Die Genehmigung gilt nur für Exporte aus dem Zollgebiet der Gemeinschaft. Für Exporte von einem Mitgliedstaat in einen anderen gelten gemäß Art. 30 EGV allein die nationalen Vorschriften[766]. Wird nach Erteilung einer Ausfuhrgenehmigung ein Kulturgut vom Mitgliedstaat A durch den Mitgliedstaat B in den Mitgliedstaat C überführt, um von dort in ein Drittland exportiert zu werden, kann sich der Mitgliedstaat B nicht auf Art. 30 EGV berufen. Diese Konstellation wird zwar von der VO 3911/92 nicht direkt geregelt. Wenn man aber den Begriff des nationalen Kulturgutes entsprechend den Zuordnungskriterien der VO 3911/92 auslegt, handelt es sich im vorliegenden Beispiel nicht um nationales Kulturgut des Mitgliedstaates B, sondern um solches des Staates A. Der Staat B ist folglich nicht befugt, gemäß Art. 30 EGV eine Überführung des Kulturgutes in den Mitgliedstaat C zu untersagen. Auch bei Zugrundelegung einer anderen Beurteilung ist das Exportverbot unverhältnismäßig. Befindet sich das Kulturgut bereits im Mitgliedstaat B, soll es nun aber nach A zurückgeführt[767] statt über C in einen Drittstaat ausgeführt zu werden, darf die Rückführung ebenso wenig unter

---

764 Vgl. *Ehlers* in: GH II/Krenzler, E 17 Rdnr. 80.

765 *Ehlers* in: GH II/Krenzler, E 17 Rdnr. 77.

766 Vgl. dazu auf Seite 85 dieser Arbeit.

767 Zu denken wäre hier z. B. an ein lukrativeres Kaufangebot.

Berufung auf Art. 30 EGV untersagt werden. Das Kulturgut ist unter Rückgriff auf die Wertung der VO 3911/92 weiterhin dem Mitgliedstaat A zuzurechnen[768].

Die Ausfuhrgenehmigung kann Nebenbestimmungen enthalten. So sind in dem Muster des Vordrucks für spezifische offene Genehmigungen und allgemeine offene Genehmigungen Felder vorgesehen, in denen nach dem Ermessen der Mitgliedstaaten „besondere Auflagen u. ä. vorgedruckt werden" können (vgl. Anhang II Nr. b 4, Anhang III B). So können insbesondere vorübergehende Ausfuhrgenehmigungen (Art. 9 Abs. 2 VO 3911/92-DVO) mit Befristungen, Bedingungen oder Auflagen erteilt werden. Die Nebenbestimmungen müssen dann so abgefaßt werden, daß die Zollbehörden der anderen Mitgliedstaaten eindeutig erkennen können, ob eine Ausfuhrgenehmigung erteilt worden ist oder nicht[769].

cc. *Zeitlicher Geltungsbereich der Ausfuhrgenehmigung*

Die Gültigkeitsdauer für normale Ausfuhrgenehmigungen ist auf höchstens zwölf Monate begrenzt (Art. 9 VO 3911/92-DVO), die Geltungsdauer für spezifische offene Genehmigungen und für allgemeine offene Genehmigungen darf nicht mehr als fünf Jahre betragen (Art. 10 Abs. 3, 13 Abs. 3 VO 3911/92-DVO). Die Begrenzung der Genehmigungsdauer ist für eine sachgerechte Durchführung der VO 3911/92 notwendig und daher von der Ermächtigung des Art. 7 gedeckt[770]. Die Möglichkeit, für offene Genehmigungen eine längere Geltungsdauer vorzusehen, erscheint erforderlich. Nur so kann der Grundrechtseingriff auf ein erträgliches Maß reduziert werden. Bei den angegebenen Fristen handelt es sich um die maximal zulässige Zeitdauer. Daneben können die Behörden der Mitgliedstaaten auch kürzere Fristen vorsehen, sofern dies sachgerecht erscheint. Wenn eine vorübergehende Ausfuhrgenehmigung beantragt wird, können die Genehmigungsbehörden ebenfalls eine Frist für die Wiedereinfuhr des Kulturguts in den Mitgliedstaat der Ausfuhr setzen (Art. 9 Abs. 2 VO 3911/92-DVO). Nach Ablauf der Frist wird die Genehmigung sofort wirkungslos. Dies gilt auch dann, wenn versehentlich eine Frist nicht angegeben worden ist. Ist eine nicht verwendete Ausfuhrgenehmigung abgelaufen, müssen das Original und die Kopien, die sich

---

768 Für einen solchen Rückgriff plädiert *Ehlers* in: GH II/Krenzler, E 17 Rdnr. 78.

769 Zur Zweistufigkeit des Ausfuhrverfahrens vgl. *Ehlers* in: GH II/Krenzler, E 17 Rdnr. 91.

770 Wie hier *Ehlers* in: GH II/Krenzler, E 17 Rdnr. 80; a. A. *Maurer*, Die Ausfuhr von Kulturgütern, S. 91; *Eberl*, NVwZ 1994, S. 729 (731).

im Besitz des Inhabers befinden, von diesem unverzüglich an die ausstellende Behörde zurückgesandt werden (Art. 9 Abs. 3 VO 3911/92-DVO).

dd. Persönlicher Geltungsbereich der Ausfuhrgenehmigung

Gemäß Art. 6 Abs. 5 S. 3 VO 3911/92-DVO wird der Antragsteller mit Übergabe der Formblätter durch die genehmigende Behörde „Inhaber der Ausfuhrgenehmigung". Der Antragsteller i. d. S. ist nicht Ausfuhranmelder im zollrechtlichen Sinne zu verwechseln. Vielmehr muß es sich um den Ausführer handeln[771].

d. Rechtsfolgen einer Nichterteilung

Wird die beantragte Genehmigung nicht erteilt oder wurde keine Genehmigung beantragt, obwohl eine solche notwendig ist, darf der Gegenstand gemäß Art. 2 Abs. 1 VO 3911/92 nicht aus dem Zollgebiet der Gemeinschaft verbracht werden. Dies gilt auch dann, wenn die nationalen Regelungen den Export ohne Genehmigung zulassen[772]. Von diesem Genehmigungserfordernis nach der VO 3911/92 unberührt bleibt die Ausfuhr in andere Mitgliedstaaten der Europäischen Gemeinschaft. Sie richtet sich nach den jeweiligen nationalen Regelungen[773].

In der Bundesrepublik gilt gemäß § 8 KultSchG, daß bei einer rechtskräftigen Versagung der Ausfuhrgenehmigung die Oberste Landesbehörde im Benehmen mit dem Bundesminister des Inneren auf einen billigen Ausgleich unter Berücksichtigung der dem § 1 Abs. 3 KultSchG entsprechenden Steuervorteile hinzuwirken hat, wenn der Eigentümer des geschützten Kulturgutes infolge einer wirtschaftlichen Notlage zum Verkauf gezwungen ist[774]. Für Streitigkeiten über Grund und Höhe der Entschädigung ist der Verwaltungsrechtsweg eröffnet[775].

---

[771] Vgl. dazu bereits auf Seite 151 dieser Arbeit.

[772] Vgl. *Siehr*, NJW 1993, S. 2206 (2207).

[773] Vgl. dazu auf Seite 126 dieser Arbeit.

[774] Vgl. ausführlich dazu im vierten Kapitel dieser Arbeit auf Seite 236.

[775] Vgl. dazu allgemein *Ehlers* in: Schoch/Schmidt-Aßmann/Pietzner [Hrsg.], VwGO, § 40 Rdnr. 502, 524 ff.; a. A. BGH NJW 1995, S. 964 (965); *Rinne*, DVBl. 1994, S. 23 (25 f.).

e. *Rücknahme und Widerruf der Ausfuhrgenehmigung*

Die Rücknahme der Ausfuhrgenehmigung kommt in Betracht, wenn die Ausfuhrgenehmigung im Zeitpunkt ihres Erlasses rechtswidrig war. Wäre die Behörde aufgrund nachträglich eingetretener Tatsachen oder aufgrund einer geänderten Rechtsvorschrift berechtigt, die Genehmigung nicht zu erlassen, kann an die Möglichkeit eines Widerrufs der Genehmigung gedacht werden. Die VO 3911/92 regelt diese Aspekte jedoch nicht. Die VO 3911/92-DVO enthält nur ansatzweise eine Regelung in Art. 2 Abs. 4. Aus diesem Umstand kann nicht gefolgert werden, daß die Aufhebung der Genehmigung durch Rücknahme oder Widerruf nicht in Betracht kommt. Vielmehr bleibt die Aufhebung den Mitgliedstaaten überlassen[776]. In Deutschland richtet sich die Aufhebung nach den §§ 48, 49 VwVfG. Ist eine spezifische oder allgemeine offene Genehmigung erteilt worden, kann ein Mitgliedstaat diese nach Art. 2 Abs. 4 S. 1 VO 3911/92-DVO jederzeit widerrufen, sofern die Voraussetzungen, unter denen sie erteilt wurde, nicht mehr erfüllt sind. Art. 2 Abs. 4 S. 1 VO 3911/92-DVO ist unmittelbar anwendbar und verdrängt die nationalen Bestimmungen, in der Bundesrepublik wird damit § 49 VwVfG verdrängt. Wenn ein Widerruf ausgesprochen wird, muß der Mitgliedstaat die Kommission dann unverzüglich informieren, wenn er die von ihm erteilte Genehmigung nicht zurückhält und damit ihren unrechtmäßigen Gebrauch nicht ausschließen kann. Nach erfolgter Information durch den Mitgliedstaat muß die Kommission unverzüglich die anderen Mitgliedstaaten in Kenntnis setzen (Art. 2 Abs. 4 S. 2 u. 3 VO 3911/92-DVO). Entsprechendes muß gelten, wenn eine Rücknahme oder ein Widerruf auf der Grundlage nationalen Rechts erfolgt[777].

f. *Verstoß gegen das Ausfuhrverbot*

aa. *Verstoß durch die Beteiligten*

Ein Beteiligter[778] verstößt gegen die VO 3911/92, wenn ein Kulturgut i. S. d. Verordnung ohne Ausfuhrgenehmigung aus dem Zollgebiet der Gemeinschaft ausgeführt oder zumindest ein entsprechender Versuch unternommen wird. Die

---

[776] So auch *Ehlers* in: GH II/Krenzler, E 17 Rdnr. 84.

[777] Dies ergibt sich bereits aus einem Erst-Recht-Schluß, da nur so ein effektives Kontrollsystem etabliert werden kann, vgl. auch *Ehlers* in: GH II/Krenzler, E 17 Rdnr. 84.

[778] Vgl. dazu auf Seite 151 dieser Arbeit.

VO 3911/92 selbst enthält keine Sanktionsbestimmungen im Falle des Verstoßes. Jedoch sind die Mitgliedstaaten gemäß Art. 9 der VO 3911/92 verpflichtet, selbst Sanktionsbestimmungen vorzusehen. Die Sanktionen müssen dazu aber hinreichende Gewähr für die Einhaltung der Bestimmungen der VO 3911/92 bieten.

In der Bundesrepublik finden sich Sanktionsbestimmungen in den §§ 16, 17 KultSchG[779]. Gemäß § 16 KultSchG wird bestraft, wer ohne Genehmigung ein eingetragenes Kulturgut oder Archivgut oder entgegen dem vorläufigen Ausfuhrverbot (§§ 4 und 11) ein Kulturgut oder Archivgut, dessen Eintragung eingeleitet ist, ausführt oder sonst aus dem Geltungsbereich des Gesetzes verbringt. Auch der Versuch ist strafbar. Eine Ordnungswidrigkeit begeht gemäß § 17 KultSchG, wer seine Mitteilungspflicht nach den §§ 9 oder 14 verletzt. Da sich die Vorschriften nur auf Gegenstände beziehen, die dem Schutz des KultSchG, nicht aber der VO 3911/92 unterfallen, reicht der Anwendungsbereich der Vorschriften nicht aus[780]. Dem Schutz des KultSchG untersteht nämlich nur ein geringer Teil der zusätzlich nach der VO 3911/92 genehmigungsbedürftigen Kulturgüter. Gemäß § 13 KultGüRückG wird bestraft, wer nationales Kulturgut eines Mitgliedstaates der Europäischen Union, das öffentlich als nationales Kulturgut eingestuft wurde oder dessen Einstufung als nationales Kulturgut eingeleitet und die Einleitung des Verfahrens öffentlich bekanntgemacht wurde, der zuständigen Behörde vorenthält, es beschädigt oder zerstört, nachdem die zuständige Stelle den Gegenstand gemäß § 7 Abs. 2 KultGüRückG angehalten hat. Die Vorschrift erfaßt aber nur Verstöße gegen die (in deutsches Recht umgesetzte) RiLi 93/7/EWG, nicht aber Verstöße gegen die VO 3911/92. Allerdings kommt ein Vorenthalten auch dann in Betracht, wenn ein Kulturgut im Sinne des europäischen Gemeinschaftsrechts aus der Gemeinschaft hinausgeschmuggelt wird, um es auf diese Weise dem Rückgabeanspruch des Herkunftslandes zu entziehen. Das setzt aber voraus, daß der Gegenstand bereits angehalten wurde. Aus diesem Grund sind Verstöße gegen die VO 3911/92 nur in seltenen Fällen nach § 13 KultGüRückG zu ahnden[781]. Überhaupt nicht einschlägig sind die

---

779 Vgl. dazu auch das vierte Kapitel dieser Arbeit auf Seite 237.

780 *Ehlers* in: GH II/Krenzler, E 17 Rdnr. 86.

781 *Ehlers* in: GH II/Krenzler, E 17 Rdnr. 86.

Vorschriften der §§ 31 ZollVG[782] und 30 ZollV[783] mit ihren Katalogen von Steuer- und Zollordnungswidrigkeiten, da diese Vorschriften nur der Durchsetzung zollrechtlicher Verfahrensvorschriften dienen[784]. Folglich muß in zahlreichen Fällen auf die Vorschriften der §§ 372, 370 Abs. 1, 2 Abgabenordnung (AO)[785] zurückgegriffen werden. Nach diesen Vorschriften wird wegen Bannbruchs mit Freiheitsstrafe bis zu fünf Jahren oder mit Geldstrafe u. a. derjenige bestraft, der Gegenstände entgegen einem Verbot ausführt, wenn die Tat nicht in anderen Vorschriften als Zuwiderhandlung gegen ein Ausfuhrverbot mit Strafe oder mit Geldbuße bedroht ist. Auch eine Versuchsstrafbarkeit ist vorgesehen (§ 370 Abs. 2 AO). Die Frage, ob die Subsidiaritätsklausel des § 372 Abs. 2 AO auch dann eingreift, wenn eine Bußgeldvorschrift besteht[786], kann offenbleiben. Im Bereich des Kulturgüterschutzes kommt als spezialgesetzliche Bußgeldvorschrift allenfalls § 33 Abs. 4 des (deutschen) Außenwirtschaftsgesetzes[787] in Betracht. Die Ordnungswidrigkeitenvorschrift bezieht sich auf ein Zuwiderhandeln gegen eine in Rechtsakten der Europäischen Gemeinschaften geregelte Beschränkung des Außenwirtschaftsverkehrs. Die Bestimmung setzt aber voraus, daß eine Rechtsverordnung für einen bestimmten Tatbestand auf diese Bußgeldvorschrift verweist. Eine solche Rechtsverordnung existiert im Bereich des Kulturgüterschutzes jedoch nicht. Die Strafandrohungen der §§ 13 KultGüRückG, 372, 370 AO bleiben nicht hinter der auf Verstöße gegen nationales Recht abgestellten Vorschrift des § 16 KultSchG zurück. Aus diesem Grund hat die Bundesrepublik auch nicht gegen das Rücksichtnahmegebot des Art. 10 EGV verstoßen[788]. Allerdings wäre es für die Zukunft wünschenswert, eine spezielle Strafvorschrift für das Zuwiderhandeln gegen die VO 3911/92 mit verdrängender

---

782 Zollverwaltungsgesetz, BGBl. 1992 I, S. 2125 ff.

783 Zollverordnung, BGBl. 1993 I, S. 2449.

784 A. A. (ohne Begründung) *Mußgnug* in: FS für Bernhardt, S. 1225 (1248); wie hier *Ehlers* in: GH II/Krenzler, E 17 Rdnr. 86; vgl. auch *Hipp*, Kulturgüterschutz in Deutschland, S. 350 f.

785 BGBl. 1976 I, S. 613 mit zahlreichen Änderungen. Ebenso *Hipp*, Kulturgüterschutz in Deutschland, S. 350; *Ehlers* in: GH II/Krenzler, E 17 Rdnr. 86.

786 So die h. M.; krit. dazu *Wisser* in: Klein, Abgabenordnung, § 372 Rdnr. 8.

787 Vgl. dazu auf Seite 153 dieser Arbeit und *Ehlers* in: GH II/Krenzler, E 17 Rdnr. 68.

788 Zur Verpflichtung, Verstöße gegen Gemeinschaftsrecht ebenso zu ahnden wie entsprechende Verstöße gegen nationales Recht, vgl. *Zuleeg* in: GTE, Art. 5 Rdnr. 4 ff.

Wirkung für andere Bestimmungen zu schaffen[789]. Eine solche Vorschrift war im Referentenentwurf des Bundesinnenministers vom März 1998 vorgesehen, ist aber nicht in das KultSchGÄndG übernommen worden[790].

bb. Verstoß durch den Ausfuhrstaat

Lassen die Zollbehörden des Ausfuhrstaates die Ausfuhr eines Kulturgutes i. S. d. VO 3911/92 zu, obwohl die erforderliche Genehmigung nicht vorliegt, kann ein Vertragsverletzungsverfahren[791] gemäß der Art. 226, 227 EGV eingeleitet werden. Ein solches Verfahren hat nicht nur Vertragsrecht, sondern auch Sekundärrecht zum Prüfungsgegenstand[792]. Schadensersatz nach den Grundsätzen der Brasserie du pêcheur-Rechtsprechung[793] kommt allerdings nicht in Betracht, da ein Entschädigungs- bzw. Schadensersatzanspruch von Gemeinschafts wegen nur dann besteht, wenn die verletzte gemeinschaftsrechtliche Vorschrift dem einzelnen Rechte verleihen will. Das will die VO 3911/92 aber gerade nicht. Sie dient nicht dem Schutz des einzelnen, sondern dem Schutz nationalen Kulturgutes. Aus dem gleichen Grund ist in der Bundesrepublik auch ein Amtshaftungsanspruch[794] ausgeschlossen. Es besteht grundsätzlich keine Amtspflicht, die zivilrechtliche Berechtigung des Ausführers zu überprüfen. Etwas anderes könnte nur dann gelten, wenn sich bei der Überprüfung eine Verletzung der Eigentumsordnung geradezu aufdrängen mußte. Dies erscheint aber eher unwahrscheinlich.

g. Rechtsschutz

aa. Rechtsschutz gegen die Erteilung

Gemäß Art. VO 3911/92 kann der an dem Kulturgut Berechtigte eine Ausfuhrgenehmigung mit der Begründung nicht erfolgreich angreifen, die Voraussetzungen

---

789 Vgl. den Vorschlag bei *Ehlers* in: GH II/Krenzler, E 17 Rdnr. 86 a. E.

790 Vgl. dazu *Hipp*, Kulturgüterschutz in Deutschland, S. 350 f.

791 Vgl. zum Vertragsverletzungsverfahren allgemein *Bleckmann*, Europarecht, Rdnr. 811 ff.

792 *Karpenstein/Karpenstein* in: Grabitz/Hilf, Art. 226 Rdnr. 14.

793 EuGH, U.v. 5.3.1996 verb. Rs. C-46 u. C-48/93 (Brasserie du pêcheur/Deutschland und Factortame III), Slg. 1996, I-1029 ff.

794 Gem. § 839 BGB i. V. m. Art. 34 GG.

für die Erteilung der Genehmigung seien nicht gegeben[795]. Die Ausfuhrgenehmigung darf nämlich gemäß Art. 2 Abs. 2 S. 3 VO 3911/92 gerade nur zum Schutze nationalen Kulturguts von künstlerischem, geschichtlichem oder archäologischem Wert verweigert werden. Die Verletzung von Eigentums- oder Besitzrechten ist deshalb kein Prüfungsmaßstab und darf nicht zu einer Versagung der Genehmigung führen.

bb. Rechtsschutz gegen die Nichterteilung

Der Beteiligte hat einen Anspruch auf Erteilung der Ausfuhrgenehmigung, wenn die Voraussetzungen dafür vorliegen[796]. Dies ergibt sich sowohl aus Art. 2 VO 3911/92 selbst als auch aus der Ausfuhrfreiheit mit den umfassenden Grundrechten der Berufsfreiheit nach Gemeinschaftsrecht und nationalem Recht. Darüber hinaus schützt auch die VO 2603/69/EWG des Rates vom 20. 12. 1969 die Ausfuhrfreiheit[797].

cc. Rechtsschutz gegen Sanktionen

Der Rechtsschutz gegen Sanktionen wegen Verstoßes gegen die VO 3911/92 richtet sich nach den nationalen Bestimmungen, in der Bundesrepublik also nach dem Straf- und Verwaltungsprozeßrecht.

2. Verwaltungsverfahren

Zu unterscheiden ist an dieser Stelle zwischen dem Verwaltungsverfahren vor der Genehmigungsbehörde des Herkunftsstaates und demjenigen der Zollstelle des Ausfuhrstaates. Es handelt es sich um ein zweistufiges Zollverfahren. Für das Genehmigungsverfahren gilt vor allem das nationale Verwaltungsverfahrensrecht[798]. Gemeinschaftsrechtliche Vorgaben ergeben sich aus der VO 3911/92-DVO[799]. So müssen die detailliert umschriebenen Genehmigungsvordrucke (Art. 1 Abs. 3, 3 Abs. 4) bereitgehalten werden. Zusätzlich sind die

---

795 *Ehlers* in: GH II/Krenzler, E 17 Rdnr. 88.

796 *Bila*, Nationaler Kulturgüterschutz, S. 151; *Ehlers* in: GH II/Krenzler, E 17 Rdnr. 89.

797 Vgl. Art. 1 der VO; näher dazu *Ehlers/Pünder* in: GH II/Krenzler, E 15 Rdnr. 1 ff.

798 In Deutschland also das Verwaltungsverfahrensgesetz (VwVfG) des Bundes.

799 Vgl. zur Durchführungsverordnung auf Seite 115 dieser Arbeit und bei *Ehlers* in: GH II/Krenzler, E 17 Rdnr. 34; *Maurer*, Die Ausfuhr von Kulturgütern, S. 89 ff.

Genehmigungsbehörden dazu ermächtigt, die Vorlage zweckdienlicher Unterlagen, von Fotografien oder auch die körperliche Vorführung des auszuführenden Kulturgutes zu verlangen (Art. 6 Abs. 2, 3 VO 3911/92DVO)[800]. Auch für das Zollverfahren enthält die VO 3911/92-DVO zahlreiche Vorschriften. Diese beziehen sich auf die technische Abwicklung (vgl. etwa Art. 8) und auf zusätzliche Pflichten des Genehmigungsinhabers. So können bspw. die zuständigen Behörden des Mitgliedstaats, in dem die Genehmigung vorgelegt wird, verlangen, daß eine Übersetzung in die Amtssprache dieses Mitgliedstaates vorgelegt wird (Art. 3 Abs. 3, 11 VO 3911/92-DVO). Die Übersetzung ist auf Kosten des Genehmigungsinhabers zu erstellen. Ergänzend gilt der Zollkodex und die dazu gehörende Durchführungsverordnung Nr. 2454/93/EWG vom 2. 7. 1993[801]. Gemäß Art. 161 Abs. 5 ZK, 292 f. ZKDVO ist das Ausfuhrverfahren grundsätzlich zweistufig organisiert. Wenn der Ausführer seinen Sitz im Binnenland hat, muß die Zollanmeldung und Gestellung der Waren bei der Ausfuhrzollstelle erfolgen, die für den Ort zuständig ist. Alternativ dazu kommt eine Anmeldung oder Gestellung an dem Ort in Betracht, an dem die Waren zur Ausfuhr verpackt oder verladen werden sollen. An der Außengrenze der EG kontrolliert die Ausgangszollstelle dann die Übereinstimmung der geprüften Unterlagen mit der zu exportierenden Ware. Somit muß bereits bei der Ausfuhrzollstelle die Genehmigungspflicht nach der VO 3911/92 geprüft und gegebenenfalls die Genehmigung selbst vorgelegt werden.

a. *Die Regelungen der Durchführungsverordnung (Art. 7 i. V. m. VO 752/93)*

Art. 7 der VO 3911/92 bestimmt, daß zur Durchführung der Ausfuhrverordnung die erforderlichen Vorschriften, insbesondere die Vorschriften über den zu verwendenden Vordruck zu erlassen sind. Dies ist mit Inkrafttreten der Durchführungsverordnung[802] am 1. 4. 1993[803] geschehen. Die VO 3911/92-DVO ist inzwischen wiederum geändert worden durch die VO 1526/98 der Kommission

800 Vgl. dazu auch auf Seite 174 dieser Arbeit.

801 Vgl. oben auf Seite 150 dieser Arbeit.

802 VO [EWG] 752/93 vom 30.3.1993 zur Durchführung der VO 3911/92 des Rates über die Ausfuhr von Kulturgütern, ABl. 1993 L 77/24, im folgenden VO 3911/92-DVO genannt.

803 Art. 11 VO 3911/92-DVO.

vom 16. 7. 1998[804]. Die Kompetenz zum Erlaß der VO 3911/92-DVO liegt gemäß der Art. 7 und 8 VO 3911/92 bei der Kommission, die zur Bewältigung der Aufgabe der Durchführung der VO 3911/92 von einem Ausschuß unterstützt wird, der sich aus Vertretern der Mitgliedstaaten zusammensetzt und in dem der Vertreter der Kommission, ein Beamter der Generaldirektion XXI (Zölle und indirekte Steuern), den Vorsitz führt (Art. 8 Abs. 1 VO 3911/92DVO). Der Ausschuß nennt sich seit seiner konstituierenden Sitzung vom 30. 3. 1993 Beratender Ausschuß für Kulturgüter (BAK)[805]. Der Ausschuß hat bisher neben seiner konstituierenden Sitzung noch dreimal getagt. Bei den Sitzungen wurden Probleme und Fragen im Zusammenhang mit der Anwendung der VO 3911/92 erörtert. Hierbei sind sowohl das Problem der Einordnung von Aquarellen, Gouachen und Pastellen sowie auch die Divergenzen bei den sprachlichen Fassungen des Art. 2 Abs. 2, 2. Unterabsatz aufgedeckt und besprochen worden. Weitere Diskussionspunkte waren die zeitlich beschränkten Genehmigungen und die Überschneidungen mancher Kategorien. Die Arbeit des Ausschusses erfolgt unverständlicherweise nicht öffentlich[806]. Die Kommission soll soweit wie möglich die Stellungnahme des Ausschusses berücksichtigen (Art. 8 Abs. 2 S. 4 VO 3911/92-DVO). Bei dem BAK handelt es sich um ein wichtiges Medium der Mitgliedstaaten, um nationale Probleme bei der Anwendung der VO 3911/92 zu beraten.

b. Zusammenarbeit der Verwaltungen

In den Vorschriften der Art. 2 Abs. 2 S. 4, Art. 6 VO 3911/92 sowie in verschiedenen Bestimmungen der VO 3911/92-DVO sind Regelungen über die Zusammenarbeit der nationalen Verwaltungen enthalten. Art. 6 VO 3911/92 verweist zusätzlich auf die VO 1468/81 vom 19. 5. 1981 betreffend die gegenseitige Unterstützung der Verwaltungsbehörden der Mitgliedstaaten und die Zusammenarbeit dieser Behörden mit der Kommission, um die ordnungsgemäße

---

804 ABl. 1998 L 201/47.

805 In der englischen Fassung wird der BAK als Advisory Committee on Cultural Goods und in der französischen Sprachregelung als Comité consultatif des biens culterels bezeichnet. Vgl. auch *Maurer*, Die Ausfuhr von Kulturgütern, S. 92.

806 Vgl. ausführlich zu den Ausschußsitzungen *Maurer*, Die Ausfuhr von Kulturgütern, S. 93 ff.

Anwendung der Zoll- und Agrarregelung zu gewährleisten[807] sowie auf Art. 4 der RiLi 93/7/EWG. In der Bundesrepublik ist das Zollkriminalamt Köln für die Zusammenarbeit zwischen den Zollstellen zuständig[808]. Eine Zusammenarbeit der einzelnen Behörden der Mitgliedstaaten findet in der Praxis nur äußerst selten und häufig auch überhaupt nicht statt[809]. Viele Mitgliedstaaten vertreten deshalb die Ansicht, daß die VO 3911/92 sich nahezu gar nicht auf die unrechtmäßigen Ausfuhren auswirkt. Stärker institutionalisiert ist die Zusammenarbeit zwischen Italien und Frankreich. Diese beiden Länder haben vereinbart, daß es zu Voranfragen bei den zuständigen Behörden des jeweils anderen Mitgliedstaates kommen soll[810]. Zusätzlich ist für den Handelsverkehr zwischen diesen Ländern ein Begleitschein eingeführt worden, der nach Prüfung der Herkunft des Gegenstandes und der Glaubwürdigkeit des Antragstellers den freien Verkehr des betreffenden Gutes garantiert[811]. Das europäische Parlament hat vorgeschlagen, die Instrumente der Voranfrage und des Begleitscheins für alle Mitgliedstaaten verpflichtend in die VO 3911/92 aufzunehmen[812], um die Zusammenarbeit der Verwaltungen effizienter zu gestalten.

c. *Effizienz der Kontrolle*

Die Gesamt- und Durchschnittsanzahl der von den Mitgliedstaaten erteilten Genehmigungen schwankt sehr stark. So wurden von 1993 bis 1998 in Luxemburg eine Genehmigung, in Finnland acht Genehmigungen, in den Niederlanden 693 (ca. 130 pro Jahr), in der Bundesrepublik Deutschland 1.778 (ca. 300 pro Jahr), in Frankreich 8.338 (ca. 1.390 pro Jahr) und in Großbritannien 38.448 (ca. 6.400 pro Jahr) erteilt[813]. Dies zeigt nicht nur, daß die Ausfuhr von Kulturgütern

---

807 ABl. 1981 L 144/1; vgl. bereits den vierten Erwägungsgrund der VO 3911/92.

808 Vgl. *Fechner* in: Byrne-Sutton/Renold [Hrsg.], Etudes en Droit de L'Art/Studies in Art Law, S. 134 m. Fn. 17.

809 Vgl. KOM [2000] 325 endg., S. 9 f.

810 Um vor Erteilung einer Ausfuhrgenehmigung sicherzugehen, daß die Verbringung aus dem anderen Mitgliedstaat rechtmäßig war.

811 Vgl. KOM [2000] 325 endg., S. 9.

812 BR-Drs. 536/01, S. 4.

813 Vgl. Angaben der Kommission, KOM [2000] 325 endg., S. 20; die Gesamtzahl im Vereinigten Königreich umfaßt alle erteilten Genehmigungen, ohne Unterscheidung zwischen Genehmigungen i. S. d. Verordnung und Genehmigung i. S. d. nationalen Gesetzgebung.

die Mitgliedstaaten unterschiedlich betrifft, sondern deutet auch darauf hin, daß die VO 3911/92 nicht immer konsequent angewendet wird[814]. Obwohl die Ausfuhr von Kulturgütern eine große wirtschaftliche Bedeutung hat und trotz der Bedenken der südeuropäischen Mitgliedstaaten bei der Einführung des Binnenmarktes scheinen viele Ausfuhren nach wie vor in einer rechtlichen Grauzone zu verlaufen. Es ist zu befürchten, daß das durch die VO 3911/92 eingeführte Kontrollsystem nicht so effizient ist, daß alle anmeldepflichtigen Ausfuhren auch tatsächlich erfaßt werden bzw. erfaßt werden können. Es muß davon ausgegangen werden, daß ein Großteil der Ausfuhren nach wie vor ohne die erforderlichen Genehmigungen und Papiere in Drittstaaten verbracht wird.

3. *Übrige Vorschriften der VO 3911/92*

a. *Pflicht zur Vorlage der Ausfuhrgenehmigung (Art. 4)*

Die erteilte Ausfuhrgenehmigung ist der für die Annahme der Zollerklärung zuständigen Zollstelle bei der Erfüllung der Ausfuhrzollförmlichkeiten als Beleg für die Zollerklärung[815] vorzulegen (vgl. auch Art. 7 VO 3911/92-DVO). Welches die zuständige Zollstelle ist, richtet sich jeweils nach den entsprechenden nationalen Vorschriften des Mitgliedstaates.

In der Bundesrepublik wird gemäß § 1 ZollVG der Verkehr mit Waren über die Grenze des Zollgebietes der Europäischen Gemeinschaft in der Bundesrepublik zollamtlich überwacht. Gem. § 1 Abs. ZollVG sichert die zollamtliche Überwachung auch die Einhaltung der gemeinschaftlichen oder nationalen Vorschriften, die das Verbringen von Waren in das, durch das, oder aus dem Gebiet der Bundesrepublik Deutschland verbieten oder beschränken. Damit gelten die Vorschriften über die zollamtliche Überwachung allgemein für den Warenverkehr über die Zollgrenze der Gemeinschaft[816]. Sie erfassen damit auch den grenzüberschreitenden Verkehr mit Kulturgütern, so daß das Vorliegen der nach der

[814] *Ehlers* in: GH II/Krenzler, E 17 Rdnr. 76.

[815] D. h. Zoll- bzw. Ausfuhranmeldung i. S. d. Art. 4 Nr. 17, 59 ff. ZK.

[816] *Hipp*, Kulturgüterschutz in Deutschland, S. 345.

VO 3911/92 erforderlichen Ausfuhrgenehmigung im Rahmen der allgemeinen zollamtlichen Überwachung des Warenverkehrs geprüft werden kann[817].

Zuständig für die zollamtliche Überwachung des Warenverkehrs über die Grenze sind gemäß §§ 12 Abs. 2 1 Nr. 4 FVG[818] i. V. m. § 17 Abs. 1 ZollVG die Hauptzollämter mit ihren Dienststellen[819] als örtliche Bundesbehörden. Damit sind diese gleichzeitig die zuständige Zollstelle i. S. d. Art. 4 VO 3911/92, der die Ausfuhrgenehmigung vorzuweisen ist.

b. Konzentration von Zollstellen (Art. 5)

Gemäß Art. 5 Abs. 1 VO 3911/92 können die Mitgliedstaaten die Zahl der Zollstellen beschränken, die für die Erfüllung der Ausfuhrzollförmlichkeiten für Kulturgüter zuständig sein sollen. Sofern die Mitgliedstaaten von dieser Möglichkeit Gebrauch machen, müssen sie der Kommission die ermächtigten Zollstellen mitteilen (Art. 5 Abs. 2). Die Kommission muß dann diese Mitteilung im Amtsblatt der Europäischen Gemeinschaft, Reihe C, veröffentlichen[820]. Rund zwei Drittel der Mitgliedstaaten (z. B. Frankreich, Portugal und Spanien) haben diese Möglichkeit genutzt und von der Beschränkung Gebrauch gemacht. Sie verweisen darauf, daß die Beschränkung den Exporteuren die Möglichkeit bietet, von Vertrauen geprägte gegenseitige Beziehungen zu den Zollbehörden herzustellen und die vereinfachte Zollabfertigung zu nutzen. Gleichzeitig können sich die Beamten der Zollstellen spezialisieren[821]. Für eine Konzentration der Zollstellen in der Bundesrepublik ist dazu vorgeschlagen worden, auf der Grundlage des § 12 Abs. 3 FVG durch den Bundesminister der Finanzen eine Rechtsverordnung zu schaffen, durch die die Zuständigkeiten mehrerer Hauptzollämter auf ein Hauptzollamt übertragen werden[822]. Nach Auffassung anderer Mitgliedstaaten (z. B. Deutschland, Italien, Griechenland und Österreich) ist eine Beschränkung der

817 Aus diesem Grund sah der Referentenentwurf von 1998 zum Kulturgüterschutzgesetz auch keine neu zu schaffenden Regelungen hierfür vor, vgl. *Hipp*, Kulturgüterschutz in Deutschland, S. 345.

818 Finanzverwaltungsgesetz, BGBl. 1971 I, S. 1426, 1427.

819 Zollämter, Grenzkontrollstellen, Zollkommissiariate.

820 Vgl. die Veröffentlichung in ABl. 2000 C 18/2.

821 Vgl. auch die Argumente bei *Hipp*, Kulturgüterschutz in Deutschland, S. 346, die sich ebenfalls für eine Konzentration ausspricht.

822 Vgl. zu dem Vorschlag *Hipp*, Kulturgüterschutz in Deutschland, S. 347.

Zollstellen dagegen nicht sachdienlich. Sie bereite den Bürgern statt einer Erleichterung nur zusätzliche Schwierigkeiten. Einer Spezialisierung der Zollbeamten bedürfe es außerdem nicht. Es sei auf Seiten der zuständigen Zollbehörde nur zu prüfen, ob die in der Genehmigung beschriebenen Güter mit denen zur Ausfuhr vorgelegten Gütern übereinstimmten[823]. Vieles spricht gerade aus der Sicht des Zollrechts dafür, von der Ermächtigung des Art. 5 VO 3911/92 keinen Gebrauch zu machen und die bisherige Zuständigkeitsverteilung in der Bundesrepublik bestehen zu lassen[824]. Grund hierfür ist der zweistufige Aufbau des Ausfuhrverfahrens[825]. Muß nämlich die Ausfuhrzollanmeldung grundsätzlich am Sitz des Ausführers abgegeben werden, bedarf es einer Beschränkung der mit der kulturgutrechtlichen Abfertigung betrauten Zahl der Zollstellen nicht. Ebenso wenig ist die für eine Rechtsverordnung gemäß § 12 Abs. 3 FVG erforderliche Verbesserung oder Erleichterung des Vollzuges der Aufgaben ersichtlich, da durch die Eigenheiten des zweistufigen Ausfuhrverfahrens bei einer Bündelung der Zuständigkeiten keine Beschleunigung des Verfahrens erreicht wird.

c. *Unterrichtungspflicht der Mitgliedstaaten und Prüfungspflicht der EG (Art. 10)*

Gemäß Art. 10 S. 1 VO 3911/92 müssen die Mitgliedstaaten die Kommission darüber unterrichten, welche Maßnahmen sie zur Durchführung der Verordnung getroffenen haben. Die Kommission teilt diese Informationen dann den anderen Mitgliedstaaten mit (Art. 10 S. 2 VO 3911/92) und legt dem Europäischen Parlament, dem Rat und dem Wirtschafts- und Sozialausschuß alle drei Jahre einen Bericht über die Durchführung der VO vor (Art. 10 S. 3 VO 3911/92). Der Rat war drei Jahre nach Bekanntgabe der VO verpflichtet, diese auf ihre Wirksamkeit hin zu überprüfen und die erforderlichen Anpassungen vorzunehmen (Art. 10 S. 4 VO 3911/92). In jedem Falle muß er auf Vorschlag der Kommission

---

823 Näher zum Ganzen KOM [2000] 325 endg., S. 10 f.

824 So auch *Ehlers* in: GH II/Krenzler, E 17 Rdnr. 93.

825 *Ehlers* in: GH II/Krenzler, E 17 Rdnr. 91.

alle drei Jahre die im Anhang genannten Beträge prüfen und sie gegebenenfalls entsprechend den wirtschaftlichen und monetären Daten in der Gemeinschaft auf den neuesten Stand bringen (Art. 10 S. 5 VO 3911/92).

C. *Zwischenergebnis zum 3. Kapitel*

Teilweise ist der Erlaß der VO 3911/92 kritisiert worden[826]. Dennoch ist die Verordnung notwendiges Instrument, um nationales Kuturgut in einem offenen Binnenmarkt zu schützen. In Verbindung mit der RiLi 93/7/EWG wird ein Schutzsystem geschaffen, das es den Mitgliedstaaten der Europäischen Gemeinschaft möglich macht, nationales Kulturgut von künstlerischem, geschichtlichem oder archäologischem Wert trotz Wegfalls der Binnengrenzen in der Gemeinschaft zu schützen. Es muß allerdings bezweifelt werden, ob alle Kulturgüter i. S. d. Verordnung tatsächlich des Schutzes durch das Gemeinschaftsrecht bedürfen. Von der Tendenz her sollte deshalb der gemeinschaftsrechtliche Kulturgutbegriff eingegrenzt werden[827]. Dies kann durch Erhöhung der entsprechenden Wertgrenzen geschehen. Darüber hinaus ist an einigen Stellen eine klarere und eindeutigere begriffliche Fassung der zu schützenden Gegenstände zu fordern. Nur so können Überschneidungen und zu Schutzlücken führende Ungenauigkeiten ausgeschlossen werden. Die Zusammenarbeit zwischen den zuständigen Behörden der Mitgliedstaaten bedarf der Intensivierung, um ein noch effektiveres Netzwerk zu schaffen. Ein gemeinschaftsrechtlicher Kulturgüterschutz lebt gerade davon, daß sich alle Mitgliedstaaten untereinander austauschen und so zusammen einer unrechtmäßigen Ausfuhr entgegentreten können. Ein gemeinsames Handeln erscheint deshalb besonders wichtig, da teilweise bereits vertreten wird, daß der illegale Handel mit Kulturgütern bereits Dimensionen erreicht hat, die zu einer irreparablen Schädigung des Kulturbesitzes der Mitgliedstaaten geführt haben[828]. Die Umsetzung der durch das Europäische Parlament vorgeschlagenen Schutzmaßnahmen genießt deshalb höchste Priorität. Schließlich ist es erstrebenswert, auch die schützenswerten Kulturgüter von Drittländern vor einer Abwanderung in die Gemeinschaft zu schützen, weil jede Nation ein Anrecht auf die Wahrung ihres kulturellen Erbes hat. Ein wirksames Schutzsystem kann nämlich nur dann geschaffen werden, wenn nicht nur europa-, sondern weltweit die Ein- und Ausfuhr von Kulturgütern in ein gemeinsames Schutzsystem überführt

---

826 Vgl. z. B. *Eberl*, NVwZ 1994, S. 729 ff.; *Schmahl*, Die Kulturkompetenz der Europäischen Gemeinschaft, S. 79 ff.

827 *Ehlers* in: GH II/Krenzler, E 17 Rdnr. 98. Vgl. auch KOM [2000] 325 endg., S. 10 f.

828 Vgl. BR-Drs. 536/01.

wird. Das bedeutet in letzter Konsequenz, daß es zu einer gegenseitigen Anerkennung der einzelnen nationalen Regelungen zum Schutz von Kulturgut kommen muß.

4. Kapitel: Nationale Regelungen zur Ausfuhr von Kulturgütern

A. Das Gesetz zum Schutz deutschen Kulturguts gegen Abwanderung

I. Allgemeines

1. Überblick über die nationalen Regelungen zur Erhaltung des Kulturbesitzes

Nationale deutsche Exportbeschränkungen für Kulturgüter enthält in erster Linie das Gesetz zum Schutz deutschen Kulturgutes gegen Abwanderung vom 6. 8. 1995 (KultSchG)[829]. Bei der Ausfuhr von Waren aus der Bundesrepublik wird die Exportlastigkeit der deutschen Wirtschaft deutlich, da nur ganz wenige zollrechtliche Beschränkungen[830] existieren. Neben dem bundesrechtlichen KultSchG kommt vor allem den landesrechtlichen Denkmalschutzgesetzen[831] eine größere Bedeutung für den Kulturgüterschutz zu, weil diese durchweg Genehmigungs- bzw. Erlaubnispflichten für den Fall vorsehen, daß ein bewegliches Kulturdenkmal aus einem Land oder generell an einen anderen Ort verbracht werden soll[832]. Von diesen Genehmigungs- bzw. Erlaubnispflichten wird grundsätzlich auch die Verbringung über die Grenzen des Bundesgebietes hinweg erfaßt. In dieser Hinsicht stellen die denkmalschutzrechtlichen Regelungen somit eine im Vergleich zum KultSchG umfassendere Regelung dar[833]. Da der Transport ins Ausland in diesen Fällen aber nicht der rechtliche Anknüpfungspunkt für die Genehmigungs- bzw. Erlaubnispflicht ist, gehören die Regelungen nicht primär zu den spezifischen Außenhandelsbeschränkungen[834].

---

829 Vgl. dazu bereits auf Seite 5 dieser Arbeit.

830 Dazu *Pieroth/Kampmann*, NJW 1990, S. 1385 (1386) m. Fn. 7.

831 Vgl. dazu auf Seite 245 dieser Arbeit.

832 Vgl. etwa § 15 Abs. 1 S. 1 Nr. 4 BadWürttDenkmSchG; Art. 10 Abs. 1 BayDenkmSchG; § 10 Abs. 1 BerlDenkmSchG; § 10 Abs. 1 Nr. 2 BremDenkmSchG; § 11 Abs. 1 HbgDenkmSchG; § 16 Abs. 1 Nr. 5 HessDenkmSchG; § 10 Abs. 1 Nr. 2 NdsDenkmSchG; § 9 Abs. 1 lit. a DenkmSchG NW; § 13 Abs. 1 Nr. 4 RhPfDenkmSchG; § 12 Abs. 1 Nr. 2 SaarlDenkmSchG; § 9 Abs. 1 lit. b SchlHDenkmSchG.

833 *Pieroth/Kampmann*, NJW 1990, S. 1385 (1386).

834 *Pieroth/Kampmann*, NJW 1990, S. 1385 (1386).

Weitere nationale Regelungen zur Erhaltung des Kulturerbes finden sich im BauGB und im StGB[835]. Nach dem Sinn und Zweck der jeweiligen Gesetze knüpfen aber diese Regelungen nicht an die Verbringung ins Ausland an, so daß sie nicht zu den spezifischen Außenhandelsbeschränkungen gerechnet werden können.

2. *Entstehungsgeschichte des KultSchG*

Ausgangspunkt für das KultSchG war eine Initiative der Bundesregierung vom 19. 11. 1953[836]. Der Bundestag überwies das Gesetz in seiner ersten Lesung am 10. 12. 1953 dann an den Ausschuß für Kulturpolitik[837].

In seinem schriftlichen Bericht vom 20. 4. 1955[838] ging der Ausschuß für Kulturpolitik vor allem auf zwei Punkte ein, die in der Diskussion gestanden hatten. Zum einen wies er die Befürchtungen des Kunst- und Antiquitätenhandels zurück, der durch das Gesetz den freien Handel mit Kulturgut übermäßig gefährdet sah. Ein Vorschlag aus den Reihen des Kunst- und Antiquitätenhandels, national wertvolles Kulturgut, das durch den Kunsthandel in die Bundesrepublik zurückkehre, für zehn Jahre vom Schutz gegen Abwanderung zu befreien, lehnte der Ausschuß als mit dem Zweck des Gesetzes unvereinbar ab.

Zum anderen wollte der Ausschuß die Kompetenzverteilungen zwischen Bund und Ländern in dem Gesetzentwurf geändert wissen. Im Gesetzentwurf war zunächst vorgesehen, daß jedes Bundesland einen sog. „Landesausschuß zum Schutz deutschen Kulturgutes“ bilden sollte, der sowohl über die Eintragung des in seinem Bereich befindlichen Kulturgutes in das Verzeichnis als auch über die Genehmigung zur Ausfuhr entscheiden sollte. Der Bund wiederum sollte einen „Bundesausschuß zum Schutz deutschen Kulturgutes“ bilden, dessen Aufgabe es sein sollte, über Beschwerden gegen die Entscheidungen der Landsausschüsse zu entscheiden. In dieser Konstruktion sah der Ausschuß für Kulturpolitik eine verfassungsrechtlich bedenkliche Mischverwaltung[839]. Die verfassungsmäßige

835 Vgl. §§ 1 Abs. 5 Nr. 5, 35 Abs. 3, 5. Spiegelstrich, 172 Abs. 3, 177 Abs. 3 Nr. 3 BauGB und §§ 243 Abs. 1 Nr. 4 und 5; 304 StGB.

836 BT-Drs. II/76.

837 BT-Prot. II/230.

838 BT-Drs. II/1373.

839 Vgl. auch *Hipp*, Kulturgüterschutz in Deutschland, S. 69.

Verantwortung des Bundesministers des Inneren und der zuständigen Ländermi-nister müsse durch die Übertragung der Entscheidung über den Schutz des Kulturgutes ausschließlich an sie und die Umwandlung der Länderausschüsse und des Bundesausschusses aus beschließenden Organen in beratende Ausschüsse gewahrt werden. Die konstitutive Eintragung von Kulturgütern in die zum Schutz geführten Listen sei Aufgabe der Länder, die Genehmigung zur Ausfuhr dagegen sei entsprechend der verfassungsrechtlichen Befugnis Aufgabe des Bundesministers des Innern.

In seiner zweiten und dritten Lesung am 26. 5. 1955 nahm der Bundestag das Gesetz in der Fassung des Ausschusses für Kulturpolitik mit einigen wenigen Gegenstimmen und bei einer Enthaltung an[840]. Abgelehnt wurde hingegen ein Änderungsantrag, der für den Fall einer rechtskräftigen Versagung der Ausfuhrgenehmigung eine Ankaufspflicht des Bundes bzw. ein Vorkaufsrecht des betroffenen Landes sowie im Falle der Erteilung der Ausfuhrgenehmigung ein Vorkaufsrecht des betroffenen Landes vorsah[841]. Durch eine gesetzliche Ankaufspflicht bzw. ein gesetzliches Vorkaufsrecht würden nämlich, so die damalige Begründung, sowohl echte als auch scheinbare Kaufangebote erst provoziert. Dies laufe dem Zweck des KultSchG zuwider. Weiterhin würde sich eine Festlegung auf den vom ausländischen Kunsthandel angebotenen Preis ergeben. Aus diesen Gründen beließ man es bei der im Gesetzentwurf vorgesehenen Fassung, die nur einen billigen Ausgleich im Fall der rechtskräftigen Versagung der Ausfuhrgenehmigung vorsah, sofern der Eigentümer aufgrund einer wirtschaftlichen Notlage zum Verkauf gezwungen ist.

Eine Weiterleitung an den Bundesrat erfolgte am 27. 5. 1955. Dieser beschloß in seiner Sitzung vom 10. 6. 1955, den Vermittlungsausschuß anzurufen[842]. Der Vermittlungsausschuß wiederum befürwortete in seiner Sitzung am 23. 6. 1955 zwei wesentliche Änderungen des Gesetzes[843]. Erstens schlug er aus praktischen und haushaltsrechtlichen Gründen vor, die Regelung über den billigen Ausgleich im Falle der Versagung der Ausfuhrgenehmigung dahingehend zu ergänzen, daß die zuständige oberste Landesbehörde ihre Maßnahmen im Benehmen mit dem

[840] BT-Prot. II/4581 ff.

[841] *Hipp*, Kulturgüterschutz in Deutschland, S. 70.

[842] BR-Drs. Nr. 167/55; BR-Prot. 1955, S. 148 ff.

[843] BR-Prot. Bd. IV Jg. 1955-1956, S. 193 f.

Bundesminister des Innern herbeizuführen habe. Grund hierfür waren zwei Fälle[844], in denen wertvolles Kulturgut für die Bundesrepublik gerade deshalb erhalten blieb, weil Bund und Länder gemeinsam die Kosten für den Ankauf dieser Kunstwerke aufgebracht hatten[845].

Zweitens sah das Gesetz den Ausschluß für solches Kultur- und Archivgutes vor, dessen Veräußerung nach besonderen gesetzlichen Vorschriften von der Genehmigung einer aufsichtführenden Stelle der Verwaltung abhängig war. Der Vermittlungsausschuß schlug in diesem Fall vor, den Ausschluß auf solches Kulturgut zu erweitern, zu dessen Veräußerung nur oberste Landes- und Bundesbehörden befugt sind. Mit dieser Änderung sollte verhindert werden, daß bspw. Kulturgut aus Landesmuseen in das „Verzeichnis national wertvollen Kulturgutes" eingetragen werde, während eine Eintragung von Kulturgut, das sich in kommunalem Eigentum befinde, nicht vorgesehen sei.

Der Bundestag stimmte schließlich in seiner Sitzung am 7. 7. 1955 den Änderungsvorschlägen des Vermittlungsausschusses zu[846]. Der Bundesrat stimmte dem Gesetz mit den entsprechenden Änderungen in seiner Sitzung am 8. 7. 1955 ebenfalls zu[847]. Damit konnte das Gesetz am 9. 8. 1955 ausgefertigt und verkündet werden und trat am 10. 8. 1955 in Kraft (§ 24 KultSchG).

3. Zweck des KultSchG

Das KultSchG ist eine Reaktion auf die schweren Verluste, die die Not und das Elend der beiden Weltkriege dem deutschen Kulturbesitz zugefügt haben[848]. In den Jahren nach dem Zusammenbruch des Dritten Reiches und während der Geldentwertung war sowohl wertvolles deutsches Kulturgut als auch Archiv- und Bibliotheksgut ins Ausland verkauft oder auf andere Weise dorthin gebracht

---

844 Es ging dabei um eine Madonna von Boticelli und den Echternacher Kodex, vgl. *Hipp*, Kulturgüterschutz in Deutschland, S. 70.

845 Ein aktuelleres Beispiel ist das Evangelium Heinrichs des Löwen, welches im Jahr 1986 gemeinsam vom Bund, den Ländern Niedersachsen und Bayern und der Stiftung Preußischer Kulturbesitz auf einer Versteigerung in einem Londoner Auktionshaus zurückgekauft wurde, vgl. *Uhl*, S. 66; *Hipp*, Kulturgüterschutz in Deutschland, S. 70 m. Fn. 23.

846 BR-Dr. Nr. 236/55.

847 BR-Prot. Bd. IV Jg. 1955-1956, 193f.

848 Vgl. BT-Drs. II/76, S. 6; *Pieroth/Kampmann*, NJW 1990, S. 1385 (1386).

worden. Die Verbringung geschah jedoch im wesentlichen aus finanziellen Gründen. Man befürchtete zur damaligen Zeit eine Art „Ausverkauf an Kulturgütern“, um durch die Veräußerung der wertvollsten Stücke schnell wieder zu Reichtum zu gelangen. So kam es, daß viele Familien die in ihrem Eigentum befindlichen Kunstgegenstände veräußerten, um in Zeiten des wirtschaftlichen und politischen Umbruchs einen Neuanfang wagen zu können. Schon früh erkannte man die Gefahren, die sich daraus für den ohnehin bereits stark dezimierten deutschen Kulturbesitz ergaben. Um weitere, möglicherweise unersetzliche Einbußen zu vermeiden, sollte es der Zweck des neu zu schaffenden KultSchG sein, das noch vorhandene Kulturgut, soweit es von wesentlicher Bedeutung für den deutschen Kulturbesitz war und ist, in seinem Bestand zu erhalten[849]. Weiterhin sollte das deutsche Kulturgut gegen die immer noch akute Gefahr der Abwanderung aus dem Gebiet der Bundesrepublik geschützt werden. Zum Schutz von Kunstwerken bestand zwar die Reichsverordnung über die Ausfuhr von Kunstwerken vom 11. 12. 1919[850], die unter dem Grundgesetz zunächst ihre Geltung behielt. Die aufgrund der Verordnung der Reichsregierung aufgestellte Liste datierte aber noch aus dem Jahr 1938 und erschien nach Auffassung der zuständigen Gremien ergänzungs- und überarbeitungsbedürftig[851]. Der somit noch aus nationalsozialistischen Zeiten stammende Schutz sollte auf eine neue und umfassende gesetzliche Grundlage gestellt werden[852]. Es liegt nahe, daß durch die Neugliederung des Kulturgüterschutzes in Deutschland an dieser Stelle ein Schlußstrich unter die bisherige, durch den Nationalsozialismus beeinflußte Kulturgüterschutzpraxis gezogen werden sollte.

Der Zweck des KultSchG entspricht damit im Wesentlichen den Zwecken, die generell durch Regelungen zur Erhaltung des Kulturbesitzes verfolgt werden[853]. Eine besonderen Aspekt erhält das KultSchG jedoch durch seinen zeitlichen Hintergrund. Die Motivation, effektive Regelungen zum Bestandsschutz für deutsches Kulturgut neu zu schaffen, wurde entscheidend dadurch mitgeprägt,

---

849 BT-Drs. II/76, S. 6; vgl. auch *Hipp*, Kulturgüterschutz in Deutschland, S. 66.

850 RGBl. 1919 S. 1961.

851 BT-Drs. II/76, S. 6; *Pieroth/Kampmann*, NJW 1990, S. 1385 (1386).

852 BT-Drs. II/76, S. 6.

853 Vgl. zu den Zwecken des Kulturgüterschutzes allgemein auf Seite 6 und zu den Zwecken einer europäischen Regelung auf Seite 120 dieser Arbeit.

daß die finanzielle Schieflage eines ganzen Volkes verbunden mit den Irrungen und Wirrungen zweier Weltkriege dazu geführt hatte, daß ein Großteil des kulturellen Erbes eines ganzen Volkes vor der Zerschlagung und Verbringung stand.

II. Einzelerläuterungen

1. Gesetzgebungskompetenz

Gesetzliche Grundlage für den Kulturgüterschutz in Deutschland war Art. 74 Nr. 5 GG in seiner alten Fassung, der den Schutz deutschen Kulturgutes gegen Abwanderung ins Ausland der konkurrierenden Gesetzgebungskompetenz zuwies.

Kulturgut i. S. d. Art. 74 Nr. 5 GG (a. F.) war als umfassender Begriff zu verstehen[854]. Die in Art. 150 Abs. 2 WRV getroffene Regelung[855] wurde in ihrer inhaltlichen Beschränkung als zu eng empfunden. Die Väter des Grundgesetzes wollten sich in bewußter Erweiterung der Regelung des Art. 150 Abs. 2 WRV nicht auf den Schutz des deutschen „Kunstbesitzes" gegen Abwanderung ins Ausland beschränken, sondern eine verfassungsrechtliche Grundlage für einen umfassenden Schutz von Kulturgut schlechthin schaffen. Das KultSchG soll damit über die Grenzen eines Bundeslandes hinaus im Gegensatz zu Art. 150 Abs. 2 WRV jedes Kulturgut von besonderer Bedeutung für die Bundesrepublik erfassen[856]. Danach sollte sich der Begriff des Kulturgutes auf Gegenstände, die für Paläontologie, Archäologie, Vorgeschichte, Geschichte, Literatur, Kunst oder Wissenschaft von Bedeutung sind, erstrecken. Darunter sind bspw. Inkunabeln, kunstgewerbliche Gegenstände und im Bereich der Geschichte der Technik auch Erstkonstruktionen eines Dieselmotors oder eines Automobils zu verstehen[857]. Weiterhin unter den Begriff des Kulturgutes fällt wissenschaftliches, bibliothekarisches und archivarisches Gut[858]. Die Vorschrift des Art. 74 Nr. 5 GG (a. F.)

---

854 Vgl. *Hönes*, BayVBl. 1989, S. 38 (39). Zum Kulturgut vgl. auch BayVGH, BayVBl. 1989, S. 50 ff.

855 Art. 150 Abs. 2 WRV lautet: „Es ist Sache des Reichs, die Abwanderung deutschen Kunstbesitzes in das Ausland zu verhüten."

856 JÖR 1951, Bd. 1 S. 506, vgl. auch *Bila*, Nationaler Kulturgüterschutz, S. 56 f.

857 JÖR 1951, Bd. 1 S. 506.

858 *Jarass/Pieroth*, GG, Art. 75 Rdnr. 11; *Hipp*, Kulturgüterschutz in Deutschland, S. 67 m. Fn. 6.

erfaßte den gesamten privaten und öffentlichen Kulturbesitz ebenso wie den kirchlichen Besitz[859]. Zeitgenössisches Kulturgut ist im Gegensatz zu den Regelungen der VO 3911/92 vom Begriff des Kulturgutes in Art. 74 Nr. 5 GG (a. F.) mit umfaßt gewesen[860].

Das „deutsche" Kulturgut i. S. d. Art. 74 Nr. 5 GG (a. F.) ist dann deutsch, wenn es bei deutscher Urheberschaft in Deutschland belegen ist. Es muß aber nicht zwangsläufig deutscher Herkunft sein. Ausreichend ist, daß es sich bei ausländischer Herkunft nicht nur vorübergehend im Geltungsbereich des GG befindet[861].

Von Art. 74 Nr. 5 GG (a. F.) wurden nur die Abwanderungen ins Ausland erfaßt. Abwanderung bedeutet jede nicht nur kurzfristige zivile Ausfuhr[862], unabhängig davon, ob sie auf Veräußerung, Tausch oder Schenkung beruht[863]. Unter Ausland ist jedes Hoheitsgebiet außerhalb des Geltungsbereiches des GG zu verstehen[864]. Art. 74 Nr. 5 GG (a. F.) erfaßte also nicht die Abwanderung von einem Ort zu einem anderen innerhalb eines Landes oder von einem (Bundes-)Land zu einem anderen[865]. Solange die ehemalige DDR noch bestand, wurde diskutiert, ob die Abwanderung von Kulturgut in die DDR unter die Bundeskompetenz fiel[866], da nach der Entscheidung des BVerfG zum Grundlagenvertrag[867] die DDR im Verhältnis zur Bundesrepublik kein Ausland war. Es wurde eine Bundeskompetenz kraft Sachzusammenhangs mit der Argumentation angenommen, daß ein vollkommener Schutz des Kulturgutes gegen Abwanderung ins Ausland nur auf diesem Wege gewährleistet werden könne. Nach einer Abwanderung in die DDR

---

[859] *Ress*, Kultur und europäischer Binnenmarkt, S. 89; *Hipp*, Kulturgüterschutz in Deutschland, S. 67; vgl. für die Neufassung des Art. 75 Abs. 1 Nr. 6 GG nunmehr *Jarass/Pieroth*, GG, Art. 75 Rdnr. 11.

[860] Vgl. zu der Altersgrenze für Kulturgüter i. S. d. VO 3911/92 auf Seite 137 dieser Arbeit.

[861] Vgl. für die gleichlautende Neufassung des Art. 75 Abs. 1 Nr. 6 GG insoweit *Jarass/Pieroth*, GG, Art. 75 Rdnr. 18 m. w. Nachw.

[862] *Jarass/Pieroth*, GG, Art. 75 Rdnr. 11; vgl. auch *Maurer*, Die Ausfuhr von Kulturgütern, S. 126.

[863] *Hipp*, Kulturgüterschutz in Deutschland, S. 68 m. Fn. 11. Zum europarechtlichen Begriff der Ausfuhr vgl. auf Seite 150 dieser Arbeit.

[864] Statt vieler *Hönes*, BayVBl. 1989, S. 38 (39); *Uhl*, S. 58; *Hipp*, Kulturgüterschutz in Deutschland, S. 68.

[865] *Hönes*, BayVBl. 1989, S. 38 (39).

[866] Vgl. dazu *Hipp*, Kulturgüterschutz in Deutschland, S. 68 m. Fn. 14.

[867] BVerfGE 36, S. 1 (17) mit Hinweis auf BVerfGE 11, S. 150 (158).

habe der Bundesgesetzgeber keinen Einfluß mehr darauf, ob das Kulturgut von dort aus ins Ausland gebracht worden wäre[868].

Durch das 42. Gesetz zur Änderung des Grundgesetzes vom 27. 10. 1994[869] wurde die bisher in Art. 74 Nr. 5 GG enthaltene konkurrierende Gesetzgebung des Bundes zum Schutz deutschen Kulturgutes gegen Abwanderung in das Ausland in eine Rahmengesetzgebungskompetenz nach Art. 75 Abs. 1 Nr. 6 GG überführt. Weiterhin wurden durch diese Grundgesetzänderung die Voraussetzungen des Art. 72 Abs. 2 GG, der Vorgaben für den Erlaß von Rahmengesetzen nach Art. 75 Abs. 1 GG enthält, verschärft[870] und die Vorschrift des Art. 75 Abs. 2 GG, nach der Rahmenvorschriften nur in Ausnahmefällen in Einzelheiten gehende oder unmittelbar geltende Regelungen enthalten dürfen[871], neu eingeführt.

An diesen für den Bereich des Kulturgüterschutzes bedeutenden Änderungen ist zu recht Kritik geäußert worden[872]. Die Herabstufung der Kulturgüterschutzmaterie von einer konkurrierenden zu einer Rahmenkompetenz beruhte auf einem Vorschlag der Gemeinsamen Verfassungskommission des Bundestages und des Bundesrates vom 5. 11. 1993[873]. Danach handele es sich bei der Materie um eine kulturelle Angelegenheit, für die eine grundsätzliche Zuständigkeit der Länder bestehe. Ihre Einbeziehung in den Kompetenzkatalog der konkurrierenden Gesetzgebungskompetenz erscheine aus diesem Grund entbehrlich. Wegen des Auslandsbezuges sei die Überführung in die Rahmenkompetenz ausreichend[874]. Diese Änderung muß als verfehlt bezeichnet werden, sie erweist sich als schwere Schwächung für den Kulturgüterschutz in Deutschland[875]. Die Gesetzgebungs-

---

868 *Hipp*, Kulturgüterschutz in Deutschland, S. 68.

869 BGBl. 1994 I, S. 3146.

870 Vgl. *Jarass/Pieroth*, GG, Art. 72 Rdnr. 9 ff.

871 Vgl. zu der Neufassung *Jarass/Pieroth*, GG, Art. 75 Rdnr. 1.

872 Vgl. *Hipp*, Kulturgüterschutz in Deutschland, S. 297 f.; *Mußgnug* in: ders./Roellecke [Hrsg.], Aktuelle Fragen des Kulturgüterschutzes, S. 11. A. A. soweit ersichtlich nur *Herzog*, BayVBl. 1991, S. 513 (515), der ohne weitere Begründung an dieser Stelle eine bundeseinheitliche Regelung für nicht notwendig erachtet.

873 BT-Drs. 12/6000, S. 16 f., 31.

874 Vgl. BT-Drs. 12/6000, S. 31.

875 So *Hipp*, Kulturgüterschutz in Deutschland, S. 298.

kompetenz besteht gerade für den Schutz deutschen Kulturgutes gegen Abwanderung. Es besteht in zweifacher Hinsicht eine Einschränkung der Bundeskompetenz, die den Landeskompetenzen ihre Berechtigung nicht nimmt. Zum einen ist die Kompetenz auf das national bedeutsame Kulturgut und zum anderen ausschließlich auf den Schutz gegen Abwanderung beschränkt. Im übrigen verbleibt die Gesetzgebungskompetenz gemäß Art. 70 Abs. 1 GG bei den Ländern. Diese haben davon bspw. durch den Erlaß der Landesdenkmalschutzgesetze Gebrauch gemacht. Entscheidend ist, daß das Kulturerbe der Bundesrepublik mehr als die Summe der Kulturgüter seiner Länder ist[876]. Das nationale Kulturerbe hat eine eigene, gesamtstaatliche Bedeutung und dient der gesamten Nation zur Identifikation[877]. Bedeutende nationale Kulturgüter werden in erster Linie als deutsches und nicht als bayrisches, hessisches oder nordrhein-westfälisches Kulturgut geschätzt. Dieser Umstand macht es erforderlich, daß der Schutz von national wertvollem Kulturgut als Bundesaufgabe eingestuft werden muß. Dies gilt um so mehr, da es um einen Schutz vor Abwanderung ins Ausland geht[878]. Ein effektiver Kulturgüterschutz kann nur durch eine bundeseinheitliche Regelung erzielt werden[879], die Überführung der Materie in eine Rahmenkompetenz hat dazu geführt, daß es zu einer kaum zu verantwortenden Lähmung des nationalen Kulturgüterschutzes gekommen ist, was daran deutlich wird, daß die Umsetzung der RiLi 93/7/EWG, die zu einer Änderung des KultSchG geführt hat, sehr viel länger in Anspruch genommen hat als ursprünglich geplant. Grund dafür waren in nicht unerheblichem Maße die Fragen zur Gesetzgebungskompetenz.

Für die Beantwortung der Frage, ob das KultSchG nach der Grundgesetzänderung von 1994 weiter gilt, ist die Vorschrift des Art. 125a Abs. 1 GG zu beachten[880]. Danach gilt Recht, das als Bundesrecht erlassen worden ist, aber wegen Änderung des Art. 74 Abs. 1 GG oder des Art. 75 Abs. 1 GG nicht mehr als

---

876 *Hipp*, Kulturgüterschutz in Deutschland, S. 298.

877 *Oppermann*, Kulturverwaltungsrecht, S. 464 ff., 470 zur Begründung einer konkurrierenden Gesetzgebung in Art. 74 Abs. 1 Nr. 5 GG.

878 So auch *Hipp*, Kulturgüterschutz in Deutschland, S. 298.

879 Oppermann, Kulturverwaltungsrecht, S. 464 ff.

880 *Jarass/Pieroth*, GG, Art. 125a Rdnr. 1; *Hipp*, Kulturgüterschutz in Deutschland, S. 299 m. w. Nachw.; vgl. aber auch *Berndt*, Internationaler Kulturgüterschutz, S. 81.

Bundesrecht erlassen werden könnte, als Bundesrecht fort. Das Bundesrecht kann jedoch durch Landesrecht ersetzt werden. Das als Bundesrecht vor der entsprechenden Änderung der Art. 74, 75 erlassene KultSchG gilt damit solange fort, bis es durch entsprechende landesgesetzliche Regelungen ersetzt worden ist. Solche Vorschriften sind aber bislang noch nicht geschaffen worden.

2. *Vereinbarkeit des KultSchG mit anderen Rechtsvorschriften*

a. *Vereinbarkeit mit Gemeinschaftsrecht*

Das KultSchG verlangt für die Ausfuhr von national wertvollem Kulturgut, dessen Abwanderung einen wesentlichen Verlust für diesen Kulturbesitz bedeuten würde, gemäß § 1 Abs. 4, 5 KultSchG eine Genehmigung. Solche Ausfuhrlizenzerfordernisse sind Handelsbeschränkungen i. S. d. Art. 29 EGV[881]. Die staatliche Ausfuhrbeschränkung etwa im Bereich der Kulturgüterausfuhr kann jedoch aus einem der Gründe des Art. 30 EGV gerechtfertigt sein. Rechtfertigung im Sinne einer engen Auslegung des Art. 30 EGV[882] meint, daß die Maßnahme zum Schutz des Rechtsguts, dessen Gefährdung behauptet wird, notwendig sein muß[883]. Weiterhin darf sie nicht gegen das Mißbrauchsverbot des Art. 30 S. 2 EGV verstoßen.

Das deutsche KultSchG erweist sich zunächst als eine Handelsbeschränkung i. S. d. Art. 29 EGV. Jedoch kommt eine Rechtfertigung über Art. 30 EGV in Betracht. Das KultSchG dient dem in Art. 30 EGV aufgeführten Rechtfertigungsgrund des Schutzes des nationalen Kulturguts von künstlerischem, geschichtlichem oder archäologischem Wert. Der im deutschen Recht gewählte Weg der Eintragung i. V. m. einem Genehmigungserfordernis erweist sich sowohl als geeignet als auch als erforderlich.

Durch eine ungehinderte und unkontrollierte Ausfuhr von nationalem Kulturgut kann der Bestand eines Landes an wertvollen kulturellen Zeugnissen gefährdet sein, wenn er durch die Ausfuhr der einheimischen Wissenschaft und Forschung verloren geht, der eigenen Bevölkerung nicht mehr zugänglich ist und zur Be-

---

881 Vgl. nur *Müller-Graff* in GTE, Art. 36 Rdnr. 62.

882 Siehe zur engen Auslegung oben auf Seite 79.

883 Vgl. dazu oben auf Seite 105 dieser Arbeit.

sichtigung vor Ort nicht mehr zur Verfügung steht[884]. Die Einführung einer nationalen Regelung in Form des KultSchG zur Kontrolle der Abwanderung von Kulturgut ins Ausland ist erforderlich.

Die Regelungen des KultSchG erweisen sich schließlich als angemessen. Sie bilden durch ihr Ausfuhrverbot mit Erlaubnisvorbehalt ein mildes und mithin für den Warenverkehr nur wenig einschränkendes Mittel[885]. Der innergemeinschaftliche Handel mit Kulturgütern wird durch die Vorschriften des KultSchG nicht mehr als unbedingt notwendig beschränkt. Das KultSchG unterstellt gem. § 1 Abs. 1 KultSchG nur solche Gegenstände einem Schutz, deren Abwanderung einen *wesentlichen* Verlust für den deutschen Kulturbesitz bedeuten würde. Dabei kennzeichnet der Maßstab der „Wesentlichkeit" die betreffenden Gegenstände und verhindert somit die Anwendung der Regelungen auf eine Vielzahl „alltäglicher" Antiquitäten[886]. Aus dem gesetzgeberischen Willen ergibt sich, daß nur Objekte von dauerhafter, besonderer Bedeutung zu schützen sind[887]. Einer willkürlichen Handhabung der Eintragungsmöglichkeit steht das Erfordernis der Anhörung eines Sachverständigenausschusses (§ 5 Abs. 2 KultSchG) entgegen, der einer Verwaltungsentscheidung vorgeschaltet ist. Zwischen der handelsbehindernden Maßnahme des KultSchG in Form des Genehmigungserfordernisses und dem erstrebten Schutz des nationalen Kulturgutes besteht deshalb auch eine angemessene Mittel-Zweck-Relation. Das KultSchG verstößt auch nicht gegen Art. 30 S. 2 EGV, da es nicht der Umgehung des EGV dienen soll oder ein Mittel zur „willkürlichen Diskriminierung" oder zu einer „verschleierten Beschränkung des Handels" darstellt[888]. Die Vorschriften des KultSchG sind mit dem Gemeinschaftsrecht in Form des Art. 30 EGV ohne Einschränkungen vereinbar.

---

[884] *Hipp*, Kulturgüterschutz in Deutschland, S. 232; *v. Schorlemer*, Kulturgüterschutz, S. 498 f.; *Berndt*, Internationaler Kulturgüterschutz, S. 146.

[885] *Müller-Graff* in: GTE, Art. 36 Rdnr. 135; *Maurer*, Die Ausfuhr von Kulturgütern, S. 65.

[886] VG Hannover, NVwZ-RR 1991, S. 643 (644).

[887] BT-Drs. II/76, S. 7.

[888] OVG Lüneburg, NVwZ-RR 1993, S. 79 (81 f.); VG Hannover, NVwZ-RR 1991, S. 643 (644).

b. *Vereinbarkeit mit nationalem Recht*

Die Vereinbarkeit der materiell-rechtlichen Bestimmungen des KultSchG mit dem Grundgesetz ist bislang nicht in Zweifel gezogen worden[889]. Es ist daran zu denken, die Vorschriften des KultSchG an den Grundrechten der Art. 14 und 12 GG zu messen.

Die Gesamtheit der noch auf der Kompetenznorm des Art. 74 Nr. 5 GG (a. F.) beruhenden Vorschriften des KultSchG stellen sich nach allgemeiner Ansicht als ausgewogene, sowohl das Interesse der Allgemeinheit am Schutz des deutschen Kulturbesitzes als auch die Belange der Eigentümer angemessen berücksichtigende Regelung dar[890]. Bei der Eintragung eines Kultur- oder Archivgutes in eines der Länderverzeichnisse handelt es sich nicht um eine Enteignung i. S. d. Art. 14 Abs. 3 GG, sondern vielmehr um eine zulässige Inhalts- und Schrankenbestimmung i. S. d. Art. 14 Abs. 1 S. 2 GG[891]. Wesensmerkmal der Enteignung im verfassungsrechtlichen Sinn ist der zielgerichtete staatliche Zugriff auf das Eigentum des einzelnen, der auf die vollständige oder teilweise Entziehung konkreter subjektiver Rechtspositionen zielt[892]. Dem Eigentümer des Kulturgutes wird nach der Eintragung seine Rechtsposition nicht entzogen, ihm verbleibt mehr als nur der reine Besitz an dem Kulturgut. Es ist dem Eigentümer nämlich nach der Eintragung unbenommen, die Kulturgüter innerhalb der Bundesrepublik zu veräußern[893]. Die Aussicht, durch eine Ausdehnung des potentiellen Käuferkreises auf Ausländer, die den Gegenstand nicht im Bundesgebiet belassen wollen, einen erheblich höheren Preis zu erzielen, hat nur rein spekulativen Charakter.

---

889 *Pieroth/Kampmann*, NJW 1990, S. 1385 (1386).

890 VGH Mannheim, NJW 1987, S. 1440; *Uhl*, S. 53; *Pieroth/Kampmann*, NJW 1990, S. 1385 (1386); *Hipp*, Kulturgüterschutz in Deutschland, S. 81 f. A. A wohl nur *Hönes*, BayVBl. 1989, S. 38 (41), der die Regelungen des KultSchG für nicht optimal hält und statt dessen die österreichische Regelung bevorzugt.

891 VGH Mannheim, NJW 1987, S. 1440; BayVGH, BayVBl. 1963, S. 254; OVG Lüneburg, NVwZ-RR 1993, S. 79 (81); *Hipp*, Kulturgüterschutz in Deutschland, S. 81; *Maurer*, Die Ausfuhr von Kulturgütern S. 119; *Pieroth/Kampmann*, NJW 1990, S. 1385 (1386). Zur Unterscheidung von Inhalts- und Schrankenbestimmungen i. S. d. Art. 14 Abs.1 S. 2 GG vgl. *Ehlers*, VVDStRL 51 [1992] S. 211 (224).

892 BVerfGE 79, S. 174 (191) m. w. Nachw.

893 VGH Mannheim, NJW 1987, S. 1440; VG Hannover, NVwZ-RR 1991, S. 643; *Hipp*, Kulturgüterschutz in Deutschland, S. 81.

Eine solche Aussicht betrifft nur den Tauschwert des Eigentums, nicht aber seinen Bestand[894]. Darüber hinaus stellt diese Aussicht nur eine weitgehend unbestimmte Erwerbschance dar, insbesondere wenn der Eigentümer noch keine konkreten Verkaufsabsichten hegt. Ein rein theoretischer Nachteil fällt aber nicht in den Schutzbereich der Eigentumsgarantie[895]. Außerdem bedeutet die Eintragung kein absolutes Ausfuhrhindernis. Sie schafft nur die Pflicht zur Genehmigung und keinen absoluten Ausschluß einer Ausfuhr. Diese darf nur unter bestimmten Voraussetzungen verweigert werden, nämlich dann, wenn bei Abwägung der Umstände des Einzelfalls wesentliche Belange des deutschen Kulturbesitzes überwiegen (§ 1 Abs. 4 S. 3 KultSchG). Das mit der Eintragung verfolgte Ziel, den deutschen Kulturbesitz gegen Abwanderung zu schützen, ist durch Art. 74 Nr. 5 GG (a. F.) bzw. Art. 75 Abs. 1 Nr. 6 GG verfassungsrechtlich legitimiert, die damit die in dieser Hinsicht bestehende besondere Sozialpflichtigkeit des Eigentums an Kulturgut zum Ausdruck bringen. Das Eigentum wird ausschließlich in seiner sozialen Funktion, nämlich wegen seiner Bedeutung für den deutschen Kulturbesitz erfaßt[896]. Eine Eintragung dient dem qualifizierten öffentlichen Interesse an der Bewahrung herausragender deutscher Kulturgüter durch Vermeidung einer Abwanderung[897]. Die Möglichkeit zur wirtschaftlichen Nutzung des eingetragenen Kulturgutes ist nur im Hinblick auf eine Verbringung in das Ausland beschränkt. Im übrigen wird die Einschränkung der Eigentümerbefugnisse dadurch gemildert, daß die eingetragenen Gegenstände bei der Heranziehung zu Steuern begünstigt werden (vgl. § 1 Abs. 3 KultSchG) und in Härtefällen ein „billiger Ausgleich" (§ 8 KultSchG) gewährt wird. Die Vorschriften des KultSchG sind deshalb mit der Eigentumsgarantie des Art. 14 GG vereinbar[898].

Durch das Genehmigungserfordernis des § 1 Abs. 4 berührt das KultSchG den Schutzbereich von Art. 12 Abs. 1 GG, da einem Kunst- oder Antiquitätenhändler

---

894 VG Hannover, NVwZ-RR 1991, S. 643.

895 Vgl. OVG Lüneburg, NVwZ 1984, S. 741; VG Hannover, NVwZ-RR 1991, S. 643 m. w. Nachw.

896 *Hipp*, Kulturgüterschutz in Deutschland, S. 82; vgl. auch BVerwG, NJW 1993, S. 3280 (3281).

897 Ausführlich dazu BVerwG, NJW 1993, S. 3280 (3281).

898 So auch BVerwG, NJW 1993, S. 3280 (3281); VGH Mannheim, NJW 1987, S. 1440; VGH München, BayVBl. 1963, S. 254; OVG Lüneburg, NVwZ-RR 1993, S. 79 (80 f.); VG Hannover, NVwZ-RR 1991, S. 643; *Pieroth/Kampmann*, NJW 1990, S. 1385 (1386).

bei der Versagung einer Ausfuhrgenehmigung das Wie der beruflichen Tätigkeit[899]. Die Bedenken dieser Berufsgruppe sind deshalb beim Entwurf des Gesetzes berücksichtigt, aber wegen des als begrenzt bezeichneten Anwendungsbereichs als nicht berechtigt angesehen worden[900]. Im übrigen gelten die gleichen Argumente wie zuvor bei Art. 14 GG für die Rechtfertigung des Eingriffs. Der Eingriff in die durch Art. 12 GG geschützte Berufsausübung kann mit denselben Erwägungen gerechtfertigt werden. Eine Eintragung und die damit möglicherweise verbundene Versagung der Ausfuhr dient also hier dem qualifizierten öffentlichen Interesse an der Bewahrung herausragender deutscher Kulturgüter durch Vermeidung einer Abwanderung[901]. Die Regelungen des KultSchG sind folglich mit der Garantie des Art. 12 GG zu vereinen.

Gleiches gilt im übrigen für einen Eingriff in den Schutzbereich des Art. 2 Abs. 1 GG, der wiederum durch das überwiegende öffentliche Interesse an der Bewahrung von Kulturgütern gerechtfertigt werden kann[902].

3. Anwendungsbereich des KultSchG

Der Anwendungsbereich des KultSchG unterteilt sich in den sachlichen Anwendungsbereich (dazu unter a) und den persönlichen Anwendungsbereich (dazu unter c). Um einen einheitlichen Vollzug der Vorschriften in der Bundesrepublik zu gewährleisten, wurde ein Kriterienkatalog der Kultusminister aufgestellt (dazu unter b).

a. Sachlicher Anwendungsbereich

Gem. § 1 Abs. 1 KultSchG umfaßt der sachliche Anwendungsbereich Kunstwerke und anderes Kulturgut einschließlich Bibliotheksgut, dessen Abwanderung aus dem Geltungsbereich des KultSchG einen wesentlichen Verlust für den deutschen Kulturbesitz bedeuten würde. Sie werden in ein Verzeichnis mit dem Titel „National wertvolles Kulturgut" eingetragen. Gleiches gilt für die im 2. Abschnitt des KultSchG (§§ 10 bis 15 KultSchG) geschützten Archive,

---

899 Vgl. *Uhl*, S. 54.

900 So der Ausschuß für Kulturpolitik in seinem schriftlichen Bericht, vgl. BT-Drs. II/1373, S. 1.

901 Ausführlich dazu BVerwG, NJW 1993, S. 3280 (3281).

902 Zur Vermeidung von Wiederholungen wird auf die vorherigen Begründungen verwiesen.

Nachlässe und Briefsammlungen, die in ein Verzeichnis „National wertvolle Archive" eingetragen werden, sofern sie eine „wesentliche Bedeutung für die deutsche politische, Kultur- und Wirtschaftsgeschichte" haben. Dieser Abschnitt enthält gegenüber den allgemeinen Bestimmungen einige Sonderregelungen, verweist aber zum großen Teil auf die allgemeinen Regelungen. Für Archive ist grundsätzlich eine andere Regelung als bei Kunstwerken erforderlich, da bei dem großen Umfang des Archivgutes die Erfassung allen schutzwürdigen Archivgutes in Verzeichnissen nicht durchführbar ist[903]. Deshalb wird allgemein die Ausfuhr von Archivgut von einer Genehmigung abhängig gemacht.

aa. Kulturgut

(1) Kunstwerke und anderes Kulturgut

Das KultSchG stellt zunächst Kunstwerke und anderes Kulturgut unter seinen sachlichen Schutzbereich. Als exemplarisches Beispiel für anderes Kulturgut nennt das Gesetz in § 1 Abs. 1 S. 1 KultSchG Bibliotheksgut. Mit dem Begriff des Kulturgutes in § 1 geht das KultSchG über den in Art. 150 Abs. 2 WRV enthaltenen Auftrag an das Reich hinaus, wonach nur der „deutsche Kunstbesitz" vor einer Abwanderung ins Ausland zu schützen sei. Während durch die WRV nur Zeugnisse der Kunst geschützt waren, wird nun Kulturgut schlechthin erfaßt[904]. Es ist somit im Vergleich zu einer wesentlichen Ausweitung des Anwendungsbereichs gekommen. Ein Definition dessen, was Kulturgut i. S. d. KultSchG sein soll, liefert das KultSchG jedoch nicht[905]. Zumeist wird bei einer Beschreibung Bezug genommen auf die amtlichen Materialien[906], wonach von einem allumfassenden Begriff des Kulturgutes ausgegangen werden soll[907]. Im Gegensatz zum Verzeichnis der Weimarer Zeit sind vom Kulturgutbegriff des KultSchG solche Kulturgüter erfaßt, die von besonderem künstlerischem, kul-

---

903 BT-Drs. II/76, S. 10.

904 Vgl. *Hönes*, BayVBl. 1989, S. 38 (39).

905 *Uhl*, S. 51; *Hipp*, Kulturgüterschutz in Deutschland, S. 72; *Jaeger*, Internationaler Kulturgüterschutz, S. 25.

906 Vgl. BT-Drs. II/76, S. 7; JÖR 1951 Bd. 1, S. 506.

907 Vgl. auch *Pieroth/Kampmann*, NJW 1990, S. 1385 (1387), die den Begriff des Kulturgutes mit dem des Kulturbesitzes gleichsetzen.

turhistorischem, historischem oder literarischem Wert sind. Ebenfalls umfaßt werden sollen besonders wertvolle Handschriften wie etwa handgeschriebene Bücher, Inkunabeln, und Erstausgaben, sofern sie für die deutsche Literatur und Wissenschaft wesentlich und nicht in mindestens zwei öffentlichen Bibliotheken innerhalb der Bundesrepublik vorhanden sind[908]. Auch geschlossene Bibliotheken von besonderem Wert können unter den Begriff des Kulturgutes i. S. d. KultSchG fallen. Im Bereich der Geschichte der Technik sind erste Konstruktionen wie z. B. die eines Dieselmotors oder eines Automobils erfaßt[909]. Bei dem im 1. Abschnitt des KultSchG verwendeten Kulturgutbegriff handelt es sich um einen wertausfüllungsbedürftigen Rechtsbegriff[910], dessen Auslegung der vollen gerichtlichen Überprüfung unterliegt[911].

Durch eine Zusammenstellung verschiedener Oberbegriffe ist ähnlich wie bei der VO 3911/92 versucht worden, Anhaltspunkte für solche Gegenstände zu liefern, die unter den Kulturgutbegriff des KultSchG fallen können[912]. Hierbei handelt es sich um einen richtigen Ansatz, den unbestimmten Rechtsbegriff „greifbar" zu machen. Bei der Einteilung der Gruppen muß jedoch mit großer Sorgfalt vorgegangen werden, um zu gewährleisten, daß nur solche Gegenstände in Gruppen aufgenommen werden, die die Anforderungen der besonderen Bedeutung für den deutschen Kulturbesitz erfüllen[913]. Diese Unsicherheit stellt aber ein generelles Problem bei der Bildung von abstrakten Gattungsgruppen dar. Eine Präzisierung der Beispielsgruppen, die im Bereich der Gesetzgebungskompetenz genannt worden sind, scheint ein gangbarer Weg zu sein[914], die bestehende Unsicherheit so gering wie möglich zu halten.

---

908 BT-Drs. II/76, S. 7.

909 JÖR 1951 Bd. 1, S. 506; vgl. auch *Pieroth/Kampmann*, NJW 1990, S. 1385 (1387).

910 *Hönes*, BayVBl. 1989, S. 38 (39); *Hipp*, Kulturgüterschutz in Deutschland, S. 71; *Pieroth/Kampmann*, NJW 1990, S. 1385 (1387).

911 VHG Mannheim, NJW 1987, S. 1440 ff.; OVG Lüneburg, NVwZ-RR 1993, S. 79 ff.; VG Hannover, NVwZ-RR 1991, S. 643.

912 Vgl. die Zusammenstellung der Gruppen bei *Hipp*, Kulturgüterschutz in Deutschland, S. 73 m. Fn. 34.

913 So erscheint die Einordnung von Schauspielerdevotionalien von *Hipp*, Kulturgüterschutz in Deutschland, S. 73 zu Gegenständen der Filmkunst mehr als fraglich. Eine Bedeutung dieser Gegenstände als Kulturgut ist abzulehnen.

914 Vgl. die Beispiele in JÖR 1951, Bd. 1, S. 506 und auf Seite 186 dieser Arbeit.

Vom Begriff des Kulturgutes im KultSchG sind auch solche Gegenstände erfaßt, die für die regionale oder lokale Geschichte einer Region von Bedeutung sind[915]. Die regionale Prägung schließt die Zugehörigkeit zum schutzwürdigen und schutzbedürftigen deutschen Kulturbesitz nicht aus. Grund hierfür ist, daß die deutsche Geschichte im allgemeinen und die deutsche Kulturgeschichte im besonderen zumindest bis weit ins 19. Jahrhundert hinein im wesentlichen eine Geschichte der Regionen und ihrer politischen und kulturellen Besonderheiten war[916]. Objekte, die für eine Region von künstlerischer, wissenschaftlicher oder heimatgeschichtlicher Bedeutung sind, können, sofern nicht noch gleichartige Objekte in großer Zahl vorhanden sind, unter den Kulturgutbegriff des KultSchG fallen.

Gleiches gilt für Sammlungen. Eine Sammlung kann als Ganzes einen besonderen kulturellen Wert haben und deshalb in das Verzeichnis eingetragen werden[917]. Enthält die Sammlung besonders wertvolle Einzelstücke können diese neben der Sammlung auch einzeln in das Verzeichnis eingetragen werden[918]. Bei den Sammlungen muß es sich nicht zwangsläufig um Kunst- oder Literatursammlungen handeln. Vielmehr kann es sich grundsätzlich um Sammlungen jeder Art handeln, sofern die Sammlung eine eigene wissenschaftliche Leistung des Sammlers darstellt[919]. Die Tatsache, daß die Objekte der Sammlung nicht nur aus Deutschland, sondern aus allen Teilen der Welt stammen, schließt die Anwendbarkeit des KultSchG nicht aus[920].

In engen Grenzen kann auch Kunsthandwerk in Abgrenzung zu Kunstwerken unter den Begriff des Kulturgutes i. S. d. KultSchG fallen. Während Kunstwerke um ihrer selbst willen als einzigartige Objekte geschaffen werden, handelt es sich bei Kunsthandwerk regelmäßig um Gebrauchs- und Schmuckgegenstände, die

915 Wie hier *Hipp*, Kulturgüterschutz in Deutschland, S. 74; *Hönes* BayVBl. 1989, S. 38 (39).

916 VGH Mannheim, NJW 1987, S. 1440 (1441).

917 *Hipp*, Kulturgüterschutz in Deutschland, S. 75.

918 BT-Drs. II/76, S. 7.

919 Vgl. zur Frage, ob eine naturwissenschaftliche Sammlung „Kulturgut“ ist BayVGH, BayVBl. 1989, S 50 ff., zur Eintragung eines Archives in das Verzeichnis national wertvoller Archive vgl. VG Berlin, U.v. 9.2.1994, Az. 1 A 29.92.

920 BayVGH, BayVBl. 1989, S. 50 (52).

eine besondere künstlerische Gestaltung erfahren haben[921]. Sofern solche kunsthandwerklichen Gegenstände im Einzelfall kulturell besonders wertvoll sind und nach den Kriterien des KultSchG schützenswert erscheinen, kommt eine Eintragung in das Verzeichnis national wertvollen Kulturgutes als „anderes Kulturgut" in Betracht[922].

(2) Archivgut

Der Begriff des Archivgutes wird in § 10 KultSchG nicht über eine Generalklausel definiert, sondern im Wege der enumerativen Aufzählung beschrieben. Danach fallen unter den Archivbegriff Schriftstücke aller Art wie Archive, archivarische Sammlungen, Nachlässe und Briefsammlungen[923], darüber hinaus aber auch Karten, Pläne, Siegel, Bild-, Ton- und Filmmaterial. Aus den Materialien wird deutlich, daß nur Archivgut im engeren Sinne, d. h. schriftliche Dokumente und ihnen gleichgestellte Gegenstände erfaßt werden sollen[924]. Aufgrund der fortschreitenden Digitalisierung der Archivierungsmethoden sind darunter aber auch auf elektronischem Wege gespeicherte Archive als den schriftlichen Dokumenten gleichgestellte Gegenstände zu verstehen[925].

Das KultSchG schützt gegen Abwanderung alles Archivgut im Bereich der Bundesrepublik, unabhängig von seiner Herkunft. Entscheidend ist nur, daß es für die deutsche Geschichte einen besonderen, bleibenden Wert hat, und zwar für Deutschland in seiner Gesamtheit unter Einschluß aller landschaftsgeschichtlichen und rechtsgeschichtlichen Gesichtspunkte[926]. Dazu zählt solches Archivgut, das sich auf abgetrennte frühere deutsche Landschaften bezieht. Nicht unter Archivgut i. S. d. KultSchG fällt hingegen das nur zur vorübergehenden Benut-

---

921 *Hipp*, Kulturgüterschutz in Deutschland, S. 76.

922 Vgl. zur Eintragung des sog. Silberzimmers der Welfen als Kulturgut BVerwG, NJW 1993, S. 3280 ff. und die Vorinstanzen VG Hannover, NVwZ-RR 1991, S. 643 ff. und OVG Lüneburg, NVwZ-RR 1993, S. 79 ff. In dem Fall ging es um ein im 18. Jahrhundert geschaffenes Ensemble von Silbermobiliar, das wegen der Einzigartigkeit der Möbel und wegen ihres hohen künstlerischen Wertes in das Verzeichnis national wertvollen Kulturgutes eingetragen werden sollte.

923 *Hipp*, Kulturgüterschutz in Deutschland, S. 78.

924 BT-Drs. II/76, S. 10.

925 Wie hier *Hipp*, Kulturgüterschutz in Deutschland, S. 79.

926 BT-Drs. II/76, S. 10.

zung nach Deutschland eingeführte Archivgut, etwa zu Studien- oder Restaurierungszwecken.

Maßgeblich für die „wesentliche Bedeutung" eines Archivgutes ist sein bleibender Wert für die Geschichte[927]. Durch diesen Gesichtspunkt unterscheidet sich das schützenswerte Archivgut von den Schriftstücken des Geschäftsverkehrs, den Registraturen und sonstigen Dokumentationen.

bb. Zugehörigkeit zum „deutschen" Kulturbesitz

Weitere Voraussetzung für eine Eintragungsfähigkeit als Kulturgut i. S. d. § 1 Abs. 1 KultSchG ist, daß der Gegenstand zum deutschen Kulturbesitz gehört. Welche Gegenstände zum deutschen Kulturbesitz gehören, regelt das KultSchG nicht. Aus der Entstehungsgeschichte läßt sich entnehmen, daß solche Kulturgüter zum deutschen Kulturbesitz gehören sollen, die nach ihrer künstlerischen Eigenart, ihrem kulturellen Wert oder durch ihre Bedeutung für die kulturelle Entwicklung in Deutschland als dauernd wertvoller Bestandteil des deutschen Kulturbesitzes anzusehen sind[928]. Dabei soll es nicht darauf ankommen, welcher Nationalität der Eigentümer des Kulturgutes ist[929]. Der „deutsche" Kulturbesitz umfaßt damit in erster Linie solches Kulturgut, das aus dem deutschen Kulturkreis stammt oder von Deutschen geschaffen wurde, insbesondere solches Kulturgut, das durch die Geschichte mit Deutschland so stark verbunden ist, daß es zum deutschen Kulturbesitz gehört[930]. Deshalb ist zunächst die Belegenheit des Kulturgutes als maßgebliches Kriterium anzusehen[931], das Adjektiv „deutsch" ist insoweit als Ortsbestimmung zu verstehen[932]. Nicht erforderlich ist es dabei, daß das Objekt sich seit seiner Herstellung ununterbrochen im Geltungsbereich des

927 BT-Drs. II/76, S. 10.

928 BT-Drs. II/76, S. 7.

929 BT-Drs. II/76, S. 7; *Pieroth/Kampmann*, NJW 1990, S. 1385 (1387); *Hipp*, Kulturgüterschutz in Deutschland, S. 77.

930 *Hipp*, Kulturgüterschutz in Deutschland, S. 77 m. Fn. 45 unter Hinweis auf einen Beschluß der Kultusministerkonferenz.

931 *Pieroth/Kampmann*, NJW 1990, S. 1385 (1387).

932 VGH Mannheim, NJW 1987, S. 1440 (1441); *Maurer*, Die Ausfuhr von Kulturgütern, S. 123; vgl. auch *Uhl*, S. 55.

Gesetzes befunden hat[933]. Nicht bzw. nicht mehr zum deutschen Kulturbesitz gehören solche Gegenstände, die nicht mehr im Geltungsbereich des Grundgesetzes belegen sind, z. B. durch einen Umzug des Eigentümers. Ebenfalls nicht zum deutschen Kulturbesitz sind solche Gegenstände zu zählen, die sich schon immer im Ausland befunden haben wie etwa die Werke eines im Ausland lebenden und arbeitenden deutschen Künstlers. Umgekehrt kann solches Kulturgut seine Eintragungsfähigkeit dadurch wiedererlangen, daß es erstmals oder wieder in die Bundesrepublik eingeführt wird[934]. Wann sich ein Kulturgut nicht mehr nur vorübergehend in der Bundesrepublik befindet, ist vom Gesetzgeber offengelassen worden. Notwendig ist in jedem Fall, daß eine gewisse Festigung in der Beziehung zur deutschen Kultur eingetreten ist[935]. Generell läßt sich hier keine Frist bestimmen, es muß statt dessen auf eine Entscheidung im Einzelfall unter Hinzuziehung von Sachverständigen ankommen.

Hinzukommen muß darüber hinaus allerdings eine irgendwie geartete Beziehung zur deutschen Kultur[936]. Gegenstände aus einem Drittland, die sich in der Hand eines privaten Sammlers befinden, ansonsten aber keine Verbindungslinien zum deutschen Kulturkreis aufweisen, können nicht zum deutschen Kulturbesitz gehören[937]. Gleiches gilt für Werke, die von Künstlern mit internationaler Geltung geschaffen worden sind, aber ebenfalls diesen Bezug nicht aufweisen[938]. Das Erfordernis der besonderen Beziehung zur deutschen Kultur ergibt sich nicht

---

933 *Hipp*, Kulturgüterschutz in Deutschland, S. 77; *Pieroth/Kampmann*, NJW 1990, S. 1385 (1387); vgl. auch BT-Drs. II/76, S. 7.

934 *Hipp*, Kulturgüterschutz in Deutschland, S. 77; *Pieroth/Kampmann*, NJW 1990, S. 1385 (1387).

935 *Uhl*, S. 155.

936 Wie hier *Pieroth/Kampmann*, NJW 1990, S. 1385 (1387); *Uhl*, S. 155; *Jaeger*, Internationaler Kulturgüterschutz, S. 26. A. A. *Hipp*, Kulturgüterschutz in Deutschland, S. 77, die jedes Kulturgut, gleichgültig ob es deutscher oder ausländischer Herkunft ist, als eintragungsfähig ansieht. Sie läuft damit jedoch dem Erfordernis zuwider, daß das Objekt durch seine Bedeutung für den deutschen Kulturkreis gerade als Bestandteil des deutschen Kulturbesitzes anzusehen ist. Eine solche Qualität ist auch den Werken von Künstlern internationalen Rangs abzusprechen, die keinerlei Verbindungslinien zur deutschen Kultur aufweisen. Ablehnend ebenfalls *Bila*, Nationaler Kulturgüterschutz, S. 62, die allerdings zu recht darauf hinweist, daß eine genaue Unterscheidung zwischen Zugehörigkeit oder fehlendem Bezug zur deutschen Kultur in Einzelfällen Probleme bereiten kann.

937 *Uhl*, S. 155.

938 *Pieroth/Kampmann*, NJW 1990, S. 1385 (1387).

zuletzt aus den Anforderungen des Gemeinschaftsrechts. Würde man die enge Beziehung zu einer Landeskultur nicht fordern, bestünden Zweifel an der Vereinbarkeit einer solchen Regelung im Hinblick auf Art. 30 EGV.

cc. *Wesentlicher Verlust für den deutschen Kulturbesitz*

Schließlich muß die Veräußerung oder sonstige Verbringung des Kulturgutes einen wesentlichen Verlust für den deutschen Kulturbesitz nach sich ziehen (vgl. § 1 Abs. 1 S. 1 KultSchG). Diese Voraussetzung soll sicherstellen, daß nur solche Objekte in das Verzeichnis aufgenommen werden, die „von besonderem künstlerischem, kulturhistorischem, historischem oder literarischem Wert" sind[939]. Die Anwendung dieses unbestimmten Rechtsbegriffs verlangt neben einer Feststellung von Tatsachen zusätzlich eine Wertung[940]. Dieser Umstand wirft die Frage auf, ob die zuständigen Behörden bei dieser Wertung einen Beurteilungsspielraum haben. Während erstinstanzliche Gerichte noch für einen Beurteilungsspielraum an dieser Stelle plädiert haben[941], besteht inzwischen Einigkeit darüber, daß bei der Entscheidung der Behörde kein Beurteilungsspielraum besteht[942]. Die Anerkennung eines Beurteilungsspielraums für die Entscheidungen unabhängiger, pluralistischer zusammengesetzter Ausschüsse läßt sich nur rechtfertigen, wenn das betreffende Gremium entweder selbst abschließend entscheidet oder zumindest mit seinem Votum die entscheidende Stelle (ganz oder teilweise) bindet[943]. Zwar ist gemäß § 2 Abs. 2 KultSchG vor der Entscheidung über die Eintragung ein fünfköpfiger, pluralistisch zusammengesetzter Ausschuß aus Sachverständigen zu hören. Der Stellungnahme des Sachverständigenausschusses kommt ein hohes fachliches Gewicht zu. Dies rechtfertigt jedoch nicht die Annahme, die oberste Landesbehörde sei (zumindest teilweise) an diese Stellungnahme gebun-

---

939 BT-Drs. II/76, S. 7; vgl. auch *Pieroth/Kampmann*, NJW 1990, S. 1385 (1387); *Hipp*, Kulturgüterschutz in Deutschland, S. 78; *Bila*, Nationaler Kulturgüterschutz, S. 62.

940 *Bila*, Nationaler Kulturgüterschutz, S. 62; *Pieroth/Kampmann*, NJW 1990, S. 1385 (1388).

941 Vgl. dazu die Nachweise bei *Pieroth/Kampmann*, NJW 1990, S. 1385 (1388) m. Fn. 29 und *Maurer*, Die Ausfuhr von Kulturgütern, S. 125 m. Fn. 95.

942 VGH Mannheim, NJW 1987, S. 1440 f.; *Bila*, Nationaler Kulturgüterschutz, S. 62; *Maurer*, Die Ausfuhr von Kulturgütern, S. 125; *Schwarze*, JZ 1994, S. 111 (112); *Pieroth/Kampmann*, NJW 1990, S. 1385 (1388).

943 VGH Mannheim, NJW 1987, S. 1440 (1441).

den[944]. Eine solche Bindung ist, wenn das Gesetz nur eine Anhörung vorsieht, gerade nicht gegeben[945], da der Einfluß auf das Zustandekommen und den Inhalt der Entscheidung nicht ausreichend gewährleistet ist, sofern der Ausschuß nur „angehört" werden muß[946]. Die Mitwirkungsform des Anhörens bedeutet anders als etwa die des Einvernehmens, daß der anzuhörenden Stelle Gelegenheit zur Äußerung gegeben werden muß und der Inhalt der Äußerung von der zur Entscheidung berufenen Behörde bei ihrer Willensbildung mitbedacht, nicht aber i. S. einer strikten Bindung beachtet werden muß.

Das Kriterium des Verlustes für den deutschen Kulturbesitz ist nur schwer von der Zugehörigkeit zum deutschen Kulturbesitz zu trennen[947]. Sofern ein besonders wertvolles Objekt des deutschen Kulturbesitzes vorliegt, erscheint kaum ein Fall denkbar, in dem eine Veräußerung oder anderweitige Verbringung ins Ausland keinen Verlust darstellen würde. Die Wesentlichkeit des Verlustes ist dann gegeben, wenn das Kulturgut einmalig und nicht ersetzbar ist[948]. Diese Voraussetzungen liegen vor, wenn bei Werken der Literatur und Wissenschaft nicht in mindestens zwei öffentlichen Bibliotheken ein Exemplar vorhanden ist oder wenn von anderen Gegenständen nicht ausreichend Exemplare in maßgeblichen der Öffentlichkeit zugänglichen Museen oder Sammlungen vorhanden sind[949]. Zu berücksichtigen ist auch der internationale Rang, den das Kulturgut im Vergleich zu anderen Werken einnimmt[950]. Dementsprechend kann sich die Frage, ob die Abwanderung von Kulturgütern einen „wesentlichen Verlust" bedeutet, nach unterschiedlichen inhaltlichen Kriterien bestimmen.

b. Der Kriterienkatalog der Kultusminister

Die Kultusministerkonferenz (KMK) trat schon früh für eine ausdehnende Anwendung des KultSchG ein[951], da sie die Anwendungsbreite des Gesetzes als zu

944 *Pieroth/Kampmann*, NJW 1990, S. 1385 (1388).

945 So auch *Pieroth/Kampmann*, NJW 1990, S. 1385 (1388).

946 VGH Mannheim, NJW 1987, S. 1440 (1441).

947 *Bila*, Nationaler Kulturgüterschutz, S. 62.

948 VGH München, NJW 1992, S. 2584 (2586).

949 Vgl. zu den Kriterien *Hipp*, Kulturgüterschutz in Deutschland, S. 78.

950 *Bila*, Nationaler Kulturgüterschutz, S. 63.

951 Vgl. *Uhl*, S. 52; *Hönes*, BayVBl. 1989, S. 38 (39); *Bila*, Nationaler Kulturgüterschutz, S. 60.

gering betrachtete. Sie empfiehlt deshalb, bei der Anwendung des Gesetzes einen Kriterienkatalog[952] zugrunde zu legen, um so einen einheitlichen Gesetzesvollzug in der Bundesrepublik zu erreichen. Es handelt sich nicht um eine (allgemeinverbindliche) Rechtsvorschrift, sondern allenfalls –nach Übernahme der Empfehlungen durch die zuständigen Landesorgane- um eine Verwaltungsvorschrift, die den Regelungsgehalt eines Bundesgesetzes nicht rechtlich verbindlich bestimmen oder ändern kann[953]. Dem Kriterienkatalog kommt nur die Bedeutung einer empfehlenden Richtlinie zu[954]. Als solche ist er ausdrücklich selbst bezeichnet worden[955]. Er wirkt sich aber dadurch aus, daß sowohl Gerichte[956] als auch die Sachverständigen, die über die Qualifikation eines Werkes im Hinblick auf dessen Eintragung entscheiden, in ihrer Entscheidung Bezug auf ihn genommen haben[957]. Der Katalog bietet eine Grundlage für eine konkrete Handhabung des Kulturgutbegriffes in der Praxis. Entsprechend seiner Zielsetzung, den Anwendungsbereich des KultSchG auszudehnen, ist er aber an manchen Stellen sehr weit gefaßt. So empfiehlt der Katalog eine Eintragung auch dann, wenn bei dem einzutragenden Gegenstand kein Bezug zur deutschen Kultur vorliegt, solange es sich nur um das Werk eines bedeutenden internationalen Künstlers handelt. Diese Ausdehnung ist jedoch nicht mehr gesetzeskonform, da in einem solchen Fall nicht zwangsläufig ein Bezug zum deutschen Kulturbesitz hergestellt werden kann[958].

Der Kriterienkatalog empfiehlt eine Eintragung von Kulturgut im einzelnen bei:

a) wichtigen Objekten von Künstlern, die internationalen Rang haben;

b) wichtigen Objekten von Künstlern, die für die deutsche Kunst und Kunstentwicklung von besonderer Bedeutung sind;

c) allen Objekten, die für die deutsche Kunst, Kunst- und Kulturgeschichte von herausragender Bedeutung sind;

---

952 Beschl. der KMK vom 20. 5. 1983, veröffentlicht im GMBl. 1983, S. 442.

953 VGH München, NJW 1992, S. 2584 (2586).

954 *Uhl*, S. 52.

955 *Bila*, Nationaler Kulturgüterschutz, S. 60.

956 Z. B. VGH Mannheim, NJW 1987, S. 1440 (1441).

957 *Uhl*, S. 52 m. Fn. 156; *Hönes*, BayVBl. 1989, S. 38 (39).

958 Vgl. dazu bereits die Nachweise in Fn. 936 dieser Arbeit.

d) allen Objekten, die für bestimmte Bereiche oder Zeitabschnitte der Landesgeschichte von herausragender Bedeutung sind und

e) den wichtigsten Objekten, die für die regionale oder lokale Geschichte von besonderer Bedeutung sind.

c. *Persönlicher Anwendungsbereich*

Der Kulturgüterschutz erfaßte von seiner Zielsetzung her bereits in der Weimarer Zeit nur die im Privateigentum befindlichen Bestände[959]. Kulturgut in öffentlichen Museen und Galerien wurde als nicht schutzbedürftig, weil nicht ausfuhrgefährdet angesehen[960]. Dementsprechend hängt der persönliche Anwendungsbereich des KultSchG davon ab, wer Eigentümer des betroffenen Kulturgutes ist.

aa. *Kulturgut in öffentlichem Eigentum*

Gem. § 18 KultSchG findet das Gesetz auf das im öffentlichen Eigentum befindliche national wertvolle Kultur- und Archivgut zum einen keine Anwendung, soweit zu dessen Veräußerung nur oberste Bundes- oder Landesbehörden befugt sind und zum anderen, wenn nach besonderen gesetzlichen Vorschriften die Genehmigung einer aufsichtführenden führenden Stelle der öffentlichen Verwaltung erforderlich ist. Das Kultur- und Archivgut in öffentlichem Eigentum erfaßt den Kulturbesitz des Bundes, der Länder und Gemeinden sowie sonstiger öffentlich-rechtlicher Körperschaften[961]. Der Gesetzgeber sah bei dem Kulturgut in öffentlicher Hand aufgrund der öffentlich rechtlichen Bindungen, denen die öffentlichen Kulturgutträger durch die haushaltsrechtlichen Bundes- und Landesvorschriften sowie die kommunalrechtlichen Genehmigungsvorbehalte unterliegen, eine nur geringe Abwanderungsgefahr gegeben[962].

In seiner ersten Alternative („soweit zu dessen Veräußerung nur oberste Bundes- oder Landesbehörden befugt sind") bezieht sich § 18 KultSchG auf die haus-

---

[959] *Pieroth/Kampmann*, NJW 1990, S. 1385 (1387).

[960] BT-Prot. II, S. 4581.

[961] *Hipp*, Kulturgüterschutz in Deutschland, S. 97.

[962] Vgl. BT-Drs. II/76, S. 12; kritisch dazu *Uhl*, S. 56 f., die zu Recht darauf hinweist, daß ein Großteil des staatlichen Besitzes gar nicht erfaßt noch besonders gekennzeichnet ist und aus diesem Grund leicht entfernt werden könne.

haltsrechtliche Regelung des § 63 BHO[963] und den entsprechenden Vorschriften des Landeshaushaltsrechts über die Veräußerung von Vermögensgegenständen[964]. Nach § 63 Abs. 2 bis 4 BHO dürfen Vermögensgegenstände nur veräußert werden, wenn sie zur Erfüllung der Aufgaben des Bundes in absehbarer Zeit nicht mehr benötigt werden. Die Veräußerung darf nur zum vollen Wert des Gegenstandes erfolgen, eine Veräußerung unter Wert muß im Haushaltsplan zugelassen sein. Bei geringem Wert oder einem dringenden Bundesinteresse kann der Bundesminister der Finanzen hiervon allerdings Ausnahmen zulassen. Die meisten Haushaltsordnungen der Länder enthalten gleichlautende Vorschriften[965].

Durch diese Vorschriften sollten die Kulturgutträger des Bundes und der Länder den Kommunen gleichgestellt werden[966]. Die Vorschrift des § 63 BHO und die gleichlautenden landesrechtlichen Vorschriften werden überwiegend als unzureichend angesehen. Grund hierfür ist, daß die haushaltsrechtlichen Vorschriften die spezifischen kulturgüterschutzrechtlichen Belange nicht berücksichtigen[967]. Die Vorschriften stellen ausschließlich auf den finanziellen Wert der Gegenstände ab und berücksichtigen in keiner Weise eine dem Verkauf entgegenstehende kulturelle Bedeutung. Selbst wenn die Gegenstände zum vollen Wert verkauft würden, ist damit immer noch nicht sichergestellt, daß über das finanzielle Interesse hinausgehende kulturelle Aspekte bei der Verkaufsentscheidung entsprechend gewürdigt werden. Im Umkehrschluß zu § 18 Abs. 1 KultSchG ist das Gesetz aber auf solches Kultur- und Archivgut anwendbar, das sich in der Hand eines nichtstaatlichen Verwaltungsträgers oder im Eigentum eines staatlichen Verwaltungsträgers, bei dem die Veräußerungsbefugnis unterhalb der Ministerialebene liegt, befindet[968]. In einem solchen Fall kann die veräußerungsbefugte Behörde wie eine Privatperson behandelt werden, mit der Folge, daß ein Eintragungsverfahren durchgeführt werden kann.

---

963 Bundeshaushaltsordnung vom 19.8.1969, BGBl. 1969 I, S. 1284 m. zahlreichen Änderungen.

964 *Hönes*, BayVBl. 1989, S. 38 (40); *Hipp*, Kulturgüterschutz in Deutschland, S. 97.

965 Vgl. etwa § 63 Abs. 2-4 LHO BW.

966 Vgl. *Hipp*, Kulturgüterschutz in Deutschland, S. 97 mit Hinweis auf die Sitzungsberichte des BR.

967 *Hönes*, BayVBl. 1989, S. 38 (40); *Hipp*, Kulturgüterschutz in Deutschland, S. 98; *Uhl*, S. 57.

968 *Pieroth/Kampmann*, NJW 1990, S. 1385 (1387).

Mit seiner zweiten Alternative[969] will § 18 KultSchG vor allem den kommunalen Kulturbesitz erfassen[970]. In den meisten Gemeindeordnungen der Länder ist die Veräußerung von Vermögensobjekten der Genehmigung durch die staatlichen Aufsichtsbehörden unterstellt[971]. Der Gesetzgeber war in diesen Fällen der Ansicht, daß bei diesen Genehmigungsverfahren im Aufsichtswege dem Schutzbedürfnis i. S. d. KultSchG Rechnung getragen werden könne[972]. Nach dem Wortlaut des § 18 2. Alt. KultSchG ist es ausreichend, wenn die Veräußerung generell nach Maßgabe eines besonderen Gesetzes genehmigungsbedürftig ist. Damit kommt es für den Ausschluß aus dem persönlichen Anwendungsbereich des KultSchG nicht darauf an, ob eine Veräußerungsgenehmigung im konkreten Einzelfall tatsächlich erteilt worden ist[973]. Für die Praxis bedeutet dies, daß die Veräußerung eines für den deutschen Kulturbesitzes wesentlichen Kulturgutes aus dem Eigentum der öffentlichen Hand nur im Wege der Kommunalaufsicht verhindert werden kann.

Ebenfalls vom persönlichen Anwendungsbereich des KultSchG gemäß § 18 KultSchG ausgenommen ist der Besitz der bundesunmittelbaren Stiftung Preußischer Kulturbesitz, die gemäß § 9 ihrer Satzung der Aufsicht des Bundesministers des Inneren[974] untersteht[975]. Zwischen der Stiftung und dem Bundesinnenministerium soll ein interner Schriftwechsel existieren, in dem die Nichtan-

---

969 „soweit zu dessen Veräußerung nach besonderen gesetzlichen Vorschriften die Genehmigung einer aufsichtführenden Stelle der öffentlichen Verwaltung notwendig ist".

970 BT-Drs. II/76, S. 12; *Hönes*, BayVBl. 1989, S. 38 (40).

971 Eine Ausnahme gilt für Nordrhein-Westfalen, vgl. im übrigen die Nachweise bei *Hipp*, Kulturgüterschutz in Deutschland, S. 98 m. Fn. 140. So muß z. B. nach § 92 Abs. 4 Nr. 2 GO BW i. V. m. § 2 Abs. 1 DSchG BW eine Gemeinde in Baden-Württemberg zur Veräußerung von Kulturdenkmalen, d. h. von Gegenständen, an deren Erhaltung aus wissenschaftlichen, künstlerischen oder heimatgeschichtlichen Gründen ein öffentliches Interesse besteht, die Genehmigung der Aufsichtsbehörde einholen. Vergleichbare Vorschriften gibt es für andere Körperschaften des öffentlichen Rechts, die staatliche Aufgaben zu erfüllen haben und staatlicher Aufsicht unterstehen, so etwa § 119 Abs. 3 Nr. 4 UG BW.

972 BT-Drs. II/76, S. 12; kritisch etwa *Hönes*, BayVBl. 1989, S. 38 (41).

973 So auch *Hipp*, Kulturgüterschutz in Deutschland, S. 98.

974 Auch hier muß von einem Übergang der Zuständigkeit auf den Bundesbeauftragten für Kultur und Medien ausgegangen werden, vgl. dazu auch auf Seite 153 dieser Arbeit.

975 Vgl. auch *Schwarze*, JZ 1994, S. 111 (112 m. Fn. 11); vgl. allgemein zur Stiftung Preußischer Kulturbesitz *Wormit*, DVBl. 1981, S. 752 ff.; *Hofmann*, Verw 21 [1988], S. 63 ff.

wendung des KultSchG auf den Besitz der Stiftung klargestellt wird[976]. Dies kann aber im Interesse rechtsstaatlicher Klarheit nicht ausreichend sein. An dieser Stelle ist eine gesetzliche Klarstellung notwendig, um die (Nicht-)Anwendbarkeit des KultSchG auf die Stiftung Preußischer Kulturbesitz eindeutig zu regeln.

bb. Kulturgut in kirchlichem Eigentum

Ebenfalls vom persönlichen Anwendungsbereich des KultSchG ausgeschlossen ist das Kultur- und Archivgut, „das im Eigentum der Kirchen oder einer anderen als Körperschaft des öffentlichen Rechts anerkannten Religionsgemeinschaft sowie deren kirchlich beaufsichtigten Einrichtungen und Organisationen steht, soweit durch eigene öffentlich-rechtliche Vorschriften die Veräußerung wertvollen Kultur- und Archivgutes von der Genehmigung einer aufsichtführenden kirchlichen Stelle oder aufgrund gesetzlicher Vorschriften von der Genehmigung einer staatlichen Stelle abhängig gemacht worden ist" (§ 19 Abs. 1 S. 1 KultSchG). In einem solchen Fall muß vor der Entscheidung über die Veräußerungsgenehmigung von den kirchlichen Stellen „eine sachverständige Stelle unter den Gesichtspunkten dieses Gesetzes gehört werden" (§ 19 Abs. 1 S. 2 KultSchG).

So wird der Garantie aus Art. 140 GG i. V. m. Art. 137 Abs. 3 S. 1 und 138 Abs. 2 WRV Rechnung getragen, wonach die Religionsgemeinschaften ihre Angelegenheiten innerhalb der Schranken des für alle geltenden Gesetzes selbständig ordnen und verwalten und ihr Eigentum an ihren für Kultus-, Unterrichts- und Wohltätigkeitszwecke bestimmten Anstalten, Stiftungen und sonstigen Vermögen gewährleistet ist. Die Ausnahme vom Anwendungsbereich des KultSchG gilt allerdings nur für die Kirchen und andere als Körperschaften des öffentlichen Rechts anerkannten Religionsgemeinschaften i. S. d. Art. 140 GG i. V. m. Art. 137 Abs. 5 WRV[977]. Auch hier gilt wiederum im Umkehrschluß, daß das Gesetz auf Kultur- und Archivgut im Eigentum einer privatrechtlich organisierten Religionsgemeinschaft anwendbar ist. Die Ungleichbehandlung verstößt nicht gegen Art. 3 Abs. 3 GG. Es handelt sich um eine zulässige Differenzierung, da die Unterscheidung durch tatsächliche Unterschiede, hier also die öffentlich-rechtliche Organisationsform, unvermeidlich bedingt ist[978].

---

[976] *Hipp*, Kulturgüterschutz in Deutschland, S. 99.

[977] *Hipp*, Kulturgüterschutz in Deutschland, S. 99.

[978] Vgl. zur Ungleichbehandlung von Religionsgemeinschaften *Jarass/Pieroth*, GG, Art. 4 Rdnr. 31.

Während die 2. Alternative des § 19 Abs. 1 S. 1 KultSchG („auf Grund gesetzlicher Vorschriften von der Genehmigung einer staatlichen Stelle abhängig") heute praktisch keine Rolle mehr spielt[979], existieren Genehmigungsvorbehalte i. S. d. 1. Alternative des § 19 Abs. 1 S. 1 KultSchG („durch eigene öffentlich-rechtliche Vorschriften von der Genehmigung einer aufsichtführenden kirchlichen Stelle abhängig") sowohl bei der katholischen als auch bei der evangelischen Kirche. So bedarf die Veräußerung künstlerisch oder historisch wertvoller Sachen des katholischen Kirchenvermögens zu ihrer Gültigkeit gemäß Kanon 1295 § 2 des katholischen Codex iuris canonici von 1983 neben einer bischöflichen Genehmigung auch einer Genehmigung des Heiligen Stuhls[980]. Nach § 43 Abs. 2 und 3 der Haushalts-, Kassen- und Rechnungslegungsordnung der Evangelischen Kirche Deutschlands (EKD) vom 9. 12. 1994[981] dürfen Vermögensgegenstände des evangelischen Kirchenvermögens nur veräußert werden, wenn sie zur Erfüllung der Aufgaben in absehbarer Zeit nicht benötigt werden und wenn sie zu ihrem vollem Wert veräußert werden. Die Vorschriften der evangelischen Kirche gleichen dabei in ihren Formulierungen den staatlichen Vorschriften der BHO.

Der Gesetzgeber war der Meinung, daß durch das kirchliche Aufsichts- und Genehmigungsverfahren ein Schutz i. S. d. KultSchG gewährt werden könne, sofern vor der Entscheidung über die Veräußerungsgenehmigung eine von der Kirche zu bestimmende sachverständige Stelle unter den Gesichtspunkten des KultSchG gehört wird[982]. Im Unterschied zu § 18 KultSchG sieht § 19 Abs. 1 S. 2 KultSchG zwingend die Anhörung einer sachverständigen Stelle vor. Im Gegensatz zum Kultur- und Archivgut in öffentlicher Hand ist deshalb für den Ausschluß des kirchlichen Kulturgutes aus dem Anwendungsbereich des KultSchG entscheidend, ob eine Veräußerungsgenehmigung tatsächlich erteilt wurde[983]. Der Entzug des kirchlichen Kulturgutes aus der Kulturverantwortung des Staates ist dabei als zu weitgehend kritisiert worden[984]. Bedenken können insbesondere an den Vorschriften der evangelischen Kirche geäußert werden, die

---

979 *Hipp*, Kulturgüterschutz in Deutschland, S. 100 m. w. Nachw.

980 Vgl. dazu bei *Hipp*, Kulturgüterschutz in Deutschland, S. 100.

981 ABl. EKD 1995, S. 1 ff.

982 BT-Drs. II/76, S. 13.

983 *Hipp*, Kulturgüterschutz in Deutschland, S. 100.

984 *Hönes*, BayVBl. 1989, S. 38 (41).

im wesentlichen den haushaltsrechtlichen Bestimmungen des Bundes und der Länder entsprechen und aus den gleichen Gründen wie diese nur suboptimal sind, da sie die Entscheidungsfindung nicht von kulturgutspezifischen Belangen abhängig machen[985].

§ 19 KultSchG ist durch Art. 2 KultgutSiG[986] um einen Abs. 2 ergänzt worden, wonach die Kirchen und die als Körperschaften des öffentlichen Rechts anerkannten Religionsgemeinschaften die in ihrem Eigentum stehenden Kunstwerke und anderes Kulturgut i. S. d. KultSchG zur Aufnahme in das „Verzeichnis national wertvollen Kulturgutes" anmelden können. Über die Aufnahme entscheidet gemäß § 19 Abs. 2 S. 2 KultSchG die oberste Landesbehörde.

Die Ergänzung gibt den Kirchen und den als Körperschaften des öffentlichen Rechts anerkannten Religionsgemeinschaften die Möglichkeit, Kulturgüter von nationalem Rang, die sich in ihrem Eigentum befinden, durch die Eintragung in das „Verzeichnis national wertvollen Kulturgutes" zum Gegenstand eines staatlichen Rückforderungsanspruches nach § 2 KultGüRückG[987] zu machen[988], der für solche Gegenstände gilt, die im Gebiet eines anderen EG-Staates wieder auftauchen. Zusätzlich ist den Kirchen nach der Neufassung des § 19 Abs. 2 KultSchG zu raten, ihr zu schützendes Kulturgut noch einmal selbst zu inventarisieren. Ansonsten laufen sie Gefahr, die Rückgabe solchen Kirchengutes, das die Wert- und Alterskategorien der RiLi 93/7/EWG nicht erfüllt, nicht geltend machen zu können. Grund hierfür ist, daß die „Verzeichnisse national wertvollen Kulturgutes" nach dem KultSchG keine Bestandsverzeichnisse kirchlicher Einrichtungen i. S. d. Art. 1 Nr. 1 2. Spiegelstrich RiLi 93/7/EWG sind[989]. Geschützt wird nämlich das in ein Bestandsverzeichnis seines Trägers eingetragene Kulturgut kirchlicher Einrichtungen unabhängig von seinem Wert und un-

---

985 Wie hier *Hipp*, Kulturgüterschutz in Deutschland, S. 100.

986 BGBl. 1998 I, S. 3162.

987 Art. 1 des KultgutSiG, BGBl. 1998 I, S. 3162.

988 BT-Drs. 13/10789, S. 10. Kritisch dazu *Mußgnug*, EuR 2000, S. 564 ff., der die Kirchenautonomie eingeschränkt sieht, da die Aufnahme in das Verzeichnis von der Entscheidung staatlicher Stellen abhängt. *Mußgnug*, a.a.O., plädiert deshalb dafür, den Kirchen die Entscheidung über die Unterschutzstellung ihres Kulturgutes allein zu übertragen, so wohl auch *Hipp*, Kulturgüterschutz in Deutschland, S. 332.

989 *Hipp*, Kulturgüterschutz in Deutschland, S. 333.

abhängig von seiner Zugehörigkeit zu einer der 14 europarechtlichen Kulturgut-Kategorien[990] Weiterhin ist das Kirchengut nach wie vor nicht vor dem gutgläubigen Erwerb durch öffentliche Versteigerung oder Ersitzung und vor der Verjährung des Herausgabeanspruchs seines kirchlichen Trägers geschützt[991].

4. Die Regelungen im einzelnen

a. Das Verfahren zur Eintragung in das Verzeichnis national wertvollen Kulturgutes

Um den Gesetzeszweck des KultSchG zu erreichen, muß das wertvolle Kultur- und Archivgut zunächst erfaßt werden, damit es bekannt und kontrollierbar ist[992]. Die Eröffnung des sachlichen und persönlichen Anwendungsbereichs des KultSchG begründet zunächst lediglich die Verpflichtung, den betreffenden Gegenstand in das „Verzeichnis national wertvollen Kulturgutes" eintragen zu lassen. Die vom Anwendungsbereich erfaßten Kulturgüter werden nicht automatisch vom Gesetz geschützt, sondern erst ab Einleitung des Eintragungsverfahrens (vgl. § 4 Abs. KultSchG). Soweit das Verfahren zur Eintragung nicht im KultSchG selbst geregelt ist, gelten die Vorschriften des allgemeinen Verwaltungsverfahrensrechts[993].

aa. Eintragungsverfahren

(1) Rechtscharakter der Eintragung

Durch die Eintragung in ein Länderverzeichnis „National wertvollen Kulturgutes" ist gemäß § 1 Abs. 4 KultSchG die Ausfuhr des eingetragenen Kulturgutes genehmigungspflichtig. Die Eintragungsverfügung stellt einen Verwaltungsakt i. S. d. § 35 VwVfG dar, da sie das eingetragene Kulturgut mit unmittelbarer Rechtswirkung nach außen einem Ausfuhrverbot mit Genehmigungsvorbehalt

---

990 Vgl. Art. 1 Nr. 1 2. Spiegelstrich RiLi 93/7/EWG und *Mußgnug*, EuR 2000, S. 564 (570).

991 Dies kritisiert zu Recht *Hipp*, Kulturgüterschutz in Deutschland, S. 333.

992 *Uhl*, S. 60.

993 *Pieroth/Kampmann*, NJW 1990, S. 1385 (1388).

unterstellt[994]. Bei der Eintragung handelt es sich um einen Verwaltungsakt mit Doppelwirkung, da neben der belastenden Wirkung durch den Genehmigungsvorbehalt die mit der Eintragung verbundenen Steuererleichterungen (§ 1 Abs. 3 KultSchG) für den Eigentümer des eingetragenen Kulturgutes begünstigend wirken.

Die Einleitung des Verfahrens zur Eintragung eines Kulturgutes in das Verzeichnis national wertvollen Kulturgutes ist hingegen kein Verwaltungsakt[995]. Im Verfahren zur Eintragung von Kunstwerken und anderem Kulturgut ist erst die Eintragung selbst auf unmittelbare Rechtswirkung nach außen gerichtet. An diesem Umstand ändert die Vorschrift des § 4 KultSchG nichts, wonach ab der Einleitung des Eintragungsverfahrens das betroffene Kulturgut einem vorläufigen Ausfuhrverbot unterstellt wird. Denn die Ausfuhr wird nicht von der Behörde in einem Bescheid untersagt, sondern vom Gesetz selbst[996]. Das vorläufige Ausfuhrverbot ist gesetzliche Folge der Verfahrenseinleitung, nicht aber deren Gegenstand.

Da das Ausfuhrverbot mit Genehmigungsvorbehalt unmittelbare Wirkung entfaltet und sowohl den Eigentümer als auch den Besitzer an das Verbot bindet, sind gegen eine Eintragungsverfügung die üblichen Rechtsbehelfe zulässig. Gegen die von Amts wegen verfügte Eintragung ist also die Anfechtungsklage gemäß § 42 Abs. 1, 1. Alt. VwGO statthaft. Ein Widerspruch ist jedoch gemäß § 68 Abs. 1 S. 2 Nr. 1 VwGO entbehrlich, da die Eintragung einen Verwaltungsakt einer obersten Landesbehörde darstellt[997]. Ist die Eintragung eines Kulturgutes eingeleitet, so ist nach § 4 KultSchG seine Ausfuhr untersagt, bis die Entscheidung unanfechtbar geworden ist. Hierbei handelt es sich um eine Regelung der einstweiligen Unterschutzstellung kraft Gesetzes, verbunden mit der gesetzlichen Anordnung der sofortigen Vollziehung[998]. Danach haben Widerspruch und Anfechtungsklage gegen eine Eintragungsverfügung gemäß § 80 Abs. 2 Nr. 3 1.

---

994 VGH München, NJW 1992, S. 2584; *Bila*, Nationaler Kulturgüterschutz, S. 66; *Maurer*, Die Ausfuhr von Kulturgütern, S. 123 f.

995 BayVGH, BayVBl. 1989, S. 50 (51); *Hipp*, Kulturgüterschutz in Deutschland, S. 81.

996 BayVGH, BayVBl. 1989, S. 50 (51).

997 Vgl. *Bila*, Nationaler Kulturgüterschutz, S. 66; *Hipp*, Kulturgüterschutz in Deutschland, S. 87.

998 *Hönes*, BayVBl. 1989, S. 38 (40); vgl. auch *Bila*, Nationaler Kulturgüterschutz, S. 66.

Alt. VwGO keine aufschiebende Wirkung[999]. Besondere Bedeutung kommt in der Praxis an dieser Stelle deshalb dem einstweiligen Rechtsschutz zu.

Die Einleitung des Eintragungsverfahrens hingegen ist lediglich eine unselbständige Verfahrenshandlung, gegen die gemäß § 44a S. 1 VwGO ein gesonderter Rechtsbehelf nicht gegeben ist[1000]. Die mit Rechtsbehelfen angreifbare Sachentscheidung am Ende des Verfahrens wäre dann die Eintragung in das Verzeichnis national wertvollen Kulturgutes. Hierfür spricht, daß, sofern die beantragte Eintragung nach Abschluß des Verfahrens nicht vorgenommen sollte, sich alle Rechtsbehelfe erübrigen würden. Ebenso wenig findet § 44a S. 2 VwGO Anwendung, da die Verfahrenseinleitung nicht vollstreckt werden kann[1001]. Vollstreckt werden könnte allenfalls eine auf § 4 KultSchG gestützte Ausfuhrverbotsanordnung[1002].

(2) Zuständigkeit zur Eintragung

Für die Eintragung ist gemäß §§ 2 Abs.1, 11 Abs. 1 KultSchG die oberste Landesbehörde desjenigen Landes zuständig, in dem sich der einzutragende Gegenstand bei Inkrafttreten des Gesetzes am 10. 8. 1955 befand. Wurde der Gegenstand erst später geschaffen oder zu einem späteren Zeitpunkt eingeführt, ist der Ort entscheidend, an dem sich der Gegenstand zum Zeitpunkt der Einleitung des Eintragungsverfahrens befindet[1003]. Gemeint sind damit in den Ländern jeweils diejenigen Minister bzw. Senatoren, denen der Bereich Kultur untersteht[1004]. Ausnahmen gelten für Niedersachsen, dort wird das Archivgut der Zuständigkeit des Staatsarchivs unterstellt und in Hamburg, wo für Kulturgut die Kulturbehörde, für Archivgut das Staatsarchiv und für Bibliotheksgut die Behörde für Wissenschaft und Forschung zuständig ist[1005].

---

[999] Vgl. auch *Bila*, Nationaler Kulturgüterschutz, S. 66.

[1000] BayVGH, BayVBl. 1989, S. 50 (51); *Hipp*, Kulturgüterschutz in Deutschland, S. 87.

[1001] BayVGH, BayVBl. 1989, S. 50 (51).

[1002] So BayVGH, BayVBl. 1989, S. 50 (51).

[1003] *Bila*, Nationaler Kulturgüterschutz, S. 63; *Pieroth/Kampmann*, NJW 1990, S. 1385 (1388) mit Verweis auf § 4 KultSchG.

[1004] Vgl. *Hipp*, Kulturgüterschutz in Deutschland, S. 82 m. w. Nachw.

[1005] Dazu ausführlich *Hipp*, Kulturgüterschutz in Deutschland, S. 82.

(3) Antragsberechtigung

Die Eintragung eines Kulturgutes kann auf Antrag oder von Amts wegen erfolgen (§§ 3 Abs. 1 S. 1, 11 Abs. 2 KultSchG). Ebenfalls antragsberechtigt „zur Wahrung eines gemeindeutschen Interesses" ist der Bundesminister des Inneren (§§ 3 Abs. 2; 11 Abs. 2 KultSchG). Diese Berechtigung ist inzwischen auf den BKM übergegangen[1006]. Im übrigen regeln die Landesregierungen das Antragsrecht durch Rechtsverordnung (§§ 3 Abs. 1 S. 2 u. 3; 11 Abs. 2 KultSchG).

Nicht alle Bundesländer haben von der Ermächtigung Gebrauch gemacht. In Baden-Württemberg, Bayern, Bremen und Hessen fehlen entsprechende Regelungen. Von den neuen Bundesländern haben bislang nur Brandenburg und Thüringen Gebrauch von der Ermächtigung gemacht und Vorschriften über das Antragsrecht erlassen, die weitere Formalien der Antragstellung festlegen[1007].

Antragsberechtigt ist danach stets der Eigentümer des Kulturgutes, in Brandenburg, Hamburg, Nordrhein-Westfalen, dem Saarland und in Schleswig-Holstein darüber hinaus auch der Besitzer, sofern Besitz und Eigentum an dem Kulturgut auseinanderfallen. In Berlin ist zusätzlich die Akademie der Künste berechtigt, einen Antrag auf Eintragung des Kulturgutes in das „Verzeichnis national wertvollen Kulturgutes" zu stellen. Gleiches gilt in Brandenburg und Thüringen für die Leiter von Museen, Bibliotheken oder Archiven. Teilweise wird vertreten, daß unabhängig von einem gesetzlichen Antragsrecht jedermann das Recht habe, sich mit entsprechenden Anregungen an die Behörden zu wenden[1008]. Der Antrag ist in Brandenburg, Niedersachsen, Nordrhein-Westfalen, Rheinland-Pfalz, dem Saarland, Schleswig-Holstein und Thüringen an den Kultusminister zu stellen. In Berlin ist Antragsempfänger der Senator für Volksbildung und in Hamburg die Kulturbehörde. Abweichende Regelungen gelten für die Eintragung von Archivgut in Hamburg, Niedersachsen, Rheinland-Pfalz und dem Saarland. In den genannten Bundesländern müssen Anträge auf Eintragung von Archivgut an das Staatsarchiv (Hamburg), die Staatskanzlei (Niedersachsen), die Landesarchivverwaltung (Rheinland-Pfalz) bzw. an den Ministerpräsidenten (Saarland) gerichtet werden.

1006 S. dazu oben auf Seite 153 dieser Arbeit.

1007 Vgl. die Übersicht zu den einzelnen landesrechtlichen Regelungen bei *Hipp*, Kulturgüterschutz in Deutschland, S. 84 m. Fn. 78. Dazu auch *Bila*, Nationaler Kulturgüterschutz, S. 63.

1008 *Berndt*, Internationaler Kulturgüterschutz, S. 84.

Die Anträge sind stets schriftlich einzureichen und müssen folgende Angaben enthalten: Die Bezeichnung bzw. ein Verzeichnis der einzutragenden Gegenstände (in Berlin, Brandenburg, Hamburg, Niedersachsen, Nordrhein-Westfalen, dem Saarland, Schleswig-Holstein und Thüringen); Angaben über Größe, Art und Umfang des einzutragenden Gegenstandes (Berlin, Brandenburg, Rheinland-Pfalz, Schleswig-Holstein, Thüringen). Dem Antrag beizufügen sind darüber hinaus der Name und die Anschrift des Eigentümers bzw. in Berlin, Brandenburg, Niedersachsen, dem Saarland, Schleswig-Holstein und Thüringen auch der Name und die Anschrift des Besitzers. Notwendig sind ebenfalls Angaben über Standort bzw. den Aufenthalt der einzutragenden Gegenstände zum Zeitpunkt der Antragstellung (Berlin, Brandenburg, Niedersachsen, Rheinland-Pfalz, dem Saarland, Schleswig-Holstein, Thüringen), in Hamburg und Nordrhein-Westfalen ist zusätzlich der Aufenthaltsort zum Zeitpunkt des Inkrafttretens des KultSchG am 10. 8. 1955 anzugeben. In Schleswig-Holstein ist dem Antrag eine einfache Begründung beizufügen, in Berlin, Brandenburg, Niedersachsen und Thüringen ist eine qualifizierte Begründung des Antrags notwendig, die erkennen lassen soll, daß die Ausfuhr des Kulturgutes einen wesentlichen Verlust für den deutschen Kulturbesitz bedeuten würde oder daß das einzutragende Archivgut eine wesentliche Bedeutung für die deutsche politische Kultur- und Wirtschaftsgeschichte hat[1009].

In den ersten Jahren nach Inkrafttreten des Gesetzes wurde zunächst eine Vielzahl von Gegenständen unter Schutz gestellt. Während die Eintragung anfangs in der Regel von Amts wegen erfolgte, werden die meisten Eintragungen heute einvernehmlich oder sogar auf Antrag des betroffenen Eigentümers durchgeführt[1010]. Die Vermutung, die Eintragung durch den Eigentümer selbst geschehe aufgrund des gestiegenen Bewußtseins für die Bedeutung eines eintragungspflichtigen Kulturgutes für die Gesamtheit der Bundesrepublik Deutschland[1011] erscheint eher abwegig. Vielmehr dürften die finanziellen Vorteile durch steuerliche Begünstigungen bei den durch die Eigentümer selbst gestellten Anträgen im Vordergrund stehen[1012].

1009 Vgl. *Hipp*, Kulturgüterschutz in Deutschland, S. 84 f.

1010 *Pieroth/Kampmann*, NJW 1990, S: 1385 (1386); *Bila*, Nationaler Kulturgüterschutz, S. 64.

1011 So die Vermutung bei *Bila*, Nationaler Kulturgüterschutz, S. 64.

1012 Vgl. zu den steuerlichen Begünstigungen für eingetragenes Kulturgut auf Seite 223 dieser Arbeit.

(4) Beteiligung des Eigentümers

Wenn der Eigentümer nicht aus eigenem Interesse die Eintragung des Kulturgutes in das Landesverzeichnis beantragt hat, stellt sich die Frage, ob und in welcher Art und Weise er an dem Verfahren zu beteiligen ist. Für das Eintragungsverfahren nach dem KultSchG ist keine Beteiligung des Eigentümers vorgesehen[1013], so daß die Regeln der Verwaltungsverfahrensgesetze der Länder an dieser Stelle eingreifen. Danach stellt sich die Frage, ob der Eigentümer, der nicht selbst den Antrag auf Eintragung seines Kulturgutes gestellt hat, vor der Entscheidung über die Eintragung gemäß § 28 VwVfG NW bzw. der entsprechenden anderen landesrechtlichen Regelungen angehört werden muß. Eine Anhörung muß immer dann erfolgen, bevor ein VA erlassen wird, der in Rechte eines Beteiligten eingreift (§ 28 Abs. 1 VwVfG). Eine Eintragung in das „Verzeichnis national wertvollen Kulturgutes" beschränkt den Eigentümer in seiner Verfügungsmacht und stellt für ihn eine belastende Maßnahme dar, da die Ausfuhr des Gegenstandes zumindest erheblich erschwert wird[1014]. Eine Anhörung ist deshalb gemäß § 28 Abs. 1 VwVfG notwendig[1015]. Vereinzelt wurde angenommen, daß eine Anhörung wegen des Sicherungszweckes des KultSchG deshalb gemäß § 28 Abs. 3 VwVfG nicht geboten sei und deshalb unterbleiben müsse[1016]. Ansonsten bestünde die Gefahr, daß der durch die Anhörung in Kenntnis gesetzte Eigentümer das Kulturgut vor dem Zugang der Eintragungsverfügung ohne das nach § 1 Abs. 4 KultSchG erforderliche Verfahren ausführe[1017]. Eine Anhörung gemäß § 28 Abs. 3 VwVfG unterbleibt aber nur, wenn ihr ein zwingendes öffentliches Interesse gegenübersteht. Während nach § 28 Abs. 2 Nr. 1 VwVfG von der Anhörung nach pflichtgemäßem Ermessen abgesehen werden kann, wenn eine sofortige Entscheidung notwendig erscheint, verpflichtet Abs. 3 die Behörde zur Unterlassung der Anhörung im öffentlichen Interesse für den Fall, daß keine

---

[1013] *Bila*, Nationaler Kulturgüterschutz, S. 64.

[1014] Vgl. auch BVerwG, NJW 1993, S. 3280.

[1015] Zustimmend *Hipp*, Kulturgüterschutz in Deutschland, S. 85; *Bila*, Nationaler Kulturgüterschutz, S. 64 f.; *Hönes*, BayVBl. 1989, S. 38 (40); *Uhl*, S. 62; *Berndt*, Internationaler Kulturgüterschutz, S. 83; *Pieroth/Kampmann*, NJW 1990, S. 1385 (1388 f.); vgl. zu den Anforderungen an eine Anhörung im einzelnen *Ehlers*, Jura 1996, S. 617 (618 f.).

[1016] VG Sigmaringen, Urteil vom 25. 11. 1985, Nr. 1 K313/84, amtlicher Umdruck S. 3, zitiert nach *Bila*, Nationaler Kulturgüterschutz, S. 64.

[1017] *Hönes*, BayVBl. 1989, S. 38 (40).

sofortige Entscheidung geboten ist. Daraus folgt, daß es sich um ein besonders schwerwiegendes öffentliche Interesse handeln muß. Dies ist beispielhaft nur anzunehmen bei einer erheblichen Gefahr für die Sicherheit der Bundesrepublik oder für eine Vielzahl von Personen[1018]. Die Gefahr einer unrechtmäßigen Verbringung ins Ausland durch einen vor dem Zugang der Eintragungsverfügung in Kenntnis gesetzten Eigentümer ist jedoch kein solches der Anhörung entgegenstehende Interesse[1019]. Die Gefahr einer unrechtmäßigen Verbringung ins Ausland durch den Eigentümer wird nämlich durch eine Anhörung nicht erhöht. Grund hierfür ist, daß ein national wertvolles Kulturgut gemäß § 4 KultSchG bereits mit der Einleitung des Eintragungsverfahrens unter ein strafbewährtes, vorläufiges Ausfuhrverbot (§§ 4, 16 Abs. 1 lit. b KultSchG) gestellt wird. Im Ergebnis besteht also keine erhöhte Gefahr, die eine Anhörung entbehrlich machen würde[1020]. Im übrigen beginnt das Eintragungsverfahren bereits mit der ersten Amtshandlung, die auf eine Eintragung des Gegenstandes gerichtet ist. Sofern eine Anhörung des Eigentümers gemäß § 28 VwVfG notwendig wird, ist das Eintragungsverfahren i. S. d. § 4 KultSchG in der Regel bereits eingeleitet, so daß der Schutz durch das vorläufige Ausfuhrverbot (§§ 4, 16 Abs. 1 lit. b KultSchG) schon eingreift. Aus rechtsstaatlichen Gründen ist der Eigentümer möglichst früh über die geplante Eintragung seines Kulturgutes und die damit verbundenen Folgen zu informieren[1021]. Aufgrund der geänderten Eintragungspraxis und der vermehrten Antragstellung durch den Eigentümer selbst dürfte eine Zusammenarbeit aller Beteiligten des Eintragungsverfahrens in jedem Fall angezeigt sein.

(5) Entscheidung über die Eintragung

Wie bereits ausgeführt[1022], liegt die Entscheidungsbefugnis allein bei der obersten Landesbehörde und nicht beim Sachverständigenausschuß. Sie hat diesen aber vor ihrer Entscheidung zu hören (§§ 2 Abs. 2 S. 1 u. 2, 11 Abs. 2 KultSchG). Dem Sachverständigenausschuß kommt dabei lediglich beratende Funktion

---

[1018] *Obermayer*, VwVfG, § 28 Rdnr. 63.

[1019] *Hipp*, Kulturgüterschutz in Deutschland, S. 85.

[1020] *Pieroth/Kampmann*, NJW 1990, S. 1385 (1388); *Bila*, Nationaler Kulturgüterschutz, S. 64.

[1021] So auch *Pieroth/Kampmann*, NJW 1990, S. 1385 (1389).

[1022] Vgl. dazu auf Seite 201 f. dieser Arbeit.

zu[1023]. Trotzdem wird der Äußerung des Ausschusses regelmäßig ein derart großes fachliches Gewicht zukommen, daß eine davon abweichenden Entscheidung bzgl. der Eintragung eines Objektes nur in besonderen Ausnahmefällen in Betracht kommen wird[1024]. Die zuständige Behörde muß das Votum des Ausschusses für ihre Entscheidung sachlich und nicht nur formal heranziehen, ohne jedoch in der Entscheidung gebunden zu sein[1025]. Der Ausschuß setzt sich zusammen aus Vertretern der öffentlichen Verwaltung, aus Hochschullehrern, privaten Sammlern und Vertretern des Kunsthandels und des Antiquariats (§§ 2 Abs. 2 S. 2 u. 3, 11 Abs. 2 KultSchG). Eine Sonderregelung gilt für das Archivgut, das sich auf die Geschichte der Bundesrepublik Deutschland, der zonalen Verwaltungsorgane, des Deutschen Reiches, Preußens, des Norddeutschen Bundes und des Deutschen Bundes bezieht (§ 11 Abs. 3 KultSchG). Danach ist in diesen Fällen vor der Entscheidung über die Eintragung auch das Bundesarchiv zu hören.

Durch die Beteiligung eines solchen Gremiums wie des Sachverständigenausschusses am Eintragungsverfahren soll die Entscheidung der obersten Landesbehörde auf eine möglichst breite und fachlich fundierte Entscheidungsgrundlage gestellt werden. Die hierzu notwendigen besonderen künstlerischen und kunsthistorischen Kenntnisse und Erfahrungen wollte der Gesetzgeber den Verwaltungsbehörden nicht abverlangen[1026]. Der Sachverständigenausschuß wird in einem Verwaltungsverfahren i. S. d. § 9 VwVfG tätig. Aus diesem Grund gelten gemäß § 88 VwVfG für die Leitung seiner Sitzungen, für seine Beschlußfähigkeit und Beschlußfassung sowie für die Durchführung von Wahlen und für Sitzungsniederschriften die §§ 89 bis 93 VwVfG.

[1023] *Hönes*, BayVBl. 1989, S. 38 (40); *Pieroth/Kampmann*, NJW 1990, S. 1385 (1388) mit Hinweis darauf, daß der Sachverständigenausschuß ursprünglich selbst sowohl über die Eintragung als auch über die Genehmigung zur Ausfuhr entscheiden sollte, vgl. auch *Bila*, Nationaler Kulturgüterschutz, S. 65.

[1024] VGH Mannheim, NJW 1987, S. 1440 f.

[1025] *Bila*, Nationaler Kulturgüterschutz, S. 66; *Berndt*, Internationaler Kulturgüterschutz, S. 84.

[1026] *Pieroth/Kampmann*, NJW 1990, S. 1385 (1388); *Bila*, Nationaler Kulturgüterschutz, S. 65; *Hipp*, Kulturgüterschutz in Deutschland, S. 83.

(6) Löschung der Eintragung

Der Eigentümer eines eingetragenen Kulturgutes kann bei der obersten Landesbehörde die Löschung seines Kulturgutes aus dem „Verzeichnis national wertvollen Kulturgutes“ beantragen, wenn seit Bekanntmachung der Eintragung im Bundesanzeiger mehr als fünf Jahre vergangen sind und sich die Umstände wesentlich verändert haben (§ 7 Abs. 1 KultSchG). Unter einer wesentlichen Veränderung der Umstände sind nur solche zu verstehen, die das öffentliche Interesse des deutschen Kulturbesitzes betreffen, nicht jedoch Umstände, die den privaten Eigentümer betreffen[1027]. Geänderte Umstände sind dann rechtserheblich, wenn bei Berücksichtigung des neuen Sachverhalts die Eintragung nicht mehr vorgenommen werden dürfte. Solche Umstände könnten bspw. darin liegen, daß durch das Auftauchen von weiteren, wertvolleren Objekten das bisher geschützte Werk nicht länger schutzbedürftig erscheint. Sofern sich die für die Eintragung wesentlichen Umstände nachträglich geändert haben, besteht ein Anspruch auf die Löschung[1028].

Als actus contrarius zur Eintragung ist die Löschung ebenfalls ein Verwaltungsakt. Es handelt sich bei der Löschung gemäß § 7 Abs. 1 KultSchG um eine Spezialvorschrift zu § 49 VwVfG für den Widerruf rechtmäßiger Verwaltungsakte für die Zukunft[1029]. War die Eintragungsverfügung hingegen von Anfang an rechtswidrig, da die Voraussetzungen für eine Unterschutzstellung gemäß § 1 Abs. 1 KultSchG nicht vorlagen, kann sie gemäß § 48 Abs. 1 VwVfG nach pflichtgemäßem Ermessen der Behörde sowohl mit Wirkung für die Vergangenheit als auch mit Wirkung für die Zukunft zurückgenommen werden.

Die Löschung ist ebenfalls wie die Eintragung nach dem jeweiligen Landesrecht sowie im Bundesanzeiger bekannt zu machen und dem Bundesminister des Inneren (respektive dem BKM) mitzuteilen (§ 7 Abs. 2 KultSchG). Aufgrund des fehlenden Verweises im Abschnitt Archivgut (§§ 10-15 KultSchG) auf § 7 KultSchG kommt eine Löschung von eingetragenem Archivgut nicht in Betracht.

[1027] *Hipp*, Kulturgüterschutz in Deutschland, S. 86 m. w. Nachw.

[1028] Vgl. auch BT-Drs. II/76, S. 8.

[1029] *Hipp*, Kulturgüterschutz in Deutschland, S. 87.

(7) Bekanntgabe der Entscheidung

Wegen der mit der Eintragung verbundenen Auswirkungen haben die zuständigen Behörden nach erfolgter Entscheidung jede Eintragung oder eine Veränderung den Beteiligten (Eigentümern und Besitzern) und dem BKM mitzuteilen[1030]; bei Archivgut ist auch der zuständigen staatlichen Archivverwaltung eine Mitteilung zu machen. Sofern auch das Bundesarchiv gehört worden ist, ist auch dieses über die Entscheidung zu informieren (§§ 6 Abs. 1 S. 1, 13 Abs. 1 KultSchG). Gemäß § 4 Abs. 2 KultSchG[1031] ist nunmehr die Einleitung des Eintragungsverfahrens öffentlich bekannt zu machen.

Die Eintragung von Kulturgut und ihre Veränderung ist dabei sowohl nach dem jeweiligen Landesrecht als auch im Bundesanzeiger bekanntzumachen (§ 6 Abs. 1 S. 1 a. E. KultSchG). Der Standort des eingetragenen Kulturgutes und der Eigentümer des Kulturgutes sollen aus Sicherheitsgründen nicht erwähnt werden[1032] (§ 6 Abs. 1 S. 2 KultSchG). Für Archivgut ist eine öffentliche Bekanntmachung nicht vorgesehen (§ 13 Abs. 1 KultSchG).

§ 6 Abs. 1 KultSchG regelt die Mitteilung und Bekanntmachung jeder Eintragung wegen der Mitteilungspflichten der Beteiligten und der damit verbundenen Ordnungswidrigkeitentatbestände der §§ 9, 17 KultSchG. Die Vorschrift ist lex specialis zu § 41 VwVfG[1033]. Die Mitteilung erfolgt wegen der Möglichkeit zur Anfechtung der Eintragungsverfügung in Form der Zustellung an alle Betroffenen mit Rechtsbehelfsbelehrung[1034].

(8) Gesamtverzeichnisse

Eine Eintragung erfolgt jeweils in dem Landesverzeichnis, in dem sich das Kultur- bzw. Archivgut bei Inkrafttreten des KultSchG am 10. 8. 1955 befindet (§ 1 Abs. 1 S. 1, 10 Abs. 1 S. 1 KultSchG). Die Formulierung „bei Inkrafttreten" ist dabei als Zuständigkeitsregelung und nicht als Sperre zu verstehen. In ein Län-

---

1030 Vgl. auch BT-Drs. II/76, S. 8.

1031 Neu eingefügt durch das KultSchGÄndG vom 15.10.1998, BGBl. 1998 I, S. 3162 ff.

1032 BT-Drs. II/76, S. 8.

1033 Vgl. auch BT-Drs. II/76, S. 8; *Hipp*, Kulturgüterschutz in Deutschland, S. 86; *Pieroth/Kampmann*, NJW 1990, S. 1385 (1388); *Bila*, Nationaler Kulturgüterschutz, S. 66.

1034 *Hipp*, Kulturgüterschutz in Deutschland, S. 86.

derverzeichnis kann Kultur- oder Archivgut eingetragen werden, das nach dem Inkrafttreten des Gesetzes in dessen Geltungsbereich gelangt ist oder erst nach Inkrafttreten des Gesetzes geschaffen worden ist. Jedes Bundesland führt danach ein eigenes „Verzeichnis national wertvollen Kulturgutes" und ein „Verzeichnis national wertvoller Archive". Bei einem Ortswechsel eines eingetragenen Kultur- oder Archivgutes innerhalb der Bundesrepublik von einem Land in ein anderes behält die Eintragung ihre Wirkung (§§ 1 Abs. 2, 10 Abs. 3 KultSchG). Die einzelnen Länderverzeichnisse werden gemäß §§ 6 Abs. 2, 13 Abs. 2 KultSchG in einem vom Bundesminister des Inneren (respektive dem BKM) geführten „Gesamtverzeichnis national wertvollen Kulturgutes" bzw. „Gesamtverzeichnis national wertvoller Archive" zusammengefaßt und im Bundesanzeiger veröffentlicht[1035]. Die Zusammenfassung im Gesamtverzeichnis hat nur noch deklaratorische Wirkung, die maßgeblichen Rechtsfolgen treten bereits mit der Eintragung in das jeweilige Landesverzeichnis ein[1036]. Die nationale Zusammenstellung in einem Gesamtverzeichnis dient somit im wesentlichen der Vereinfachung der Zusammenarbeit und erlaubt eine einfachere Handhabung als die einzelnen Länderlisten.

Das Gesamtverzeichnis führt entsprechend seinem Gesetzeszweck bislang nur Kulturgut in Privateigentum auf und ist nach Ländern geordnet. Jedes Objekt hat eine laufende, fünfstellige Nummer. Während die ersten beiden Stellen das Bundesland bezeichnen, in dessen Verzeichnis das Kulturgut eingetragen ist, gibt die nächste Stelle die Art des Kulturgutes an. Die weiteren Stellen schließlich geben die Reihenfolge der Eintragungen im jeweiligen Landesverzeichnis wieder.

bb. Rechtswirkungen der Eintragung

Wichtigste Rechtsfolge der Eintragung von Kultur- und Archivgut in ein „Verzeichnis national wertvollen Kulturgutes" bzw. in ein „Verzeichnis national wertvoller Archive" ist die Genehmigungsbedürftigkeit der Ausfuhr eines solchen Gegenstandes gemäß §§ 1 Abs. 4 S. 1, 10 Abs. 1 S. 2 KultSchG. Der Ausfuhr steht das sonstige Verbringen aus dem Geltungsbereich des Gesetzes gleich (§ 1 Abs. 4 S. 4 KultSchG). Neben die Genehmigungsbedürftigkeit der Ausfuhr treten

---

1035 Vgl. die letzte Bekanntmachung der Gesamtverzeichnisse national wertvollen Kulturgutes und national wertvoller Archive vom 19.4.1999, BAnz. Nr. 97a vom 28.5.1999.

1036 *Pieroth/Kampmann*, NJW 1990, S. 1385 (1389).

als weitere Rechtsfolge Steuererleichterungen für den Eigentümer eines eingetragenen Kultur- oder Archivgutes (§ 1 Abs. 3 KultSchG).

(1) Genehmigungsbedürftigkeit der Ausfuhr

Das KultSchG enthält kein absolutes Ausfuhrverbot für eingetragenes Kultur- bzw. Archivgut, sondern schafft für die Ausfuhr einen Genehmigungsvorbehalt. Der Genehmigungspflicht unterliegt jede körperliche Verbringung aus dem Gebiet der Bundesrepublik Deutschland, auch die leihweise oder sonst nur vorübergehende Verbringung, etwa zu Ausstellungs- oder Restaurierungszwecken[1037]. Die Genehmigung ist gemäß §§ 1 Abs. 4 S. 3, 10 Abs. 3 KultSchG zu versagen, „wenn bei Abwägung der Umstände des Einzelfalls wesentliche Belange des deutschen Kulturbesitzes überwiegen". Bei dieser Entscheidung steht der zuständigen Behörde kein Ermessen zu[1038]. Sie muß eine Abwägung zwischen den privaten Interessen des Eigentümers an der uneingeschränkten Verfügungsgewalt und den öffentlichen Belangen des deutschen Kulturbesitzes an einer territorialen Bindung des Kulturgutes durchführen[1039]. Überwiegen die Interessen des Eigentümers, hat dieser einen Anspruch auf Erteilung der Genehmigung[1040]. In der Regel wird man jedoch davon ausgehen können, daß bei der Ausfuhr eines national wertvollen Kulturgutes die Belange des deutschen Kulturbesitzes gegenüber den privaten Interessen des Eigentümers überwiegen[1041]. Demnach soll nur unter ganz besonderen Umständen im Einzelfall die Möglichkeit zur Erteilung einer Ausfuhrgenehmigung nicht ausgeschlossen sein[1042]. Die Erteilung in einem solchen Fall bleibt damit die Ausnahme.

Die Veräußerung eingetragenen Kultur- bzw. Archivgutes innerhalb der Bundesrepublik bedarf keiner Genehmigung. Das eingetragene Kultur- bzw. Archiv-

---

1037 BT-Drs. II/76, S. 7; *Pieroth/Kampmann*, NJW 1990, S. 1385 (1389); *Jaeger*, Internationaler Kulturgüterschutz, S. 27; *Uhl*, S. 58; *Bila*, Nationaler Kulturgüterschutz, S. 67; *Hipp*, Kulturgüterschutz in Deutschland, S. 88.

1038 *Bila*, Nationaler Kulturgüterschutz, S. 70; *Hipp*, Kulturgüterschutz in Deutschland, S. 88.

1039 *Jaeger*, Internationaler Kulturgüterschutz, S. 27; *Uhl*, S. 65; *Hipp*, Kulturgüterschutz in Deutschland, S. 88.

1040 *Bila*, Nationaler Kulturgüterschutz, S. 70; *Hipp*, Kulturgüterschutz in Deutschland, S. 88.

1041 *Pieroth/Kampmann*, NJW 1990, S. 1385 (1389); *Bila*, Nationaler Kulturgüterschutz, S. 70.

1042 BT-Drs. II/76, S. 7.

gut kann ohne Genehmigung an einen anderen Ort innerhalb der Bundesrepublik gebracht werden, in einem solchen Fall besteht lediglich eine Mitteilungspflicht (§§ 9 Abs. 1, 14 Abs. 2 KultSchG). Nicht genehmigungsbedürftig ist ebenfalls ein Rechtsgeschäft, das zwar Auslandsberührung hat, bei dem das Kulturgut aber weiterhin in der Bundesrepublik belegen bleibt, etwa bei einem Verkauf an einen im Inland ansässigen Ausländer[1043]. Sofern der Ausländer jedoch die Bundesrepublik verlassen will, darf er das eingetragene Kultur- bzw. Archivgut nur mit einer Genehmigung mitnehmen[1044].

(2) Bedingungen bei der Ausfuhr

Die Genehmigung kann an Bedingungen geknüpft werden (§ 1 Abs. 4 S. 2 KultSchG). Unter einer Bedingung versteht man eine Bestimmung, nach der der Eintritt oder der Wegfall einer Vergünstigung oder einer Belastung von dem ungewissen Eintritt eines zukünftigen Ereignisses abhängt (§ 36 Abs. 2 Nr. 2 VwVfG). Wenn durch eine Ausfuhrgenehmigung unter einer Bedingung den öffentlichen Belangen des deutschen Kulturbesitzes hinreichend Rechnung getragen werden kann, ist einer solchen bedingten Genehmigung der Vorzug vor einer gänzlichen Versagung der Genehmigung zu geben[1045]. Dies ergibt sich bereits aus dem Verhältnismäßigkeitsgrundsatz. Obwohl das KultSchG ausdrücklich nur von Bedingungen spricht, ist konkludent davon auszugehen, daß eine Ausfuhrgenehmigung nach dem KultSchG mit einer Befristung oder einer Auflage versehen werden kann. Der Begriff Bedingung ist insoweit als Oberbegriff zu verstehen.

Bedingungen (bzw. Befristungen oder Auflagen als Unterfälle) können verschieden ausgestaltet sein. So ist daran zu denken, die Genehmigung derart zeitlich einzugrenzen, daß der Gegenstand nach der Dauer einer im Ausland geplanten Ausstellung oder eines wissenschaftlichen Forschungsprojektes wieder zurückzuführen ist. Eine zeitliche Befristung der Ausfuhrgenehmigung zu Restaurationszwecken erscheint denkbar. Die Ausfuhrgenehmigung würde dann unter die Bedingung gestellt werden, daß der Gegenstand nach Beendigung der geplanten Maßnahme wieder in das Bundesgebiet verbracht wird.

1043 *Pieroth/Kampmann*, NJW 1990, S. 1385 (1389); *Bila*, Nationaler Kulturgüterschutz, S. 67; *Berndt*, Internationaler Kulturgüterschutz, S. 86; *Hipp*, Kulturgüterschutz in Deutschland, S. 89.

1044 *Hipp*, Kulturgüterschutz in Deutschland, S. 89.

1045 *Hipp*, Kulturgüterschutz in Deutschland, S. 89.

Weiterhin kann daran gedacht werden, die Genehmigung mit Auflagen zu versehen. Darunter wäre bspw. eine Klausel zu verstehen, die fordert, daß das auszuführende Kulturgut im Ausland der Öffentlichkeit zugänglich gemacht werden muß bzw. das eine Sammlung in ihrer Gesamtheit zu erhalten ist. Bei Archivgut könnte erwogen werden, eine Ausfuhrgenehmigung unter der Bedingung zu erteilen, daß Kopien in geeigneter Form für den Verbleib in der Bundesrepublik angefertigt werden.

Bei den Bedingungen zur Ausfuhrgenehmigung handelt es sich um Nebenbestimmungen zu einem Verwaltungsakt gemäß § 36 VwVfG. Die Frage, in welcher Weise Rechtsschutz gegen solche Nebenbestimmungen zu gewähren ist, ist nach wie vor umstritten[1046]. Es geht dabei um das Problem, ob eine belastende Nebenbestimmung isoliert mit der Anfechtungsklage angefochten werden kann, oder ob die Verpflichtungsklage, gerichtet auf den Erlaß eines nebenbestimmungsfreien Verwaltungsaktes, die richtige Klageart ist. Nach überwiegender Ansicht können Nebenbestimmungen als jedenfalls äußerlich trennbare Teile eines Verwaltungsaktes immer gesondert angefochten werden[1047]. Eine Verpflichtungsklage kommt in Betracht, wenn der Betroffene eine nach seiner Ansicht rechtswidrige Nebenbestimmung durch eine andere (rechtmäßige) Nebenbestimmung ersetzen lassen will. Die Verpflichtungsklage ist zu richten auf Aufhebung des Verwaltungsaktes einschließlich der Nebenbestimmung und die Verpflichtung der Behörde, den gleichen Verwaltungsakt mit einer geänderten Nebenbestimmung zu erlassen.

(3) Steuerrechtliche Privilegierungen

Eine weitere Rechtsfolge der Eintragung von Kultur- oder Archivgut in ein Landesverzeichnis ist die besondere Begünstigung bei der Heranziehung zu Steuern und zum Lastenausgleich nach besonderer gesetzlicher Regelung (§§ 1, Abs. 3, 10 Abs. 3 KultSchG). Aufgabe der Steuervergünstigungen ist es, die belastende Wirkung der Eintragung und der damit verbundenen Beschränkungen bei der Ausfuhr dieser Gegenstände zu mildern und entsprechend dem Grundgedanken des Art. 14 GG einen Ausgleich für die erschwerte wirtschaftliche Ver-

---

[1046] Vgl. zum Streitstand nur *Obermayer*, VwVfG, § 36 Rdnr. 45 ff. m. w. Nachw.

[1047] Vgl. etwa BVerwG, NJW 1992, S. 2981; DVBl 1996, S. 259; NVwZ-RR 1996, S. 20. Der Streitstand ist noch nicht abschießend geklärt und soll an dieser Stelle nicht vertieft werden.

wertungsmöglichkeit von eingetragenem Kultur- bzw. Archivgut zu schaffen[1048]. Zugleich soll dem Eigentümer dadurch ein Anreiz gegeben werden, die national wertvollen Kulturgüter in deutschem Besitz zu erhalten[1049]. Während die Anträge zur Eintragung in das „Verzeichnis national wertvollen Kulturgutes“ und das „Verzeichnis national wertvollen Archivgutes“[1050] zunächst von Amts wegen gestellt worden sind, ist heutzutage eine Tendenz zu erkennen, wonach die Eigentümer der Gegenstände selbst die entsprechenden Anträge stellen. Hintergrund hierfür dürften auch und vor allem die damit verbundenen steuerlichen Vorteile sein.

Die steuerlichen Begünstigungen sind nicht in den Vorschriften des KultSchG geregelt, sondern finden sich in den jeweiligen Steuergesetzen. Bei der Schaffung des KultSchG hatte der Gesetzgeber vor allem an die Vermögenssteuer[1051], die Erbschaftssteuer und den Lastenausgleich[1052] gedacht. Erst später traten die Einkommens-, Gewerbe- und Umsatzsteuer hinzu.

(a) Erbschafts- und Schenkungssteuer

Der Übergang von Vermögen von Todes wegen, Schenkungen unter Lebenden oder Zweckzuwendungen unterliegen der Erbschaftssteuer (§ 1 ErbStG). Die Bewertung der Erbschaftssteuer wird nach der Bereicherung des Erwerbers be-

1048 BT-Drs. II/76, S. 6 f.; BayVGH, BayVBl. 1963, S. 254 f.; *Uhl*, S. 79.

1049 *Hipp*, Kulturgüterschutz in Deutschland, S. 93.

1050 Vgl. § 10 Abs. 1 S. 1 KultSchG.

1051 Das Vermögenssteuergestz (VStG) ist allerdings zum 1.1.1997 außer Kraft getreten. In seinem sog. Einheitswertebeschluß vom 22.6.1995 (BVerfGE 93, S. 121 ff.) hatte das BVerfG das VStG für verfassungswidrig erklärt und den Gesetzgeber verpflichtet, bis zum 31.12.1996 eine Neuregelung der Vermögensbesteuerung zu schaffen. Gem. § 31 Abs. 2 S. 1 i. V. m. § 13 Nr. 11 BVerfGG kommt dem Beschluß Gesetzeskraft zu. Der Gesetzgeber hat die Frist verstreichen lassen, ohne das es zu einer Neuregelung gekommen ist. Damit ist das VStG zu dem genannten Datum außer Kraft getreten. Zur Anwendbarkeit des VStG auf Veranlagungszeiträume vor dem 1.1.1997 vgl. BFHE 182, S. 379 ff.; BVerfG, NJW 1998, S. 1854 ff. Eine Kommentierung der für den Bereich der Kultur relevanten Vorschriften findet sich noch bei *Berndt*, Internationaler Kulturgüterschutz, S. 108 ff.

1052 Die Steuerbegünstigung der §§ 21, 25 Abs. 1 Lastenausgleichgesetz (LAG) ist inzwischen überholt, weil die Veranlagung zur Vermögensabgabe abgeschlossen ist. Ebenfalls erledigt ist seit der Wiedervereinigung die Steuerbegünstigung gemäß der §§ 4, 31 Abs. 2 S. 3 BerlinFG, vgl. dazu *Hipp*, Kulturgüterschutz in Deutschland, S. 93.

rechnet und richtet sich gemäß § 12 Abs. 1 ErbStG nach den allgemeinen Bewertungsvorschriften, mithin den §§ 1 – 16 BewG, soweit nicht in § 12 Abs. 2 – 6 ErbStG andere Werte vorgeschrieben sind.

Gem. § 13 Abs. 1 Nr. 2a ErbStG bleiben mit 60 v. H. ihres Wertes steuerfrei u. a. Kunstgegenstände, Kunstsammlungen, wissenschaftliche Sammlungen, Bibliotheken und Archive, wenn die Erhaltung dieser Gegenstände wegen ihrer Bedeutung für Kunst, Geschichte oder Wissenschaft im öffentlichen Interesse liegt, die jährlichen Kosten in der Regel die erzielten Einnahmen übersteigen und die Gegenstände in einem den Verhältnissen entsprechenden Umfang den Zwekken der Forschung und der Volksbildung nutzbar gemacht sind oder werden. In vollem Umfang steuerfrei bleiben die Gegenstände gemäß § 13 Abs. 1 Nr. 2b ErbStG dann, wenn neben den Voraussetzungen des lit. a der Steuerpflichtige bereit ist, die Gegenstände den geltenden Bestimmungen der Denkmalpflege zu unterstellen und die Gegenstände sich seit mindestens 20 Jahren im Besitz der Familie befinden oder in einem Verzeichnis national wertvollen Kulturgutes oder national wertvoller Archive nach dem KultSchG eingetragen sind. Die Steuerbefreiung fällt mit Wirkung für die Vergangenheit weg, wenn die Gegenstände innerhalb von 10 Jahren nach dem Erwerb veräußert werden oder die Voraussetzungen für die Steuerbefreiung innerhalb dieses Zeitraumes entfallen. Bei § 13 ErbStG handelt es sich um eine sachliche Steuerbefreiung, die für beschränkt Steuerpflichtige gilt[1053].

Unter Kunstgegenständen i. S. d. Vorschrift sind Werke der bildenden Kunst zu verstehen[1054]. Dazu werden Skulpturen, Gemälde und graphische Werke gezählt[1055]. Ein Gebrauchsgegenstand ist dann ein Kunstgegenstand, wenn sein Kunstwert den Gebrauchswert übersteigt[1056]. Sammlungen im steuerrechtlichen Sinn zeichnen sich dadurch aus, daß ihr besonderer Wert erst durch die Zusammenfassung vieler Gegenstände entsteht[1057], die eine wirtschaftliche Einheit

[1053] *Kleeberg/Eberl*, Kulturgüter in Privatbesitz, Rdnr. 707.

[1054] Vgl. dazu *Kleeberg/Eberl*, Kulturgüter in Privatbesitz, Rdnr. 523; *Wolff-Diepenbrock*, Beilage zu DStR 12/1987, S. 2.

[1055] *Hipp*, Kulturgüterschutz in Deutschland, S. 94.

[1056] BFHE 94, S. 12 ff.

[1057] *Kleeberg/Eberl*, Kulturgüter in Privatbesitz, Rdnr. 708.

bilden[1058]. Eine Sammlung beruht deshalb auf einer künstlerischen oder wissenschaftlichen Idee oder auf konkreten Gesichtspunkten und Zielen, nach denen Einzelobjekte geordnet und zugeordnet werden[1059]. Die einzelnen Sammlungsgegenstände dürfen in der Regel nicht zum Verkauf oder wirtschaftlichen Gebrauch bestimmt sein[1060].

Ein ausreichendes öffentliches Interesse i. S. d. § 13 Abs. 1 Nr. 2 ErbStG wird angenommen, wenn der Gegenstand in ein Verzeichnis nach dem KultSchG oder in eine Denkmalliste eingetragen ist[1061]. Bei den steuerfrei zu stellenden Gegenständen muß es sich um Objekte handeln, die Dauerverluste machen, also nach betriebswirtschaftlichen Gesichtspunkten unwirtschaftlich sind[1062]. Positive Ergebnisse in einzelnen Jahren bleiben außer Betracht, sofern auf lange Sicht die Verluste überwiegen. Mit der Voraussetzung, daß die Werte in einem den Verhältnissen entsprechenden Umfang den Zwecken der Forschung oder Bildung nutzbar gemacht werden, wird nicht schlechthin eine Freigabe für die Besichtigung durch eine breite Öffentlichkeit verlangt[1063]. Ausreichend ist es, wenn gelegentlich interessierten Gruppen die Besichtigung gestattet oder wenn Wissenschaftlern für ihre Forschungsarbeiten der Zugang ermöglicht wird. Bewegliche Kulturgüter werden für Forschung und Bildung zugänglich gemacht, wenn sie durch Leihgaben anläßlich von Ausstellungen oder wissenschaftlichen Arbeiten gezeigt werden[1064]. Eine besondere Zurückhaltung erscheint bei der Zugänglichmachung von privaten Bibliotheken und Archiven geboten. Im Hinblick auf die aufwendigen Sicherheitsvorkehrungen und die besondere Schutzbedürftigkeit einzelner Kunstgegenstände oder Archive ist abzuwägen, in welchem Umfang die

---

1058 *Wolff-Diepenbrock*, Beilage zu DStR 12/1987, S. 2.

1059 *Kleeberg/Eberl*, Kulturgüter in Privatbesitz, Rdnr. 524.

1060 Vgl. *Wolff-Diepenbrock*, Beilage zu DStR 12/1987, S. 2, 4.

1061 *Hipp*, Kulturgüterschutz in Deutschland, S. 94; *Kleeberg/Eberl*, Kulturgüter in Privatbesitz, Rdnr. 712.

1062 *Kleeberg/Eberl*, Kulturgüter in Privatbesitz, Rdnr. 713; vgl. auch *Berndt*, Internationaler Kulturgüterschutz, S. 112.

1063 *Hipp*, Kulturgüterschutz in Deutschland, S. 94; *Berndt*, Internationaler Kulturgüterschutz, S.111.

1064 *Kleeberg/Eberl*, Kulturgüter in Privatbesitz, Rdnr. 717.

Bereitstellung für Zwecke der Forschung und Bildung zumutbar und vertretbar ist[1065].

Eine volle Steuerbefreiung gemäß § 13 Abs. 1 Nr. 2b ErbStG verlangt zusätzlich zu den genannten Voraussetzungen die Unterstellung oder Bereitschaft zur Unterstellung der Gegenstände unter die geltenden Bestimmungen der Denkmalpflege und die Eintragung in das Verzeichnis national wertvollen Kulturgutes oder national wertvoller Archive. Die Anknüpfung an einen zwanzigjährigen Familienbesitz erscheint hingegen unglücklich. Das Interesse der Öffentlichkeit besteht an der Erhaltung der Kulturgüter unabhängig von der Besitzdauer des derzeitigen Eigentümers. Kann der bisherige langjährige Eigentümer seinen Erhaltungspflichten nicht genügen, ist ein Eigentumswechsel zu begrüßen, wenn der neue Eigentümer das Kulturgut erhält. Erfüllt er diese Verpflichtung, sollte ihm die Steuererleichterung zustehen[1066]. Die sachliche Steuerbefreiung sollte deshalb allein vom öffentlichen Interesse, der Unwirtschaftlichkeit, der Zugänglichkeit und der Unterschutzstellung abhängig gemacht werden.

Da die Erbschaftssteuer aperiodisch anfällt, sieht das Gesetz einen zehnjährigen Überwachungszeitraum vor, innerhalb dessen eine Veräußerung oder ein Wegfall der Voraussetzungen für die Steuerbefreiung zu einer Nacherhebung der Steuer führt (§ 13 Abs. 1 Nr. 2 S. 2 ErbStG). Die Nachversteuerung der ursprünglich begünstigten Nachlaßgegenstände erfolgt zu dem Wert, den sie im Zeitpunkt des Erbfalls hatten[1067]. Wertänderungen in der Folgezeit sind nicht zu berücksichtigen.

(b) Einkommensteuer

Für die Einkommensteuer ist Besteuerungsgrundlage das Einkommen, das der Steuerpflichtige innerhalb eines Kalenderjahres bezogen hat. Einkommen ist der Gesamtbetrag der Einkünfte aus den sieben Einkunftsarten nach Ausgleich mit den Verlusten, die sich aus einzelnen Einkunftsarten ergeben, und nach Abzug von Sonderausgaben und außergewöhnlichen Belastungen (§ 2 Abs. 4 EStG). Steuerliche Förderungen für die Erhaltung von Kulturgütern enthalten die §§ 7h,

---

1065 So auch *Kleeberg/Eberl*, Kulturgüter in Privatbesitz, Rdnr. 718; *Berndt*, Internationaler Kulturgüterschutz, S. 111.

1066 Wie hier *Kleeberg/Eberl*, Kulturgüter in Privatbesitz, Rdnr. 726.

1067 *Kleeberg/Eberl*, Kulturgüter in Privatbesitz, Rdnr. 731.

7i, 10f und 10g EStG. Die steuerliche Förderung führt vor allem zu einer günstigeren und verbesserten Finanzierung der erforderlichen Herstellungs- und Erhaltungsmaßnahmen. Sie werden nur unter bestimmten Voraussetzungen gewährt, die teils einheitlich für alle genannten Vorschriften gelten, teils aber auch normspezifisch sind[1068]. Während die Vorschriften der §§ 7h, 7i und 10f EStG Steuerbegünstigungen für Baudenkmale enthalten, die danach differenzieren, ob das Gebäude für eigene Wohnzwecke genutzt wird und wo sich das Gebäude befindet, sieht § 10g EStG Steuerbegünstigungen für schutzwürdige Kulturgüter vor, die weder zur Einkunftserzielung noch zu eigenen Wohnzwecken genutzt werden. Gem. § 10g Abs. 1 S. 1, 2 Nr. 4 EStG kann der Steuerpflichtige Aufwendungen für Herstellungs- und Erhaltungsmaßnahmen an eigenen schutzwürdigen Kulturgütern im Inland, soweit sie öffentliche oder private Zuwendungen oder etwaige aus diesen Kulturgütern erzielte Einnahmen übersteigen, im Kalenderjahr des Abschlusses der Maßnahme und in den neun folgenden Kalenderjahren jeweils bis zu 10 vom Hundert wie Sonderausgaben abziehen. Unter schutzwürdigen Kulturgütern i. S. d. Vorschrift sind gemäß § 10g Abs. 1 S. 2 Nr. 4 EStG Mobiliar, Kunstgegenstände, Kunstsammlungen, wissenschaftliche Sammlungen und Bibliotheken oder Archive zu verstehen, die sich seit mindestens 20 Jahren im Besitz der Familie des Steuerpflichtigen befinden oder in das Verzeichnis national wertvollen Kulturgutes oder das Verzeichnis national wertvoller Archive eingetragen sind und deren Erhaltung wegen ihrer Bedeutung für Kunst, Geschichte oder Wissenschaft im öffentlichen Interesse liegt, sofern die Gegenstände zusätzlich in einem den Verhältnissen entsprechenden Umfang der wissenschaftlichen Forschung oder der Öffentlichkeit zugänglich gemacht werden, es sei denn, dem Zugang stehen zwingende Gründe des Denkmal- oder Archivschutzes entgegen. Die Voraussetzungen sind identisch mit den Anforderungen, die im Rahmen der Erbschafts- und Schenkungssteuer an die Begünstigung gestellt werden, so daß die Auslegung des § 13 Abs. 1 Nr. 2 ErbStG herangezogen werden kann[1069]. Weitere Voraussetzung für die Inanspruchnahme der Steuererleichterung ist gemäß § 10 Abs. 2 S. 1 EStG, daß die eingetragenen Kulturgüter nicht zur Er-

---

1068 Vgl. zu den Einzelheiten ausführlich *Kleeberg/Eberl*, Kulturgüter in Privatbesitz, Rdnr. 456 ff.

1069 *Hipp*, Kulturgüterschutz in Deutschland, S. 95. Die Auslegung entspricht den Auslegungsgrundsätzen zum früheren § 115 Abs. 2 Bewertungsgesetz (BewG), der durch das Unternehmenssteuerreformgesetz vom 29.10.1997 (BGBl. 1997 I, S. 2590) aufgehoben ist, dessen Grundsätze jedoch fortgelten.

zielung von Einkünften i. S. d. § 2 EStG dienen. Den Vorschriften des EStG dürfte heutzutage die größte Bedeutung bei der steuerlichen Begünstigung von eingetragenem Kulturgut zukommen.

(c) Gewerbesteuer

Gem. § 2 Gewerbesteuergesetz (GewStG) unterliegt jeder stehende Gewerbebetrieb der Gewerbesteuer, soweit er im Inland betrieben wird. Unter Gewerbebetrieb ist ein gewerbliches Unternehmen im Sinne des Einkommensteuergesetzes zu verstehen (§ 2 Abs. 1 S. 2 GewStG). Ausnahmen gelten jedoch im Hinblick auf die gewerbesteuerrechtliche Beurteilung bei der Veräußerung und der Besichtigung von Kunstgegenständen.

Bei einer Sammlung verfolgt der Sammler für gewöhnlich persönliche Interessen und keine Gewinnerzielungsabsicht, wenn er im Laufe der Sammeltätigkeit nicht nur Gegenstände erwirbt, sondern sich auch durch den Verkauf oder Tausch von solchen trennt, um seine Sammlung dadurch insgesamt zu vervollständigen oder qualitativ zu verbessern. Derartiges Handeln zählt zu den üblichen Sammleraktivitäten[1070]. Es erfüllt nicht die in § 15 Abs. 2 EStG angeführten äußeren Merkmale einer gewerblichen Tätigkeit als einer auf Gewinnerzielung gerichteten, selbständigen, nachhaltigen Beteiligung am allgemeinen wirtschaftlichen Verkehr[1071]. Ein gewerbliches Handeln muß über den Rahmen einer Vermögensverwaltung, d. h. einer Vermögensanlage zum Zweck ihrer Nutzung wie z. B. zur Erzielung von Einkünften aus Kapitalvermögen hinausgehen (§ 14 S. 3 AO). Der Erwerb und das Unterhalten von Kulturgütern ohne Einkunftserzielungsabsicht fällt in den Bereich der bloßen Vermögensverwaltung[1072]. Der Sammler darf sich jedoch weder beim Aufbau seiner Sammlung noch bei deren Verkauf wie ein Händler verhalten[1073].

[1070] *Wolff-Diepenbrock*, Beilage DStR 12/1987, S. 7.

[1071] BFHE 135, S. 316 ff. In dem zitierten Fall entschied der BFH, daß der Ankauf mehrerer Gemälde noch kein Gewerbebetrieb sei.

[1072] *Kleeberg/Eberl*, Kulturgüter in Privatbesitz, Rdnr. 606.

[1073] Vgl. dazu BFHE 150, S. 224 ff. und E 150, S. 218 ff.

Nicht jede Art einer Besichtigung von Kulturgütern ist aufgrund der gesetzlichen Definition des Gewerbebetriebes als solcher anzusehen[1074]. Es ist in jedem Einzelfall zu prüfen, ob die Voraussetzungen für die Annahme eines Gewerbebetriebes tatsächlich vorliegen, insbesondere, ob eine Gewinnerzielungsabsicht nur als Nebenzweck gegeben ist und ob nachhaltig und auf Dauer ins Gewicht fallende Gewinne erwirtschaftet werden können. Ist dies nicht der Fall, liegt keine einkommensteuerlich relevante Tätigkeit, sondern Liebhaberei vor[1075]. Bei den Kulturgütern handelt es sich dann um res extra commercium, da sie sich weder im Geschäftsverkehr befinden noch in diesen eingebracht werden, wenn ihr Eigentümer sie entsprechend der Schutzvorschriften im zumutbaren Umfang der Öffentlichkeit zugänglich macht[1076]. In den relativ seltenen Fällen, in denen ein sog. Besichtigungsbetrieb[1077] wegen nachhaltiger Gewinnerzielung als Gewerbebetrieb anzusehen ist, sind die ausgestellten Kulturgüter nicht zum notwendigen Betriebsvermögen zu zählen[1078]. Die Gegenstände sind statt dessen dem Privatvermögen zuzurechnen und ihrer Natur nach zu keinerlei unmittelbarem oder mittelbarem Einsatz in einem Gewerbebetrieb bestimmt. Ihre Bestimmung ist es vielmehr, im Interesse der Öffentlichkeit von ihrem Eigentümer aufgrund der öffentlich-rechtlichen Bestimmungen des Kulturgüterschutzrechts erhalten zu werden und soweit möglich und zumutbar zumindest interessierten Kreisen zugänglich gemacht zu werden.

(d) Umsatzsteuer

Gegenstand der Umsatzbesteuerung sind die in § 1 UStG angeführten steuerbaren Lieferungen und sonstigen Leistungen, die ein Unternehmer im Inland gegen Entgelt im Rahmen seines Unternehmens ausführt. Unternehmer ist nach § 2 UStG, wer nachhaltig eine gewerbliche oder berufliche Tätigkeit zur Erzielung von Einnahmen ausübt, auch wenn eine Gewinnerzielungsabsicht fehlt. Sind

---

[1074] In BFHE 130, S. 539 ff. hat der BFH eine „Schloßbesichtigung" als Gewerbebetrieb angesehen; kritisch dazu und zu einer Verallgemeinerung dieses Gedankens *Kleeberg/Eberl*, Kulturgüter in Privatbesitz, Rdnr. 612.

[1075] BFHE 141, S. 405 ff.

[1076] *Kleeberg/Eberl*, Kulturgüter in Privatbesitz, Rdnr. 616.

[1077] Vgl. zum Begriff bei *Kleeberg/Eberl*, Kulturgüter in Privatbesitz, Rdnr. 612 ff.

[1078] A. A. BFHE 130, S. 539; wie hier *Kleeberg/Eberl*, Kulturgüter in Privatbesitz, Rdnr. 615.

Kulturgüter Gegenstände einer unternehmerischen Tätigkeit, so führt ihre Veräußerung oder ihr Ausscheiden aus dem Unternehmensbereich, z. B. die Schenkung an ein Museum, zu einem steuerbaren Umsatz. Die entgeltliche Freigabe von Kulturgütern zur Besichtigung oder für andere Zwecke, z. B. für Veranstaltungen, Filmaufnahmen, etc. stellt ebenfalls eine solche unternehmerische Tätigkeit dar, die der Umsatzsteuer unterliegt[1079]. Gleiches gilt für alle damit im Zusammenhang stehende Nebentätigkeiten, die zu entgeltlichen Lieferungen oder Leistungen führen wie der Verkauf von Postkarten, Führern, Abhandlungen oder Souvenirs. Werden rein privat genutzte Kulturgüter veräußert, liegt in der Regel keine unternehmerische Tätigkeit vor, da es an der Voraussetzung einer nachhaltigen Tätigkeit fehlt und ein gewerbliches Unternehmen nicht vorliegt[1080]. Veräußert z. B. ein Sammler gelegentlich Gegenstände seiner Sammlung, so liegt keine unternehmerische Tätigkeit vor, solange sich die Sammlertätigkeit im privaten Bereich bewegt[1081]. Auf den Grund der Veräußerung kommt es nicht an. Unerheblich ist also, ob der Verkauf dazu diente, einen Geldbedarf zu befriedigen oder durch den Wunsch veranlaßt wurde, die Sammlung durch Neuerwerbungen weiter zu spezialisieren oder zu erweitern.

Von der Umsatzsteuer befreit sind gemäß § 4 Nr. 12a UStG die Vermietung und Verpachtung von Baudenkmälern. Ebenfalls von den unter § 1 Abs. 1 Nr. 1 UStG fallenden Umsätze sind gemäß § 4 Nr. 20a UStG die Umsätze von Einrichtungen wie Theatern, Orchestern, Museen, Archiven, Büchereien sowie Denkmälern der Bau- und Gartenbaukunst befreit, wenn die zuständige Landesbehörde bescheinigt, daß die privaten Unternehmer die gleichen Aufgaben wie vergleichbare öffentliche Einrichtungen erfüllen. Museen i. S. d. Vorschrift sind sowohl wissenschaftliche Sammlungen als auch Kunstsammlungen. Nach § 4 Nr. 28 UStG bleibt die Lieferung von Gegenständen umsatzsteuerfrei, wenn der Unternehmer die gelieferten Gegenstände ausschließlich für eine nach den Nummern 8 bis 27 des § 4 UStG steuerfreie Tätigkeit verwendet hat. Nach dieser Vorschrift bleibt z. B. die Veräußerung von Kulturgütern wie etwa Einrichtungs-

---

1079 *Kleeberg/Eberl*, Kulturgüter in Privatbesitz, Rdnr. 801.

1080 *Kleeberg/Eberl*, Kulturgüter in Privatbesitz, Rdnr. 802.

1081 BFHE 150, S. 224 ff. (im Falle eines Münzsammlers); E 150, S. 218 ff. (im Falle eines Briefmarkensammlers).

gegenständen steuerfrei, wenn diese bisher nur im Rahmen eines nach § 4 Nr. 20a UStG steuerfreien Betriebes verwendet wurden.

Liegen die Voraussetzungen für eine Steuerbefreiung der Umsätze nach § 4 Nr. 20a UStG nicht vor, ergibt sich aus § 12 Abs. 2 Nr. 7a UStG, daß die Leistungen der Theater, Orchester und Museen sowie die Veranstaltung von Theateraufführungen und Konzerten durch andere Unternehmer einer Umsatzsteuer zum ermäßigten Satz von 7% bei vollem Vorsteuerabzug unterliegen. Dagegen sind Schlösser, Burgen und Herrenhäuser keine Museen, es sei denn, sie dienen ganz oder teilweise der Aufnahme von Sammlungen. Die genannten Gebäude sind Denkmäler der Baukunst, für deren Umsätze nur die Steuerbefreiung des § 4 Nr. 20a UStG oder die Steuerpflicht zum Regelsatz möglich ist.

Nach § 12 Abs. 2 Nr. 1 i. V. m. Nr. 53 und 54 der Anlage zum UStG unterliegen Kunstgegenstände und Sammlungsstücke[1082] ebenfalls dem ermäßigten Steuersatz von 7%. Die Sammlungsstücke müssen von kultur- oder kunstgeschichtlichem oder völkerkundlichem Wert und geeignet sein, in eine nach wissenschaftlichen Grundsätzen aufgebaute öffentliche Sammlung aufgenommen zu werden[1083]. Die Voraussetzungen der Steuerermäßigung sind durch geeignete und von der Finanzverwaltung überprüfbare Unterlagen nachzuweisen. Dies erfordert eine genaue Beschreibung des Sammlungsstücks und einen Hinweis auf vergleichbare Stücke. Sammlungsstücke sind vergleichbar, wenn sie die gleichen wesentlichen Merkmale wie Art des Gegenstandes, Material, Verarbeitung, Stilepoche und Herkunft aufweisen. Kunstgegenstände sind jedoch grundsätzlich keine Sammlungsstücke von geschichtlichem Wert im zolltariflichen Sinne[1084].

(4) Kontrolle innerhalb der Bundesrepublik

Um eine wirksame Kontrolle sicherzustellen, ist es notwendig, daß sich die Verpflichtungen des Eigentümers eingetragenen Kultur- oder Archivgutes nicht nur auf eine Verbringung aus dem Gebiet der Bundesrepublik erstrecken, sondern auch Veränderungen innerhalb der Bundesrepublik betreffen[1085]. Aus diesem

---

1082 Hierunter sind vor allem die Positionen 97.01 bis 97.03 und 97.05 des GZT zu verstehen.

1083 *Kleeberg/Eberl*, Kulturgüter in Privatbesitz, Rdnr. 821 m. Fn. 17.

1084 BFHE 155, S. 219.

1085 *Uhl*, S. 69.

Grund bestehen gemäß §§ 9 Abs. 1, 14 Abs. 2 KultSchG Mitteilungspflichten, die den Besitzer des Gegenstandes oder des Archivs treffen. Danach hat dieser bei einer Belegenheitsveränderung innerhalb der Bundesrepublik, bei Verlust oder bei einer Beschädigung eingetragenen Kultur- bzw. Archivgutes unverzüglich der obersten Landesbehörde Mitteilung zu machen. Diese wiederum gibt dem Bundesminister des Inneren (respektive dem BKM) hiervon Kenntnis (§ 9 Abs. 1 S. 1 a. E. KultSchG). Bei einem Besitzwechsel sind sowohl der alte als auch der neue Besitzer zur Mitteilung verpflichtet (§ 9 Abs. 1 S. 2 KultSchG). Eine Mitteilungspflicht trifft gemäß § 9 Abs. 2 KultSchG den Eigentümer des eingetragenen Gegenstandes, sofern er und der Besitzer nicht personengleich sind.

b. Das Ausfuhrverfahren

aa. Ausfuhrgenehmigung

Gem. § 1 Abs. 4 KultSchG ist die Ausfuhr des eingetragenen Kulturgutes genehmigungspflichtig. Gleiches gilt entsprechend dem Verweis in § 10 Abs. 3 KultSchG für eingetragenes Archivgut. Damit sind im Kulturgüterschutz der Bundesrepublik zwei voneinander selbständige Verfahren, nämlich das Eintragungs- und das Ausfuhrverfahren zu unterscheiden[1086]. Erst diese Genehmigungspflicht läßt den Kulturgüterschutz als Exportbeschränkung für Kunstgegenstände erscheinen[1087].

bb. Erteilung der Genehmigung

(1) Beantragung der Genehmigung

§ 1 Abs. 4 KultSchG bestimmt lediglich, daß die Ausfuhr eingetragenen Kulturgutes einer Genehmigung bedarf. Von wem diese Genehmigung zu beantragen ist, läßt sich dem KultSchG nicht unmittelbar entnehmen. Insofern ist auf die allgemeinen nationalen Regelungen zurückzugreifen. Nach § 1 Abs. 1 AWV können Anträge auf Erteilung einer Genehmigung von jedem gestellt werden, der das genehmigungsbedürftige Rechtsgeschäft oder die genehmigungsbedürftige Handlung vornimmt. Antragsberechtigt ist gemäß § 1 Abs. 1 S. 2 AWV derje-

---

[1086] *Uhl*, S. 63.

[1087] *Pieroth/Kampmann*, NJW 1990, S. 1385 (1389).

nige, der einen Anspruch aus dem Rechtsgeschäft herleitet oder einen Anspruch auf Vornahme der Handlung geltend macht. Damit sind im Gegensatz zur Regelung der VO 3911/92[1088] zur Beantragung einer Ausfuhrgenehmigung gemäß § 1 Abs. 4 S. 1 KultSchG neben dem im Inland ansässigen Eigentümer auch der im Ausland wohnende Käufer oder Entleiher des Kultur- oder Archivgutes antragsberechtigt. Gleiches gilt für den nur mit Transport oder Versand beschäftigten Spediteur.

Weitere Verfahrensvorschriften für das Ausfuhrverfahren sind im KultSchG nicht geregelt. Insoweit gelten hier wiederum die allgemeinen Regelungen des VwVfG[1089]. Eine Fristbestimmung, innerhalb derer der BKM zu entscheiden hat, ist ebenfalls im Gesetz nicht vorgesehen. Allerdings bedeutet dies nicht, daß es bei der Genehmigung zu Verzögerungen von einem Jahr und länger kommen muß[1090]. Vielmehr ist in diesem Zusammenhang die Vorschrift des § 75 VwGO einschlägig. Danach ist eine Klage vor den Verwaltungsgerichten dann zulässig, wenn über einen Antrag auf Vornahme eines Verwaltungsaktes ohne zureichenden Grund in angemessener Frist sachlich nicht entschieden worden ist (§ 75 S. 1 VwGO). Die Klage kann allerdings nicht vor Ablauf von drei Monaten seit dem Antrag auf Vornahme des Verwaltungsaktes erhoben werden, außer wenn wegen besonderer Umstände des Falles eine kürzere Frist geboten ist (§ 75 S. 2 VwGO). Solche besonderen Umstände könnten gegeben sein, wenn der Gegenstand zu Ausstellungszwecken aus dem Gebiet der Bundesrepublik verbracht werden soll. Eine Entscheidung muß dann vor Beginn der Ausstellung getroffen werden. Im übrigen ist der Behörde ein ausreichender Zeitraum für eine Entscheidung einzuräumen, da die Einholung von Gutachten und die Anhörung des zuständigen Sachverständigenausschusses gewisse Zeit in Anspruch nimmt.

(2) Zuständigkeit

Zuständig für die Entscheidung über die Genehmigung der Ausfuhr eines eingetragenen Kultur- bzw. Archivgutes ist nunmehr der BKM gemäß §§ 5 Abs. 1, 12 Abs. 1 KultSchG i. V. m. Art. 71 der Siebten Zuständigkeitsanpassungsver-

---

[1088] Vgl. zur Antragsberechtigung bei der VO 3911/92 auf Seite 151 dieser Arbeit.

[1089] Für eine Anhörung des Eigentümers gemäß § 28 VwVfG gilt das im Eintragungsverfahren Gesagte entsprechend.

[1090] So aber *Uhl*, S. 64, die die Regelung des § 75 VwGO offensichtlich übersieht.

ordnung[1091]. Vor seiner Entscheidung hat er ebenso wie bei der Entscheidung über die Eintragung in ein Verzeichnis auf Landesebene einen aus fünf Mitgliedern bestehenden Sachverständigenausschuß zu hören (§§ 5 Abs. 2 S. 1 u. 2, 12 Abs. 2 KultSchG). Der BKM beruft diesen Ausschuß. Zur Wahrung der kulturpolitischen Zuständigkeit der Länder sind ein Mitglied des Ausschusses auf Vorschlag des Bundesrates und zwei weitere auf Vorschlag des Landes zu berufen, in dessen Verzeichnis das Kultur- bzw. Archivgut eingetragen ist (§§ 5 Abs. 2 S. 3, 12 Abs. 2 KultSchG). Bei der Berufung sind wiederum wie bei den Landesausschüssen „die Kreise der Fachleute aus den öffentlichen Verwaltungen, der Hochschullehrer, der privaten Sammler, des Kunsthandels und Antiquariats zu berücksichtigen“ (§§ 5 Abs. 2 S. 4, 12 Abs. 2 KultSchG). In Bezug auf die Kompetenzen des Ausschusses gilt das zum Sachverständigenausschuß auf Landesebene Gesagte[1092].

(3) Voraussetzungen einer Genehmigung

Die Maßstäbe, an denen sich die Entscheidung darüber auszurichten hat, ob eine Genehmigung erteilt wird, sind in § 1 Abs. 4 S. 3 KultSchG umschrieben. Nach dieser Vorschrift ist die Genehmigung zu versagen, wenn bei Abwägung der Umstände des Einzelfalles wesentliche Belange des deutschen Kulturbesitzes überwiegen. Insoweit handelt es sich um unbestimmte Rechtsbegriffe[1093]. Generell ist jedoch davon auszugehen, daß bei einem eingetragenen Gegenstand in der Regel die wesentlichen Belange des deutschen Kulturbesitzes, die gegen dessen Ausfuhr sprechen, überwiegen[1094]. Nur unter ganz besonderen Umständen soll im Einzelfall die Möglichkeit, die Ausfuhrgenehmigung zu erteilen, nicht ausgeschlossen sein[1095]. In einem solchen Fall müssen wichtige Gründe auf Seiten des Ausfuhrwilligen dafür sprechen, seinem privaten Interesse den Vorzug gegenüber dem öffentlichen Interesse an der Belegenheit des Gegenstandes im Bundesgebiet einzuräumen. Ausschließlich wirtschaftliche Interessen des Eigentümers dürften regelmäßig dazu nicht geeignet sein.

[1091] BGBl. 2001 I, S. 2785 (2799).

[1092] Vgl. dazu auf Seite 201 dieser Arbeit.

[1093] Vgl. dazu bereits oben auf Seite 199 dieser Arbeit.

[1094] *Pieroth/Kampmann*, NJW 1990, S. 1385 (1389).

[1095] BT-Drs. II/76, S. 7.

cc. Rechtsfolgen einer Erteilung

Die Genehmigung nach dem KultSchG gilt im Gegensatz zur VO 3911/92, die nur für Exporte aus dem Zollgebiet der Gemeinschaft gilt, sowohl für diese als auch für Exporte von einem Mitgliedstaat in einen anderen[1096]. Eine Gültigkeitsdauer für die Genehmigung ist im Gesetz nicht vorgesehen, so daß der Ausfuhrwillige nicht gezwungen ist, innerhalb eines bestimmten Zeitraumes den Gegenstand auszuführen. Die Ausfuhrgenehmigung ist nicht an eine bestimmte Person wie etwa den Eigentümer gebunden, so daß die Genehmigung weitergegeben werden kann und ausschließlich an den Gegenstand gebunden ist. Diese relativ weite Handhabung ergibt sich im Umkehrschluß aus dem ebenfalls weiten Kreis der Antragsberechtigten und aus dem Umstand, daß das KultSchG im wesentlichen darauf abzielt, den Gegenstand oder das Archiv im Gebiet der Bundesrepublik zu belassen, unabhängig von der Eigentumsfrage.

Obwohl keine gesetzliche Regelung dazu existiert, ist davon auszugehen, daß das zur Ausfuhr genehmigte Kultur- bzw. Archivgut aus dem entsprechenden Landesverzeichnis und Gesamtverzeichnis „National wertvollen Kulturgutes" bzw. „National wertvollen Archivgutes" zu löschen ist. Dies ergibt sich daraus, daß der Eigentümer gemäß § 7 Abs. 1 KultSchG die Möglichkeit hat, eine Löschung seines eingetragenen Gegenstandes zu beantragen, wenn sich die Umstände wesentlich verändert haben. Eine solche wesentliche Veränderung der Umstände ist bei Erteilung einer Ausfuhrgenehmigung anzunehmen. In entsprechender Anwendung des § 7 Abs. 2 KultSchG ist die Löschung in gleicher Weise wie die Eintragung gemäß § 6 Abs. 1 KultSchG bekanntzumachen. Sie ist darüber hinaus den Beteiligten und dem Bundesminister des Innern (respektive dem BKM) mitzuteilen.

dd. Rechtsfolgen einer Nichterteilung

Wird die beantragte Genehmigung nicht erteilt oder wurde keine Genehmigung beantragt, darf das Kultur- oder Archivgut gemäß § 1 Abs. 4 KultSchG nicht aus dem Gebiet der Bundesrepublik ausgeführt oder in anderer Weise verbracht werden. Im Falle einer Nichterteilung der Genehmigung hat die oberste Landesbehörde des Landes, in dem sich das Kulturgut befindet, im Benehmen mit

[1096] Vgl. zur entsprechenden Regelung in der VO 3911/92 auf Seite 163 dieser Arbeit.

dem Bundesminister des Inneren (respektive mit dem BKM) auf einen „billigen Ausgleich" unter Berücksichtigung der dem § 1 Abs. 3 KultSchG entsprechenden Steuervorteile hinzu wirken, wenn „der Eigentümer des geschützten Kulturgutes infolge einer wirtschaftlichen Notlage zum Verkauf gezwungen" ist (§ 8 KultSchG). Bei der Versagung der Ausfuhrgenehmigung handelt es sich nicht um eine entschädigungspflichtige Enteignung gemäß Art. 14 Abs. 3 GG[1097]. Durch die gewählte Formulierung wurde bewußt darauf verzichtet, dem Eigentümer eine Entschädigung nach Enteignungsgrundsätzen zuzubilligen[1098]. Ein gesetzliches Vorkaufsrecht des Staates wurde aus Kostengründen nicht in das Gesetz aufgenommen. Der Gesetzgeber hat sich schließlich für einen „billigen Ausgleich" entschieden, um einer denkbaren wirtschaftlichen Notlage des Eigentümers Rechnung zu tragen. In einem solchen Fall ist die oberste Landesbehörde gehalten, im Verhandlungswege mit allen interessierten Gruppen eine befriedigende Lösung für den betroffenen Eigentümer zu finden, ohne aber zu einer eigenen Ausgleichszahlung verpflichtet zu sein[1099]. Ein „billiger Ausgleich" kann ebenso durch die Erschließung von Geldmitteln für den Ankauf durch öffentliche Museen oder durch Galerien geschehen wie durch die Gewinnung von finanzkräftigen privaten Sammlern für einen Ankauf durch diese.

Im Falle der Nichterteilung einer Ausfuhrgenehmigung für eingetragenes Archivgut ist ein „billiger Ausgleich" nicht vorgesehen[1100]. Dies ergibt sich aus einem fehlenden Verweis des Abschnittes Archivgut (§§ 10 bis 15 KultSchG) auf § 8 KultSchG.

ee. Verstoß gegen das Ausfuhrverbot

Die Ausfuhr oder sonstige Verbringung eingetragenen Kultur- bzw. Archivgutes aus der Bundesrepublik ohne die dazu erforderliche Genehmigung kann mit Freiheitsstrafe bis zu drei Jahren oder mit Geldstrafe bestraft werden (§ 16 Abs. 1 lit. a KultSchG). Dem gleichen Strafrahmen unterliegt, wer eingetragenes Kultur- oder Archivgut entgegen einem vorläufigen Ausfuhrverbot aus der Bun-

---

1097 BT-Drs. II/76, S. 6; *Pieroth/Kampmann*, NJW 1990, S. 1385 (1389); *Bila*, Nationaler Kulturgüterschutz, S. 68; *Hipp*, Kulturgüterschutz in Deutschland, S. 90.

1098 *Pieroth/Kampmann*, NJW 1990, S. 1385 (1389).

1099 *Pieroth/Kampmann*, NJW 1990, S. 1385 (1389); *Hipp*, Kulturgüterschutz in Deutschland, S. 90 f.

1100 *Hipp* Kulturgüterschutz in Deutschland, S. 91.

desrepublik ausführt oder sonstwie verbringt (§ 16 Abs. 1 lit. b KultSchG). Der Straftatbestand des § 16 KultSchG stellt nur darauf ab, ob rein formal eine Eintragung vorliegt und ob die zur Ausfuhr notwendige Genehmigung vorliegt oder nicht. Eine Strafbarkeit entfällt auch dann nicht, wenn die Eintragung rechtswidrig war oder die Genehmigung hätte erteilt werden müssen[1101]. Auf der anderen Seite ist der Tatbestand dann nicht gegeben, wenn der Ausführer sich mittels falscher Angaben eine Ausfuhrgenehmigung erschlichen hat, die nicht hätte erteilt werden dürfen[1102]. Täter kann jeder sein, der gegen die Genehmigungspflicht oder das vorläufige Ausfuhrverbot verstößt. Darunter sind sowohl der Eigentümer als auch ein in anderer Weise Verfügungsberechtigter zu verstehen. Folglich unterfällt bspw. der Dieb eines Kulturgutes als unberechtigter Besitzer des Gegenstandes der Vorschrift des § 16 KultSchG.

Zur Erfüllung des Straftatbestandes ist auf der subjektiven Seite vorsätzliches Handeln gemäß § 15 StGB notwendig. Der Versuch ist bei beiden Tatbestandsalternativen gemäß § 16 Abs. 2 KultSchG mit Strafe bedroht. Das Kultur- bzw. Archivgut, auf das sich die Straftat bezieht, kann zugunsten des Landes eingezogen werden, in dem es durch Eintragung geschützt ist oder in dem seine Eintragung eingeleitet worden ist (§ 16 Abs. 3 S. 1 u. 2 KultSchG). § 16 Abs. 3 S. 3 KultSchG erklärt § 74a StGB für entsprechend anwendbar. Danach können Gegenstände auch von demjenigen eingezogen werden, dem die Gegenstände zur Zeit der Entscheidung gehören oder zustehen, sofern der Dritte, der nicht Täter ist, wenigstens leichtfertig dazu beigetragen hat, daß die Sache Mittel oder Gegenstand der Tat oder ihrer Vorbereitung gewesen ist (§ 74a Nr. 1 StGB), oder die Gegenstände in Kenntnis der Umstände, welche die Einziehung zugelassen hätten, in verwerflicher Weise erworben hat (§ 74a StGB Nr. 2 StGB). Hierbei handelt es sich um die Fälle der sog. „Quasi-Beihilfe“ und der „Quasi-Hehlerei“[1103].

Bei der Verletzung von Mitteilungspflichten gemäß der §§ 9 bzw. 14 KultSchG handelt es sich um eine Ordnungswidrigkeit, die mit einer Geldbuße geahndet werden kann (§ 17 KultSchG). Die Begehung einer Ordnungswidrigkeit setzt

[1101] *Hipp*, Kulturgüterschutz in Deutschland, S. 101 m. w. Nachw.

[1102] *Bila*, Nationaler Kulturgüterschutz, S. 71, die in einem solchen Fall von einer Art „Unbedenklichkeitsgenehmigung“ spricht.

[1103] Vgl. *Hipp*, Kulturgüterschutz in Deutschalnd, S. 101.

gemäß § 10 OWiG Vorsatz voraus und kommt für den Fall in Betracht, daß die Mitteilung ganz unterlassen, nicht unverzüglich oder nur unvollständig vorgenommen worden ist.

Die Sanktionsbestimmungen des KultSchG sollten im Zuge der Umsetzung europäischen Regelungen wie etwa Art. 9 VO 3911/92 geändert und angepaßt werden. Die im Referentenentwurf 1998 vorgesehenen Änderungen sind jedoch nicht in die Neufassung des KultSchG übernommen worden[1104].

ff. Rechtsschutz gegen die Nichterteilung einer Ausfuhrgenehmigung

Nach nationalem Recht ist ein Anspruch auf Erteilung der Genehmigung dann gegeben, wenn ein Versagungsgrund i. S. d. §§ 1 Abs. 4 S. 3, 10 Abs. 3 KultSchG nicht eingreift. Die Tatbestandsvoraussetzungen der genannten Vorschriften des KultSchG sind gerichtlich voll überprüfbar[1105]. Für den gerichtlichen Rechtsschutz sind gemäß § 40 Abs. 1 VwGO die Verwaltungsgerichte zuständig. Gegen die Versagung der Genehmigung ist die Verpflichtungsklage gemäß § 42 Abs. 1 2. Alt. VwGO statthaft. Wegen der Zuständigkeit des Bundesministers des Inneren (respektive des BKM) ist gemäß § 68 Abs. 1 S. 2 Nr. 1, Abs. 2 VwGO kein Vorverfahren erforderlich. Eine Ausnahme von der Eröffnung des Verwaltungsrechtsweges gilt dann, wenn der Ausführer von einer Genehmigungsfreiheit ausgeht, die Ausfuhrzollstelle jedoch anderer Meinung ist und deshalb die Überlassung der Ware zum Ausfuhrverfahren nach Maßgabe der Art. 58 Abs. 2, 73 ZK aussetzt. In diesem Fall ist gemäß § 33 Abs. 1 Nr. 2 FGO i. V. m. § 347 Abs. 1 S. 1 Nr. 2 AO der Finanzrechtsweg gegeben. Wird eine deutsche Ausfuhrgenehmigung zu Unrecht versagt, haben die Bundesrepublik Deutschland (vgl. §§ 5 Abs. 1, 12 Abs. 1 KultSchG) oder die Länder Schadensersatz nach Maßgabe des § 839 BGB i. V. m. Art. 34 GG bzw. Entschädigung nach Maßgabe des Haftungsinstituts des enteignungsgleichen Eingriffs[1106] zu leisten[1107].

1104 Vgl. zu den einzelnen Vorschlägen im Rahmen des Referentenentwurfs bei *Hipp*, Kulturgüterschutz in Deutschland, S. 350 f.

1105 Ebenso VG Hannover, NVwZ-RR 1991, S. 643 (644); vgl. auch *Pieroth/Kampmann*, NJW 1990, S. 1385 (1389); *Hipp*, Kulturgüterschutz in Deutschland, S. 90.

1106 Dazu *Ehlers*, VVDStRL 51 [1992] S. 211 (242 ff. m. w. Nachw.).

1107 Zum Rechtsweg vgl. *Ehlers* in: Schoch/Schmidt-Aßmann/Pietzner [Hrsg.], VwGO, § 40, Rdnr. 541, 547.

c. *Leihverkehr mit ausländischem Kulturgut*

Soll ausländisches Kulturgut vorübergehend zu einer Ausstellung im Bundesgebiet ausgeliehen werden, kann die zuständige oberste Landesbehörde im Einvernehmen mit der Zentralstelle des Bundes[1108] dem Verleiher die Rückgabe zum festgesetzten Zeitpunkt rechtsverbindlich zuzusagen (§ 20 Abs. 1 S. 1 KultSchG[1109]). Bei Ausstellungen, die vom Bund oder einer bundesunmittelbaren juristischen Person getragen werden, entscheidet die Behörde des BKM über die Erteilung der Zusage (§ 20 Abs. 1 S. 2 KultSchG).

Es überrascht, daß der Gesetzgeber die Rückgabezusage im KultSchG regelt, denn die Rückgabezusage bezieht sich nicht auf deutsches, sondern auf ausländisches Kulturgut[1110]. Darüber hinaus verhindert die Vorschrift dem Gesetzeszweck des KultSchG entsprechend nicht die Ausfuhr von Kulturgut, sondern ermöglicht gerade die Rückführung ins Ausland. Die Bestimmungen sollen die Zusicherung von „Freiem Geleit" für ausländisches Kulturgut ermöglichen, das für Ausstellungszwecke vorübergehend in die Bundesrepublik ausgeliehen wird[1111]. Der Begriff des „Freien Geleits" hat seine Wurzeln im Völkerrecht und bedeutet dort, daß Diplomaten oder anderen Staatsbürgern das freie Passieren eines Kriegsschauplatzes oder bei Abbruch der diplomatischen Beziehungen die Rückkehr ins Heimatland ermöglicht wird[1112]. Eine ähnliche Regelung findet sich in § 295 Abs. 1 StPO, wonach das Gericht einem abwesenden Beschuldigten sicheres Geleit erteilen kann. Grund für die Einführung der Bestimmung ist, daß sich die Bundesrepublik völkerrechtlich zur Förderung des internationalen Kulturgutaustausches verpflichtet hat. Aufgrund verschiedener völkerrechtlicher Bestimmungen[1113] ist sie deshalb gehalten, den Zugang zu den europäischen Kulturgütern zu erleichtern und die Weitergabe solcher Gegenstände zu wissenschaftlichen, kulturellen und bildungspolitischen Zwecken zu erleichtern. Zweck der Regelung ist es deshalb, zur Förderung und Intensivierung des internationalen

---

[1108] Hierbei handelt es sich um den BKM, vgl. *Schoen*, NJW 2001, S. 537 (541).

[1109] Die Vorschrift wurde durch Art. 2 Nr. 3 des KultgutSiG neu eingeführt.

[1110] *Pieroth/Hartmann*, NJW 2000, S. 2129.

[1111] BT-Drs. 13/10789, S. 10.

[1112] *Pieroth/Hartmann*, NJW 2000, S. 2129 (2130) mit Hinweisen auf die völkerrechtliche Literatur.

[1113] Vgl. dazu ausführlich *Pieroth/Kampmann*, NJW 2000, S. 2129 (2130); *Berndt*, Internationaler Kulturgüterschutz, S. 41 ff.

Kulturgutaustausches beizutragen. Dieser hängt wesentlich davon ab, daß den Besitzern der für Ausstellungen zur Verfügung gestellten Leihgaben die fristgerechte Rückgabe zuverlässig garantiert werden kann[1114].

Die Zusage „Freien Geleits" bewirkt, daß dem Rückgabeanspruch des Verleihers keine Rechte entgegengehalten werden können, die Dritte an dem Kulturgut geltend machen (§ 20 Abs. 3 KultSchG). Der Anwendungsbereich der Vorschrift bezieht sich auf ausländisches Kulturgut. Darunter ist solches Kulturgut zu verstehen, das aus dem Ausland zum Beispiel für Ausstellungen in die Bundesrepublik ausgeliehen wird[1115]. Entgegen anderer Ansicht[1116] bezieht sich die Vorschrift auf alle Leihgaben aus dem Ausland und nicht nur auf Leihgaben ausländischer Herkunft[1117]. Die Vorschrift erfaßt danach sowohl die griechische Münze eines schweizerischen Sammlers wie ein in den Wirren des Zweiten Weltkrieges aus Deutschland nach Rußland verbrachtes Gemälde, das nunmehr im Rahmen einer Beutekunstausstellung in der Bundesrepublik gezeigt werden soll.

Die Rechtsverbindlichkeit der Zusage besteht darin, daß gemäß § 20 Abs. 2 S. 2 KultSchG die Rücknahme der Zusage (gemäß § 48 VwVfG) und deren Widerruf (gemäß § 49 VwVfG) ausgeschlossen sind. Dies gilt sogar für den Fall, daß sich der Verleiher die Zusage durch arglistige Täuschung, Drohung oder Bestechung erschlichen hat[1118]. Die Zusage ist vor der Einfuhr des Kulturgutes schriftlich und unter Verwendung der Worte „Rechtsverbindliche Rückgabezusage" zu erteilen (§ 20 Abs. 2 S. 1 KultSchG). Dies soll der Behörde warnend die Tragweite und Bedeutung und dem Verleiher die Verläßlichkeit der Zusage vor Augen führen[1119]. Bei der Rückgabezusage gemäß § 20 KultSchG handelt es sich nicht um eine Zusicherung i. S. d. § 38 VwVfG. Bei dieser geht es nämlich nur darum, daß die Behörde zu einem späteren Zeitpunkt einen bestimmten Verwaltungsakt erläßt

---

[1114] BT-Drs. 13/10789, S. 10.

[1115] BT-Drs. 13/10789, S. 10.

[1116] *Schoen*, NJW 2001, S. 537 (541) will zu Unrecht kriegsbedingt aus Deutschland (und insbesondere nach Rußland) verbrachte Kulturgüter aus dem Anwendungsbereich der Vorschrift ausnehmen. Dafür findet sich im Wortlaut und in der Gesetzesbegründung jedoch kein Hinweis.

[1117] *Hirsch*, NJW 2001, S. 1627.

[1118] *Pieroth/Hartmann*, NJW 2000, S. 2129 (2130); vgl. § 48 Abs. 2 S. 3 Nr. 1 VwVfG.

[1119] *Pieroth/Hartmann*, NJW 2000, S. 2129 (2130).

oder unterläßt. So liegt der Fall hier aber nicht. Nach Erteilung der Zusage hat die Behörde alles ihrige getan[1120]. Die Zusage selbst wird durch die §§ 20 Abs. 3, 4 KultSchG mit materiell-rechtlichen und prozessualen Wirkungen belegt. Die materiell-rechtlichen Beschränkungen ergeben sich aus § 20 Abs. 3 KultSchG. Danach bewirkt die Zusage, daß dem Rückgabeanspruch des Verleihers keine Rechte entgegengehalten werden können, die Dritte an dem Kulturgut geltend machen wollen. Als „Rechte an dem Kulturgut" können danach weder das Eigentum gemäß § 903 BGB noch Pfandrechte gemäß §§ 1204 ff. BGB oder Nießbrauchsrechte gemäß §§ 1030 ff. BGB dem Rückgabeanspruch des Verleihers entgegengehalten werden.

Die prozessualen Beschränkungen ergeben sich aus § 20 Abs. 4 KultSchG. Danach sind gerichtliche Klagen auf Herausgabe, Arrestverfügungen, Pfändungen und Beschlagnahme bis zur Rückgabe an den Verleiher unzulässig. § 20 Abs. 4 1. Alt. KultSchG bezieht sich wie § 20 Abs. 3 KultSchG auf sachenrechtliche Ansprüche Dritter an dem Kulturgut. Die Vorschriften schützen den Verleiher vor Klagen auf Herausgabe gemäß § 985 BGB, die erst nach Bekanntgabe der Rückgabezusage anhängig gemacht werden. Hat ein Dritter schon vor der Rückgabezusage ein Urteil rechtskräftig erwirkt, greifen die Varianten 2 bis 4 des § 20 Abs. 4 KultSchG ein, die über den sachenrechtlichen Gehalt der ersten Alternative hinausgehen und vollstreckungsrechtlich wirken. Danach sind Arrestverfügungen (§ 20 Abs. 4 2. Alt KultSchG), Pfändungen (§ 20 Abs. 4 3. Alt. KultSchG) und Beschlagnahmen (§ 20 Abs. 4 4. Alt. KultSchG) unzulässig.

Eine Arrestverfügung findet gemäß § 916 ZPO zur Sicherung einer Geldforderung oder wegen eines Anspruchs statt, der in eine Geldforderung übergehen kann[1121]. Gem. § 917 Abs. 1 ZPO wird ein dinglicher Arrest angeordnet, wenn ohne dessen Verhängung die Vollstreckung des Urteils vereitelt oder zumindest wesentlich erschwert würde. Ausreichender Arrestgrund gemäß § 917 Abs. 2 ZPO ist es, wenn das Urteil im Ausland vollstreckt werden müßte. Der dingliche Arrest wird gemäß § 928 ZPO durch Zwangsvollstreckung in das Vermögen des Schuldners, hier also in das Kulturgut des Verleihers, vollzogen. Die ausdrück-

---

[1120] *Pieroth/Hartmann*, NJW 2000, S. 2129 (2130).

[1121] Dazu gehört auch der Anspruch auf Herausgabe, vgl. § 283 Abs. 1 S. 1, 2 BGB.

liche Nennung der Arrestverfügung neben der Pfändung führt dazu, daß schon ein Arrestantrag und nicht erst die Pfändung unzulässig ist[1122].

Die Pfändung erfolgt gemäß § 803 Abs. 1 S. 1 ZPO als Maßnahme der Zwangsvollstreckung wegen einer Geldforderung in das bewegliche Vermögen des Schuldners. Sie erfolgt durch eine Inbesitznahme der zu pfändenden Gegenstände durch den Gerichtsvollzieher (vgl. §§ 808 Abs. 1, 809 ZPO). Mit einer Pfändung macht der Dritte gegen den Verleiher eine Geldforderung geltend, dabei geht es also nicht um ein „Recht am Kulturgut". Eine Beschränkung auf dingliche Rechte fällt demnach an dieser Stelle weg. Unabhängig aus welchem Schuldverhältnis die Geldforderung entstanden ist, schützt § 20 Abs. 4 2. bis 4. Alt. KultSchG den Verleiher umfassend vor der Vollstreckung in das Kulturgut[1123]. Dies entspricht dem Zweck der Vorschrift, die Ausstellung ausländischen Kulturgutes durch rechtsverbindliche Zusagen zu ermöglichen.

Unter Beschlagnahme versteht man die förmliche Sicherstellung einen Gegenstandes in amtlichen Gewahrsam oder auf andere Weise[1124]. Sie dient sowohl der Sicherung öffentlicher als auch privater Belange. Während die privaten Belange durch die zwangsvollstreckungsrechtliche Pfändung als Unterfall der Beschlagnahme gesichert werden, werden öffentliche Belange durch die strafprozessuale Beschlagnahme (vgl. §§ 94 ff. StPO) gesichert. Die Beschlagnahme kann Gegenstände erfassen, die als Beweismittel von Bedeutung sind sowie bewegliche Sachen, die dem Verfall oder der Einziehung im Strafverfahren unterliegen (vgl. § 111c StPO).

Aufgrund der weiten Rechtswirkungen der Rückgabezusage des § 20 KultSchG ist dessen verfassungsrechtliche Zulässigkeit nicht unumstritten. Die Rechtswirkungen sind deshalb am Maßstab des Justizgewährungsanspruches gemäß Art. 19 Abs. 4 GG zu messen[1125]. Für die Beschränkung des zivilgerichtlichen Rechtsschutzes besteht mit dem Zweck der Förderung des internationalen Kulturgüteraustausches ein hinreichender sachlicher Grund. Ebenso erweist sich die vorübergehende Beschränkung einer Rechtsschutzmöglichkeit, die sich ohne eine

[1122] *Pieroth/Hartmann*, NJW 2000, S. 2129 (2131).

[1123] *Pieroth/Hartmann*, NJW 2000, S. 2129 (2131).

[1124] *Pieroth/Hartmann*, NJW 2000, S. 2129 (2131) m. w. Nachw.

[1125] Dies tun *Pieroth/Hartmann*, NJW 2000, S. 2129 (2131 ff.) ausführlich.

Rückgabezusage nicht ergeben hätte, als verhältnismäßig. Folglich liegt eine Verletzung des Justizgewährungsanspruches nicht vor. Eine Beschränkung des verwaltungsgerichtlichen Rechtsschutzes findet nicht statt, da die Vorschrift des § 20 KultSchG dem Dritten kein subjektives Recht i. S. d. § 42 Abs. 2 VwGO einräumt[1126]. Die Vorschrift ist erlassen worden, um das öffentliche Interesse an der Ausstellung internationaler Kulturgüter zu wahren. Sie schützt darüber hinaus den Rückgabeanspruch des Verleihers, indem die verfahrensrechtlichen Möglichkeiten des Dritten eingeschränkt werden. Dritte selbst soll die Vorschrift aber nicht schützen. Das fehlende subjektive Recht des Dritten führt somit dazu, daß schon die Klagebefugnis gemäß § 42 Abs. 2 VwGO zu verneinen ist und die Klage insoweit unzulässig wäre, jedenfalls aber dazu, daß sie unbegründet ist, da keine Rechtsverletzung i. S. d. § 113 Abs. 1 S. 1 VwGO vorliegt, weil dem Dritten kein subjektives Recht zusteht bzw. ein solches durch die Rückgabezusage nicht verletzt wird. Folglich ist Art. 19 Abs. 4 GG nicht verletzt.

[1126] *Pieroth/Hartmann*, NJW 2000, S. 2129 (2134).

B. Landesrechtliche Vorschriften zum Kulturgüterschutz am Beispiel Nordrhein-Westfalens

Die Länder haben gemäß Art. 70 GG das Recht zur Gesetzgebung, soweit das Grundgesetz dem Bund keine Gesetzgebungsbefugnis erteilt. Das Denkmalschutzrecht ist deshalb als Teil des Kulturrechts den Ländern zur gesetzlichen Regelung zugewiesen[1127]. In Wahrnehmung dieser Kompetenz haben die alten Bundesländer zwischen 1958 und 1980 und die neuen Bundesländer zwischen 1991 und 1993 Denkmalschutzgesetze geschaffen[1128]. Damit bedarf das Landesrecht unter dem Aspekt der Erhaltung des Kulturbesitzes und der Ausfuhr von Kulturgütern einer Betrachtung. Zum einen obliegt es, wie bereits dargestellt wurde, den Ländern, die Auswahl der zu schützenden Kulturobjekte i. S. d. KultSchG festzulegen, zum anderen bilden die verschiedenen Kultusministerien Zentren der Kulturpflege auf Landesebene[1129]. Die einzelnen landesrechtlichen Regelungen zum Denkmalschutz unterscheiden sich in Details nicht nur unwesentlich, im Prinzip folgen die Vorschriften aber durchweg denselben Grundprinzipien[1130]. Diese rühren teils daher, daß jüngere Gesetze sich an bereits vorhandenen orientieren und nur geringfügige Änderungen vornahmen, teils aber auch daher, daß es länderübergreifende Kontakte zwischen den Denkmalpflegern gibt[1131]. Zudem minimieren sich die Unterschiede im Verwaltungsvollzug und in der Entscheidungspraxis der Gerichte[1132].

Im folgenden wird untersucht, inwieweit die Denkmalschutzgesetze für den Abwanderungsschutz von Bedeutung sind. Alle Denkmalschutzgesetze der Länder in dieser Arbeit vorzustellen, würde den Rahmen sprengen. Daher wird der Denkmalschutz am Beispiel Nordrhein-Westfalens beispielhaft aufgezeigt.

1127 *Hammer*, JuS 1997, S. 971.

1128 *Kleeberg/Eberl*, Kulturgüter in Privatbesitz, Rdnr. 2. Die Fundstellen der verschiedenen landesrechtlichen Regelungen finden sich bei *Berndt*, Internationaler Kulturgüterschutz, S. 93 m. Fn. 543.

1129 *Oppermann*, Kulturverwaltungsrecht, S. 578.

1130 *Hammer*, JuS 1997, S. 971; *Fechner*, Rechtlicher Schutz archäologischen Kulturguts, S. 90. A. A. wohl *Kleeberg/Eberl*, Kulturgüter in Privatbesitz, Rdnr. 5, die erhebliche Unterschiede in den verschiedenen landesgesetzlichen Regelungen ausmachen, die bis ins Detail spürbar sein.

1131 *Hammer*, DÖV 1995, S. 358.

1132 *Moench*, NVwZ 1988, S. 304.

Andere Länderregelungen werden an entsprechender Stelle berücksichtigt, sofern dies zweckmäßig erscheint.

I. Aufgaben des Denkmalschutzes

Fast alle Landesdenkmalschutzgesetze bezwecken den Erhalt und die Pflege der vorgefundenen Kulturdenkmäler an ihrem traditionellen Ort[1133]. So sollen die (Kultur-)Denkmäler als Zeugnisse der Geschichte erhalten und gepflegt werden, um damit für künftige Generationen bewahrt werden zu können[1134]. Daher ist die Entfernung von Kulturdenkmälern aus dem entsprechenden Bundesland oder dem Bundesgebiet in den meisten Landesgesetzen genehmigungspflichtig[1135].

In Nordrhein-Westfalen hat der Denkmalschutz Verfassungsrang[1136]. Gem. Art. 18 Abs. 2 der Landesverfassung stehen die Denkmäler der Kunst, der Geschichte und der Kultur, die Landschaft und Naturdenkmale unter dem Schutz des Landes, der Gemeinden und Gemeindeverbände. Dieser Auftrag wird durch § 1 Denkmalschutzgesetz NW[1137] näher konkretisiert. In der Vorschrift werden die behördlichen Aufgaben im Bereich des Denkmalrechts festgelegt. Das nordrhein-westfälische Landesrecht nimmt, wie die Parallelgesetze der anderen Bundesländer auch, eine prinzipielle Zweiteilung der Aufgaben vor, indem es zwischen dem Denkmalschutz und der Denkmalpflege unterscheidet[1138]. Die Begriffe sind nicht legaldefiniert. Sie überschneiden sich jedoch inhaltlich und lassen sich deshalb nicht immer trennscharf auseinanderhalten, ihre Grenzen sind oftmals fließend. Unter dem Begriff des Denkmalschutzes sind danach alle auf Erhaltung von Denkmälern zielenden Maßnahmen der öffentlichen Hand vor allem im Bereich der Eingriffsverwaltung zu verstehen[1139]. Dazu zählen Genehmigungen und ihre Versagung sowie Anordnungen und Verfügungen mit Eingriffscharak-

---

[1133] *Bila*, Nationaler Kulturgüterschutz, S. 72; *Hönes*, BayVBl. 1989, S. 38 (41).

[1134] *Kleeberg/Eberl*, Kulturgüter in Privatbesitz, Rdnr. 1.

[1135] *Ress*, Kultur und europäischer Binnenmarkt, S. 92.

[1136] Zum Denkmal- und Kulturgutschutz in Verfassungen der Gegenwart vgl. *Hammer*, DÖV 1999, S. 1037 ff.

[1137] GVBl. 1980, S. 226 ff., im folgenden DSchG NW.

[1138] Vgl. § 1 DSchG NW, dazu auch *Erbguth/Paßlick*, DVBl. 1984, S. 603 (604); *Bila*, Nationaler Kulturgüterschutz, S. 73.

[1139] *Erbguth/Paßlick*, DVBl. 1984, S. 603 (604 m. Fn. 4).

ter[1140]. Denkmalpflege hingegen umfaßt dagegen die betreuende, fördernde und forschende Tätigkeit[1141], die die Erhaltung von Denkmälern zum Ziel hat. Darunter sind etwa die unmittelbar der Pflege und Instandsetzung dienenden Handlungen, die Beratung und die Unterstützung der Denkmaleigentümer sowie deren eigene Maßnahmen zur Erhaltung ihres Denkmals zu verstehen[1142]. Letztlich sind beide Aufgabenbereich jedoch einem gemeinsamen Ziel gewidmet, das in vier verschiedene Bereiche aufgeteilt werden kann.

Zunächst zielt das DSchG NW direkt auf die Erhaltung von Denkmälern. Gem. § 1 Abs. 1 S. 1 DSchG NW sind Denkmäler zu schützen, zu pflegen und sinnvoll zu nutzen[1143]. Durch die Einbeziehung der sinnvollen Nutzung in den Aufgabenbereich stellt das DSchG NW insoweit eine Besonderheit gegenüber den anderen Landesgesetzen dar, als daß der Gesetzgeber hierin eine bewußte Wertentscheidung getroffen hat[1144]. Unter sinnvoller Nutzung ist nicht die beliebige Nutzung durch den Eigentümer zu verstehen, sondern nur eine solche Nutzung, die die Gewähr dafür bietet, daß das Denkmal auf Dauer in seiner Substanz erhalten bleibt[1145].

Ein weiterer Bereich, den das DSchG NW zur Aufgabe des Denkmalschutzes und der Denkmalpflege macht, ist die wissenschaftliche Erforschung von Denkmälern. Sie soll insbesondere dazu beitragen, eine gesicherte wissenschaftliche Basis für die auf den Erhalt des Denkmals gerichtete Arbeit zu schaffen[1146]. Ergänzend hierzu bestimmt § 1 Abs. 1 S. 2 DSchG NW, daß Denkmäler der Öffentlichkeit im Rahmen des Zumutbaren zugänglich gemacht werden sollen. Dieses Gebot ist Ausdruck der erhöhten Sozialgebundenheit, der die Eigentümer eines Denkmals unterliegen. Das Gebot wendet sich sowohl an den Eigentümer, das Denkmal zugänglich zu machen, als auch an die Denkmalbehörden, auf ein solches Zugänglichmachen hinzu wirken[1147]. Denkmalschutz darf nämlich niemals

---

1140 Beispiele bei *Kleeberg/Eberl*, Kulturgüter in Privatbesitz, Rdnr. 12.

1141 *Erbguth/Paßlick*, DVBl. 1984, S. 603 (604 m. Fn. 4).

1142 *Kleeberg/Eberl*, Kulturgüter in Privatbesitz, Rdnr. 12.

1143 Vgl. zum Aspekt der sinnvollen Nutzung OVG NW, NWVBl. 1993, S. 224 (226).

1144 *Erbguth/Paßlick*, DVBl. 1984, S. 603 (604).

1145 OVG NW, NWVBl. 1993, S. 224 (226); *Bila*, Nationaler Kulturgüterschutz, S. 73 f.

1146 *Erbguth/Paßlick*, DVBl. 1984, S. 603 (604).

1147 *Erbguth/Paßlick*, DVBl. 1984, S. 603 (604).

reiner Selbstzweck sein, sondern muß immer dem Interesse der Allgemeinheit dienen[1148]. Ein vierter Tätigkeitsbereich umfaßt die Durchsetzung denkmalpflegerischer Ziele in der öffentlichen Planung (vgl. § 1 Abs. 3 DSchG NW). Gem. § 1 Abs. 3 S. 3 DSchG NW[1149] haben die Denkmalbehörden darauf hinzu wirken, daß die Belange des Denkmalschutzes und der Denkmalpflege bei den Entwicklungsarbeiten der Raumordnung, der Landesplanung, der städtebaulichen Entwicklung und der Landespflege eingebracht werden.

II. Abgrenzung zum Kulturgüterschutz

Aufgrund der zuvor gemachten Ausführungen kann bereits eine Abgrenzung zu den bundesrechtlichen Vorschriften des Kulturgüterschutzes vorgenommen werden. Zunächst ist darauf hinzuweisen, daß die Denkmalschutzgesetze der Länder aus denkmalpflegerischen Gründen im Einzelfall verhindern wollen, daß Denkmäler in ein anderes Bundesland verlagert werden[1150]. Für derartige Regelungen im Rahmen der Denkmalschutzgesetze bleiben die Länder gemäß Art. 70 GG zuständig. Wenn die Landesdenkmalschutzgesetze die Verbringung ins Ausland mit umfassen, kollidiert dies weder mit der ursprünglichen Regelung der konkurrierenden Gesetzgebung in Art. 74 Nr. 5 GG a. F. noch mit der neu geschaffenen Rahmengesetzgebung gemäß Art. 75 Nr. 6 GG, die die Ausfuhr deutschen Kulturgutes betreffen. Grund hierfür ist der unterschiedliche Schutzzweck der Regelungen[1151].

Zum einen ist der Begriff des Denkmals bzw. des Kulturdenkmals, der in den landesgesetzlichen Regelungen verwendet wird, nicht identisch mit dem Begriff des nationalen Kulturgutes. Zum anderen ist die vorrangige Zielsetzung der Landesdenkmalschutzgesetze nicht der Schutz von Kulturgut gegen Abwanderung ins Ausland[1152]. Das Anliegen des Denkmalschutzes ist es vielmehr, die Interessen der städtebaulichen Entwicklung mit dem denkmalrechtlichen Sub-

---

[1148] *Bila*, Nationaler Kulturgüterschutz, S. 74 f. Die Gesetze der anderen Bundesländer haben auf diese ausdrückliche Zuweisung der beiden letztgenannten Aufgabenbereiche zum Teil verzichtet.

[1149] Diese wichtige denkmalpflegerische Zielsetzung findet sich in ähnlicher Form auch in den anderen Landesgesetzen.

[1150] *Hönes*, BayVBl. 1989, S. 38 (42).

[1151] *Kleeberg/Eberl*, Kulturgüter in Privatbesitz, Rdnr. 238; *Bila*, Nationaler Kulturgüterschutz, S. 73.

[1152] *Fechner*, DÖV 1992, S. 609 (615).

stanzschutz in Einklang zu bringen. Dieser vorrangige Erhaltungsgedanke ist im Denkmalschutzrecht wesentlich ortsbezogener als im KultSchG geregelt, da bereits das Verlassen des angestammten Ortes genehmigungspflichtig ist. Das KultSchG verlangt zu diesem Zeitpunkt nur eine Mitteilung an die zuständige Behörde ohne jedoch eine Genehmigung für den Ortswechsel vorzuschreiben[1153]. Es ist nicht auszuschließen, daß ein Objekt sowohl in ein „Verzeichnis national wertvollen Kulturgutes" als auch in eine auf Denkmalschutzrecht beruhende Denkmalliste eingetragen ist und damit sowohl dem Schutzregime des Bundes- als auch des Landesrechts unterliegt. Bei der Ausfuhr ins Ausland kann ein solches Objekt dann einem doppelten Genehmigungsvorbehalt unterliegen[1154].

III. Schutzgegenstand

Ein Gegenstand fällt nur dann in den Bereich des Denkmalschutzes, wenn er den Denkmaldefinitionen der einzelnen Landesgesetze entspricht, die in allen Bundesländern drei selbständige Komponenten enthalten[1155]. Danach muß ein Objekt denkmalgeeignet (dazu unter 1.) und denkmalfähig (dazu unter 2.) sein. Schließlich muß seine Erhaltung im öffentlichen Interesse liegen, das Objekt muß denkmalwürdig sein (dazu unter 3.).

1. Denkmalgeeignete Objekte

Nach allen Denkmalschutzgesetzen kann nur körperlichen Gegenständen, also Sachen nach § 90 BGB, die Denkmaleigenschaft zukommen[1156]. Neben beweglichen Objekten sind dies Grundstücke und Grundstücksteile sowie die darauf errichteten Gebäude. Diese Begrenzung ist logisch nicht zwingend, folgt aber der europäischen Rechtstradition[1157]. Darüber hinaus erfahren regelmäßig Sachmehrheiten (wie etwa Gebäudeensembles, historisch bedeutende Ortsbilder, etc.) oder Sachteile Schutz, wenn sich der Denkmalcharakter gerade oder erst aus der

---

1153 Vgl. dazu auf Seite 233 dieser Arbeit.

1154 *Bila*, Nationaler Kulturgüterschutz, S. 73; *Berndt*, Internationaler Kulturgüterschutz, S. 100.

1155 Zumeist in § 2 des jeweiligen Gesetzes, bspw. § 2 DSchG NW. Vgl. im übrigen *Hammer*, JuS 1997, S. 971.

1156 *Hammer*, JuS 1997, S. 971 (972); *ders.*, DÖV 1995, S. 358 (359); *Erbguth/Paßlick*, DVBl. 1984, S. 603 (604); vgl. auch *Hönes*, DVBl. 1984, S. 413 (414).

1157 *Hammer*, JuS 1997, S. 971 (972).

Gruppierung oder Kombination ergibt[1158]. Ebenso denkmalgeeignet sind Bodendenkmale, zu denen auch der umliegende Boden gehört, da er regelmäßig ebenfalls wichtige historische Informationen beinhaltet[1159].

Das DSchG NW folgt dieser grundsätzlichen Einteilung und unterscheidet zwischen verschiedenen Arten von Denkmälern. Danach sind gemäß § 2 Abs. 1 DSchG NW Denkmäler Sachen, Mehrheiten von Sachen und Teile von Sachen, an deren Erhaltung ein öffentliches Interesse besteht. Baudenkmäler sind Denkmäler, die aus baulichen Anlagen oder Teilen baulicher Anlagen bestehen (§ 2 Abs. 2 S. 1 DSchG NW). Das Gesetz knüpft insoweit an den Begriff der baulichen Anlage des Bauordnungsrechts an[1160]. Es muß sich damit um eine mit dem Erdboden verbundene, aus Baustoffen und Bauteilen hergestellte Anlage handeln (vgl. § 2 Abs. 2 S. 1 BauO NW). Unter Denkmalbereichen versteht das DSchG NW gemäß § 2 Abs. 3 S. 1 DSchG NW Mehrheiten von baulichen Anlagen, und zwar auch dann, wenn nicht jede dazugehörige einzelne bauliche Anlage die Voraussetzungen des § 2 Abs. 1 DSchG NW erfüllt. Bodendenkmäler sind gemäß § 2 Abs. 5 S. 1 DSchG NW bewegliche oder unbewegliche Denkmäler, die sich im Boden befinden oder befanden. Die Unterscheidung zu Baudenkmälern rührt ebenfalls aus geschichtlicher Tradition her und impliziert Überschneidungen, die allerdings nicht von grundsätzlicher Bedeutung sind[1161]. Bewegliche Denkmäler sind gemäß § 2 Abs. 4 DSchG NW alle nicht ortsfesten Denkmäler[1162]. Diese sind unter dem Aspekt des Schutzes vor einer Ausfuhr oder sonstigen Verbringung ins Ausland am interessantesten, da bei allen anderen Denkmalkategorien eine Ausfuhr nur nach einer vorherigen „Beweglichma-

---

1158 *Hammer*, DÖV 1995, S. 358 (359).

1159 OVG NW, NVwZ-RR 1993, S. 129 (130 f.). Zum Begriff des Bodendenkmals *Martin*, BayVBl. 1999, S. 225 (229).

1160 *Erbguth/Paßlick*, DVBl. 1984, S. 603 (606).

1161 *Hönes*, DVBl. 1984, S. 413 (414).

1162 Eine Ausnahme bei beweglichen Denkmälern gilt für Berlin. Im dortigen Denkmalschutzgesetz werden bewegliche Denkmäler nicht erfaßt. Da das dortige Landesrecht keine allgemeine Definition des Denkmals enthält, werden bewegliche Sachen, sofern sie nicht als Ausstattungsstücke zum Baudenkmal gehören oder wegen ihres unterirdischen Fundes als Bodendenkmal gelten, nicht vom gesetzlichen Schutz erfaßt, vgl. *Erbguth/Paßlick*, DVBl. 1984, S. 603 (606).

chung"[1163] denkbar ist. Bewegliche Denkmäler sind nur dann dem Schutz des Denkmalrechts zu unterstellen, wenn dies wegen ihrer besonderen Bedeutung, die in einem historisch begründeten Ortsbezug liegen kann, angebracht erscheint. Eine solche Bedeutung kann vorliegen, wenn dem Denkmal ein einzigartiges und herausragendes Erhaltungs- und Nutzungsinteresse zukommt[1164].

2. *Denkmalfähige Objekte*

Weiterhin muß das zu schützende Objekt überhaupt denkmalfähig sein. Körperliche Gegenstände sind nur dann schutzfähig, wenn sie bestimmte weitergehende Qualifikationsmerkmale aufweisen, die in den einzelnen Gesetzen durchaus unterschiedlich normiert sind[1165]. Die Basis aller Denkmaldefinitionen bildet eine Begriffstrias, die auf das preußische Kommunal- und Kirchenaufsichtsrecht[1166] zurückgeht. Danach wird für die Denkmaleigenschaft eine geschichtliche, künstlerische oder wissenschaftliche Bedeutung gefordert.

Unter dem Gesichtspunkt der wissenschaftlichen Bedeutung liegt Denkmalfähigkeit dann vor, wenn durch Forschungen an einem Gegenstand der historische Kenntnisstand einer wissenschaftlichen (Spezial-)Disziplin vermehrt werden kann[1167]. Nicht ausreichend ist, daß nur die Geschichte eines Objektes erforscht werden kann. Entscheidend ist vielmehr, daß sie über das konkrete Objekt hinaus bemerkenswerte oder wertvolle Fakten für einen Wissenschaftszweig bieten kann[1168]. Die wissenschaftliche Schutzkategorie bedeutet im übrigen nicht, daß die Gesetze nur eingreifen wollen, wenn Gegenstände wissenschaftlichen Interesses vorliegen, wenngleich dies bei den meisten Objekten der Fall sein wird[1169]. Sie

---

1163 Begriff bei *Bila*, Nationaler Kulturgüterschutz, S. 74.

1164 *Bila*, Nationaler Kulturgüterschutz, S. 74.

1165 Vgl. dazu und zu den einzelnen Merkmalen ausführlich *Hammer*, DÖV 1995, S. 358 (360 ff.); *Hönes*, DVBl. 1984, S. 413 (415 f.).

1166 Etwa § 50 Nr. 2 der Städteordnung für die sechs östlichen Provinzen der Pr. Monarchie vom 30.5.1853 (GS, S. 261); § 21 Abs. 1 Nr. 2 des Gesetzes über die Vermögensverwaltung in den katholischen Kirchengemeinden vom 20.6.1875 (GS, S. 241); § 89b Nr. 3 (Reichs-)GewO i. d. F. des Gesetzes vom 26.7.1897 (RGBl. 1897, S. 663).

1167 *Hammer*, DÖV 1995, S. 358 (361).

1168 VGH Mannheim, NVwZ-RR 1989, S. 232 (233).

1169 *Hammer*, JuS 1997, S. 971 (972).

schützen die Denkmale zumindest nicht nur allein für die Wissenschaft, sondern für die Allgemeinheit. Für künstlerische Schutzgründe ist eine gesteigerte ästhetische oder gestalterische Qualität des Gegenstands erforderlich[1170]. Sie kann dann gegeben sein, wenn Sachen das ästhetische Empfinden in besonderem Maße ansprechen und den Eindruck vermitteln, daß etwas nicht Alltägliches oder eine Anlage mit Symbolgehalt geschaffen worden ist[1171]. Das Resultat muß aber weder insgesamt noch im Detail ausnehmend qualitätvoll sein, als Maßstab darf nicht allein das ästhetische Empfinden der Gegenwart dienen[1172]. Aufgrund der weiten und zuweilen ungenauen Beschreibung der künstlerischen Bedeutung eines Denkmals ist ein umfassender Definitionsversuch zum Scheitern verurteilt[1173]. Die Denkmalfähigkeit kann sich nicht nur aus einem einzelnen Grund ergeben, sie kann vielmehr auch und gerade aus einer Kombination von Gründen resultieren oder der geschichtlichen Bedeutung im übrigen folgen[1174]. Die geschichtliche Bedeutung eines Objektes kann darin bestehen, daß mit seiner Hilfe oder durch seine bloße Existenz die Geschichte eines Ortes, einer Landschaft oder einer Region faßbar und erlebbar wird oder deren Bewohner historische Identität und Geschichtsbewußtsein daraus ziehen können[1175]. Es besteht die Gefahr, daß dieses Kriterium ins Uferlose abgleitet, da letztlich jede Sache eine Geschichte besitzt. Eine Eingrenzung sollte deshalb dahingehend erfolgen, daß die Bedeutung des Objektes über das ausschließlich Alltägliche hinausgehen, also generell oder im speziellen Fall geeignet sein muß, wissenschaftliches oder allgemeines historisches Interesse, Verständnis oder Bewußtsein zu wecken oder zu fördern[1176]. Eine historische Relevanz des Gegenstandes ist insoweit immer notwendig[1177].

[1170] *Hammer*, DÖV 1995, S. 358 (361). Zur „künstlerischen Bedeutung" ausführlich *Hönes*, DVBl. 1984, S. 671 ff.

[1171] BVerwGE 11, S. 32 (35); VGH Mannheim, NVwZ-RR 1989, S. 232 (234).

[1172] OVG NW, NVwZ-RR 1992, S. 531 (533).

[1173] Vgl. zum Kunstbegriff im Denkmalschutzrecht bei *Hönes*, DVBl. 1984, S. 671 ff.

[1174] *Hammer*, DÖV 1995, S. 358 (361).

[1175] *Hammer*, DÖV 1995, S. 358 (362).

[1176] *Hönes*, DVBl. 1984, S. 413 (416); *Hammer*, DÖV 1995, S: 358 (361).

[1177] OVG Rh.-Pf., DVBl. 1985, S. 406 (407).

3. *Denkmalwürdigkeit*

Schließlich muß ein Objekt denkmalwürdig sein. Wie alle anderen deutschen Denkmalschutzgesetze bedient sich das DSchG NW dazu des Merkmals des „öffentlichen Interesses“[1178] als Definitionselement, um so eine Überdehnung des Denkmalbegriffes zu vermeiden. Im Gegensatz zu anderen Gesetzen nennt § 2 Abs. 1 DSchG NW nicht nur das Interesse an der Erhaltung, sondern daneben gleichrangig das Interesse an der Nutzung. Gemäß § 2 Abs. 1 S. 2 DSchG NW besteht ein öffentliches Interesse immer dann, wenn die Sachen bedeutend für die Geschichte des Menschen, für Städte und Siedlungen oder für die Entwicklung der Arbeits- und Produktionsverhältnisse sind und gleichzeitig für die Erhaltung und Nutzung künstlerische, wissenschaftliche, volkskundliche oder städtebauliche Gründe vorliegen. Hier machen häufig die unterschiedlichen Aspekte in den Bedeutungskriterien in einem Zusammenspiel den Wert eines Denkmals aus[1179]. Durch die Kriterien sollen solche Motive ausgeschlossen werden, die nicht den Aufgaben des Denkmalschutzes entsprechen[1180]. Bei den verwendeten Begriffen handelt es sich ausnahmslos um unbestimmte Rechtsbegriffe, die im Streitfall der Anwendung und Auslegung durch die Gerichte unterliegen. Ob an einer Sache gemäß § 2 Abs. 1 S. 2 DSchG NW aus künstlerischen, wissenschaftlichen, volkskundlichen oder städtebaulichen Gründen ein öffentliches Interesse besteht, ist damit gerichtlich überprüfbar[1181].

IV. Zuständigkeiten im Denkmalschutz

Die Zuständigkeiten der Denkmalschutzbehörden stimmt mit der allgemeinen staatlichen Behördenorganisation überein, die in den Flächenstaaten meist dreistufig ist und von der die Behördenorganisation der Stadtstaaten naturgemäß abweicht[1182]. Die Denkmalschutzbehörden sind für Aufgaben wie Eintragung, Erlaß von Erhaltungs- und Instandsetzungsanordnungen, Genehmigungen von Ausgrabungen und für alle Verfahren, die nach dem DSchG NW durchgeführt werden

[1178] In Bayern: „Interesse der Allgemeinheit“.

[1179] *Bila*, Nationaler Kulturgüterschutz, S. 74.

[1180] *Hönes*, DVBl. 1984, S. 413 (415).

[1181] *Bila*, Nationaler Kulturgüterschutz, S. 75; vgl. auch *Hönes*, DVBl. 1984, S. 413 (417).

[1182] Vgl. für die einzelnen Zuständigkeiten in den Bundesländern *Kleeberg/Eberl*, Kulturgüter in Privatbesitz, Rdnr. 22 f.

sollen, zuständig. Die örtliche Zuständigkeit richtet sich nach der Belegenheit der Sache[1183], d. h. es ist die Denkmalbehörde zuständig, in deren Bezirk sich das Denkmal befindet. Bei Bodendenkmälern richtet sich die Zuständigkeit nach der Entdeckungsstätte (§ 21 Abs. 2 S. 3 DSchG NW). Im Zweifel entscheidet gemäß § 21 Abs. 2 S. 2 DSchG NW die nächsthöhere Denkmalbehörde über die Zuständigkeit.

Für den Vollzug des DSchG NW sind gemäß § 21 Abs. 1 DSchG NW die Unteren Denkmalbehörden zuständig. In Nordrhein-Westfalen werden die Aufgaben der Unteren Denkmalbehörde gemäß § 20 Abs. 1 Nr. 3 DSchG NW von den Gemeinden wahrgenommen[1184]. Über die Frage, ob eine Sache als Denkmal i. S. d. § 2 DSchG NW anzusehen und in die Denkmalschutzliste einzutragen ist, entscheidet grundsätzlich der Rat gemäß § 41 Abs. 1 S. 1 GO NW[1185]. Daneben sind in allen Denkmalschutzgesetzen Denkmalfachbehörden vorgesehen, die als fachkundige Stellen für die Mitwirkung am Gesetzesvollzug, die Beratung von Behörden und Privatpersonen sowie für die Erstellung von Gutachten und die Erforschung und Erfassung der Denkmäler zuständig sind[1186]. In Nordrhein-Westfalen übernehmen die beiden Landschaftsverbände Rheinland und Westfalen-Lippe die Aufgaben der Denkmalfachbehörde gemäß § 22 Abs. 2 DSchG NW durch die Errichtung von Denkmal- und Bodendenkmalpflegeämtern.

V. Schutz durch Eintragung

Zur Unterschutzstellung von Denkmälern existieren im wesentlichen zwei Grundsysteme.

Einerseits gibt es die Möglichkeit, die Wirksamkeit des gesetzlichen Schutzes davon abhängig zu machen, daß Denkmäler in eine Liste eingetragen werden (*sog. Eintragungsprinzip*). In diesem Fall hat die Eintragung eine konstitutive, also

---

[1183] Vgl. § 21 Abs. 2 S. 1 DSchG NW.

[1184] Zur Kritik an der nordrhein-westfälischen Regelung vgl. *Erbguth/Paßlick*, DVBl. 1984, S. 603 (609 f.).

[1185] Wobei zunächst eine entsprechende Vorberatung im jeweiligen für Denkmalfragen zuständigen Fachausschuß stattfinden wird.

[1186] *Kleeberg/Eberl*, Kulturgüter in Privatbesitz, Rdnr. 27; vgl. auch den Aufgabenkatalog in § 22 Abs. 3 DSchG NW.

rechtsbegründende Wirkung[1187]. Fehlt eine solche Eintragung, die Verwaltungsakt ist[1188], entfaltet das Gesetz seine Schutzwirkungen nicht, selbst dann, wenn das Objekt alle gesetzlichen Merkmale des Denkmalbegriffs erfüllt. Für dieses System hat sich auch der nordrhein-westfälische Gesetzgeber entschieden. Gemäß § 3 Abs. 1 DSchG NW sind Denkmäler getrennt nach Baudenkmälern, ortsfesten Bodendenkmälern und beweglichen Denkmälern in die Denkmalliste einzutragen. Damit unterliegen sie erst mit der Eintragung den Vorschriften des Gesetzes. Ausnahmsweise kann ein Denkmal gemäß § 4 DSchG NW bereits vor Eintragung unter den Schutz des Gesetzes gestellt werden. Das setzt voraus, daß damit zu rechnen ist, daß das Denkmal in die Denkmalliste eingetragen wird (§ 4 Abs. 1 S. 1 DSchG NW). In einem solchen Fall gilt das Objekt dann mit Hilfe einer Fiktion als eingetragen. Sie dient dazu, den Behörden vor Abschluß des förmlichen Eintragungsverfahrens ein rasches Eingreifen zu ermöglichen, wenn einem Denkmal akute Gefahr droht[1189].

Während bau- und ortsfeste Bodendenkmäler in jedem Fall einzutragen sind, werden bewegliche Denkmäler nur dann in die Denkmalliste eingetragen, wenn dies wegen ihrer besonderen Bedeutung angebracht erscheint (§ 3 Abs. 1 S. 1 a. E. DSchG NW). Auf diese Weise wird der große Teil der volkskundlichen aber auch kunsthandwerklichen und künstlerischen Objekte der Anwendung des Gesetzes entzogen. Die Erfassung sämtlicher beweglicher Gegenstände mit Denkmalwert würde an der großen Zahl der Objekte scheitern. Die Einschränkung der Reichweite des Gesetzes an dieser Stelle erscheint deshalb gerechtfertigt[1190].

Für Bodendenkmäler hat der Gesetzgeber in Nordrhein-Westfalen das Eintragungsprinzip durchbrochen und auf das Prinzip der Generalklausel zurückgegriffen. Nach § 3 Abs. 1 S. 4 DSchG NW gelten aus Zweckmäßigkeitsgründen die besonderen Schutzvorschriften für das Auffinden und Sichern von Bodendenkmälern auch ohne Eintragung.

1187 *Erbguth/Paßlick*, DVBl. 1984, S. 603 (606).

1188 *Erbguth/Paßlick*, DVBl. 1984, S. 603 (606); *Bila*, Nationaler Kulturgüterschutz, S. 76.

1189 *Erbguth/Paßlick*, DVBl. 1984, S. 603 (607).

1190 Wie hier *Erbguth/Paßlick*, DVBl. 1984, S. 603 (607).

Neben dem Eintragungsprinzip steht das bereits erwähnte Prinzip der Generalklausel. Danach werden die Schutzwirkungen des Gesetzes unmittelbar an die gesetzlichen Definition des Denkmals geknüpft. Dies hat zur Folge, daß alle Sachen, die die Begriffsmerkmale erfüllen, kraft Gesetzes unter Denkmalschutz stehen. Eines zusätzlichen Vollzugsaktes bedarf es dann nicht, die in diesen Ländern zusätzlich geführte Denkmalliste hat nur deklaratorische Bedeutung[1191].

Verantwortlich für die Eintragung in die Denkmalliste in Nordrhein-Westfalen sind die Gemeinden als Untere Denkmalbehörden (vgl. § 3 Abs. 2 DSchG NW). Die Eintragung erfolgt im Benehmen mit dem Landschaftsverband von Amts wegen oder auf Antrag des Eigentümers oder des Landschaftsverbandes (§ 3 Abs. 2 S. 2 DSchG NW). Das zu erzielende „Einvernehmen" zwischen der Gemeinde und dem Landschaftsverband impliziert, daß die Stellungnahme des Landschaftsverbandes nicht bloß anzuhören ist[1192]. Die Argumente des Landschaftsverbandes müssen vielmehr im Sinne einer Bindung bei der Entscheidung berücksichtigt werden[1193].

Bei der Bewertung kommt der Gemeinde ein Beurteilungsspielraum zu, der gerichtlich überprüft werden kann[1194]. Liegen die Voraussetzungen für eine Eintragung vor, ergibt sich bereits aus dem Wortlaut des § 3 Abs. 1 DSchG NW („...sind einzutragen"), daß eine Bindung der Unteren Denkmalbehörde i. S. einer Eintragungspflicht vorliegt. Ein Ermessensspielraum besteht an dieser Stelle nicht. Weitere Voraussetzungen als die bloße Denkmaleigenschaft sind für eine Eintragung nicht notwendig.

VI. Rechtswirkungen der Eintragung

1. Erhaltungs- und Genehmigungspflichten

Steht die Denkmaleigenschaft einer Sache fest bzw. ist sie durch Eintragung formal festgestellt, greifen die einzelnen Schutzbestimmungen ein. Rechtsfolge

---

1191 *Bila*, Nationaler Kulturgüterschutz, S. 76. Bundesländer, die dieses System gewählt haben, werden bei *Erbguth/Paßlick*, DVBl. 1984, S. 603 (606) aufgeführt.

1192 Die Situation im Denkmalschutzrecht ist insofern mit der des Sachverständigenausschusses gemäß § 2 Abs. 2 KultSchG zu vergleichen.

1193 Vgl. auch VGH Mannheim, NJW 1987, S. 1440 (1441).

1194 *Bila*, Nationaler Kulturgüterschutz, S. 77; *Hönes*, DVBl. 1984, S. 413 (417).

der Denkmaleigenschaft ist zunächst, daß den Eigentümer des Objekts und andere Nutzungsberechtigte Erhaltungspflichten treffen[1195], die im Wege von Verfügungen und deren Vollstreckung durchgesetzt werden können. Darüber hinaus haben die Eigentümer von Denkmälern den Denkmalbehörden die zur Erfüllung ihrer Aufgaben benötigten Auskünfte zu erteilen und ggf. die Besichtigung von Grundstücken und Wohnungen zu gestatten. Oft treffen die Eigentümer Anzeigepflichten, sobald an den Denkmälern Schäden und Mängel auftreten[1196]. Für Veränderungen an den Denkmälern selbst, insbesondere die Zerstörung, Beseitigung, Beeinträchtigung im Erscheinungsbild und bei Eingriffen in Bodendenkmale[1197] ist eine Genehmigung erforderlich[1198].

Zu den erlaubnispflichtigen Maßnahmen i. S. d. § 9 DSchG NW gehört das Beseitigen, Verändern, Verbringen und die Nutzungsänderung[1199]. Unter dem Begriff der Verbringung ist das Abtransportieren eines Denkmals an einen anderen Ort zu verstehen[1200]. Jeder Ortswechsel, also nicht nur der Abtransport in ein anderes Bundesland oder aus der Bundesrepublik, ist deshalb erlaubnispflichtig. Auch die vorübergehende Verbringung an einen anderen Ort zählt zu den erlaubnispflichtigen Maßnahmen. Durch diese weitgehende Erlaubnispflicht schützt das DSchG NW je nach den Umständen des Einzelfalls ein Denkmal vor der Verbringung ins Ausland[1201].

Ebenso wie bei der Eintragung von Kulturgütern i. S. d. KultSchG in ein „Verzeichnis national wertvollen Kulturgutes" besteht Einigkeit darüber, daß die Eintragung in eine Denkmalliste nicht als Enteignung i. S. d. Art. 14 Abs. 3 GG

1195 Vgl. die Hinweise auf die einzelnen Regelungen der Länder bei *Hammer*, JuS 1997, S. 971 (974 m. Fn. 62). Der Kreis der Verpflichteten unterscheidet sich dabei je nach Bundesland.

1196 Vgl. etwa die Regelungen in den §§ 10, 28 DSchG NW.

1197 Hierzu zählen Ausgrabungen.

1198 Vgl. die Hinweise auf die einzelnen Regelungen der Länder bei *Hammer*, JuS 1997, S. 971 (974 m. Fn. 64).

1199 Das DSchG NW geht durch die Erstreckung der Genehmigungspflicht auf Nutzungsänderungen weiter als viele andere Gesetze. Im Gegensatz dazu werden Maßnahmen der Instandsetzung nicht unter einen Genehmigungsvorbehalt gestellt. Dies kann nachteilige Folgen haben, wenn wegen der fehlenden fachlichen Kontrolle Restaurierungsarbeiten nicht denkmalgerecht ausgeführt werden, vgl. die Kritik bei *Erbguth/Paßlick*, DVBl. 1984, S. 603 (610).

1200 *Bila*, Nationaler Kulturgüterschutz, S. 77.

1201 *Bila*, Nationaler Kulturgüterschutz, S. 77.

anzusehen ist[1202]. Die Argumente gleichen dabei denjenigen zur Eintragung in ein „Verzeichnis national wertvollen Kulturgutes“[1203]. Es wird wiederum argumentiert, daß durch die Eintragung keine völlige Entziehung des Eigentums erfolgt, sondern lediglich Erhaltungs- und Genehmigungspflichten begründet werden, die im Rahmen der Sozialbindung des Eigentums liegen. Das DSchG NW gehört damit ebenso wie das KultSchG zu den Gesetzen, die Inhalt und Schranken des Eigentums i. S. d. Art. 14 Abs. 1 S. 2 GG bestimmen.

Soweit die Maßnahmen nach dem Denkmalschutzrecht dazu führen, daß der Eigentümer sein Eigentum nicht mehr sinnvoll nutzen kann und sein Eigentum „nur noch Denkmal“ ist und folglich ausschließlich dem Wohl der Allgemeinheit dient, kommt jedoch ein enteignender Eingriff in Betracht[1204]. Sofern damit aus Gründen des Denkmalschutzes durch Verwaltungsakt eine Maßnahme vom Eigentümer verlangt wird, deren Beeinträchtigungen die ungezielte Folge hoheitlichen Handels sind, schuldet das Land eine Entschädigung nach den Grundsätzen des enteignenden Eingriffs[1205].

Eine Enteignung ist in § 30 DSchG NW für alle Arten von Denkmälern vorgesehen. Danach kann in bestimmten Fällen ein Denkmal durch Enteignung als letztes Mittel vor Verfall oder Untergang gerettet werden[1206]. Voraussetzung ist, daß allein durch eine Enteignung ein Denkmal in seinem Bestand, seiner Eigenart oder seinem Erscheinungsbild erhalten werden kann (§ 30 Abs. 1 Nr. 1 DSchG NW), allein durch eine Enteignung ein Denkmal der Öffentlichkeit zugänglich gemacht werden kann, sofern hieran ein öffentliches Interesse besteht (§ 30 Abs. 1 Nr. 2 DSchG NW) oder wenn allein durch eine Enteignung in einem Grabungsschutzgebiet planmäßige Nachforschungen betrieben werden können (§ 30 Abs. 1 Nr. 3

1202 *Bila*, Nationaler Kulturgüterschutz, S. 77; *Hammer*, JuS 1997, S. 971 (975); *Kleeberg/Eberl*, Kulturgüter in Privatbesitz, Rdnr. 278. Vgl. auch BayObLG, BayVBl. 1999, S. 251 ff.

1203 Vgl. dazu auf Seite 192 dieser Arbeit.

1204 BGH, DVBl. 1979, S. 232 (234) für das baden-württembergische Denkmalschutzrecht.

1205 *Bila*, Nationaler Kulturgüterschutz, S. 78 spricht verallgemeinernd davon, daß der Staat zu den Entschädigungen verpflichtet sei. Vgl. aber auch BGH, DVBl. 1979, S. 232 mit dem Hinweis darauf, daß Denkmalschutz in erster Linie Landesaufgabe sei und § 1 Abs. 2 DSchG NW.

1206 *Martin*, BayVBl. 1999, S. 225 (233) weist darauf hin, daß bis heute in Bayern von der Möglichkeit einer Enteignung kein Gebrauch gemacht worden ist.

DSchG NW). Hinsichtlich des Verfahrens verweist das Denkmalrecht ergänzend auf das landesrechtliche Enteignungsrecht (vgl. § 30 Abs. 3 DSchG NW).

2. Zumutbarkeit der Erhaltung

Die meisten Denkmalschutzgesetze verpflichten den Verfügungsberechtigten allerdings nur im Rahmen des Zumutbaren zur Erhaltung von Denkmälern[1207]. Die Zumutbarkeit ist dabei das Kriterium, das die Berücksichtigung grundrechtlich geschützter Individualinteressen ermöglicht, die mit dem öffentlich-rechtlichen Erhaltungsinteresse kollidieren. Wirtschaftliche Unzumutbarkeit ist regelmäßig dann gegeben, wenn ein Denkmal für aktuelle Bedürfnisse nicht mehr sinnvoll genutzt werden kann oder wenn die Kosten der Erhaltung und Bewirtschaftung nicht durch die Erträge oder den Gebrauchswert des Denkmals aufgewogen werden können, wobei Zuschüsse und steuerliche Vorteile in Anrechnung zu bringen sind[1208]. Sobald für den Eigentümer eine wirtschaftliche Unzumutbarkeit vorliegt, kann er von der Gemeinde die Übernahme des Denkmals verlangen[1209].

3. Grenzen des Denkmalschutzes

Denkmalinhaber sind nur dazu verpflichtet, solche Maßnahmen zu unterlassen, die das historische Erscheinungsbild oder die vorhandene Substanz nachhaltig verändern. Sie sollen statt dessen solche Maßnahmen treffen, die gerade dies verhindern sollen. Der Denkmalschutz findet seine Grenzen dort, wo es um die Wiederherstellung verlorengegangener Zustände geht[1210], da dies der Idee des Denkmalschutzrechts widerspräche, nur das Vorhandene zu erhalten. Ein subjektiver Rechtsanspruch auf den Schutz von Denkmälern existiert nicht, er erfolgt allein im Allgemeininteresse[1211].

[1207] Vgl. die Hinweise auf die einzelnen landesrechtlichen Regelungen bei *Hammer*, JuS 1997, S. 971 (975 m. Fn. 70). Zur Unzumutbarkeit generell *Martin*, BayVBl. 1999, S. 225 (233).

[1208] *Hammer*, JuS 1997, S. 971 (975).

[1209] Vgl. zu den Voraussetzungen im einzelnen §§ 31, 30 DSchG NW.

[1210] Vgl. nur OVG Rh.-Pf., DÖV 1988, S. 433 f. Nach den meisten Denkmalschutzgesetzen kann aber verlangt werden, daß bei ungenehmigten Denkmalveränderungen der ursprüngliche Zustand wiederhergestellt wird, vgl. § 27 DSchG NW.

[1211] BVerwG, NVwZ 1992, S. 1197.

VII. Erlaubnisverfahren

Die Voraussetzungen für die Erteilung der denkmalschutzrechtlichen Erlaubnis sind in den Denkmalschutzgesetzen der Länder unterschiedlich geregelt[1212]. Gem. § 9 Abs. 2 lit. a DSchG NW ist die Erlaubnis zu erteilen, wenn Gründe des Denkmalschutzes nicht entgegenstehen. Die positiv formulierte Regelung stellt klar, daß die zuständige Behörde in einem solchen Fall kein Entscheidungsermessen hat und die Erlaubnis erteilen muß. Der Antragsteller hat in soweit einen Anspruch auf die Genehmigungserteilung[1213]. Hier zeigt sich wiederum eine Parallele zu § 1 Abs. 4 S. 3 KultSchG, der ebenfalls kein Ermessen für die Erteilung der Ausfuhrgenehmigung vorsieht. Stehen der Maßnahme dagegen Gründe des Denkmalschutzes entgegen, kann die beantragte Maßnahme genehmigt werden, sie muß es aber nicht[1214]. Die Notwendigkeit einer Interessenabwägung ergibt sich aus dem Gesetzeswortlaut „entgegenstehen", dessen Sinngehalt eine abwägende Bewertung der sich gegenüber stehenden Positionen voraussetzt[1215]. Während bei der Unterschutzstellung des betreffenden Objektes gemäß § 3 DSchG NW allein das öffentliche Erhaltungsinteresse entscheidend ist, kommt es im Erlaubnisverfahren auch auf die Interessen des Eigentümers an, die nunmehr bei der Entscheidung zu berücksichtigen sind[1216]. Daraus folgt letztlich, daß eine Verbringung an einen anderen Ort außerhalb des Bundeslandes, in dem sich das Denkmal befindet, trotz entgegenstehender Eigentümerbelange untersagt werden kann, wenn das Denkmal von Bedeutung für die Identität und Geschichte dieses Landes ist.

[1212] Vgl. *Erbguth/Paßlick*, DVBl. 1984, S. 603 (610).

[1213] OVG NW, NWVBl. 1993, S. 224 (225).

[1214] *Erbguth/Paßlick*, DVBl. 1984, S. 603 (610).

[1215] *Bila*, Nationaler Kulturgüterschutz, S. 79.

[1216] OVG NW, NWVBl. 1993, S. 224 (225).

C. *Zwischenergebnis zum 4. Kapitel*

Auf nationaler Ebene wird die Ausfuhr von Kulturgütern sowohl durch das bundesrechtliche KultSchG als auch durch die landesrechtlichen Denkmalschutzgesetze unter einen Genehmigungsvorbehalt gestellt. Teilweise wird dabei angenommen, daß die landesrechtlichen Schutzbestimmungen derzeit einen effektiveren Schutz als die bundesrechtlichen Regelungen des KultSchG zum Verbleib eines Kulturgutes bzw. Denkmals am Ort oder innerhalb des Landes bieten[1217]. Grund hierfür ist insbesondere die Tatsache, daß jede Ortsveränderung unter die Genehmigungspflicht fällt und von der zuständigen Behörde kontrolliert werden kann. Eine Ausfuhr ins Ausland wird damit durch die Behörden bereits vor Ort und nicht erst an den Staatsgrenzen verhindert. Allerdings ist beim Denkmalschutz nicht die Ausfuhr ins Ausland rechtlicher Anknüpfungspunkt für die Genehmigungspflicht, sondern die regionale Erhaltung, also der Schutz beweglicher und unbeweglicher Denkmäler sowie deren Erforschung an einem bestimmten Ort[1218].

Unterschiede zwischen den bundes- und landesrechtlichen Regelungen ergeben sich aber aus dem unterschiedlichen Anwendungsbereich der Vorschriften. Anders als die Denkmalschutzgesetze, die immer einen historischen Bezug der Gegenstände fordern, erfaßt das KultSchG sowohl alte als auch neue Kunstgegenstände. Weiterhin umfassen die Denkmalschutzgesetze die im öffentlichen Eigentum und im Eigentum der Kirchen und Religionsgemeinschaften stehenden Gegenstände. Schließlich hat sich gezeigt, daß im Denkmalschutzrecht weitergehende Regelungen für den Fall einer Enteignung bzw. eines enteignenden Eingriffs durch Übernahme- und Entschädigungspflichten bestehen. Die Unterschiede zwischen den einzelnen Regelungen sind dabei überwiegend durch die unterschiedlichen historischen Hintergründe der beiden Regelungskomplexe bedingt.

1217 *Berndt*, Internationaler Kulturgüterschutz, S. 100; *Bila*, Nationaler Kulturgüterschutz, S. 84; *Hönes*, BayVBl. 1989, S. 38 (42).

1218 *Pieroth/Kampmann*, NJW 1990, S. 1385 (1386); *Berndt*, Internationaler Kulturgüterschutz, S. 100.

Schlußbetrachtung

Der geschichtliche Überblick hat gezeigt, daß der Umgang mit Kulturgütern über die Jahrhunderte hinweg einen wesentlichen Wandel erfahren hat. Mit dem Wegfall des Beuterechts hinsichtlich der Kunstschätze der besiegten Nationen hat sich im Laufe der Zeit ein wachsendes Bewußtsein für die Schutzbedürftigkeit von Kulturgütern entwickelt. Über den Aspekt des Schutzes vor Zerstörung hinaus wird in zunehmendem Maße die Notwendigkeit erkannt, das nationale Kulturerbe als Teil des gesamten Kulturerbes der Menschheit an seinem Ursprungsort zu belassen bzw. wieder dorthin zurückzuführen.

Durch die Einführung des Binnenmarktes zum 1. 1. 1993 ist der Kulturgüterschutz verstärkt in den Blickpunkt des Europarechts gerückt worden. Der Erlaß der VO 3911/92 und der RiLi 93/7/EWG waren erforderlich, um der veränderten Situation nach dem Wegfall der Binnengrenzen gerecht zu werden und die Schutzinteressen der Mitgliedstaaten im Binnenmarkt zu sichern. Daß die Regelungen nicht in allen Punkten gelungen sind, ist eine Auswirkung der unterschiedlichen dogmatischen Ansätze im Kulturgüterschutz. Die Regelungen auf europäischer Ebene versuchen einen Ausgleich zwischen solchen Ländern wie Italien, das fast 35 Mio. Gegenstände als national wertvoll schützt, und solchen Ländern wie der Bundesrepublik, die nicht einmal 1000 Gegenstände einem besonderen nationalen Schutz unterstellen, zu finden. Diese Diskrepanz zieht sich wie ein roter Faden durch die europäischen Regelungen zum Kulturgüterschutz. Eine weitergehende Angleichung der nationalen Vorschriften wird deshalb im wesentlichen davon abhängen, inwieweit die einzelnen Schutzsysteme sich aufeinander zu bewegen können. Dabei sollte zur Errichtung eines effektiven Schutzsystems der Kreis der zu schützenden Güter eingegrenzt werden. Dies kann u. a. durch die Heraufsetzung der Wertgrenzen und eine präzise Fassung der Kategorien der zu schützenden Kulturgüter erreicht werden. Die Arbeit hat gezeigt, daß aufgrund der unterschiedlichen Ansätze in Europa und der damit verbundenen unterschiedlichen Tragweite des Begriffs ein einheitlicher europäischer Kulturgutbegriff kaum gefunden werden kann.

Weiterhin muß die Ausfuhr von Kulturgütern wirksamer kontrolliert werden. Abzulehnen ist der Ansatz, durch verschärfte Strafen dem Problem der unrechtmäßigen Ausfuhr Herr werden zu wollen. Dies würde nur dazu führen, daß die zu erwartenden Geldbußen in die Verkaufspreise mit einkalkuliert werden und zu einer Verteuerung der Objekte führen. Eine wirksame Abschreckung kann hierdurch jedoch nicht erzielt werden. Ansatzpunkt für eine optimierte Kontrolle der Ausfuhr von Kulturgütern muß vielmehr eine verstärkte nationale Zusammenarbeit zwischen den einzelnen Mitgliedstaaten sein. Diese muß effizienter gestaltet werden. Hier kann der Einsatz neuer Techniken einen Schritt in die richtige Richtung bedeuten. Datenbanken mit gestohlenen Kulturgütern im Stil des Lost-Art-Registers und gemeinsam verwaltete Listen mit Gütern, die zur Ausfuhr freigegeben sind, würden sowohl die Kontrolle als auch die Abfertigung wesentlich erleichtern. Ein verstärkter Austausch der zuständigen Stellen untereinander und der gemeinsame Abgleich der Genehmigungen ist ein probates Mittel zur Effektivierung eines Schutznetzwerkes. Diese Notwendigkeiten sind inzwischen vom Europäischen Parlament erkannt und angemahnt worden. In diesem Zusammenhang ist noch einmal die Einführung eines sog. Negativattestes zu fordern, das ebenfalls die Ausfuhr erleichtern kann. Immer noch verläuft ein Großteil der genehmigungspflichtigen Ausfuhren ohne eine solche und damit in einer rechtlichen Grauzone.

Im Bereich des nationalen Rechts ist darauf hinzuweisen, daß eine bessere Abstimmung der Regelungen auf die gemeinschaftsrechtlichen Vorschriften vorgenommen werden muß. Als problematisch hierbei erweist aber wieder die bereits zuvor erwähnte Diskrepanz zwischen den einzelnen nationalen Ansätzen. Eine Revision der nationalen Vorschriften ist im Bereich des persönlichen Anwendungsbereiches der Vorschriften notwendig. Zwar besteht nunmehr die Möglichkeit, Kulturgüter in kirchlichem Eigentum in das „Verzeichnis national wertvollen Kulturgutes" aufnehmen zu lassen. Diese Möglichkeit ist aber noch nicht ausreichend, um einen vollwertigen Schutz dieser Kulturgüter insbesondere im Hinblick auf eine Rückführung gemäß der RiLi 93/7/EWG nach einer unrechtmäßigen Verbringung etablieren zu können. Hier hätte der europarechtliche Rahmen weitere Möglichkeiten zur Unterschutzstellung gerade dieser Art von Kulturgütern geboten, die der nationale Gesetzgeber aber nicht wahrgenommen hat.

Zwar kommt es teilweise zu Überschneidungen zwischen den bundesgesetzlichen Regelungen zum Kulturgüterschutz und den landesrechtlichen Regelungen im Bereich des Denkmalschutzes. In dem meisten Fällen ergänzen sich die Vorschriften jedoch. Der größtmögliche, weil maximal dreifache Schutz kommt Denkmälern zu, die nicht nur nach den Landesgesetzen einer Genehmigung für eine Verbringung bedürfen, sondern auch dem Schutz des KultSchG und der VO 3911/92 unterstehen. Einem erhöhten bürokratischen Aufwand kann in einem solchen Fall mit einer effizienten Abwicklung entgegen gewirkt werden. Ein gewisses Maß an Aufwand ist aber hinzunehmen, da es um die Ausfuhr eines national wertvollen Kulturgutes geht, das nach seiner Verbringung möglicherweise unwiderruflich für den Belegenheitsstaat verloren ist. Von daher erscheint eine gewissenhafte Überprüfung in jedem Fall notwendig.

Ein wirklich effektives Schutzsystem kann allerdings nur errichtet werden, wenn der Schutz nicht auf europäischer Ebene Halt macht, sondern auf den weltweiten Kulturguthandel ausgedehnt wird. Dazu gehört, daß nicht nur die Ausfuhr, sondern auch die Einfuhr von Kulturgütern gewissen Bestimmungen unterworfen wird. Solange jedoch das dazu notwendige Bewußtsein noch nicht vorhanden ist und es noch im 21. Jahrhundert zu Zerstörungen von Kulturgut kommt, ist der Gedanke an ein weltweites Ein- und Ausfuhrschutzsystem noch immer utopisch.

Kolibri 360 GmbH
Ferdinand-Jühlke-Straße 7
99095 Erfurt, Deutschland
produktsicherheit@kolibri360.de

Druck:
CPI Druckdienstleistungen GmbH
im Auftrag der
Kolibri 360 GmbH
Ferdinand-Jühlke-Str. 7
99095 Erfurt